Objetivo: WEB

Dreamweaver CC

para PC/Mac (edición 2018)

Diseño de sitios web interactivos y atractivos

ISBN: 978-2-409-01591-5
Edición original: 978-2-409-01274-7

Ediciones ENI es una marca comercial registrada de Ediciones Software.

Ediciones ENI

P° Ferrocarriles Catalanes, 97-117, 2a pl. of. 18
08940 - Cornellà de Llobregat (Barcelona)

Tel: 934 246 401
Fax: 934 231 576

e-mail: info@ediciones-eni.com
http://www.ediciones-eni.com

Autor: Christophe AUBRY
Edición española: Andrea GARCÍA VEGA
Colección **Objetivo: Web** dirigida por Corinne HERVO

Capítulo 1: Introducción

Capítulo 2: Interfaz de diseño

Capítulo 3: Definir el sitio local y remoto

Capítulo 4: La vista de las páginas

Capítulo 5: Crear una nueva página

Capítulo 6: Hojas de estilo CSS

Capítulo 7: Composición CSS de las páginas

Capítulo 8: Insertar texto

Capítulo 9: Formato CSS de los caracteres

Capítulo 10: Composición CSS de los textos

Capítulo 11: Insertar tablas

Capítulo 12: Composición CSS de las tablas

Capítulo 13: Insertar imágenes

Capítulo 14: Composición CSS de las imágenes

Capítulo 15: Insertar formularios

Capítulo 16: Composición CSS de los formularios

Capítulo 17: Insertar vínculos

Capítulo 18: Composición CSS de vínculos textuales

Capítulo 19: Elementos multimedia

Capítulo 20: Componentes de interfaz jQuery

Capítulo 21: Diseño con CSS

Capítulo 22: El diseño reactivo

Capítulo 23: Componentes de interfaz Bootstrap

Capítulo 24: Biblioteca de activos

Capítulo 25: Publicación del sitio

Capítulo 1: Introducción

A. Internet en la actualidad

Internet forma parte de nuestra vida cotidiana desde hace ya muchos años. Todas las grandes empresas tienen uno o varios sitios de Internet y uno o varios sitios de intranet. La mayoría de empresas de menor tamaño cuentan también con un sitio «escaparate» para dar a conocer su identidad y para atraer y fidelizar a sus clientes. Son incontables ya los sitios de comercio electrónico y, en lo que se refiere a asociaciones y particulares, muchos de ellos cuentan también con su propia web.

B. El World Wide Web Consortium y los estándares

Recuerde que Internet es relativamente joven: el primer servidor web data de octubre de 1991. Con vistas a mantener tecnologías y lenguajes comunes para todos, Internet se ha dotado de un consorcio con fines no lucrativos encargado de gestionar esos «estándares». Se trata del World Wide Web Consortium: el W3C (http://www.w3.org). Mediante recomendaciones, el W3C propone los lenguajes que debemos utilizar para crear sitios web: el HTML y las CSS. Ese es el motivo por el que debemos respetar los estándares: es la única forma de que todos hablemos la misma lengua, es la única forma de crear sitios que puedan verse de manera idéntica, independientemente del navegador que utilice el internauta. No obstante, es justo aquí donde se sitúa el problema principal: no todos los navegadores respetan a la perfección ese bien común, ese lenguaje común a todos. Somos nosotros, diseñadores, quienes debemos comprobar que el sitio elaborado puede verse de manera idéntica en los diferentes navegadores.

C. Los programas de diseño de sitios web

Los programas de diseño de sitios web son numerosos y existen de diferentes tipos: los editores HTML ayudan a los desarrolladores web en la redacción del código HTML, los programas gráficos generan ellos mismos el código HTML presentando una vista gráfica de la página para los diseñadores web.

Adobe Dreamweaver hace ambas cosas a la vez: permite concebir el sitio web de forma gráfica, de forma visual, generando un código HTML de muy buena calidad y también oficia de potente editor HTML para aquellos que desean ir más allá en modo Código. Dreamweaver permite crear y administrar de forma muy eficaz las hojas de estilos CSS. Por último, Dreamweaver propone también elementos de interfaz de última generación utilizando la famosa biblioteca jQuery. Y recuerde que Dreamweaver integra un cliente FTP para descargar el sitio web en su proveedor de hosting.

En lo que respecta a cuestiones de grafismo y multimedia, tipo Adobe, Dreamweaver tampoco se queda atrás: integra perfectamente imágenes en formato Adobe Photoshop, animaciones Adobe Animate y vídeos en formato Flash Video.

Podemos decir sin rodeos que Adobe Dreamweaver es un programa de diseño de sitios web muy potente, muy cercano a los estándares del W3C y a la última en cuanto a tecnologías de Internet.

D. Objetivo del libro

El objetivo de este libro es claramente **utilizar de la mejor manera posible las principales funciones de Dreamweaver**. No recorreremos de manera exhaustiva todas las funciones del programa. El lector aprenderá los métodos, técnicas y funciones necesarios para llevar a cabo un trabajo cotidiano con vistas a diseñar sitios web tal y como se hace en la actualidad. Lo que proponemos es un uso orientado a la **práctica** y a la **eficacia**.

Esto implica también una oportuna utilización de las hojas de estilos CSS. El objetivo es asimismo crear sitios conformes a los estándares W3C: sitios **full CSS**. Es decir, separando bien el contenido, parte de la que se ocupa el HTML, del diseño y la composición, reservados a las hojas de estilos CSS.

E. Creative Cloud de Adobe

Adobe ofrece una nueva manera de utilizar sus programas: en lugar de comprarlos, estos pueden alquilarse desde la red de Adobe, desde su nube, su cloud. Se trata de la gama de productos **CC** para **Creative Cloud**. Tiene a su disposición varias posibilidades según el tipo y el número de programas que desee utilizar.

Una vez seleccionada y adquirida la oferta, deberá crear una cuenta y descargar el programa **Adobe Creative Cloud** para gestionar los programas yendo al sitio de Adobe en la URL: http://www.adobe.com/es

La aplicación es exactamente igual en Windows o en Mac.

Capítulo 2: Interfaz de diseño

A. El entorno del sistema

Las capturas de pantalla incorporadas en este libro se han realizado con Windows, pero los usuarios de MacOS no deben inquietarse, el entorno de Dreamweaver es idéntico en ambas plataformas salvo muy raras excepciones.

B. La instalación de Dreamweaver

Al finalizar la instalación de Dreamweaver, el programa se iniciará.

Una vez iniciado, Dreamweaver solicita que proceda con la configuración.

En la primera etapa se le pregunta si ya ha utilizado Dreamweaver. En el ejemplo siguiente hemos hecho clic en el botón **No, soy nuevo en esto**.

A continuación, Dreamweaver le pide que escoja el entorno de trabajo que desea utilizar en función de sus competencias. En este ejemplo hemos seleccionado el botón **Espacio de trabajo estándar**.

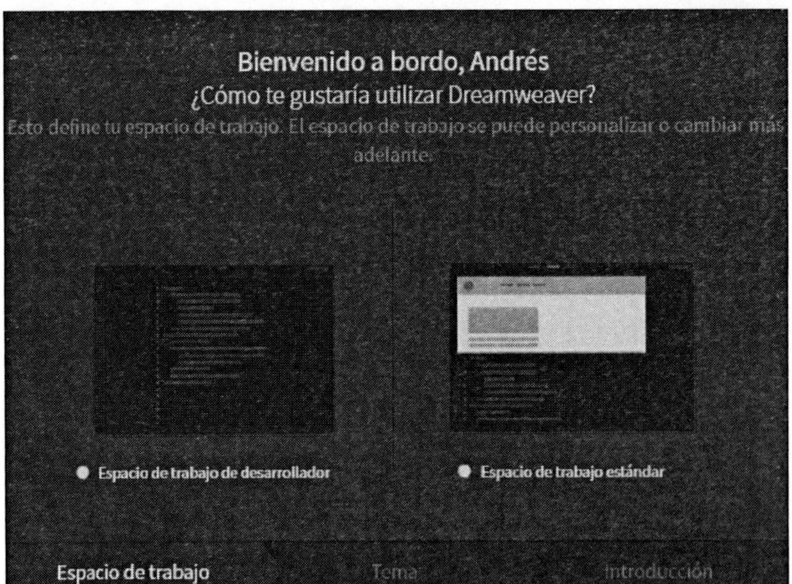

Después deberá escoger un tema de color para la interfaz general de Dreamweaver. En este ejemplo hemos seleccionado el tema gris oscuro. Observe que esta configuración puede modificarse más adelante.

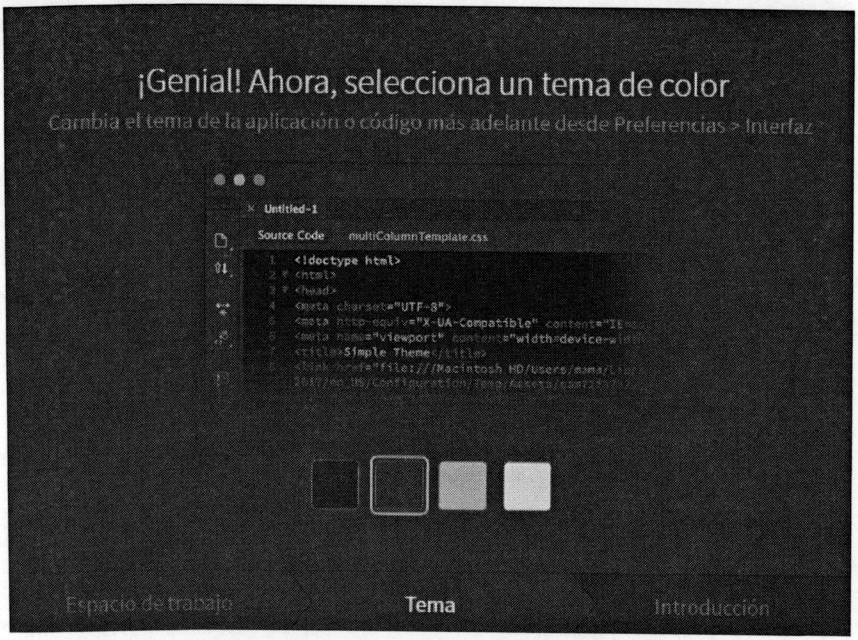

Para terminar con el asistente de configuración deberá seleccionar cómo desea comenzar:

- con un ejemplo de archivo,
- con un nuevo proyecto o
- con un tutorial de video.

- En este ejemplo, haga clic en **Comenzar por una carpeta nueva o existente**. Deberá crear o seleccionar la carpeta del sitio web que se dispone a diseñar.
- En el administrador de archivos (Explorador de archivos en Windows o Finder en Mac), dentro de la carpeta **Documentos**, por ejemplo, cree una carpeta llamada **mi-sitio**.

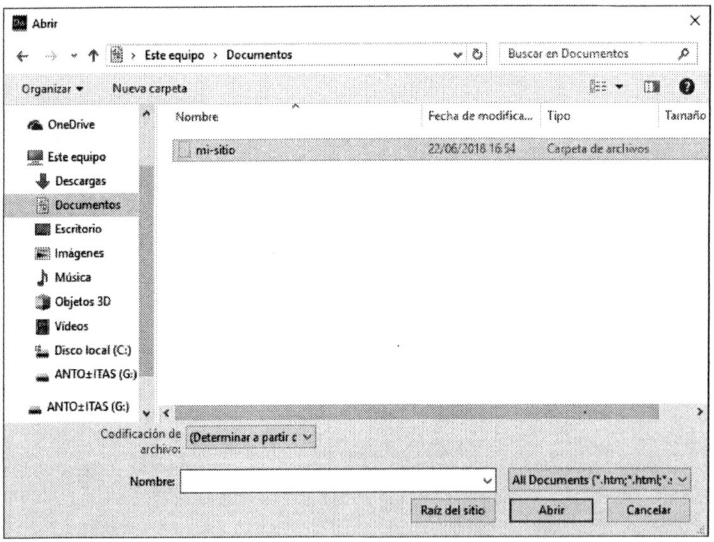

➜ Haga clic en el botón **Abrir**.

C. Sincronizar la configuración

Dreamweaver CC permite sincronizar la configuración del programa y de sus sitios web en construcción en la nube de Adobe. Esto le permitirá recuperar la configuración de trabajo, independientemente del terminal en el que trabaje: terminal de sobremesa u ordenador portátil utilizado en las oficinas del cliente o durante un viaje de trabajo.

La primera vez que inicie Dreamweaver, aparecerá esta ventana:

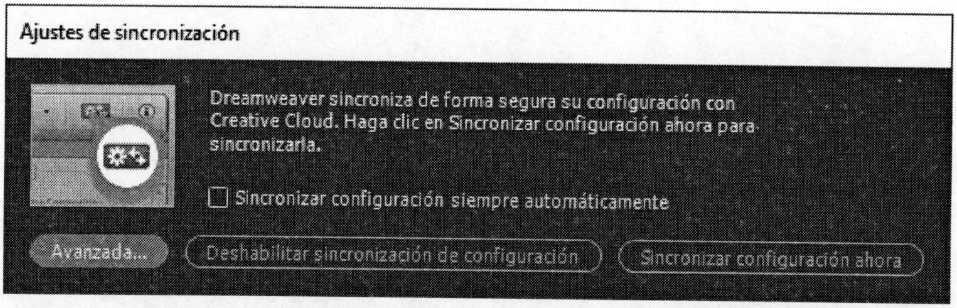

Si hace clic en el botón **Sincronizar configuración ahora**, activará la sincronización de la configuración entre su terminal local y la almacenada en su espacio del Cloud de Adobe.

Si hace clic en el botón **Deshabilitar sincronización de configuración**, no activará la sincronización.

Si hace clic en el botón **Avanzada...** verá las preferencias de sincronización.

Si ya ha utilizado Dreamweaver, este le indica que se ha efectuado la sincronización.

En las dos ventanas de sincronización, la sincronización puede configurarse haciendo clic en **Avanzada...**

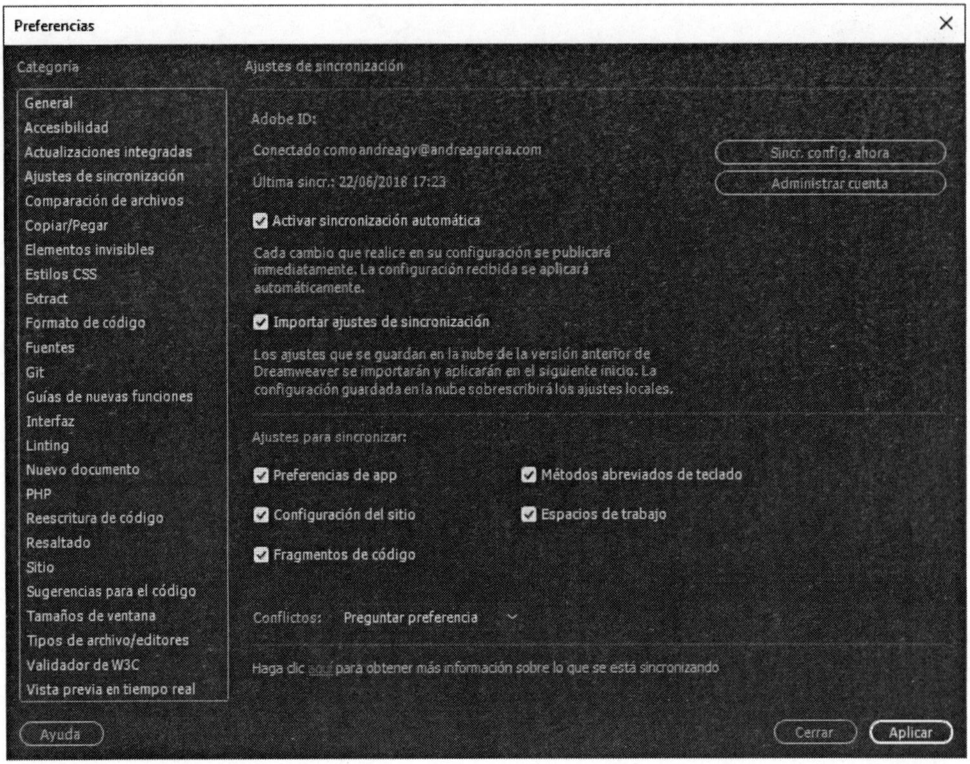

En las preferencias es posible:

- **Activar sincronización automática** para iniciarla.
- **Importar ajustes de sincronización** para tener los mismos ajustes guardados en la nube que en el Dreamweaver local, en su equipo.
- Seleccionar cuáles son los **Ajustes para sincronizar**, de los almacenados en la nube y en ajustes locales.

➜ Si lleva a cabo modificaciones, haga clic en el botón **Aplicar**.

En la ventana de sincronización precedente, es posible hacer clic en:

- **Usar config. de la nube** para enviar los ajustes de utilización local de Dreamweaver a la nube.
- **Usar config. local**, para aplicarla al uso local de Dreamweaver.

Al acabar la configuración, obtendrá esta pantalla de inicio:

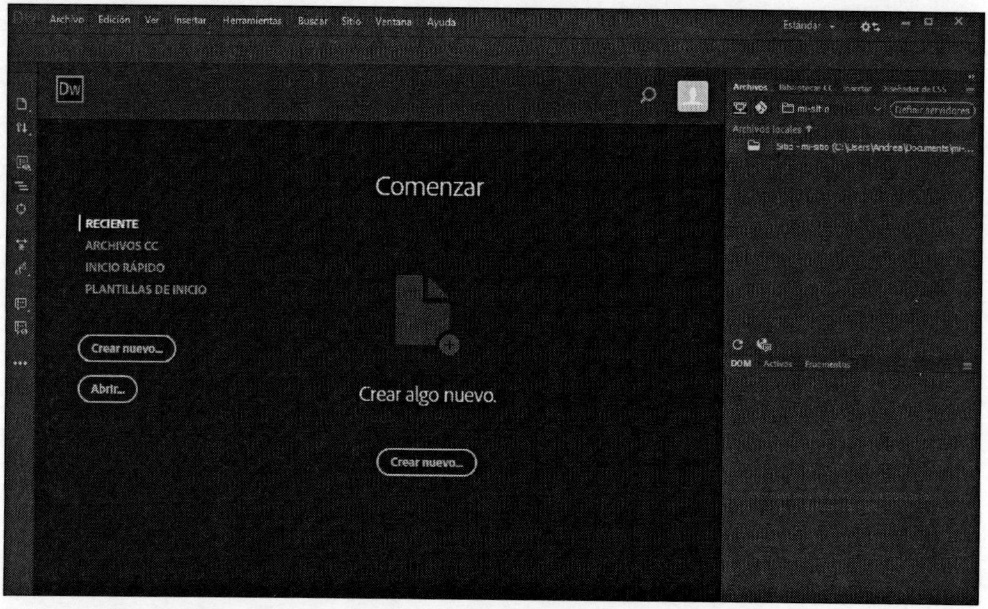

D. La pantalla de inicio

Al terminar de instalar Dreamweaver, visualizará la pantalla de inicio con el tema de color seleccionado anteriormente. Nosotros, para facilitar la lectura, activaremos el tema más claro.

- En el menú **Edición** de Windows y **Dreamweaver CC** de Mac, seleccione **Preferencias**.
- Haga clic en la categoría **Interfaz**.
- En el apartado **Tema de aplicación**, haga clic en el botón más claro.

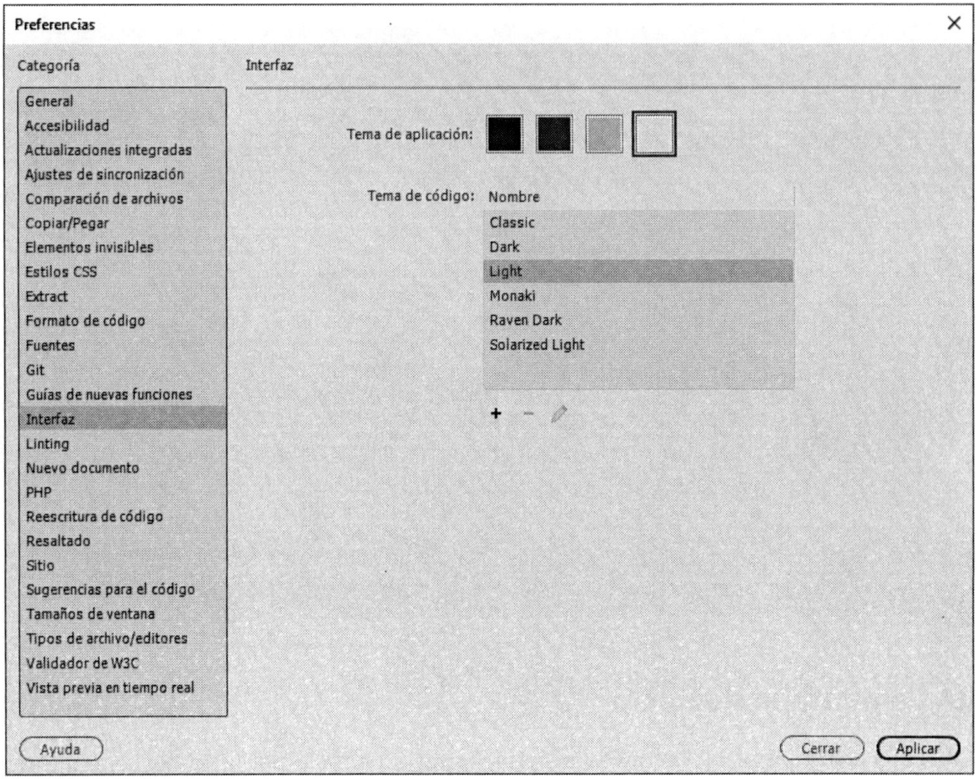

→ Haga clic en **Aplicar** y después en **Cerrar**.

Este es el aspecto de la interfaz con el tema seleccionado:

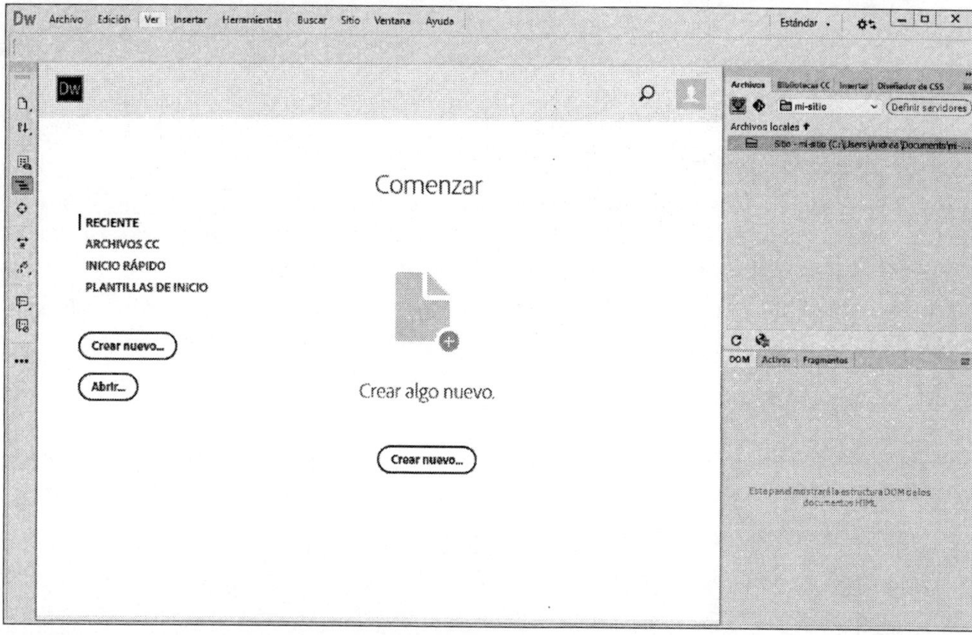

E. Los espacios de trabajo

Los espacios de trabajo de Dreamweaver permiten disponer la interfaz de acuerdo con dos entornos: **Estándar** y **Desarrollador**.

Se puede acceder a estos espacios a la derecha de la barra de menús. El espacio de trabajo activo corresponde a la elección efectuada durante la configuración de Dreamweaver.

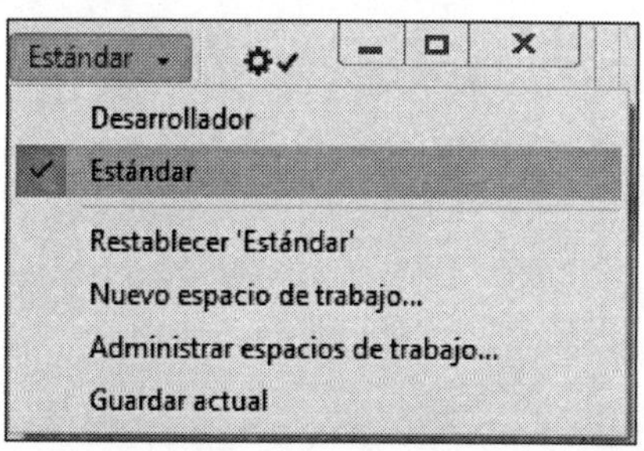

➜ En la barra de menús, en los espacios de trabajo, seleccione **Estándar** o **Desarrollador**.

→ También puede utilizar el menú **Ventana - Diseño del espacio de trabajo**.

F. Los paneles

1. Usar los paneles

Se puede acceder a la mayoría de las funcionalidades de Dreamweaver a través de los **paneles**. Los paneles aparecen en la parte derecha de la interfaz de Dreamweaver, en el **dock**. Observe que también se puede acceder a los paneles a partir del menú **Ventana**.

En este manual utilizaremos principalmente los paneles, pero debe saber que las funciones de Dreamweaver pueden encontrarse también en los diferentes menús de la aplicación.

2. Ver los paneles

→ Para ver un panel, también es posible hacer clic en su correspondiente pestaña, si esta está visible en el dock. En el siguiente ejemplo podemos ver una parte del panel **Insertar**:

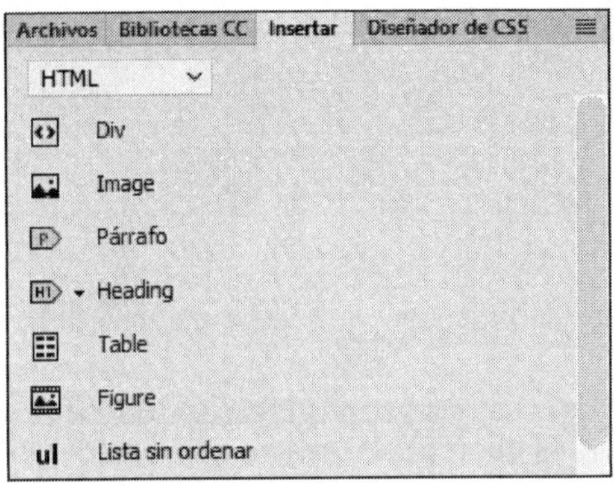

→ Para ver el panel **Archivos**, basta con hacer clic sobre su pestaña:

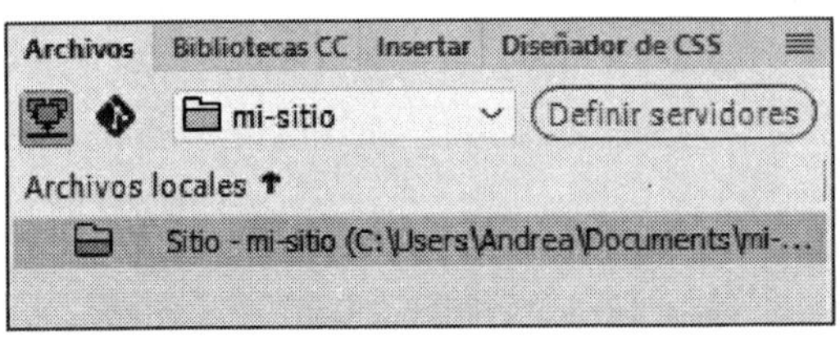

→ Para ocultar o mostrar todos los paneles, seleccione **Ocultar/Mostrar paneles** (F4) en el menú **Ventana**.

3. La vista del documento

Es posible ampliar o reducir el ancho del documento. Sitúe el puntero en el límite de los paneles y la ventana de la página HTML. El puntero adaptará entonces la forma de una flecha doble: haga clic y arrastre.

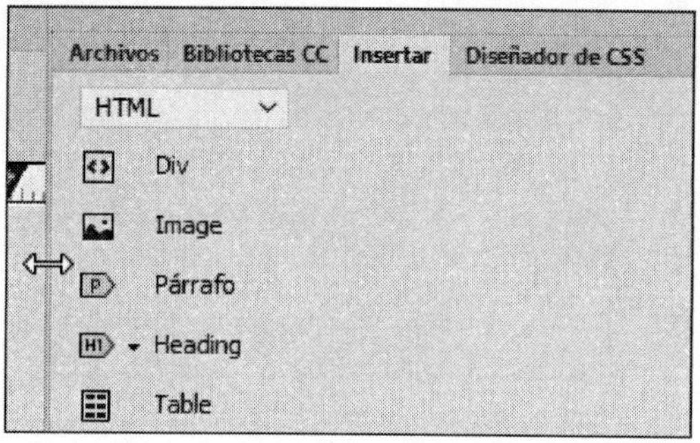

➔ Todos los paneles se muestran en forma de pestañas. Para reducirlos a iconos, haga clic en **Contraer en iconos**, arriba, a la derecha del documento.

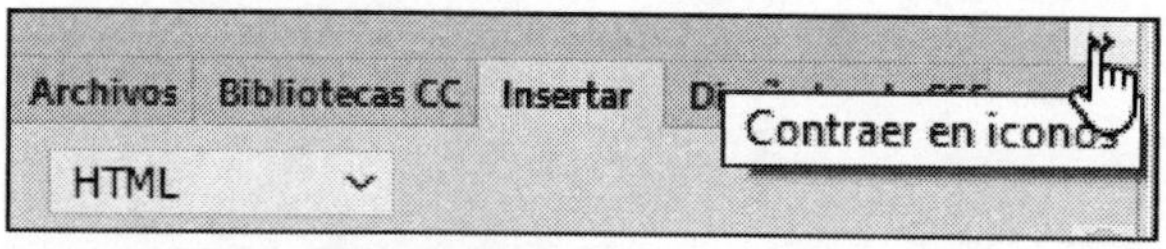

Paneles como iconos:

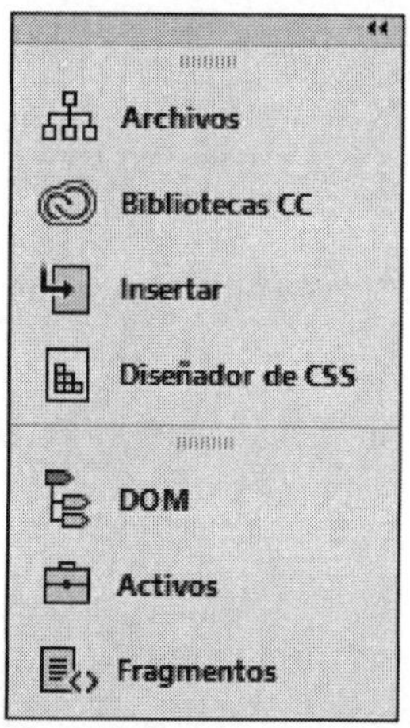

➔ Haga clic en esa misma opción para mostrar los paneles en forma de pestañas.

4. El menú de opciones de los paneles

Cada panel posee un menú de opciones propio. Puede accederse a ese menú de opciones desde la parte derecha de la barra de título del panel.

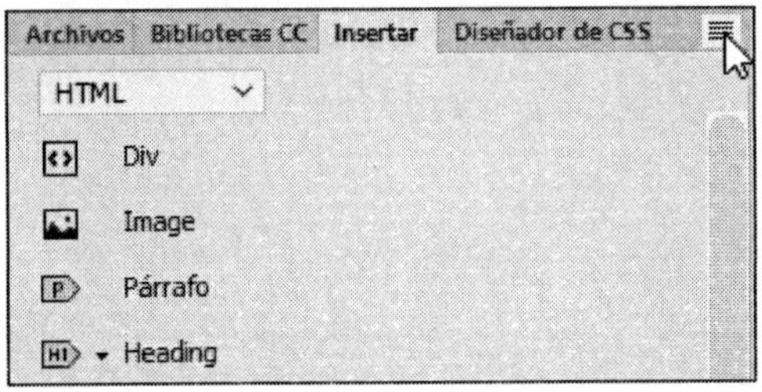

Este menú, cuyos comandos varían en función del panel seleccionado, permite acceder a las funcionalidades propias del panel.

Ejemplo del menú de opciones del panel **Archivos**:

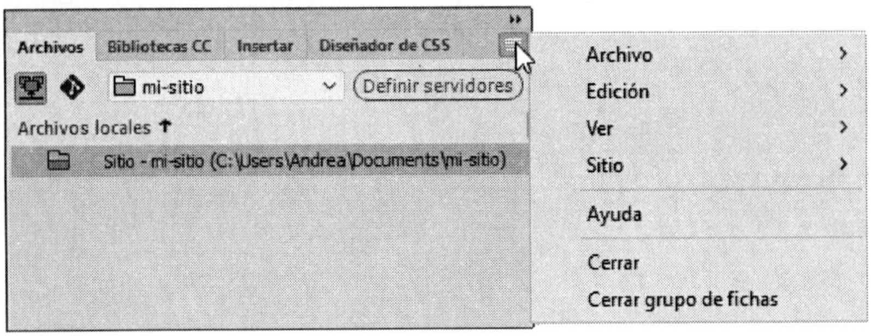

5. Separar una pestaña del panel

- Es posible separar pestañas del documento. Basta con hacer clic y arrastrar a partir de la pestaña hacia el centro de la pantalla.

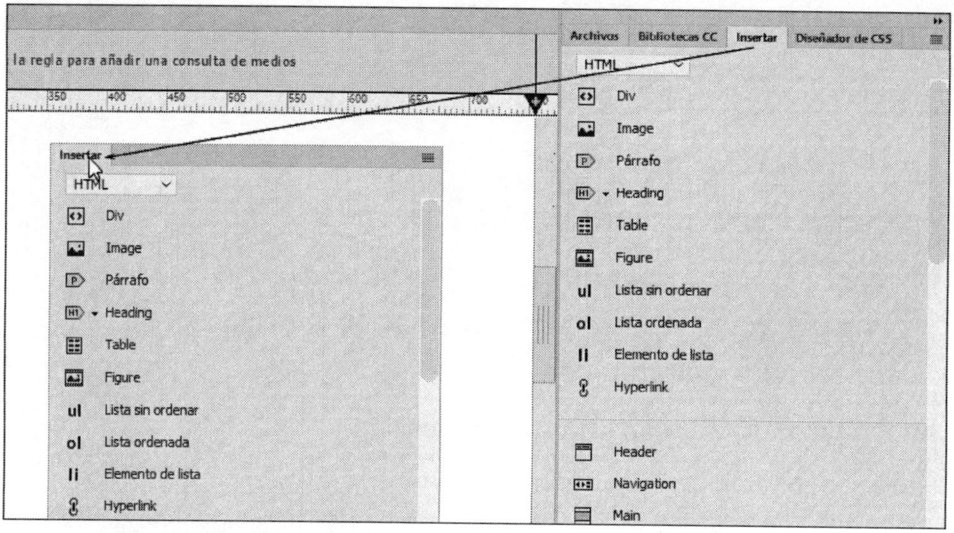

La pestaña está ahora separada.

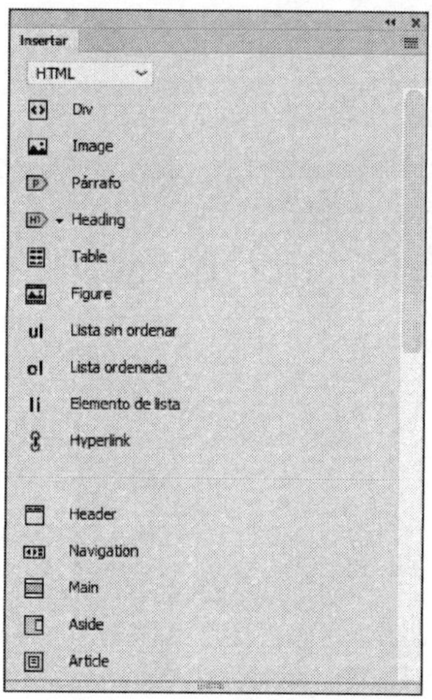

- Para colocar el panel separado en el documento lleve a cabo la misma operación, pero a la inversa: desplace la pestaña desde el panel hacia un grupo de pestañas (es indiferente hacia cuál) o entre un grupo de pestañas.
  Aparecerá un ribete azul que le indicará el lugar donde se coloca el panel.

Observe que siguiendo el mismo principio, es posible separar un grupo de paneles utilizando la parte gris, sin pestaña, del grupo.

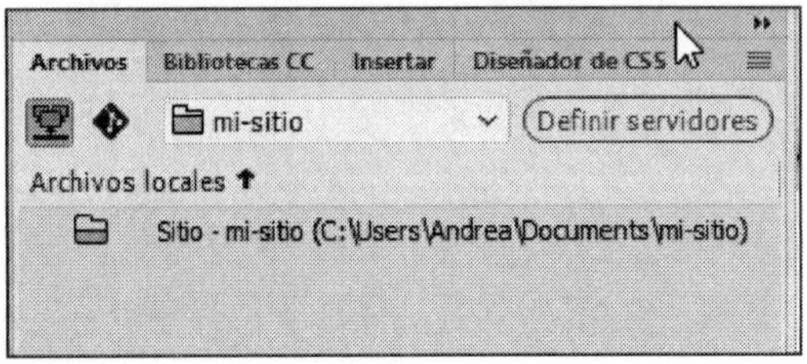

6. Minimizar y expandir un grupo de paneles

- Para minimizar un grupo de paneles abierto y que ocupe menos espacio en pantalla, haga clic con el botón derecho a la derecha de las pestañas, en la zona gris (donde no hay pestañas) y seleccione **Minimizar**.
- Para ver las pestañas minimizadas, haga clic con el botón derecho y seleccione **Expandir grupo de fichas**.
- También puede hacer doble clic en la zona gris.

  En el ejemplo siguiente, el grupo de paneles **Archivos**, **Bibliotecas CC**, **Insertar** y **Diseñador de CSS** está reducido.

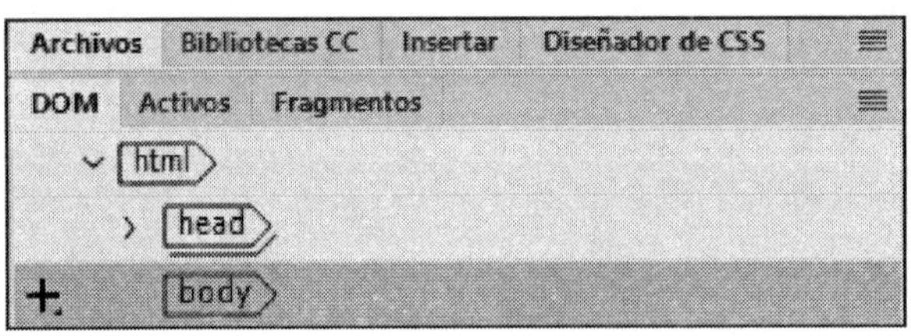

7. Guardar el espacio de trabajo

- Acabamos de ver que es posible organizar como se quiera el espacio de trabajo desplazando los paneles y situándolos allá donde sea conveniente. Para guardar este espacio de trabajo personalizado, en el menú **Ventana - Diseño del espacio de trabajo**, seleccione **Nuevo espacio de trabajo**. Dé un nombre al espacio en la ventana que aparece.

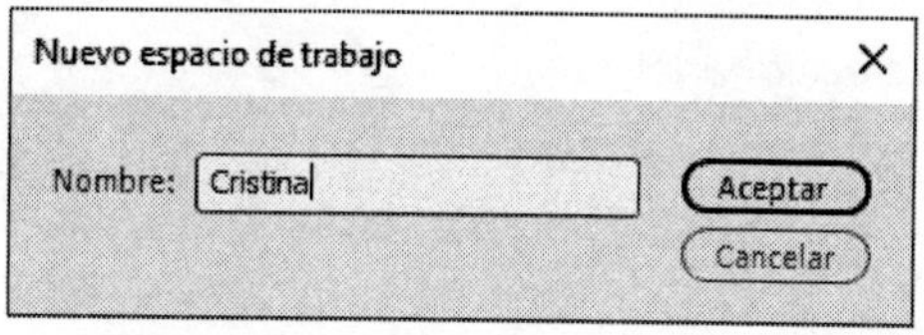

Podrá encontrarlo en el menú **Ventana - Diseño del espacio de trabajo**.

8. Restablecer un espacio de trabajo

➜ Para recuperar un espacio de trabajo tal y como se había definido originalmente, en el menú **Ventana - Diseño del espacio de trabajo**, seleccione **Restablecer «nombre del espacio de trabajo»**.

G. Los paneles importantes

1. El panel Propiedades

El panel **Propiedades** es muy importante en el diseño de una página web. Se accede a él a partir del menú **Ventana**, al igual que al resto de paneles. Para acceder de forma más rápida y fácil, es posible situarlo en la parte inferior de la pantalla.

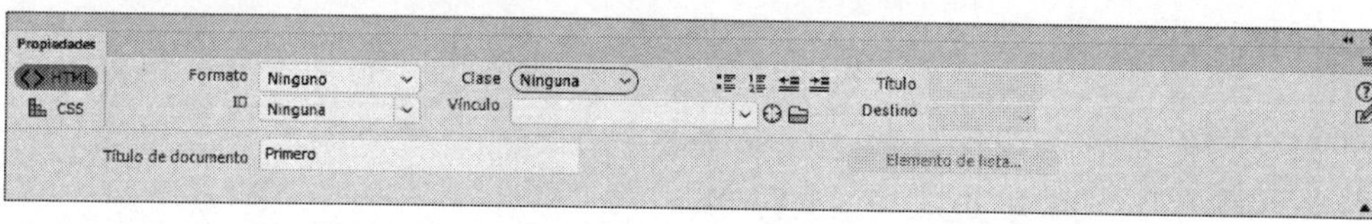

Este panel facilita la composición contextual: la vista del contenido del panel varía en función del contexto seleccionado. Las funciones también varían dependiendo del elemento seleccionado.

Este es el panel **Propiedades** con un párrafo de texto seleccionado y con el botón **CSS** activo:

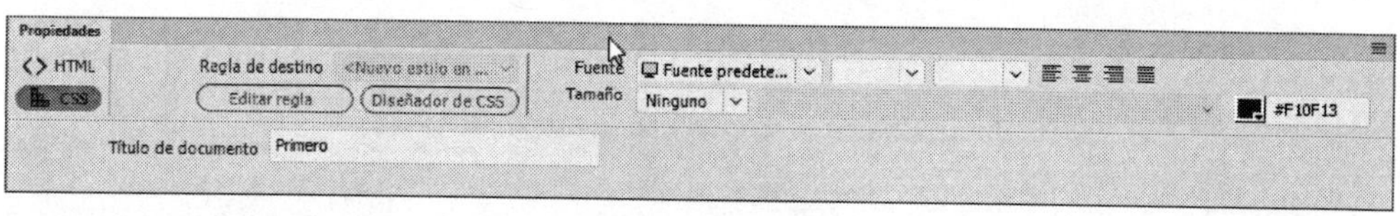

Este es el panel **Propiedades** con una tabla seleccionada:

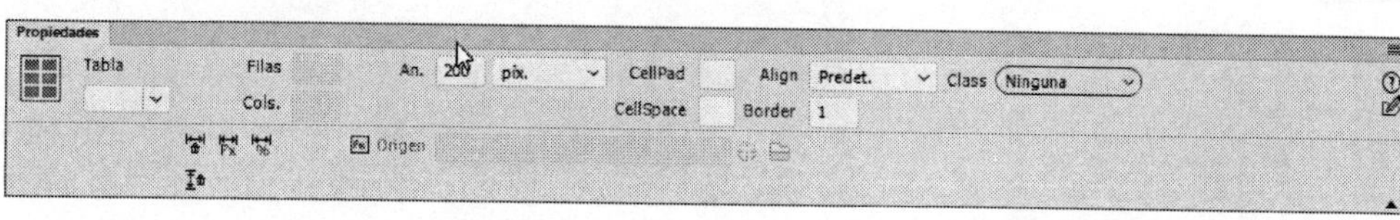

Este es el panel **Propiedades** con una imagen seleccionada:

2. El panel Insertar

El panel **Insertar** permite insertar rápidamente diferentes objetos en la página web.

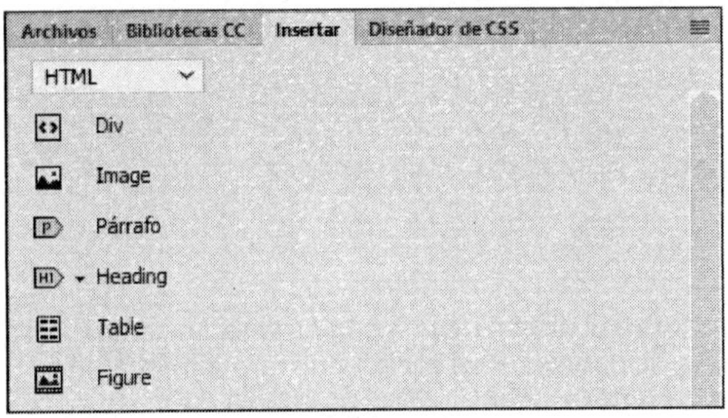

- Para seleccionar una categoría de objetos a insertar, utilice la lista desplegable, que se encuentra en la categoría **HTML** de forma predeterminada.

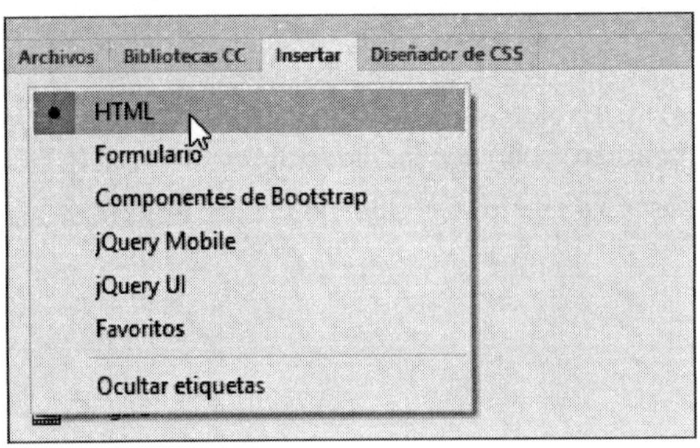

Aquí vemos seleccionada la categoría **Formulario**:

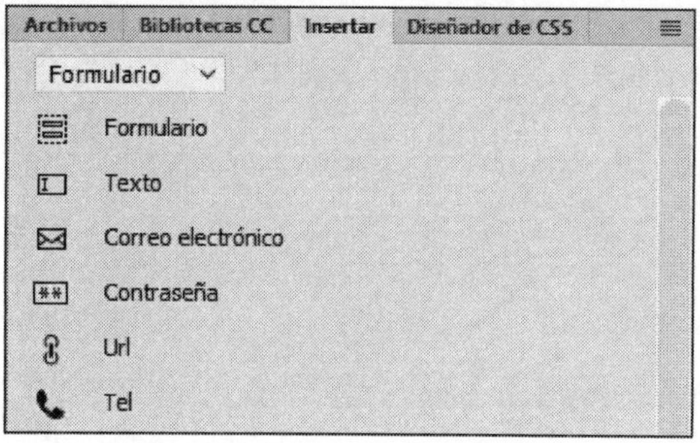

3. El panel Archivos

El panel **Archivos** permite administrar todos los archivos de su sitio web. También permite acceder a la administración de los sitios y a la publicación.

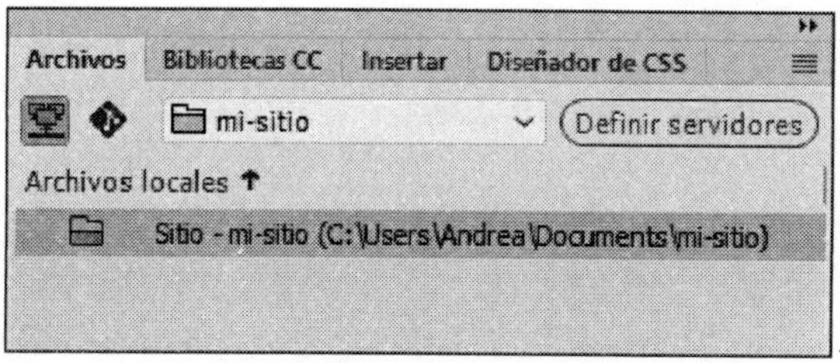

H. Las barras de herramientas

1. La barra de herramientas Documento

De forma predeterminada, Dreamweaver muestra la barra de herramientas **Documento** (**Ventana - Barras de herramientas**).

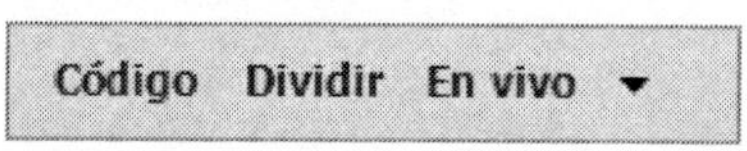

Los botones de esta barra de herramientas permiten administrar la vista.

- El botón **Código** permite mostrar únicamente el código fuente de la página activa.
- El botón **Dividir** permite partir la pantalla en dos. La parte superior muestra tal y como queda la página, es decir, la apariencia real de la página web. La parte inferior muestra el código.

- El siguiente botón permite ver el modo **Creación** del resultado, es decir, la vista del diseño de la página, o bien el modo **En vivo**, es decir, la vista real de la página.

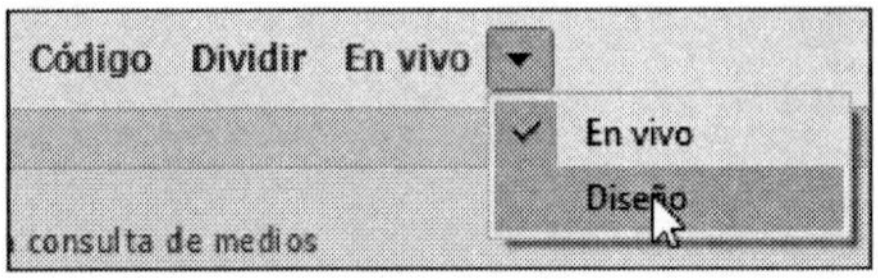

2. La barra de herramientas Estándar

➔ En el menú **Ventana - Barras de herramientas**, seleccione **Estándar**.

Esta barra de herramientas permite acceder a las funciones estándar de los documentos: nuevo documento, abrir, guardar, imprimir, etc.

3. La barra de herramientas Común

➔ En el menú **Ventana - Barra de herramientas**, seleccione **Común**.

Esta barra de herramientas aparece por defecto a la izquierda de la ventana principal. Gestiona la ventana en modo Diseño y en modo Código.

Esta barra de herramientas puede personalizarse haciendo clic en el botón de tres puntos.

I. La barra de estado

Situada bajo la página web que se está creando, esta barra es muy importante porque muestra importante información técnica.

1. Ver el código HTML en curso

➔ En la barra de estado, a la izquierda, podrá ver el código HTML correspondiente al elemento seleccionado en la página. En este ejemplo hemos seleccionado una celda de la tabla (<td>):

2. Validación del código

El botón siguiente indica si el código generado es válido mediante una señal  , o si contiene errores mediante una cruz roja  .

3. Idioma utilizado

A continuación verá la indicación del lenguaje utilizado en la página activa. En este ejemplo se trata de lenguaje **HTML**:

4. El tamaño de la ventana de diseño

A la derecha tiene a su disposición una lista desplegable para mostrar la página web según un tipo o un tamaño de pantalla determinados.

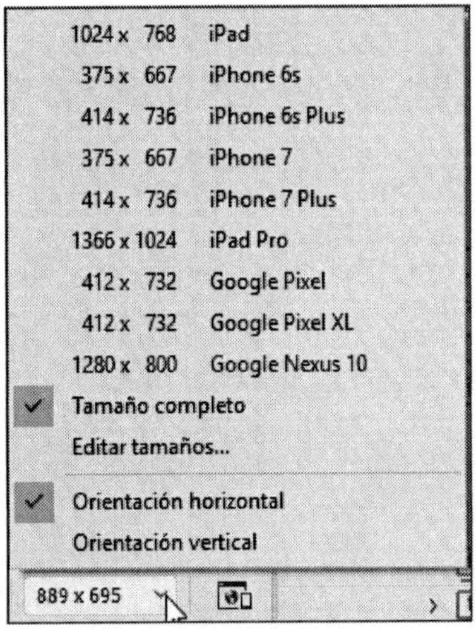

En las **Preferencias** (menú **Edición** en Windows, menú **Dreamweaver CC** en Mac OS), dentro de la categoría **Tamaños de ventana**, puede crear otros tamaños de ventana.

El último botón permite seleccionar el navegador para ver la página web activa.

J. El entorno de diseño

1. El zoom de la página

- Para hacer zoom de la página, seleccione **Aumentar y reducir** en el menú **Ver - Opciones de vista de diseño** y a continuación escoja un valor de zoom.
- También puede usar los comandos **Acercar** y **Alejar**.

2. Las reglas

Añadir reglas horizontales y verticales le permitirá colocar, posicionar y dar la dimensión correcta a los diferentes elementos de la página web.

- En el menú **Ver - Opciones de vista de diseño - Reglas**, seleccione **Ver**. En cuanto a la unidad, aconsejamos que se decante por los píxeles, que son la unidad usual en la web. En el menú **Ver - Opciones de vista de diseño - Reglas**, seleccione **Píxeles**.
- Es posible desplazar el origen 0x0 de las reglas haciendo clic y arrastrando desde la intersección de la regla. Suelte el cursor del ratón allá donde desee situar el origen.

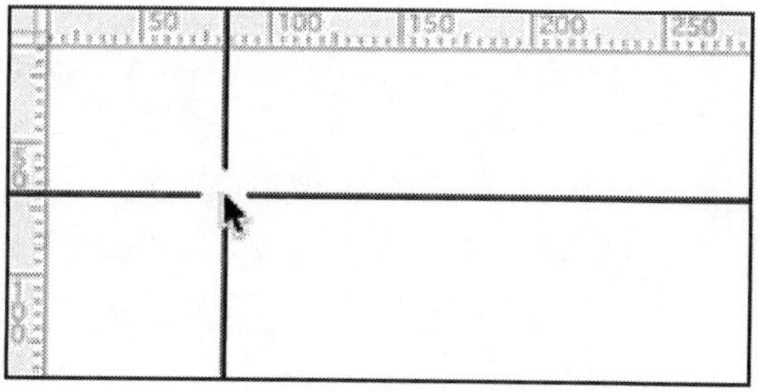

> Para volver a situar el origen 0x0 de las reglas en el punto inicial, haga doble clic en la intersección de la regla o vaya al menú **Ver - Opciones de vista de diseño - Reglas** y seleccione **Restablecer origen**.

3. La cuadrícula

Mostrar una cuadrícula de composición puede resultar muy útil para posicionar objetos.

- En el menú **Ver - Opciones de vista de diseño - Cuadrícula**, seleccione **Mostrar cuadrícula** y **Ajustar a cuadrícula** para establecer la atracción magnética de los objetos. Para establecer los ajustes de la cuadrícula, en ese mismo menú, seleccione **Configurar cuadrícula**.

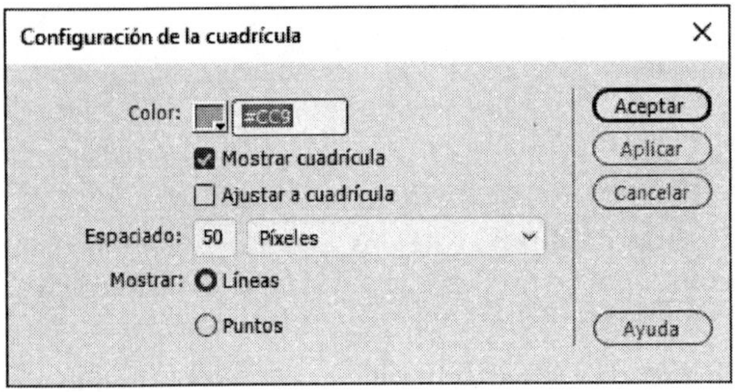

4. Las guías

Las guías son líneas horizontales y verticales que permiten alinear y posicionar correctamente objetos en la página web.

- Es posible mostrar guías con un tamaño predefinido de ventana de navegador. En el menú **Vista - Opciones de vista de diseño - Guías**, seleccione el tamaño predefinido.
- Para situar usted mismo las guías, haga clic y arrastre desde la regla horizontal o vertical hasta la página.

Ejemplo con una guía colocada bajo la imagen de 208 píxeles:

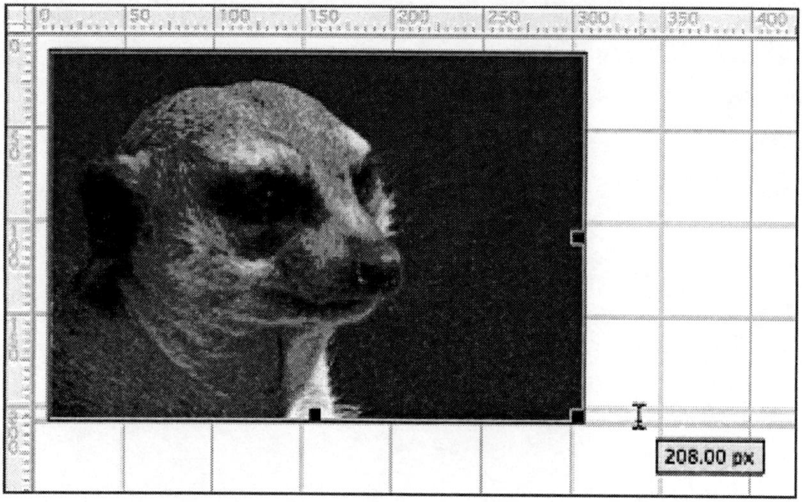

➜ Manteniendo presionada la tecla Ctrl (Windows) o cmd ⌘ (Mac) y pasando el puntero entre las guías, verá las distancias entre las guías, expresadas en píxeles.

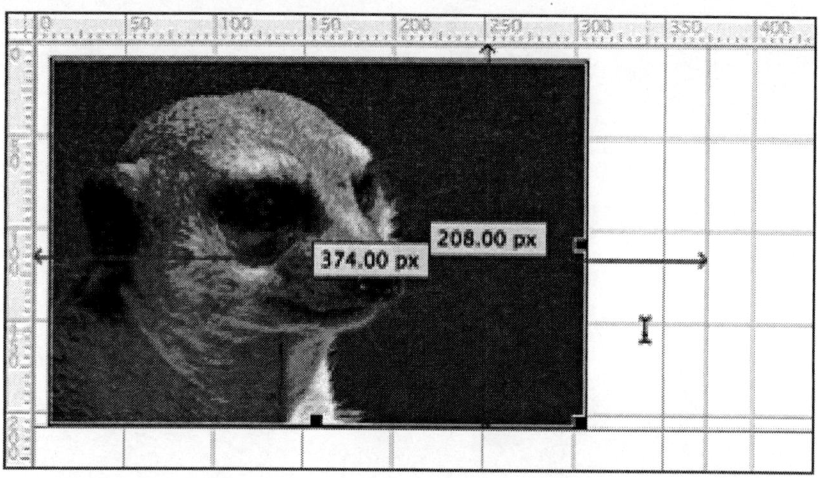

➜ Para gestionar las guías, en el menú **Ver - Opciones de vista de diseño - Guías**, seleccione **Mostrar guías** (Ctrl **;** (PC) o cmd ⌘ **;** (Mac)), **Bloquear guías** (Ctrl Alt **;** (PC) o cmd ⌘ alt **;** (Mac)), **Ajustar guías** (o Ctrl **:**), **Ajustar guías a elementos** (o Ctrl ⇧ **:**) y **Borrar guías**. Para administrarlas de manera general, seleccione **Editar guías**.

Capítulo 3: Definir el sitio local y remoto

A. El sitio local y el sitio remoto

1. El sitio local

Al crear un sitio web, deberá, en primer lugar, hacerlo en "local", es decir, en un aparato diferente del servidor web conectado a Internet. Este aparato puede ser el suyo o un disco compartido en su red de empresa.

Deberá crear una carpeta que recibirá el nombre de **carpeta raíz local**. En ella deberán incluirse todos los archivos que constituirán el sitio web sin excepción. Por el contrario, nada le impide crear subcarpetas dentro de ella con el fin de organizar mejor los archivos.

2. El sitio remoto

Después, aunque no necesariamente tras la creación del sitio local, deberá configurar su **sitio distante**. Este sitio distante es el sitio publicado en un servidor web y al que pueden acceder, por tanto, todos los internautas. El servidor web puede ser un servidor de su proveedor de hosting o el servidor web de una intranet de empresa.

Para acceder a la carpeta del sitio remoto es posible utilizar dos métodos. Si está creando el sitio de su empresa y su empresa posee su propio servidor web, accederá a la carpeta del sitio remoto (llamada también carpeta de publicación) a través de la **red** de su empresa. El responsable del servidor web le dará acceso al servidor web, a la carpeta de publicación, mediante un nombre de conexión (login) y una contraseña.

En caso de no tener acceso directo al servidor web, podrá acceder a él mediante el protocolo **FTP** (*File Transfer Protocol*). Su proveedor de hosting le dará todos los datos para conectarse. Esta segunda posibilidad es la que utilizan todos los sitios personales con un proveedor de acceso a Internet (FAI), un proveedor de sitios web.

3. Las actualizaciones

Una vez publicado el sitio, una vez que esté en línea, cuando necesite introducir actualizaciones, bastará con que publique en el servidor web los archivos modificados, ya sean páginas HTML, imágenes, etc. En el capítulo Publicación del sitio, veremos cómo publicar y actualizar archivos.

B. Crear el nuevo sitio

1. Definir el sitio local

➔ En el menú **Sitio**, seleccione **Nuevo sitio**.

En la ventana **Configuración del sitio** que aparece, a la izquierda la categoría **Sitio** está activada.

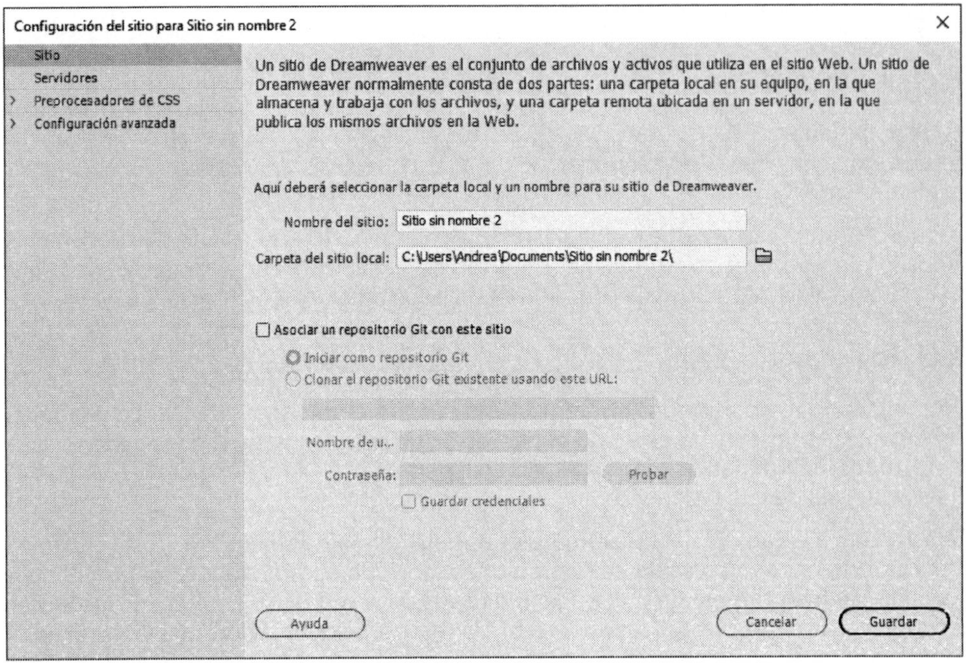

- En el campo **Nombre del sitio**, introduzca el nombre deseado. Este es un nombre para usted y para Dreamweaver, lo que quiere decir que puede usar cualquier tipo de caracteres.
- En el campo **Carpeta del sitio** local, indique la carpeta raíz local de su sitio en el dispositivo de trabajo. Para facilitar las cosas, en lugar de escribir la ruta de acceso a la carpeta, haga clic en el botón **Examinar carpeta** situado a la derecha de ese campo. Recorra la estructura de su dispositivo de trabajo hasta seleccionar la carpeta raíz local. Esta carpeta puede recibir el nombre que prefiera; puede añadir la palabra **local** para distinguirla de la carpeta de publicación en el servidor web.

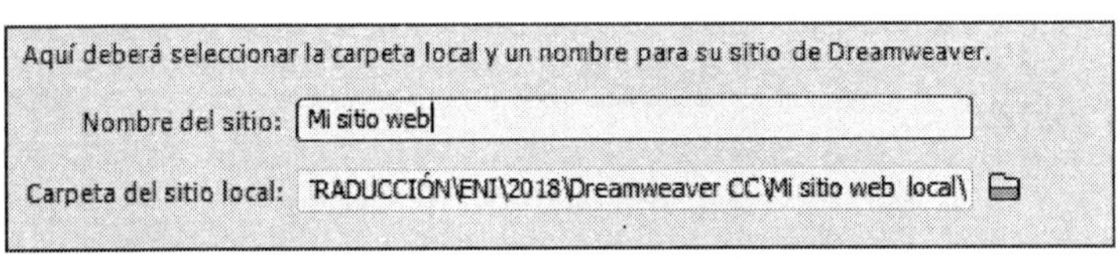

Los equipos de desarrollo que trabajan conjuntamente pueden utilizar un servidor Git para administrar mejor las diferentes versiones del proyecto. Deberán marcar entonces la opción **Asociar un repositorio Git con este sitio**.

2. Definir el sitio remoto

A continuación deberá definir la configuración de acceso al servidor web que alojará el sitio.

➜ En la ventana **Configuración del sitio**, haga clic en **Servidores**.

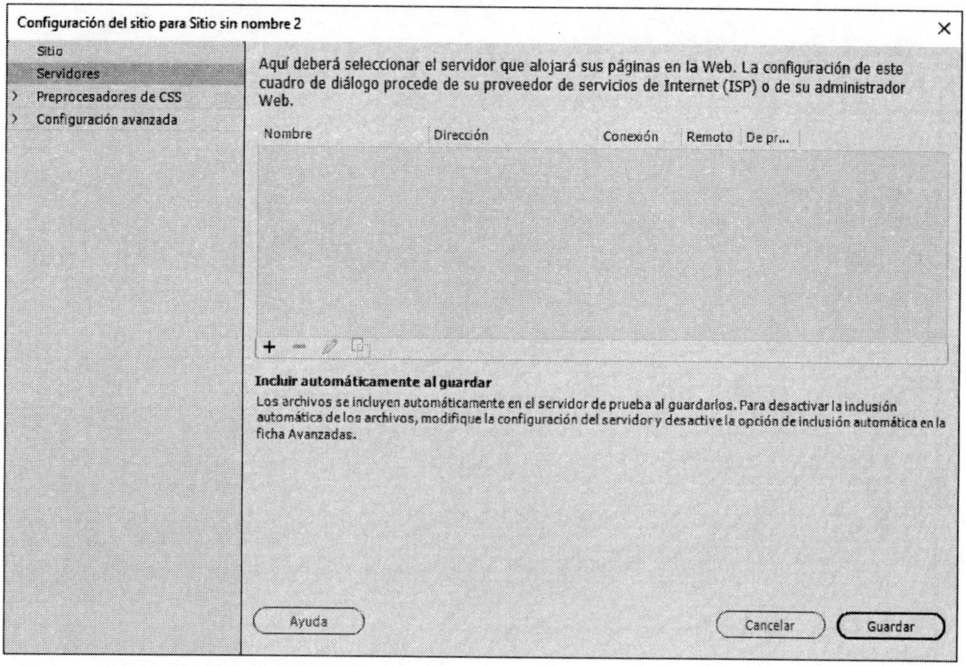

➜ Haga clic en **Añadir nuevo servidor** para agregar un servidor remoto.

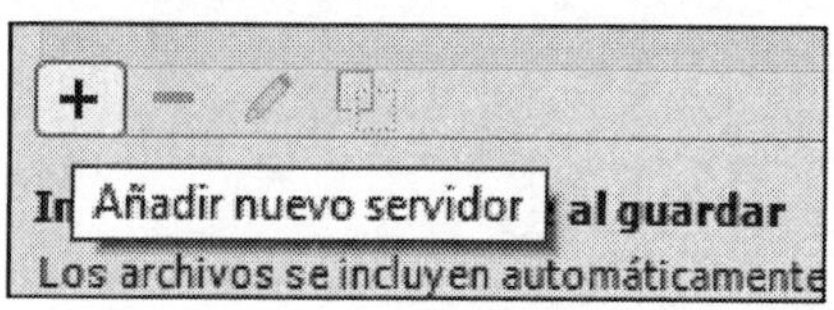

La pestaña de configuración **Básicas** aparece activa.

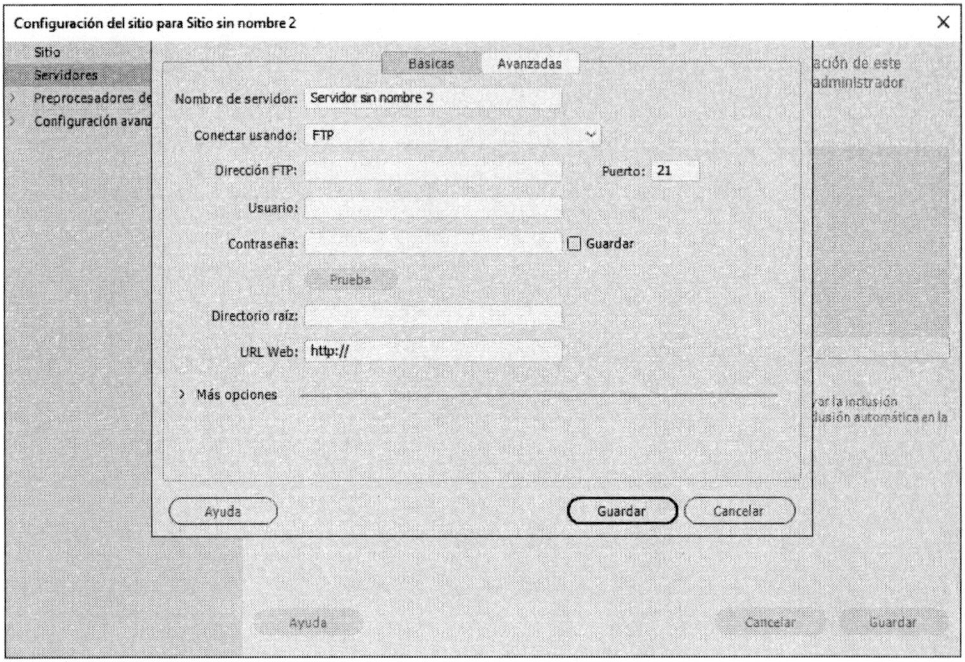

- En el campo **Nombre de servidor** introduzca el nombre deseado.
- En la lista desplegable **Conectar usando**, seleccione de qué manera va a conectarse al servidor web remoto.

3. Publicación mediante FTP

- Por **FTP**: cumplimente los campos **Dirección FTP**, nombre del **Usuario** y **Contraseña**. Su proveedor de hosting le suministrará esa información.
  Al introducir esos datos, el botón **Prueba** pasará a estar activo.
- También puede cumplimentar los campos **Directorio raíz** y **URL Web**.
- Haga clic en **Más opciones** para acceder a otras configuraciones adicionales. Sólo utilizará esas configuraciones avanzadas si su proveedor de hosting se lo solicita.

4. Publicación mediante un servidor local

- Por **Local/Red**. En los casos de publicaciones locales, en su equipo de trabajo, bastará con que seleccione la carpeta de publicación a partir del botón **Examinar** situado a la derecha del campo **Carpeta del servidor**.

  En este ejemplo, el paquete de servidores utilizado es **MAMP**. La **URL Web**, la dirección del sitio es en **localhost**, es decir, en local dentro mi equipo de trabajo.

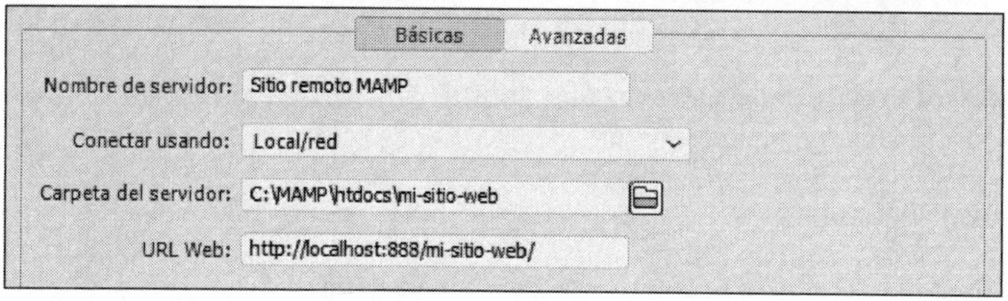

5. Configuraciones avanzadas

Ya sea por FTP o por red local, la pestaña **Avanzadas** ofrece otras opciones.

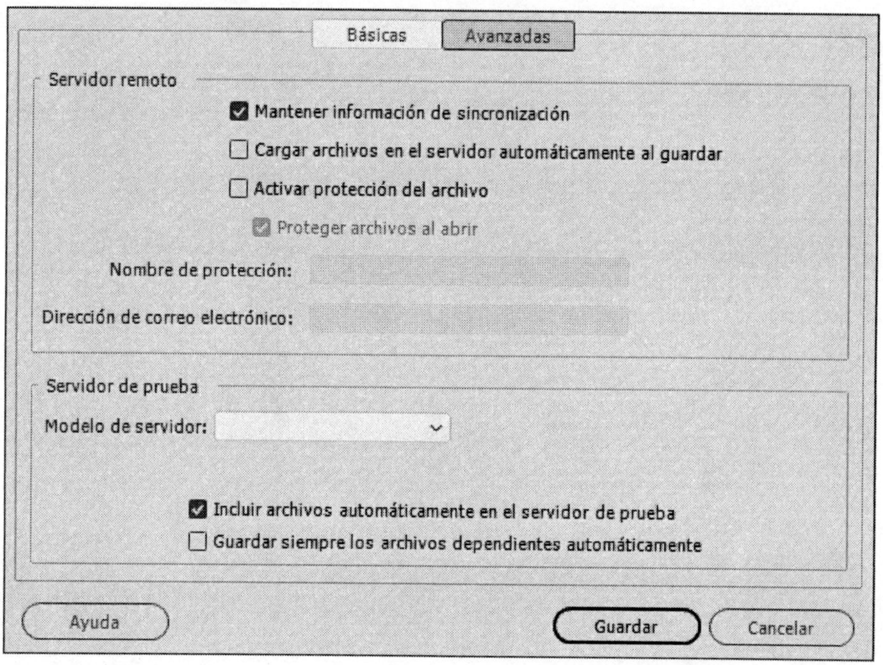

- La opción **Mantener información de sincronización** permite comprobar qué archivos están publicados en el servidor web. Deje esta opción marcada.
- La opción **Cargar archivos en el servidor automáticamente al guardar** es un tanto «peligrosa». Cuando está marcada, en cuanto se procede a guardar la página web en el sitio local, Dreamweaver la publica automáticamente en el servidor web!
- La opción **Activar protección del archivo** permite trabajar en un grupo de desarrollo para saber en todo momento sobre qué archivo trabaja cada quien.
- El cuadro **Servidor de prueba** permite crear sitios dinámicos que requieran el acceso a una base de datos y a un lenguaje de servidor.

6. Los servidores remotos

- Una vez configurado el servidor remoto, haga clic en **Guardar**.

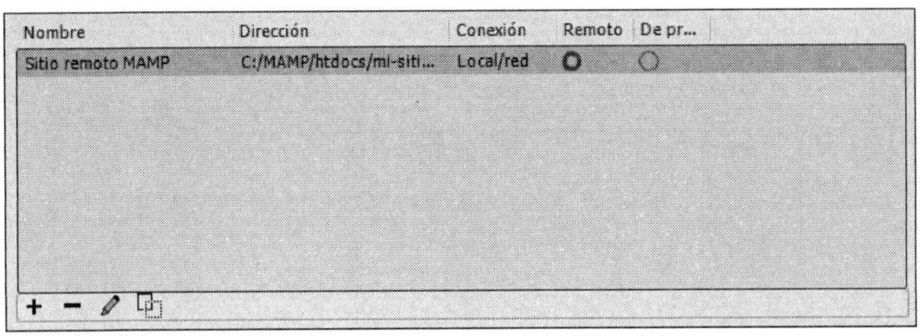

En la parte inferior del cuadro, hay disponibles varios botones: 

- Seleccionando un servidor remoto, es posible eliminarlo, editarlo y duplicarlo.

7. Los demás tipos de conexión

➜ En la lista desplegable **Conectar usando**, hay otras soluciones disponibles: **SFTP**, **FTP sobre SSL** y **WebDAV**.

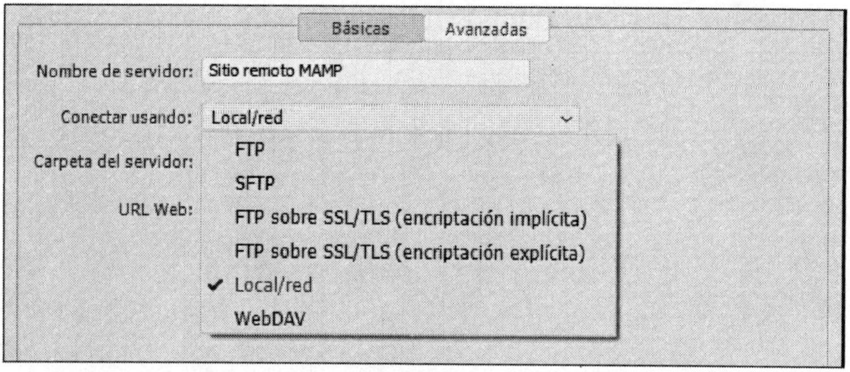

El protocolo **SFTP** (*Secure FTP*) permite utilizar una conexión FTP segura mediante un sistema de encriptación de datos y claves públicas.

Los protocolos **FTP sobre SSL** permiten enviar los archivos a los servidores de manera segura utilizando un certificado **SSL**.

El protocolo **WebDAV** permite administrar la creación de sitios web, la publicación de páginas dentro de un grupo de trabajo. Deberá disponer obligatoriamente de un servidor (Apache, Microsoft IIS) que admita este protocolo.

C. Los preprocesadores CSS

Los preprocesadores CSS permiten generar automáticamente archivos CSS a partir de una sintaxis más flexible para desarrolladores web profesionales. En la actualidad existen principalmente dos técnicas: **LESS** y **SASS/SCSS**.

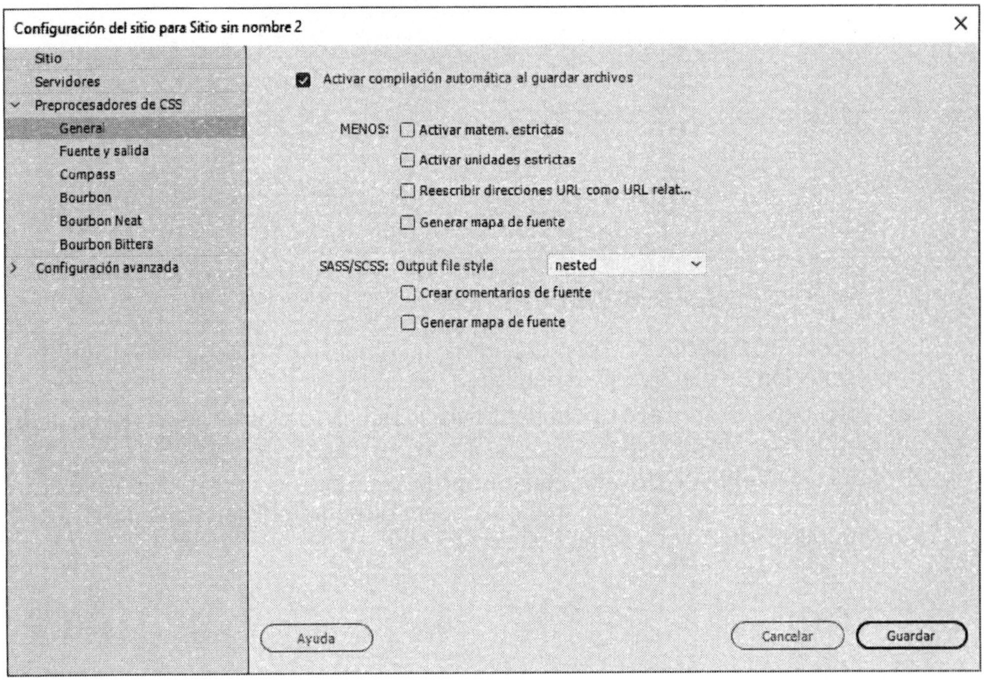

Active únicamente esta tecnología si la utiliza en sus desarrollos.

D. La configuración avanzada

En la ventana **Configuración del sitio** se encuentra la opción **Configuración avanzada.**

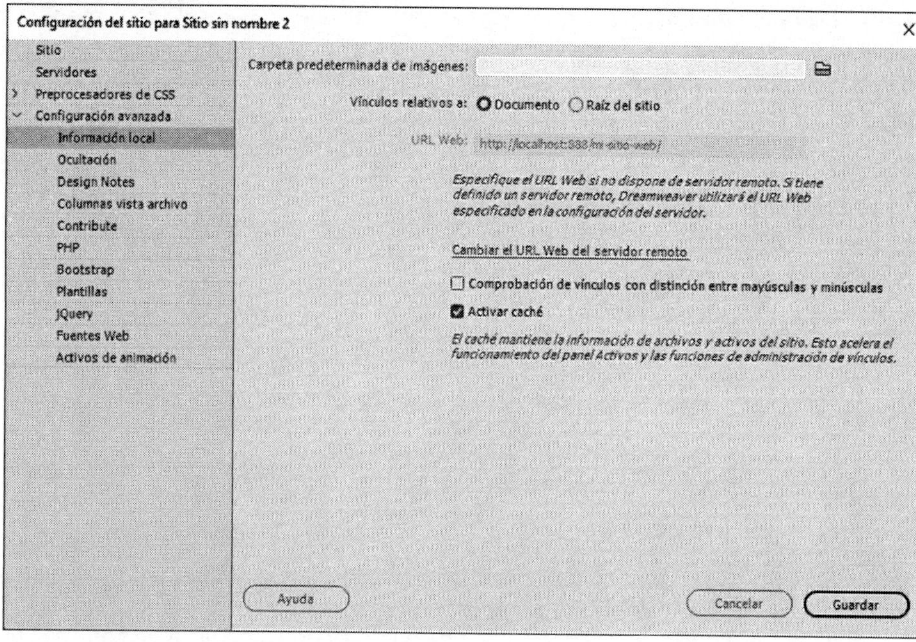

1. La información local

Las primeras configuraciones avanzadas corresponden a información local (categoría **Información local**).

- El campo de texto **Carpeta predeterminada de imágenes** permite crear una carpeta en la que se almacenarán todas las imágenes.
- La opción **Vínculos relativos a** permite definir el tipo de ruta de acceso a los archivos. Deje la opción **Documento** marcada
- La casilla de verificación **Comprobación de vínculos con distinción entre mayúsculas y minúsculas** permite comprobar la concordancia de esos tipos de caracteres en el nombre de los archivos para los servidores UNIX. Márquela si su proveedor de hosting así se lo solicita.
- La casilla de verificación **Activar caché** permite que Dreamweaver conozca todas las modificaciones de la estructura de su sitio (cambios de nombre de archivos, desplazamientos, etc.). En caso de modificaciones, Dreamweaver pregunta si se deben actualizar o no los vínculos. Déjela marcada.

2. La ocultación

➜ En la categoría **Ocultación** marque la opción **Activar ocultación**. En el campo **Ocultar los archivos que terminen en**, seleccione las extensiones de archivos de su carpeta local que deben publicarse en el servidor web.

En este ejemplo podemos ver, entre otros, `.fla` para Flash y `.psd` para Photoshop.

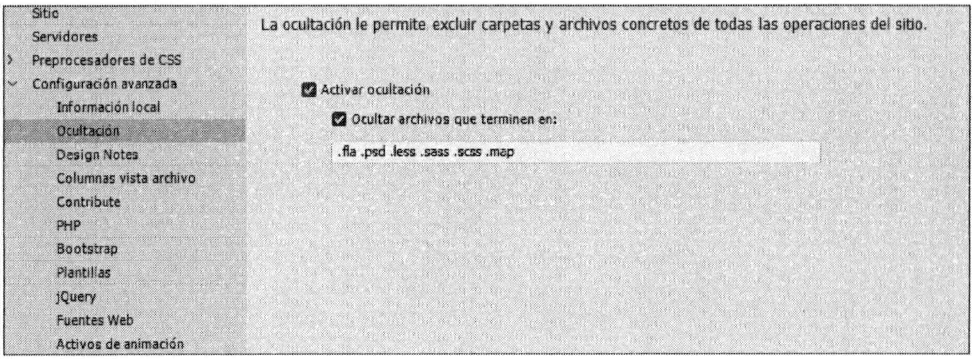

3. Las notas en los archivos

La categoría **Design Notes** permite utilizar un sistema de notas, de comentarios, en los archivos cuando trabaja en colaboración con otros en un mismo sitio web. Podrá entonces indicar informaciones sobre la creación y el diseño de una página web u otra. Esta opción de activación está marcada por defecto.

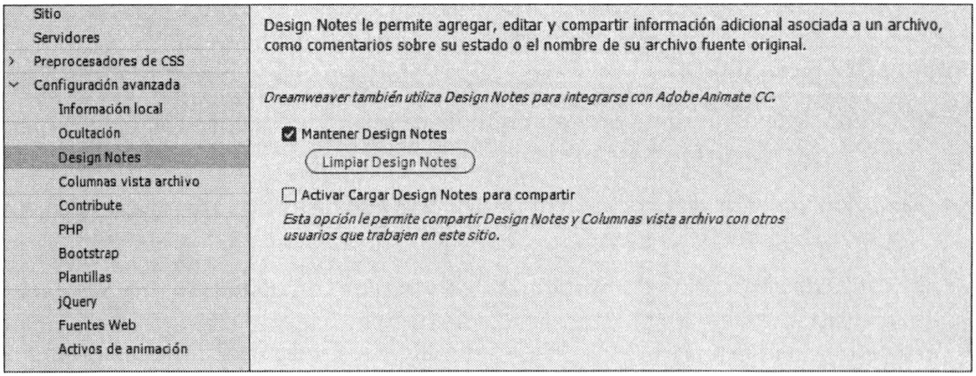

4. La organización del mapa de archivos

La categoría **Columnas vista archivo** permite organizar la lista de archivos del sitio. Es posible añadir o eliminar columnas y modificar el orden en que estas se muestran.

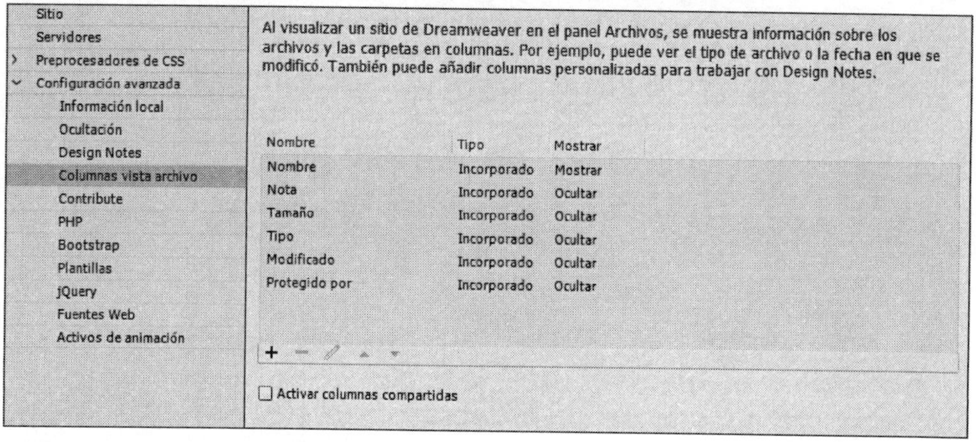

5. Trabajar con colaboradores

En las páginas web, numerosas personas deben colaborar en darle vida al sitio (redactar contenidos, editar, actualizar, revisar, etc.) y es evidente que no usarán el software Dreamweaver. Adobe ofrece un programa muy fácil de usar para ese tipo de personas: **Contribute**.

➜ En la categoría **Contribute**, active la compatibilidad entre el programa Contribute y su sitio web marcando **Activar compatibilidad con Contribute**.

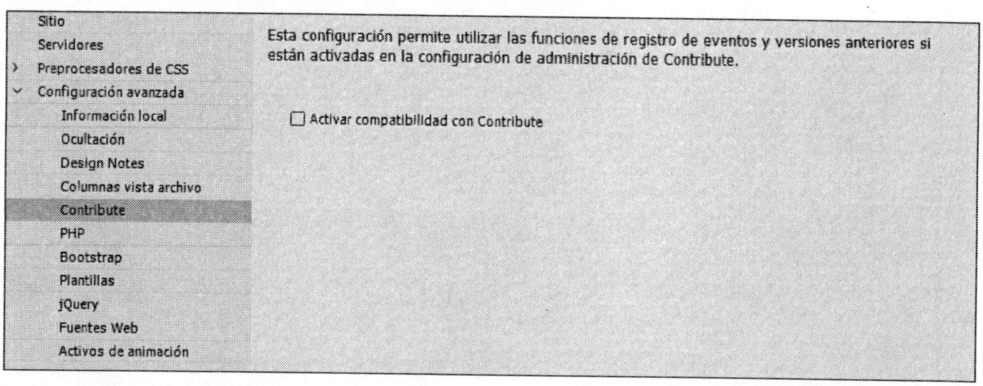

6. Las carpetas de archivos del sitio

Las categorías **jQuery**, **Fuentes Web** y **Activos de animación** permiten definir la carpeta donde se almacenan los archivos relativos a estos elementos.

Ejemplo para los archivos **jQuery**:

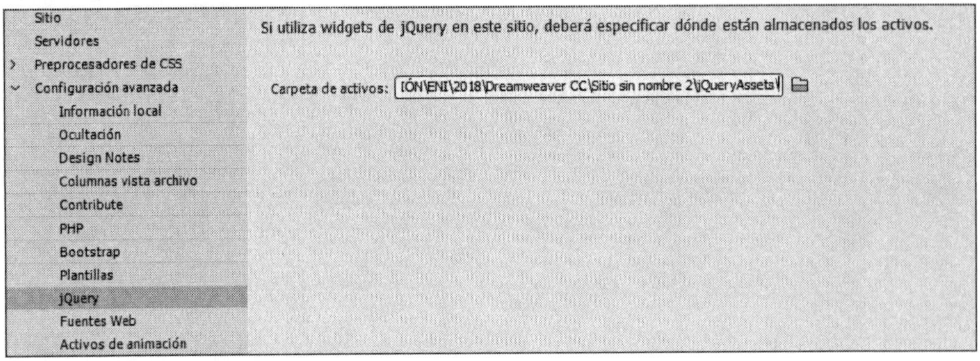

E. Administrar los sitios creados

➜ Para modificar la configuración de un sitio web, vaya al menú **Sitio - Administrar sitios** o en el menú contextual del panel **Archivos**, seleccione **Sitio - Administrar sitios**.

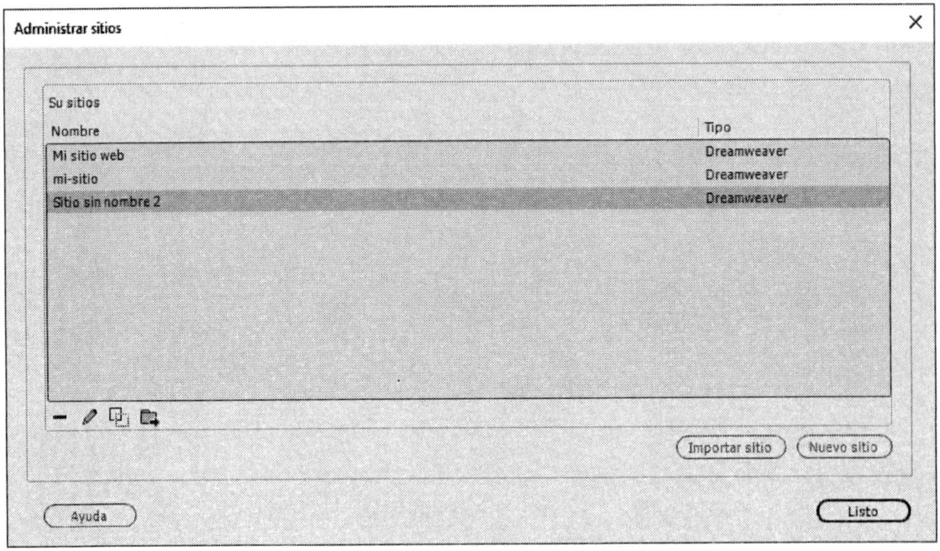

- Seleccione el sitio que quiere editar y haga clic en el botón **Editar el sitio seleccionado actualmente**. Accederá entonces a las categorías vistas anteriormente.

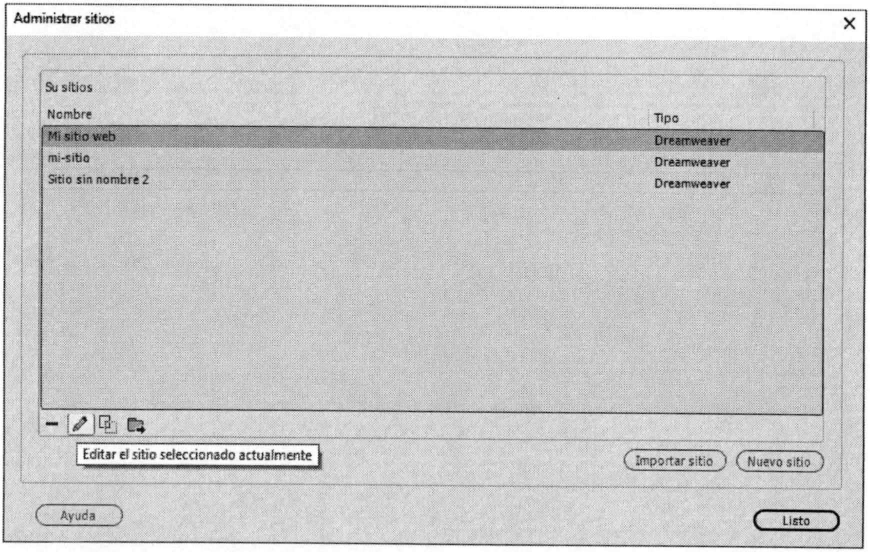

- Para eliminar la configuración de un sitio (pero no eliminar la carpeta del sitio con todos los archivos), seleccione el sitio y haga clic en el botón **Eliminar el sitio o los sitios seleccionados actualmente**.

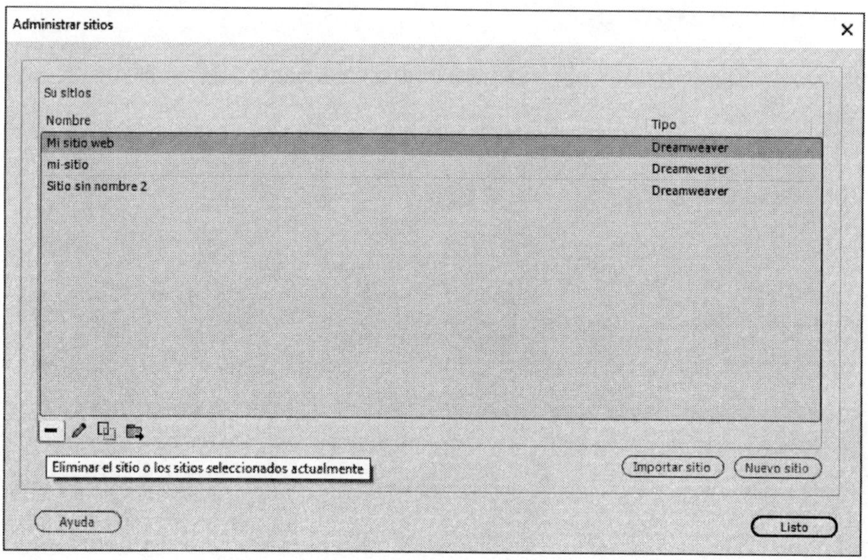

- Para duplicar la configuración de un sitio sin duplicar la carpeta del sitio con todos los archivos, seleccione el sitio y haga clic en el botón **Duplicar el sitio o los sitios seleccionados actualmente**.

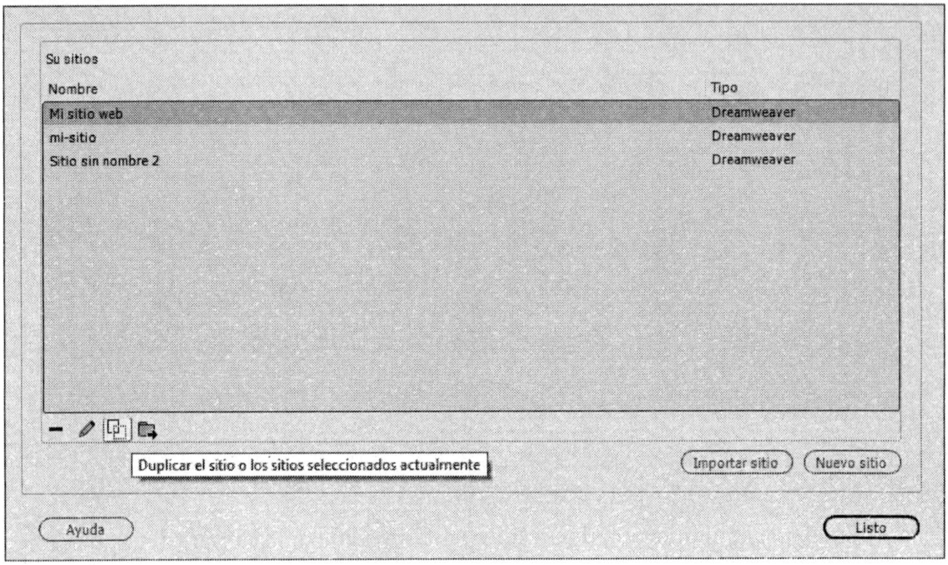

F. Seleccionar un sitio local

Una vez creado y configurado el sitio, este estará visible en el panel **Archivos**.

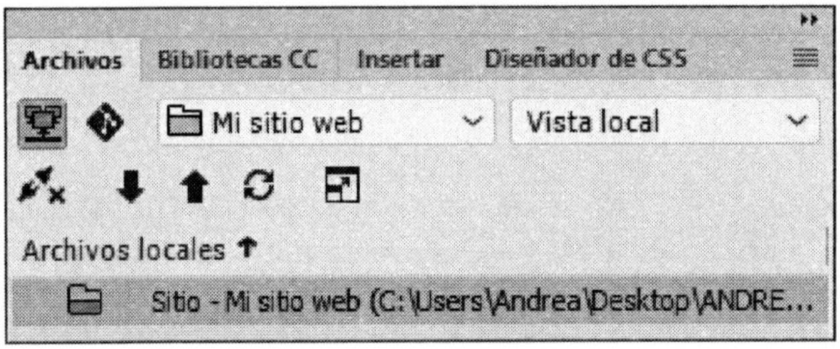

En la lista desplegable donde aparece el nombre de su carpeta raíz local, encontrará todos los demás sitios creados.

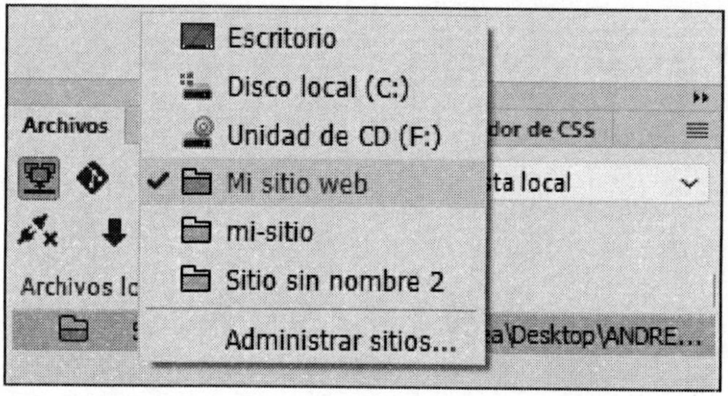

➜ Para pasar de un sitio a otro utilice la lista desplegable.

Capítulo 4: La vista de las páginas

A. La vista de las páginas en los navegadores

1. Probar la página en un navegador

Con Dreamweaver se trabaja en un entorno gráfico: en pantalla se ve aquello que se ha insertado (texto, tablas, imágenes, etc.). Pero debe tener presente que Dreamweaver no es un navegador web. Esto implica que el resultado que aparece en la ventana de Dreamweaver no será siempre lo que se mostrará en un navegador web propiamente dicho. Por ese motivo debemos comprobar siempre la apariencia de la página, cómo esta se muestra en los navegadores.

2. Añadir navegadores

→ Deberá comprobar la página en el mayor número posible de navegadores para verificar el resultado en varios entornos. Para configurar los diferentes navegadores que Dreamweaver utilizará, vaya a **Preferencias** (menú **Edición** en Windows, menú **Dreamweaver CC** en Mac), categoría **Vista previa en tiempo real**.

Verá la lista de los navegadores que Dreamweaver ya reconoce:

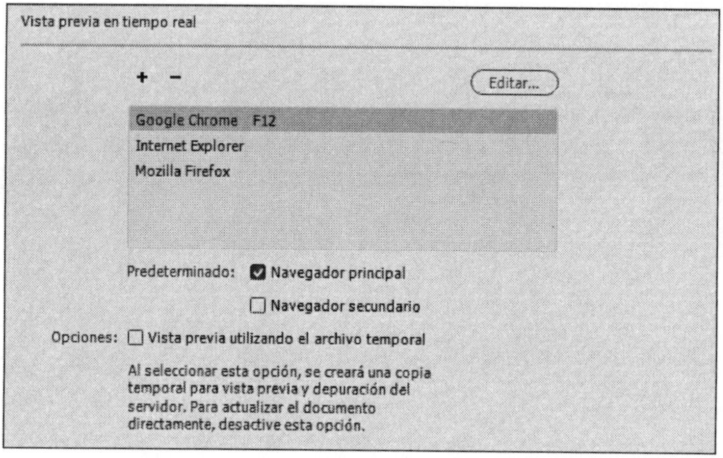

→ Los navegadores se agregan utilizando el botón .

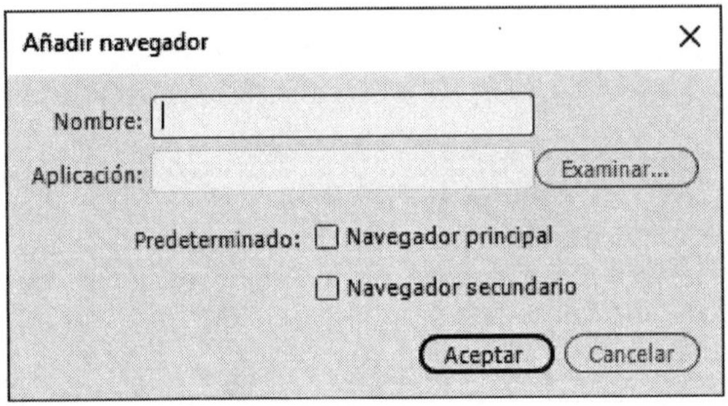

- En la ventana **Añadir navegador**, haga clic en **Examinar** para seleccionar el navegador. Es posible darle un **Nombre** específico.

  Pueden declararse dos navegadores: un **Navegador principal** y un **Navegador secundario**. El navegador principal mostrará la página web usando el método abreviado F12 (en Windows) o Alt F12 (en Mac), el navegador secundario con el método abreviado Ctrl F12 (en Windows) o F12 (en Mac).

3. Ver la página en un navegador

- Mientras la esté elaborando o bien una vez que la acabe, para mostrar la página en un navegador, vaya al menú **Archivo - Vista previa en tiempo real**. Seleccione el navegador en el que desea probar la página. También es posible utilizar el botón **Vista previa en tiempo real** en la barra de estado.

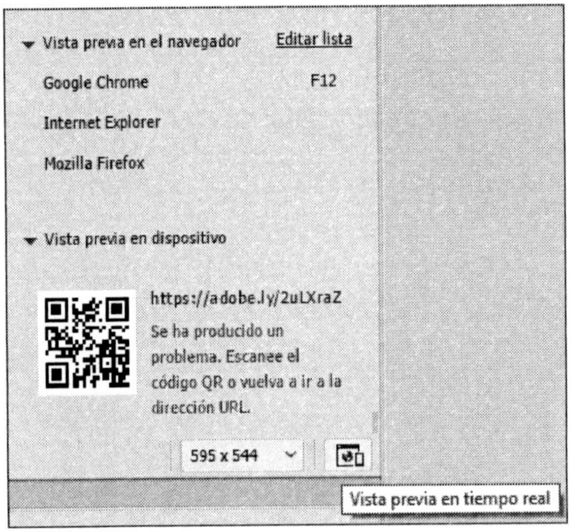

B. Los tipos de vista clásicos

Al crear una página, es posible mostrarla de tres maneras diferentes en Dreamweaver: en modo **Diseño**, **Dividir** o **Código**.

1. La vista Diseño

- En la barra de herramientas **Documento**, haga clic si es preciso en la opción **Diseño**.

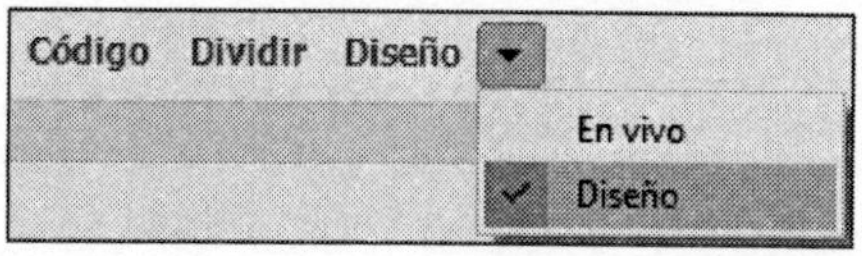

La página se muestra en un modo «rápido», que no es necesariamente fiel a lo que se verá en un navegador.

- También puede acceder mediante el menú **Ver - Modo de vista - Diseño**.

2. El modo Dividir

El modo **Dividir** divide la pantalla de diseño en dos partes: una parte para la vista de la página en modo **Diseño** y la otra para la vista del **Código**.

- En la barra de herramientas **Documento**, haga clic en la opción **Dividir**.

- También es posible acceder a través del menú **Ver - Dividir**, y **Código - Diseño**.

  La pantalla se divide horizontalmente de forma predeterminada.

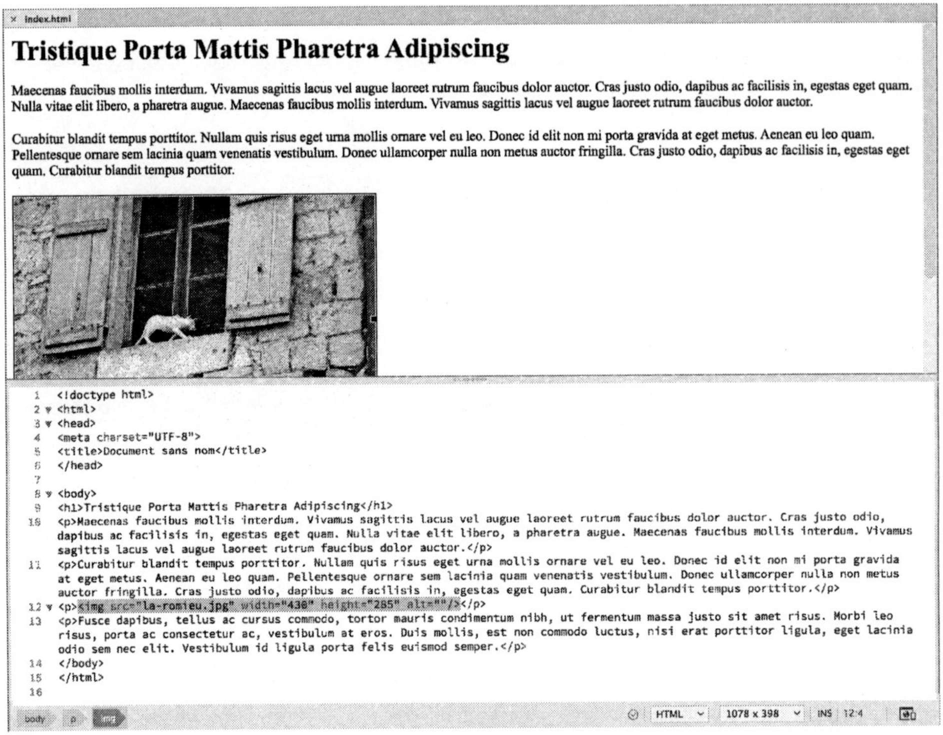

- Para gestionar la vista dividida, en el menú **Ver**, seleccione **Dividir**.
  - **Código - En vivo** muestra la página en la parte superior con su resultado en vivo.
  - **Código - Diseño** muestra la página en la parte superior en modo diseño.
  - **Código - Código** (error de traducción) muestra en la parte superior el modo código.
  - **Dividir verticalmente** y **Dividir horizontalmente** permite seleccionar el tipo de división de la ventana principal.
  - **Vista Diseño arriba** permite disponer la vista de diseño en la parte superior y el código en la inferior.
  - Si realiza modificaciones en modo código, en el menú **Ver**, seleccione **Actualizar vista de diseño** (F5).

3. El modo Código

El modo Código permite acceder al código de la página web y modificarlo.

- En la barra de herramientas **Documento**, haga clic en el botón **Código**.

  Podrá entonces utilizar Dreamweaver en forma de «editor de código».

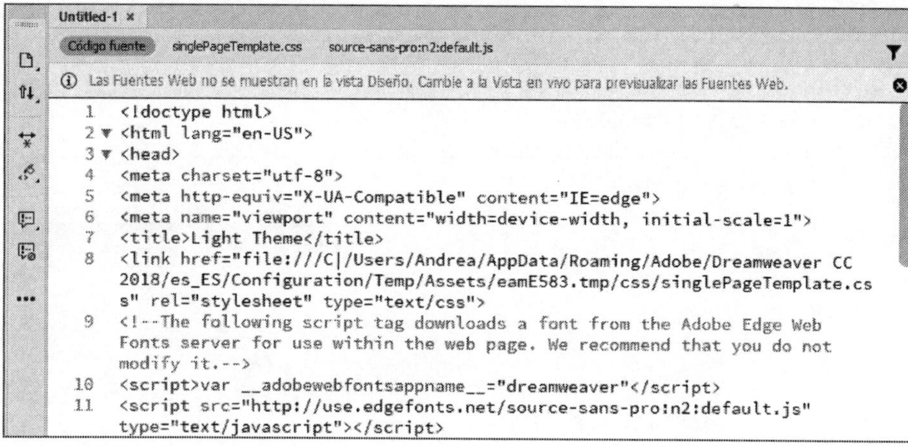

Se puede configurar la vista del modo Código con numerosas opciones.

➜ En el menú **Ver** seleccione **Opciones de vista Código**.

Se puede **Ajustar texto** y activar la **Sangría automática**.

Es posible mostrar:

- Los **Números de línea**
- Los **Caracteres ocultos** y
- **Aplicar colores a sintaxis**

También es posible personalizar la barra de herramientas **Común** que aparece a la derecha.

- Haga clic en el botón con forma de tres puntos.
- En la ventana **Personalizar barra de herramientas**, marque aquello que desea mostrar y desmarque lo que quiere ocultar.

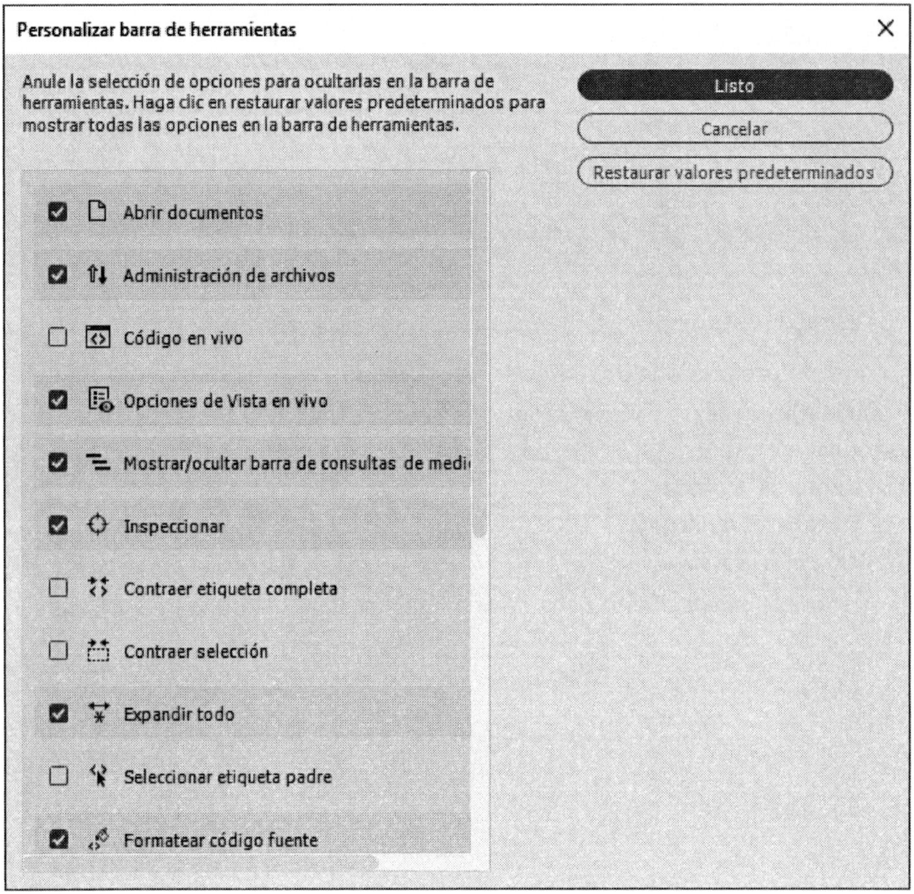

- Haga clic en **Listo**.

C. La vista en vivo de páginas estáticas

Dreamweaver permite ver las páginas web como en un navegador. El modo **En vivo** de Dreamweaver utiliza el motor de vista de **Chromium**. Se trata de un motor de visualización estándar que respeta los estándares de la web.

- En su página web en modo diseño, en la barra de herramientas **Documento**, haga clic en el botón **En vivo**.

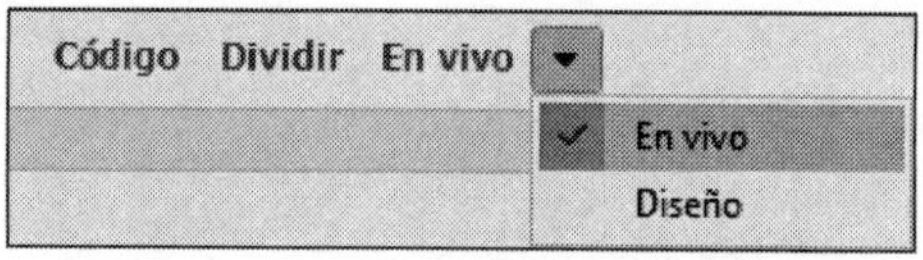

- Para volver al modo Diseño, en la barra de herramientas **Documento**, haga clic en el botón  asociado a la opción **En vivo** y seleccione **Diseño**.

D. La vista en vivo de páginas dinámicas

1. Las páginas dinámicas

Las páginas de hoy en día utilizan muchas tecnologías «dinámicas»: PHP, Ajax, jQuery, etc. Esto significa que las páginas se elaboran a partir de otros archivos aparte de las simples páginas HTML: páginas PHP, páginas JavaScript, etc.

En vista «clásica», en modo Diseño, Dreamweaver solo muestra el código de la página HTML, pero no la vista generada por los archivos externos (PHP, JavaScript, etc.). Con el modo de vista en vivo, Dreamweaver permite visualizar la página que verá realmente el usuario en un navegador, con todos los archivos externos que intervienen en la configuración de la página.

2. Los archivos vinculados

En este ejemplo, se trata de una página que utiliza archivos JavaScript con jQuery y CSS. La página permite mostrar un diaporama interactivo.

Cuando abrimos la página HTML, Dreamweaver abre también todos los archivos vinculados, los **archivos relacionados** en terminología Dreamweaver.

En este ejemplo, el archivo HTML recibe el nombre de tinycarousel.htm, los archivos vinculados son blogPostStyle.css, bootstrap-4.0.0.css, jquery-3.2.1.min.js, popper.min.js y bootstrap-4.0.0.js.

A la derecha de la barra de título del documento, se ofrece la posibilidad de filtrar la vista de los archivos vinculados.

- Haga clic en **Filtrar archivos relacionados** y seleccione **.css** y/o **.js**.

En esta etapa la página es totalmente estática, inutilizable.

3. La vista en vivo

- En la barra de herramientas **Documento**, haga clic en el botón **En vivo**.

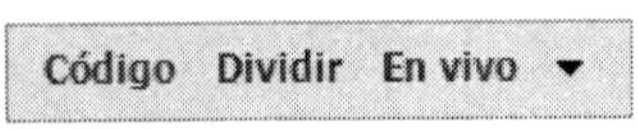

La página puede usarse como en un navegador web.

Puede perfectamente usar los botones de interacción de la página.

4. La vista de código en vivo

En modo En vivo, puede visualizar el código utilizado, que se muestra cuando el usuario realiza una acción u otra. Dreamweaver muestra de manera dinámica el código utilizado en el momento en que el usuario lleva a cabo la acción.

- En la barra de herramientas **Documento**, haga clic en el botón **En vivo**.
- A continuación, en el menú **Ver**, seleccione el elemento **Código En vivo**, que deberá estar marcado.

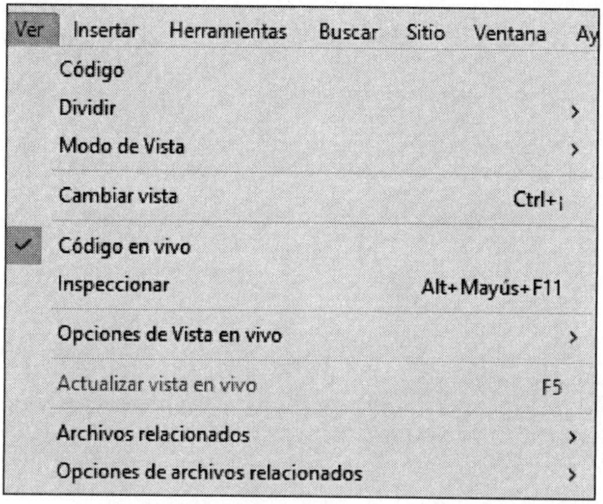

- Lleve a cabo una acción de usuario en la página.

  En el siguiente ejemplo, hemos hecho clic en el botón de la derecha.

  Dreamweaver resalta el elemento HTML modificado en el transcurso de esta acción.

Observe que cuando se selecciona un elemento de interacción en la vista **En vivo**, Dreamweaver muestra la información de código CSS de dicho elemento.

En este ejemplo, hemos seleccionado un botón. Dreamweaver muestra el elemento HTML, que es `<a>` y las dos clases CSS utilizadas `.buttons` y `.next`.

En la vista del código, Dreamweaver selecciona este elemento activo y en el panel **DOM**, el elemento también aparece seleccionado.

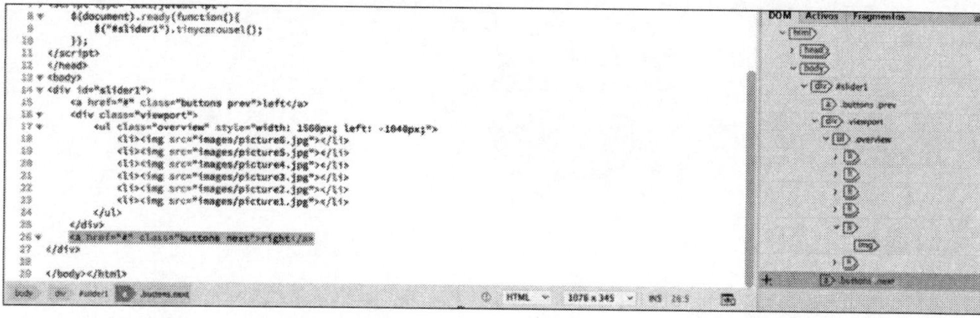

- Para administrar la vista de las modificaciones en el modo **Código en vivo**, en el menú **Ver**, seleccione **Opciones de vista en vivo**, y compruebe que la opción **Resaltar cambios en Código en vivo** está marcada.

5. El inspector de código

Cuando se encuentra en vista **En vivo** es posible activar el inspector de código.

- Abra una página en modo **Dividir** y **En vivo**.
- En la barra de herramientas **Común**, haga clic en el botón **Activar vista en vivo y modo de inspección**.

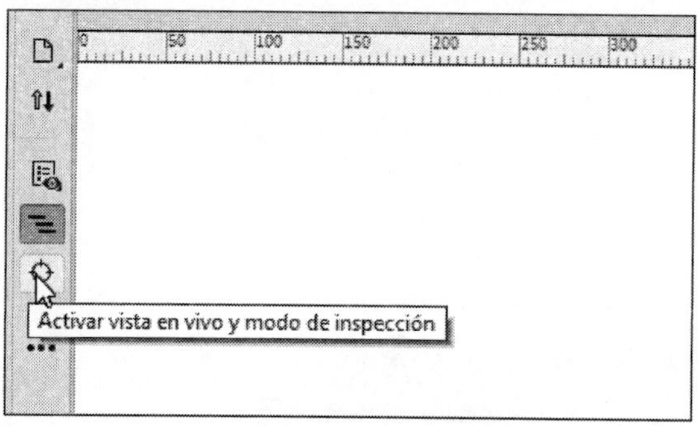

- Seleccione un elemento en la página.

Dreamweaver muestra las informaciones relativas a la estructura del elemento y lo selecciona en el código.

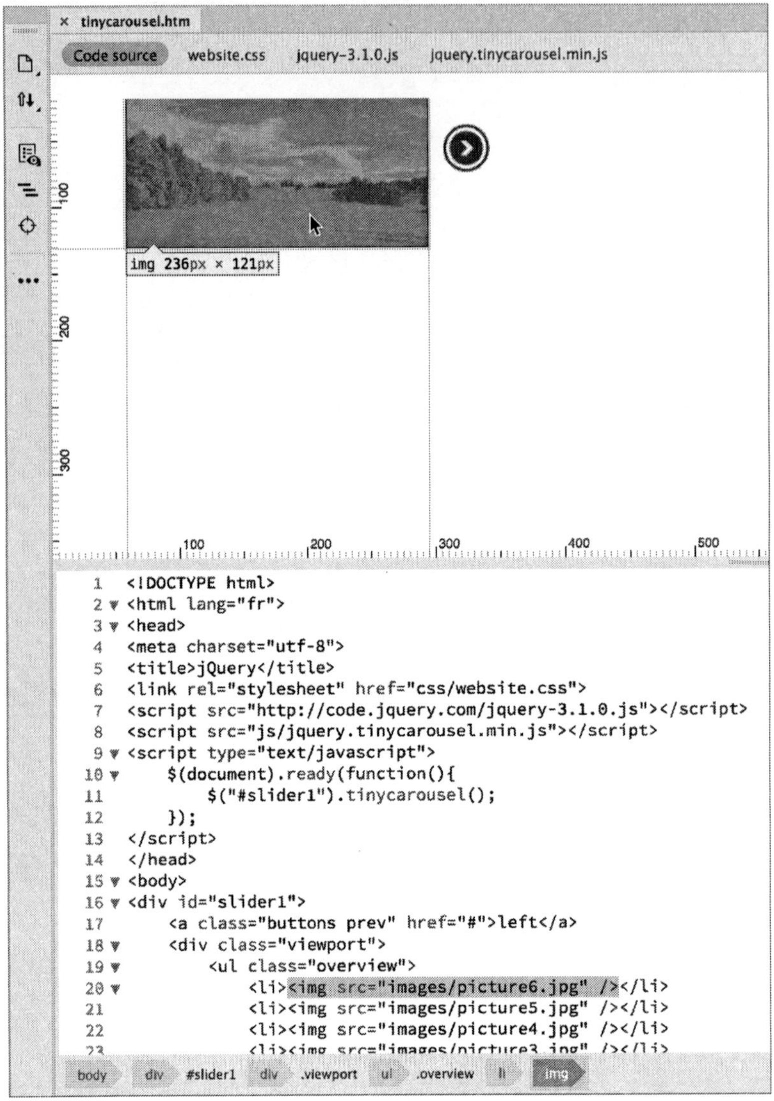

Esto permite tener acceso directo y rápido a los elementos de la página.

E. Inspeccionar la página

Cuando se está en proceso de elaboración, resulta muy interesante conocer las propiedades CSS de los elementos HTML de la página. Dreamweaver permite conocer las propiedades CSS utilizadas en los diferentes elementos simplemente pasando el ratón sobre ellos.

- Abra una página concebida con CSS.

Estudiaremos las hojas de estilos CSS en el capítulo siguiente.

- Muestre el modo **Dividir**.

- En el menú **Ver**, seleccione **Inspeccionar** (Alt Shift F11) o en la barra de herramientas **Documento**, haga clic en el botón **Activar vista en vivo y modo de inspección**.

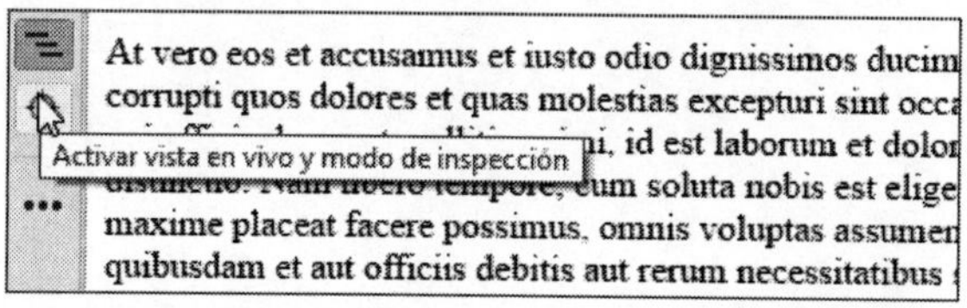

- Pase el ratón por encima de algún elemento de la página.

  Verá el código HTML correspondiente en la vista en modo Código.

  Y en el panel **Diseñador de CSS** verá todas las propiedades utilizadas por el elemento sobre el que se ha pasado el ratón.

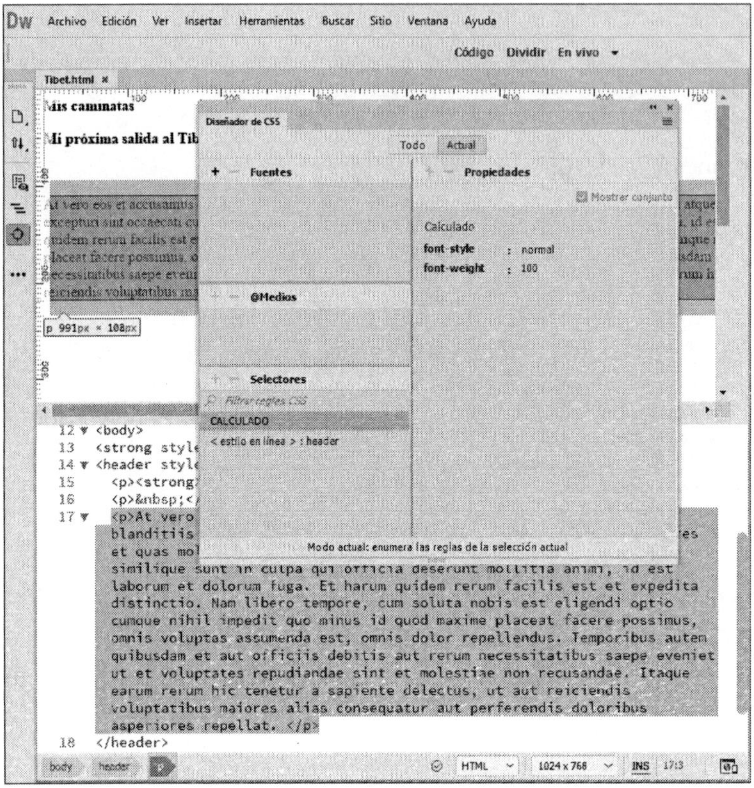

En la página en modo Diseño, verá las propiedades del elemento sobre el cual se ha pasado el ratón.

- Haga clic sobre un elemento en el que quiera trabajar. Podrá entonces modificar sus propiedades CSS en el panel **Diseñador de CSS**. Las actualizaciones se producen al instante.

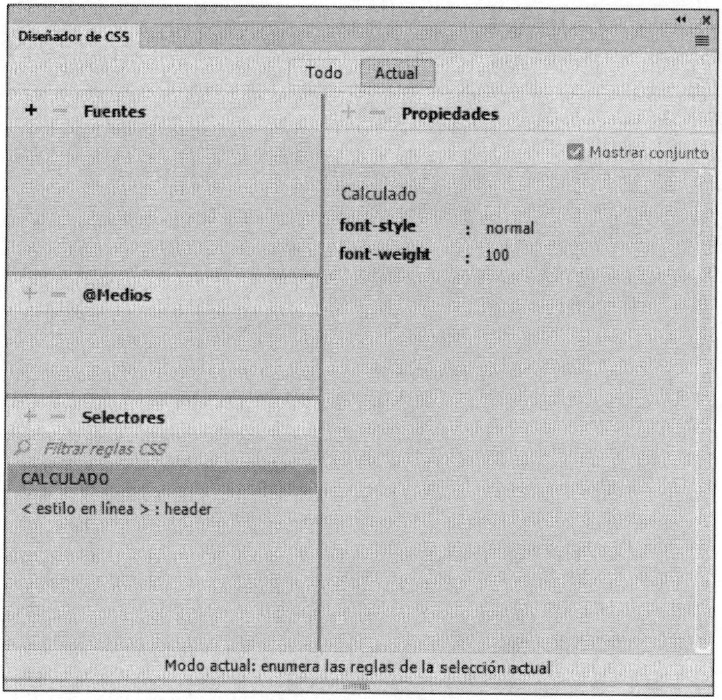

F. Las propiedades de los elementos de estructura

La composición de los sitios web actuales se realiza con elementos de estructura HTML5. En modo Diseño podrá ver fácilmente las propiedades de los elementos utilizados en la composición.

→ En el menú **Ver - Opciones de vista de diseño - Ayudas visuales** compruebe que estén marcadas las opciones **Modelo de cuadro de diseño CSS, Contornos de diseño CSS, Fondos de diseño CSS** (para colorear las cajas en caso de que no tengan un color de fondo definido).

→ Seleccione un elemento.

Enseguida verá los márgenes del cuadro en forma de rayas discontinuas azules, el relleno en forma de rayas azules más finas y los bordes en trazos grises.

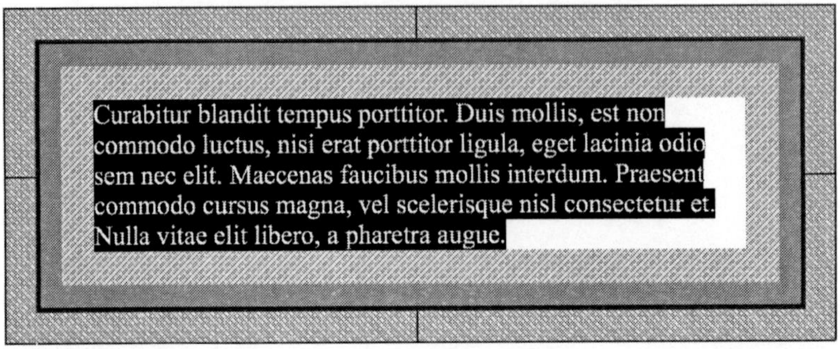

→ Pase el puntero del ratón sobre los márgenes, el relleno o los bordes: aparecerá un marco con los valores utilizados.

Cuando el puntero esté sobre la caja aparecerán las propiedades.

Capítulo 5: Crear una nueva página

A. Objetivos

En los últimos años hemos asistido a una gran evolución en el diseño de páginas web con la llegada de nuevas versiones de los lenguajes fundadores (el HTML5 y las CSS3). Sin olvidar las nuevas técnicas de diseño como son el diseño web adaptativo y las grillas tipográficas.

Dreamweaver permite utilizar todas esas nuevas técnicas. No olvide que será Dreamweaver quien generará todo el código de la página. Por consiguiente, es imperativo que indique cuáles son las versiones de HTML y CSS que desea usar en el sitio web.

La elección de la versión de esos lenguajes dependerá totalmente del contexto de creación de cada sitio web que se disponga a desarrollar. En este libro usaremos el HTML5 y las CSS3.

B. Crear una nueva página

1. Elegir el tipo de página

La primera etapa consiste en elegir el tipo de página deseado pasando por el menú.

→ En el menú **Archivo**, seleccione **Nuevo**.

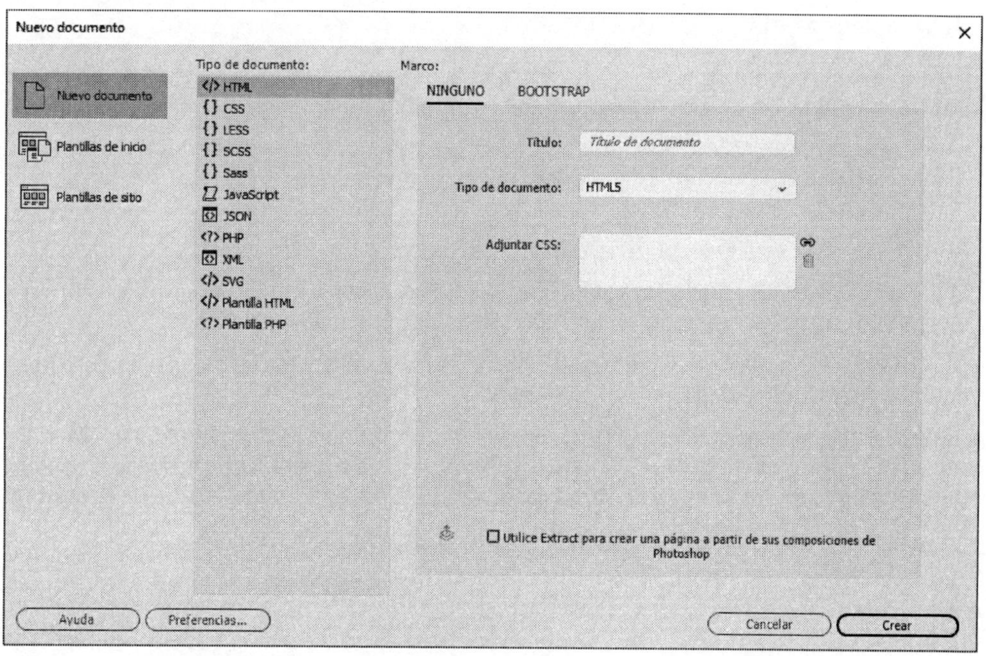

La primera columna permite seleccionar el tipo de nuevo documento. El tipo **Nuevo documento** permite partir de un documento vacío por completo de contenido.

La segunda columna, **Tipo de documento**, permite seleccionar el tipo de archivo: **HTML**, **CSS**, **LESS**, **Sass**, etc.

En función del tipo de archivo seleccionado, la tercera columna, **Marco**, permite seleccionar un diseño predefinido. Con el **HTML**, contará con dos pestañas: **NINGUNO** o **BOOTSTRAP**. Con **NINGUNO** partirá de un documento completamente virgen. Con **BOOTSTRAP** partirá de un documento estructurado con el framework CSS **Bootstrap**.

En lo sucesivo usaremos documentos vírgenes con la pestaña **NINGUNO**.

2. El título de la página

➔ Cuando cree un documento deberá empezar por darle un título a la nueva página en el campo **Título**.

Recuerde que el título de la página no es el nombre del archivo HTML. El título de la página aparecerá en la barra de título de los navegadores de los internautas. Por consiguiente, es libre de asignarle el título que mejor le convenga.

3. Seleccionar el tipo de documento

Cuando selecciona un archivo HTML, a continuación deberá seleccionar su tipo de documento, su **DTD** (**D**eclaración de **T**ipo de **D**ocumento o, más habitualmente, el **doctype** en inglés).

El doctype permite indicar qué reglas de escritura van a utilizarse en el documento web que se dispone a crear. Se puede acceder a estas DTD en el sitio del W3C. Es posible descargar la DTD del XHTML 1 estricto en esta URL:

http://www.w3.org/TR/xhtml1/DTD/xhtml1-strict.dtd

El doctype no es útil para los navegadores. Los navegadores no necesitan conocer las reglas de escritura del W3C, ya que usan sus propias reglas del motor de renderizado.

Los DTD sirven para validar la sintaxis de los motores de validación para tener sitios, páginas web correctamente indexadas.

Pese a todo, la presencia de los « doctype » es importante para los navegadores. Si estos no detectan indicación del tipo de documento, supondrán que se trata de una página web « antigua » o mal codificada o incompleta. En esos casos, algunos navegadores usarán una vista degradada.

➔ En la lista desplegable **Tipo de documento**, seleccione la DTD deseada.

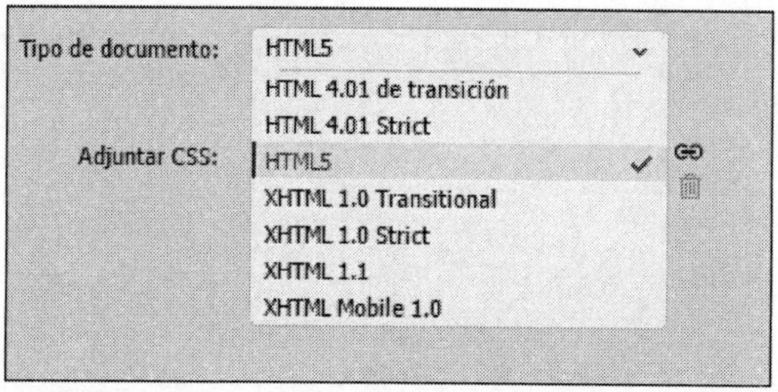

- En la actualidad es posible evitar el uso de las DTD **HTML** (**HTML 4.01 de transición** y **HTML 4.01 Strict**), que pueden considerarse como obsoletas.
- Seleccione la DTD **XHTML 1.0 Transitional**, si no está completamente seguro de separar la composición HTML de la composición CSS. Sin embargo, hoy en día eso podría considerarse como un error de diseño. Seleccione la DTD **XHTML 1.0 Strict** si está seguro de separar a la perfección la composición HTML de la composición CSS. En la actualidad es el doctype más usado por los desarrolladores que no se han pasado al HTML5.
- La DTD **XHTML Mobile 1.0** está actualmente obsoleta.
- Seleccione la DTD **HTML5** si ha decidido pasarse a la pareja HTML5/CSS 3.

C. Definir la configuración predeterminada de los nuevos documentos

También es posible crear una nueva página usando el clásico método abreviado de teclado Ctrl **N** con Windows o cmd ⌘ **N** con Mac. Con este atajo de teclado, no accederá forzosamente a la ventana **Nuevo documento**. Eso dependerá de las preferencias de Dreamweaver. También es posible configurar el tipo de página y de documento que desea obtener.

➜ En **Preferencias** (menú **Edición** con Windows o menú **Dreamweaver CC** con Mac), seleccione la categoría **Nuevo documento**.

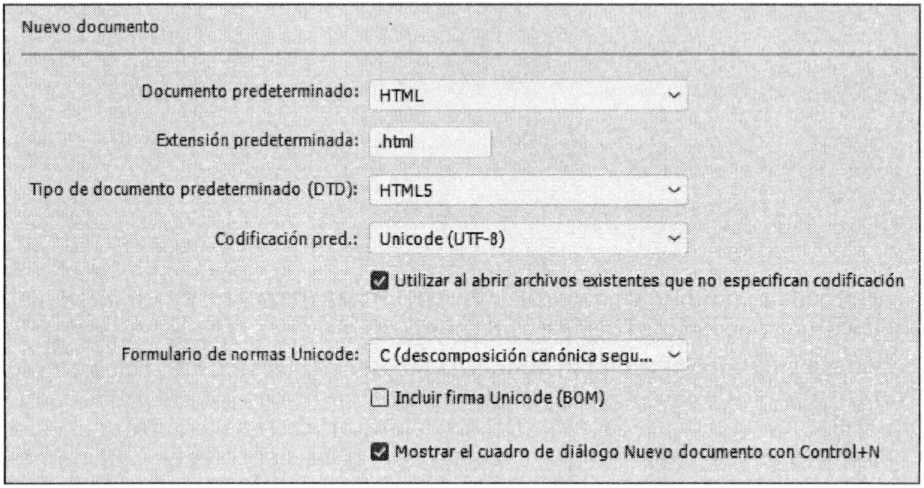

- En la lista desplegable **Documento predeterminado**, deje **HTML**.
- En el campo **Extensión predeterminada**, introduzca la extensión de sus páginas HTML. `.html` o `.htm` son perfectamente convenientes.
- En la lista desplegable **Tipo de documento predeterminado (DTD)**, seleccione la DTD que desea establecer como predeterminada. De lo contrario, deje **HTML5**.
- En la lista desplegable **Codificación pred.**, deje **Unicode (UTF-8)**. Estudiaremos esta problemática en el capítulo consagrado al texto. Deje marcada la opción **Utilizar al abrir archivos existentes que no especifican codificación**.
- En la lista desplegable **Formulario de normas Unicode**, deje la opción **C** que es la opción recomendada por el W3C.
- No marque la opción **Incluir firma Unicode (BOM)**, que no sirve para nada (y puede provocar errores) en caso de uso de codificaciones en UTF-8.
- Finalmente, marque o no la opción **Mostrar el cuadro de diálogo Nuevo documento con** Ctrl **N** (cmd ⌘ **N** en Mac). Si marca esta opción, se mostrará el cuadro de diálogo que hemos visto al principio de este capítulo. Si no la marca, verá de inmediato el tipo de página seleccionado en las preferencias.

D. Guardar el nuevo documento

1. Guardar la página web

➜ Una vez creado un nuevo documento, deberá guardarlo enseguida, de lo contrario Dreamweaver no podrá comprobar la validez de los enlaces incluidos en la página y esta no podrá verse en un navegador.

2. El nombre de los archivos HTML

Los nombres de los archivos HTML deben respetar estas cuatro reglas:

- No deben contener espacios.
- No deben contener caracteres acentuados.
- No deben contener caracteres especiales: +, *, %... El carácter guion(-), sin embargo, puede usarse perfectamente y es incluso recomendable para separar palabras en el nombre de una página web y para la indexación. Ejemplo: **inscripción-seminario-marzo-2018.html** es infinitamente mejor para la indexación que **inscripciónseminariomarzo2018.html** o **inscripción_-seminario_marzo_2018.html**.
- Preste atención a las mayúsculas y minúsculas. Para los servidores web de tipo UNIX, un archivo **nuevo.html** o **Nuevo.html** no será lo mismo. Los sistemas UNIX diferencian entre mayúsculas y minúsculas. Por ese motivo, es habitual escribirlo todo en minúsculas.

3. El nombre de la página de inicio del sitio web

La mayor parte de las veces, los nombres de las páginas web de los sitios están estandarizadas. La página que aparece cuando el internauta introduce la URL del sitio se denomina habitualmente **index.html**. No obstante, deberá verificarlo en el administrador de servidores web o en su proveedor de hosting.

E. Administrar las páginas web creadas

1. Enumerar los archivos

Todos los archivos que se van a crear aparecerán en una lista en el panel **Archivos**.

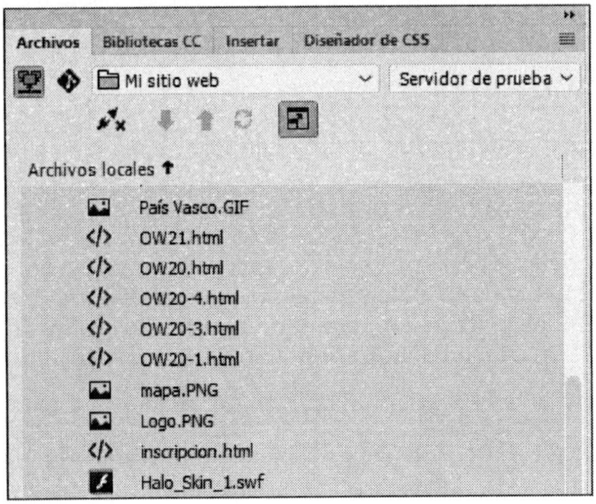

- Si es preciso, puede actualizar la lista haciendo clic en el botón **Actualizar** (o pulsando la tecla F5).

2. Cambiar el nombre de un archivo

- Para cambiar el nombre de un archivo haga clic sobre su nombre. Si el archivo interviene en un vínculo de hipertexto, Dreamweaver puede preguntar si se desea actualizar el vínculo.

3. Eliminar un archivo

- Para eliminar archivos, selecciónelos en el panel **Archivos** y pulse la tecla Supr en Windows o ⟵ en Mac. Dreamweaver solicita que se confirme la eliminación:

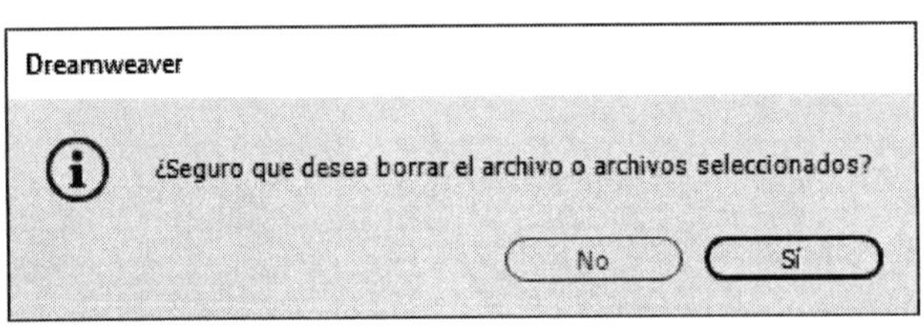

4. Utilizar el panel Archivos

➔ Para administrar los archivos del sitio web, en el panel **Archivos**, utilice el menú de opciones.

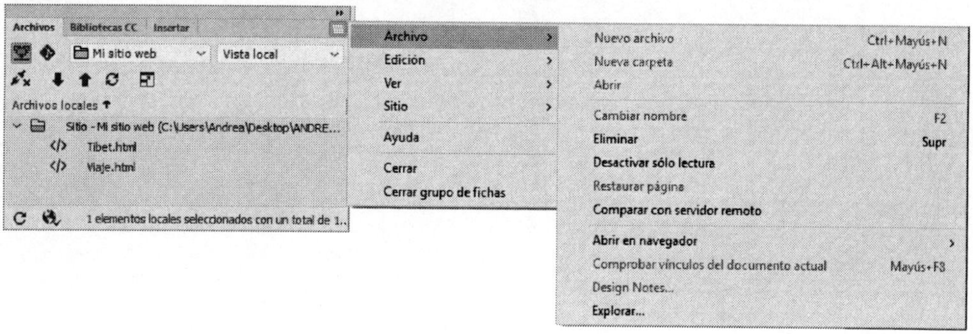

Capítulo 6: Hojas de estilo CSS

A. Los estándares de la web

1. Los lenguajes de la web: el HTML y las CSS

Desde la versión 4 del HTML (diciembre de 1999), el W3C ofrece **hojas de estilo en cascada**, las **Cascading Style Sheet (CSS)**. La finalidad es separar el contenido, descrito por el HTML, del diseño y la composición, descritas por las hojas de estilo. En los inicios de su lanzamiento, los navegadores tuvieron «dificultades» para interpretar y mostrar correctamente las hojas de estilo. En la actualidad, la situación ha mejorado notablemente, pese a no ser del todo perfecta.

Hoy en día, el objetivo de cualquier creador de sitios web es respetar los estándares utilizando de la mejor manera posible la tecnología: el HTML y las CSS.

Dreamweaver permite usar plenamente las últimas versiones de los lenguajes fundadores como son el HTML5 y las CSS3. Como hemos visto en el capítulo precedente, deberá "únicamente" declarar el doctype, la DTD HTML5.

2. ¿Por qué usar las CSS?

Utilizar las CSS no aporta más que ventajas:

- Las hojas de estilo permiten separar bien el contenido de la composición y el diseño. Tendrá así documentos mucho mejor estructurados.
- Las hojas de estilo permiten compartir la misma composición y el mismo diseño para varias páginas HTML, incluso para la totalidad del sitio.
- Las hojas de estilo ofrecen muchas más posibilidades de diseño del contenido que el HTML.
- Las hojas de estilo ofrecen infinitamente más posibilidades de composición que el HTML.
- Las hojas de estilo permiten centralizar la composición y el diseño.
- Las hojas de estilo permiten introducir una sola vez la composición y el diseño. Por consiguiente, resulta más rápido y homogéneo. También implica menor probabilidad de errores.
- Las hojas de estilo permiten una rápida actualización: basta con cambiar la propiedad de un estilo para que todos los elementos que utilizan ese estilo se actualicen automáticamente.
- Las hojas de estilo permiten crear varios estilos de diseño y composición y cambiar la apariencia visual del sitio rápidamente.
- Las hojas de estilo y las consultas de medios (que estudiaremos en un capítulo específico) permiten crear sitios con Responsive Web Design: sitios que se adaptan automáticamente al medio de difusión utilizado: pantalla de ordenador, tableta gráfica o smartphone.

B. Cómo utilizar los estilos CSS

1. Dónde guardar las hojas de estilo

Para guardar los estilos existen dos soluciones principales. La primera es guardarlos en el documento HTML que debe usar esos estilos. En ese caso, el «alcance» de uso de los estilos se limita a esa página HTML exclusivamente. La segunda posibilidad es guardar los estilos en un documento CSS (la extensión del archivo será **.css**). En ese caso, podrá leer todas las páginas HTML que desee en ese archivo CSS. El «alcance» de uso de los estilos es en ese caso más importante: el sitio al completo podrá usar el mismo archivo CSS.

2. Conocer los selectores

Las hojas de estilo utilizan lo que se conoce como «selectores». Los selectores indican a qué elemento HTML se aplica tal o cual estilo.

Es posible crear estilos que podrán aplicarse a cualquier elemento HTML. Son **los selectores de clase**. Usted da un nombre al estilo, define sus propiedades de diseño y lo aplica a los elementos HTML que desee: selección de palabras, párrafo, encabezado, celda de tabla, imagen, etc.

Es posible redefinir el diseño de un elemento HTML existente. Son **los selectores de etiqueta**. En esos casos, no se crea un nuevo estilo puesto que se utiliza un elemento HTML ya existente. Solo se definen sus propiedades de diseño. Usted no lo aplica ya que al utilizar el elemento HTML redefinido, el diseño se aplica inmediatamente. Supongamos que usted redefine el diseño del elemento de encabezado de nivel 3 (elemento HTML `<h3>`): al utilizar en la página elementos de encabezado de nivel 3, se aplica el diseño definido.

El tercer tipo de selectores es el utilizado para la composición. Esto permite crear «cajas». Se trata de **selectores de identificación**. Estos estilos son de un único uso en cada página web, es decir, solo se puede usar un único estilo de identificación por página. Supongamos que quiero crear una caja para mostrar un encabezado en la página web. Creo el estilo CSS para esa caja y solo puedo usarlo una vez en mi página. Es lógico, ya que no puede haber más que un cuadro de encabezamiento en mi página, pero nada impide tener el mismo encabezamiento en varias páginas del sitio web.

Finalmente usaremos un último tipo de selector, el dedicado al diseño de los enlaces de hipertexto. Se trata de **las pseudo-clases**.

Existen otros selectores CSS que no usaremos en el contexto de uso de Dreamweaver en este manual.

3. Poner nombre a los selectores

Los selectores CSS deben tener nombres adecuados. No deben tener:

- espacios,
- caracteres acentuados,
- caracteres especiales.

Tampoco deben comenzar por un número.

4. Las preferencias de los estilos CSS

No olvide que es Dreamweaver quien generará por usted el código HTML/CSS. Dreamweaver propone configurar la sintaxis de las reglas CSS en las preferencias.

→ En el menú **Edición** de Windows o en el menú **Dreamweaver CC** de Mac, seleccione **Preferencias**.

→ A continuación, seleccione la categoría **Estilos CSS**.

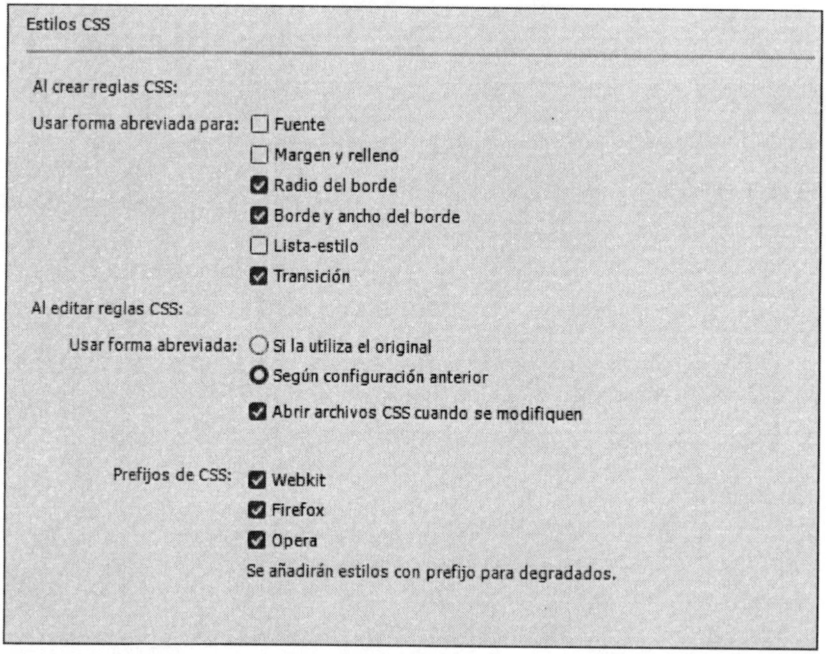

Indicaremos si queremos tener formas abreviadas o no al crear y modificar estilos CSS.

Tomemos el ejemplo simple de la sintaxis para las fuentes de caracteres. Esta es una regla simple sin forma abreviada:

```
.nombre-propio {
   color: #055E25;
   font-family: Verdana, Arial, Helvetica, sans-serif;
   font-style: italic;
   font-weight: bold;
   font-size: 1em;
}
```

Esta es la misma regla con sintaxis abreviada:

```
. nombre-propio {
   color: #055E25;
   font: italic bold normal 1em Verdana, Arial, Helvetica, sans-serif;
}
```

Verá enseguida que la forma abreviada es netamente más concisa y reagrupa todas las propiedades de las fuentes de caracteres.

- Por ese motivo se aconseja optar por las formas abreviadas **Al crear reglas CSS**:

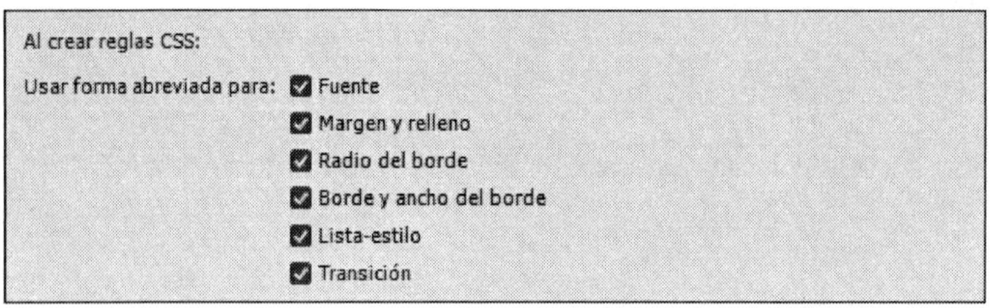

- En lo que se refiere a la configuración **Al editar reglas CSS**, propongo utilizar las reglas aplicadas en la creación marcando la opción **Según configuración anterior**:

No todos los navegadores están totalmente adaptados a la norma CSS3. Por ese motivo, para ciertas propiedades CSS3 resulta conveniente añadir prefijos CSS. Esos prefijos CSS son útiles para Safari y su motor de visualización **Webkit**, para **Firefox** y para **Opera**.

➜ Para una compatibilidad perfecta es conveniente marcar las tres opciones.

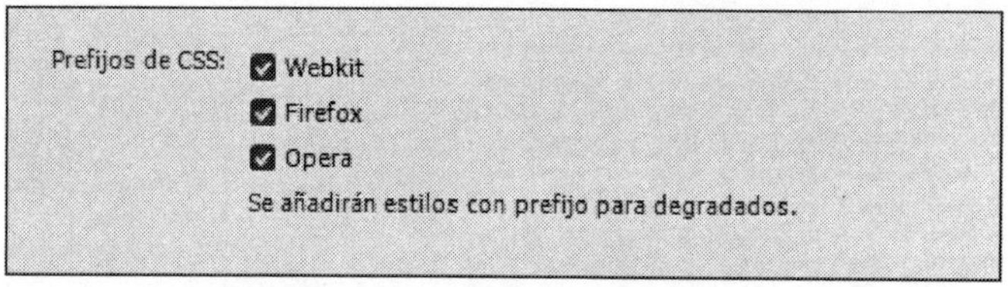

➜ Haga clic en **Aplicar** y después en **Aceptar**.

C. El panel Diseñador de CSS

Dreamweaver utiliza el panel **Diseñador de CSS** para administrar los estilos CSS.

➜ En el menú **Ventana**, seleccione **Diseñador de CSS**.

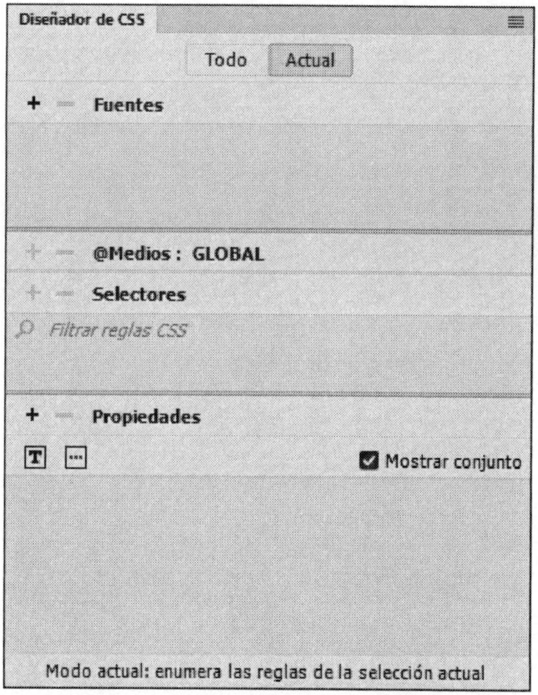

Este panel tiene la particularidad de adaptar su disposición al lugar disponible en la pantalla. Se muestra con sus cuatro pestañas (**Fuentes**, **@Medios**, **Selectores** y **Propiedades**) las unas bajo las otras cuando dispone de lugar suficiente para hacerlo.

Por el contrario, cuando dispone de más espacio, cuando aumenta su ancho, la pestaña **Propiedades** se muestra en una única columna.

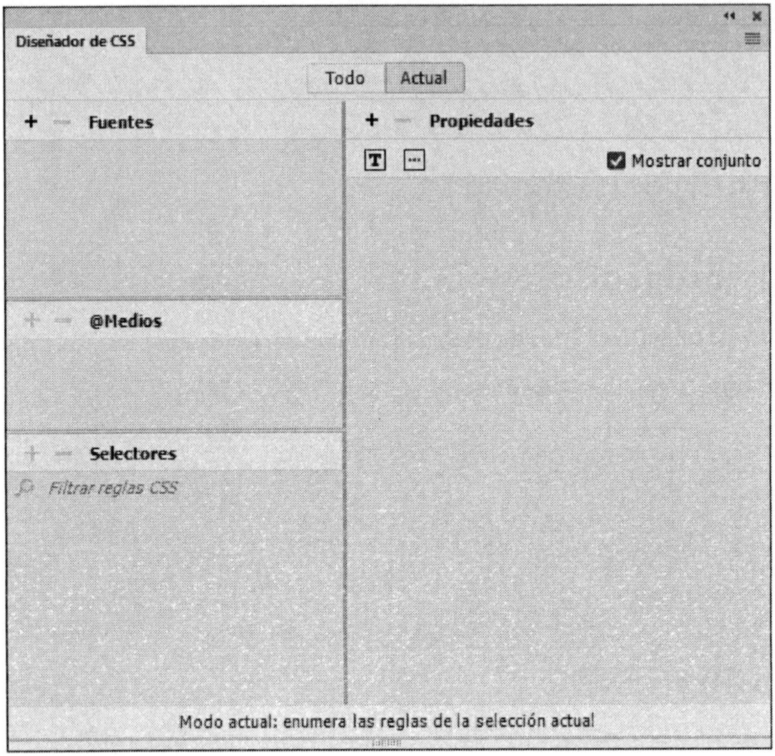

Esto permite disponer de más espacio para utilizar y ver las propiedades CSS.

D. Administrar estilos en el documento

1. Crear un selector CSS

Vamos a ver cómo crear una clase simple que se guardará en el archivo HTML.

➜ Si el panel no está a la vista, en el menú **Ventana**, seleccione **Diseñador de CSS**.

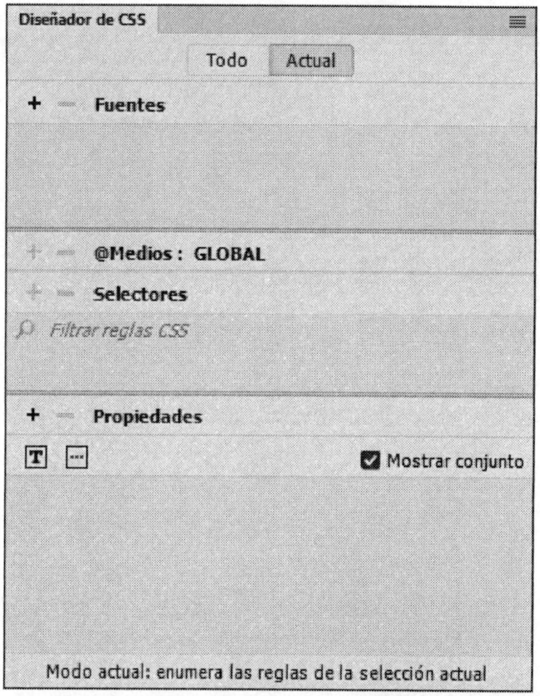

El panel está formado por cuatro pestañas:

Fuentes: indica las fuentes de las reglas CSS, en un archivo .css, en el documento HTML o reglas aplicadas directamente a los elementos HTML.

@Medios: las consultas de medios (**Media Queries** en inglés) se hacen para crear sitios con Responsive Web Design, o sitios adaptativos en español. Dedicaremos un capítulo a esta técnica.

Selectores: esta pestaña permite crear selectores CSS.

Propiedades: aquí verá las propiedades usadas por el selector seleccionado.

➜ En la pestaña **Fuentes**, haga clic en el botón **+** y seleccione **Definir en página**.

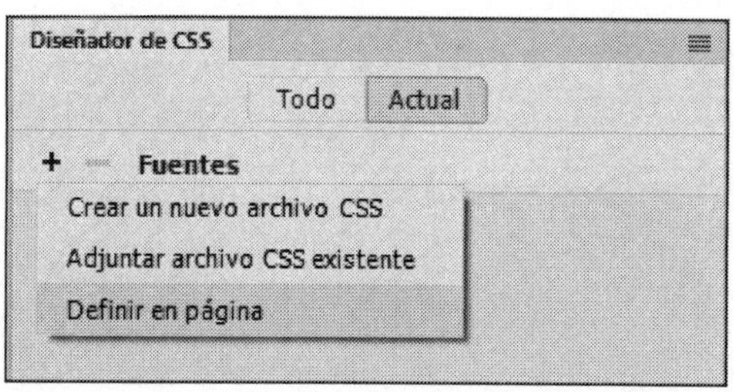

Dreamweaver muestra la etiqueta **<style>** para designar los estilos definidos en la página HTML.

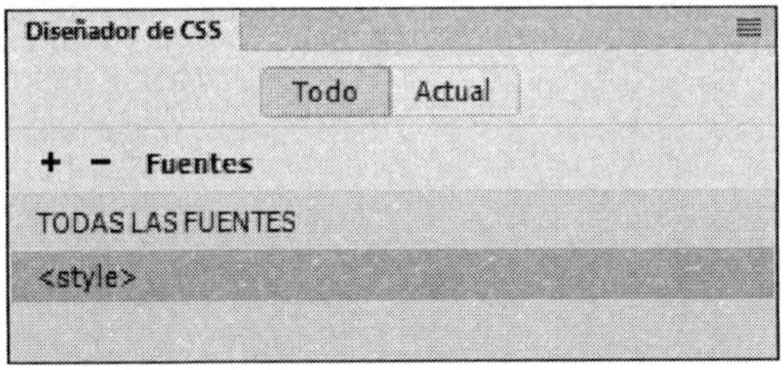

- Deje seleccionada la fuente **<style>**.

En la pestaña **@Medios**, Dreamweaver muestra **GLOBAL** cuando no se utiliza ningún medio en el sitio.

- Deje seleccionada la consulta de medios **GLOBAL**.

- En la pestaña **Selectores**, haga clic en el botón +, **Añadir selector**.

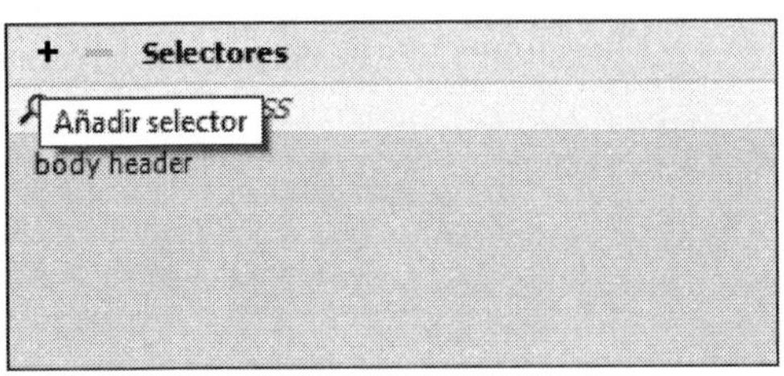

- En el campo de texto que aparece, introduzca el nombre de la clase, **.nombre-propio** en este ejemplo.

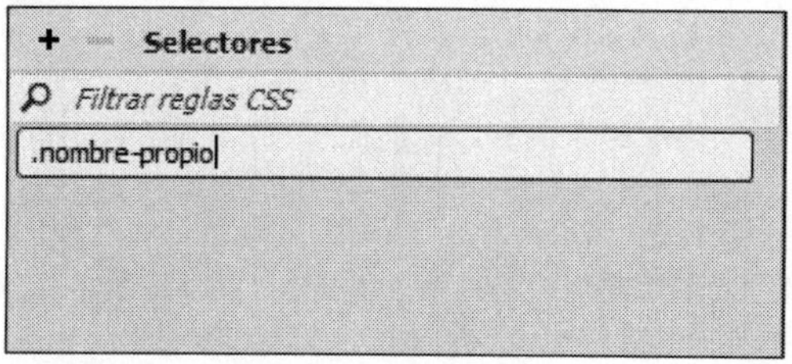

- Confirme pulsando la tecla ⏎.
- Deje seleccionado el selector **.nombre-propio**.

La pestaña **Propiedades** permite asignar propiedades CSS al selector seleccionado. Existen dos maneras de trabajar con las propiedades.

La primera está destinada a desarrolladores experimentados que conocen a la perfección las propiedades y sus valores. En el panel **Propiedades**, hay que dejar marcada la opción **Mostrar conjunto**.

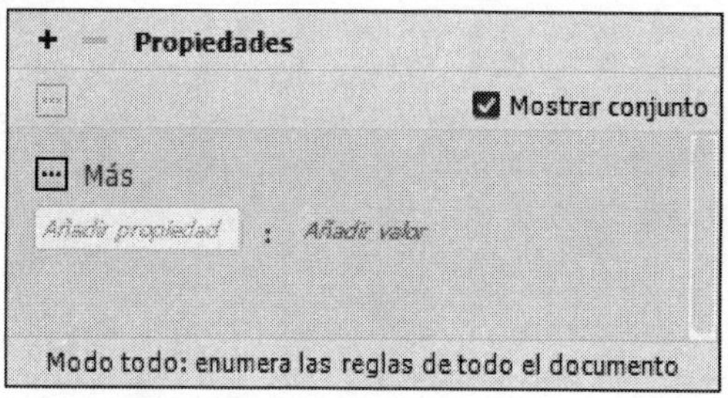

- Para añadir una propiedad CSS, hay que introducir su nombre en el campo **Añadir propiedad**.

Dreamweaver completa automáticamente el nombre de la propiedad en la lista desplegable que aparece:

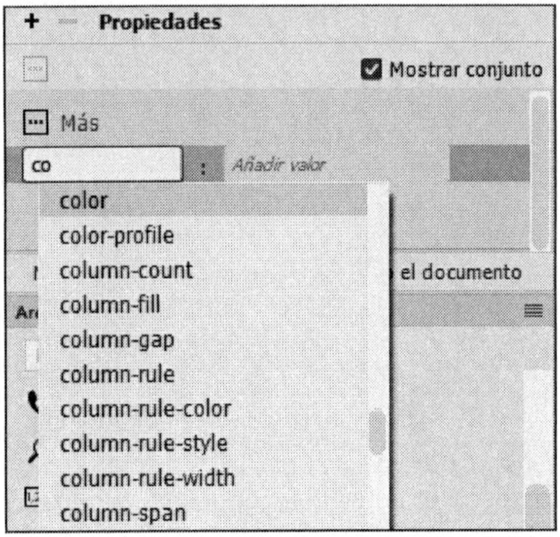

→ Bastará con validar la elección de la propiedad pulsando la tecla ⏎.

→ Después, en el campo **Añadir valor**, introduzca el valor deseado.

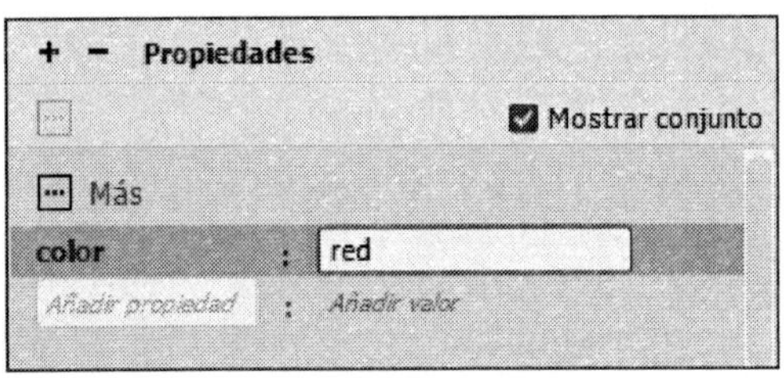

La regla CSS se crea en el documento y puede verse en el código de la página:

```
<style type="text/css">
.nombre-propio {
    color: red;
}
</style>
```

La segunda manera de trabajar con este panel es utilizando las categorías visuales de las propiedades CSS.

➜ En el panel **Propiedades**, desmarque la opción **Mostrar conjunto**:

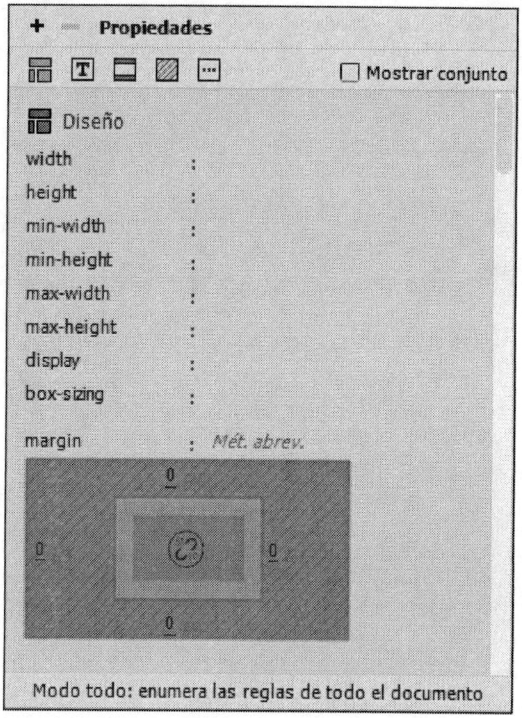

Verá entonces cinco categorías de propiedades CSS:

- **Diseño**, seleccionado por defecto
- **Texto**
- **Borde**
- **Fondo** y
- **Más**

Este es un resumen de las propiedades CSS de la categoría **Texto**:

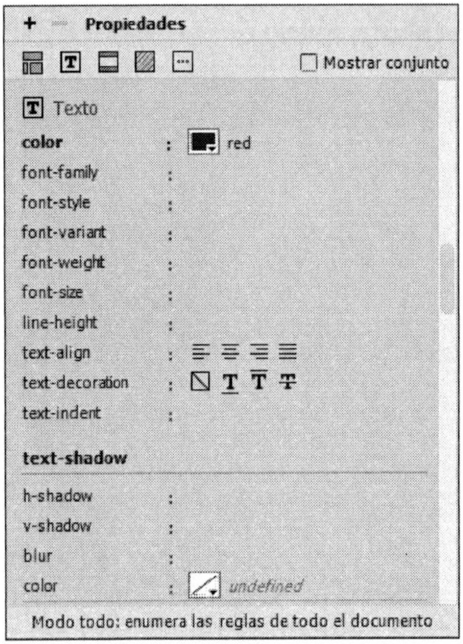

Este es un resumen de las propiedades CSS de la categoría **Borde**:

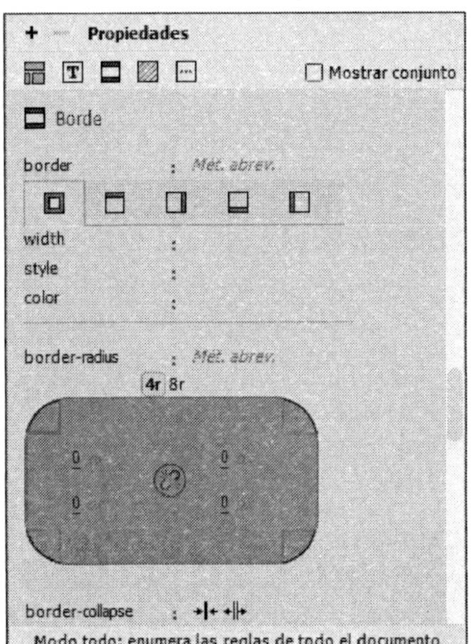

En lo sucesivo trabajaremos con este modo de presentación visual para seleccionar las propiedades CSS.

En este ejemplo simple, optamos por modificar el color del texto previamente seleccionado (propiedad **color**).

En el panel **Selectores**, la clase **.nombre-propio** sigue seleccionada.

En el panel **Propiedades**, en la categoría **Texto**, podemos ver la propiedad `color` que utiliza el valor `red`.

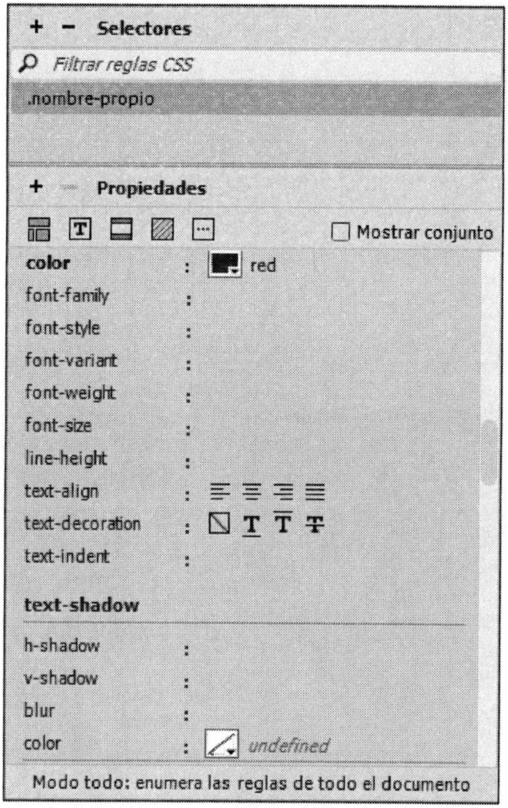

➜ Para cambiar el color del texto de esta clase, haga clic en el selector de color del texto.

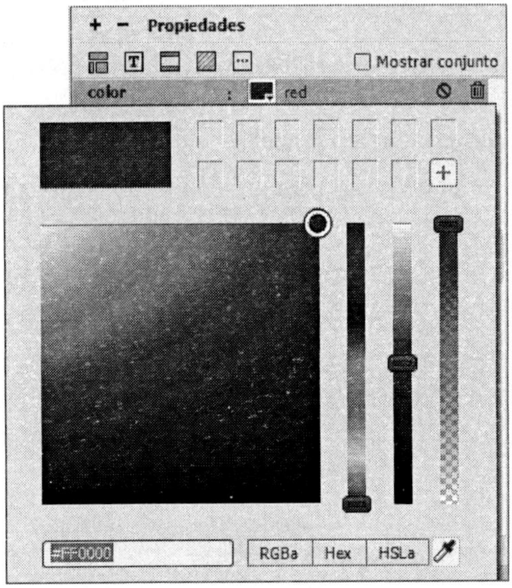

- Utilice los cursores **Matiz**, **Luminosidad** y **Alfa** (transparencia).
- Después haga clic en el cuadro de color **Saturación** y **brillo** para escoger el color deseado.

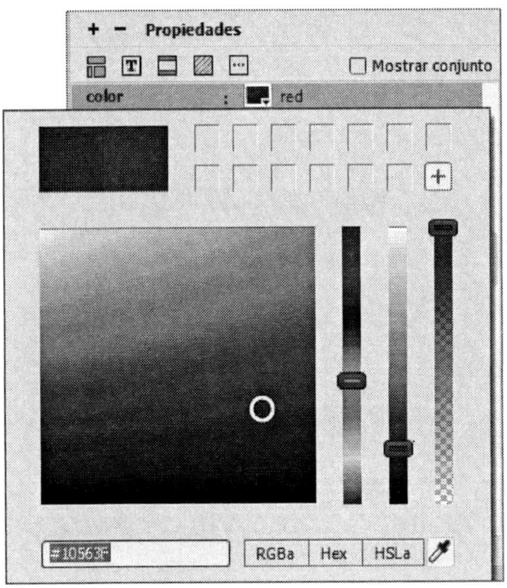

En la parte inferior de la pantalla el color se indica en formato hexadecimal: `#10563F` en este ejemplo.

➜ Para escoger una fuente de caracteres, haga clic en el valor de la propiedad CSS **font-family**.

➜ Seleccione el grupo de fuentes.

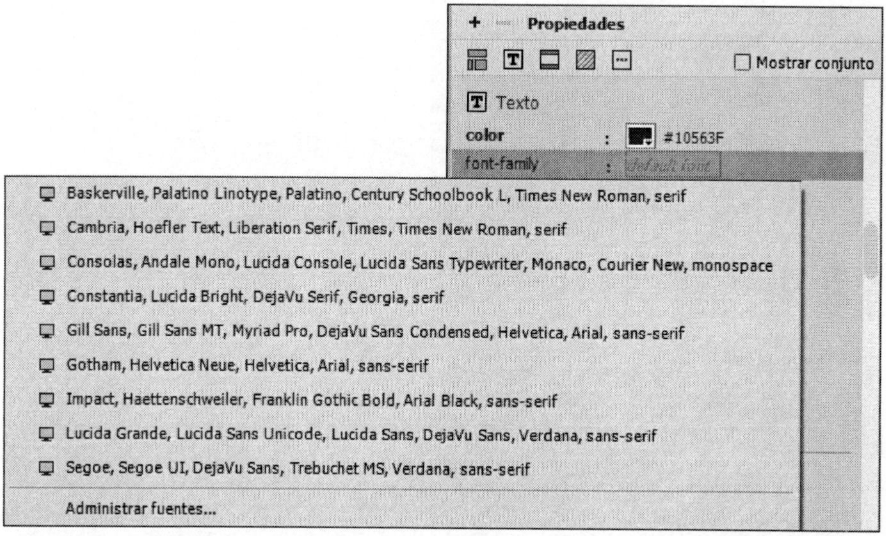

➜ Si desea utilizar versalitas, en la propiedad **font-variant**, haga clic en el campo de valor y seleccione **small-caps**.

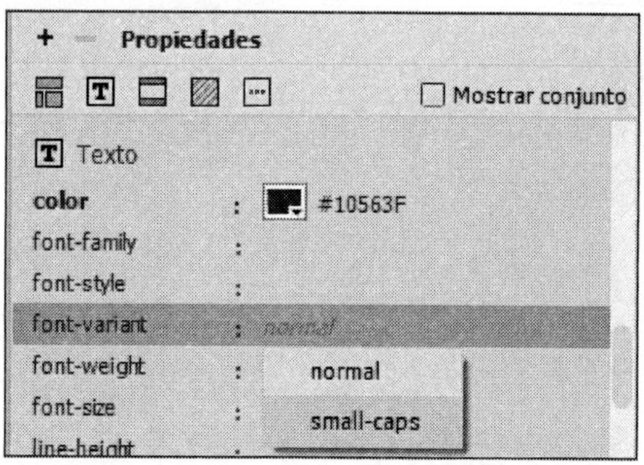

Este es el panel **Diseñador de CSS** con nuestra clase CSS **.nombre-propio**, guardada en el archivo HTML:

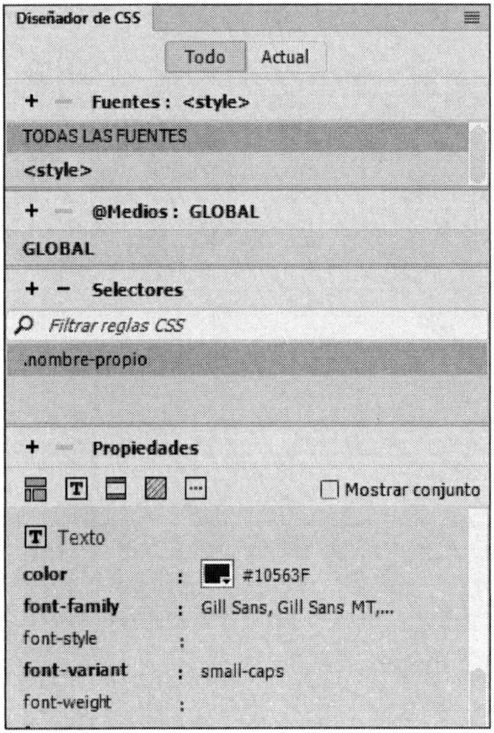

- En el menú **Archivo**, seleccione **Guardar**.
- Muestre el código fuente haciendo clic en el botón **Código**; verá la creación del estilo CSS en el documento en el elemento `<head>`:

```
<head>
<meta charset="UTF-8">
<title>Los proyectos</title>
<style type="text/css">
.nombre-propio {
    color: #10563F;
    font-family: "Gill Sans", "Gill Sans MT", "Myriad Pro",
"DejaVu Sans Condensed", Helvetica, Arial, sans-serif;
    font-variant: small-caps;
}
</style>
</head>
```

E. Crear estilos en un archivo CSS

1. Crear el archivo CSS y un selector

En el mismo documento, veamos cómo crear un selector de elementos en un archivo CSS exterior al archivo HTML. Primero crearemos el archivo CSS externo y el vínculo con el archivo HTML se hará automáticamente. Después crearemos un selector en el archivo CSS externo.

➜ Si es preciso, seleccione **Diseñador de CSS** en el menú **Ventana**.

➜ En la pestaña **Fuentes**, haga clic en el botón + y seleccione **Crear un nuevo archivo CSS**.

➜ En la ventana **Crear un nuevo archivo CSS**, dé un nombre al archivo CSS externo, **estilos-perso** en este ejemplo. Observe que Dreamweaver añade automáticamente la extensión **.css**.

➜ En el cuadro **Añ. como**, deje marcada la opción **Vínculo**.

En este ejemplo no usaremos consultas multimedia, por tanto no usaremos las opciones del panel **Uso condicional (opcional)**.

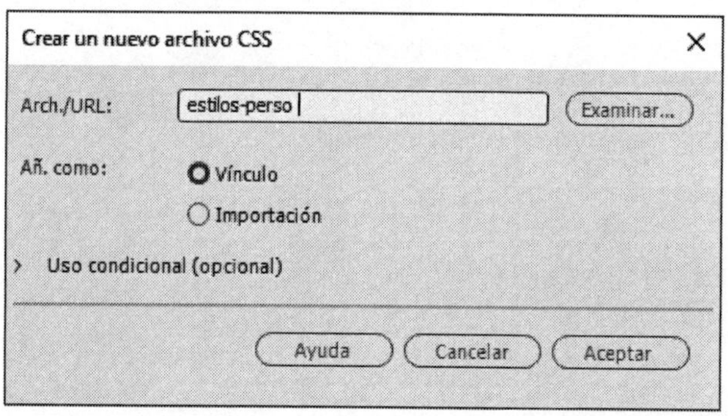

➜ Haga clic en **Aceptar**.

El archivo **estilos-perso.css** aparece indicado efectivamente en el panel **Fuentes**.

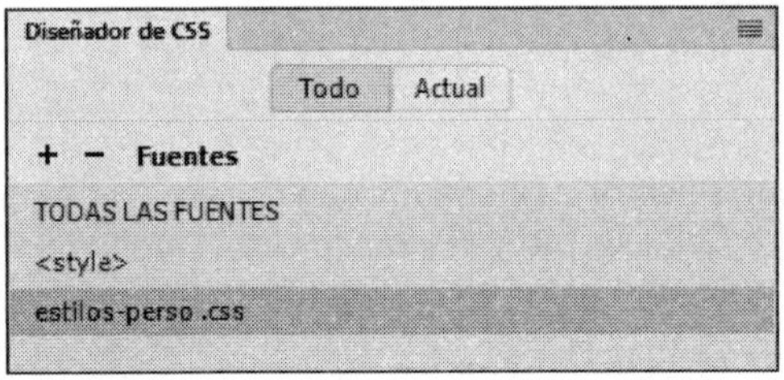

- Deje seleccionada la fuente **estilos-perso.css**.
- En la pestaña **@Medios**, deje seleccionada la consulta multimedia **GLOBAL**.

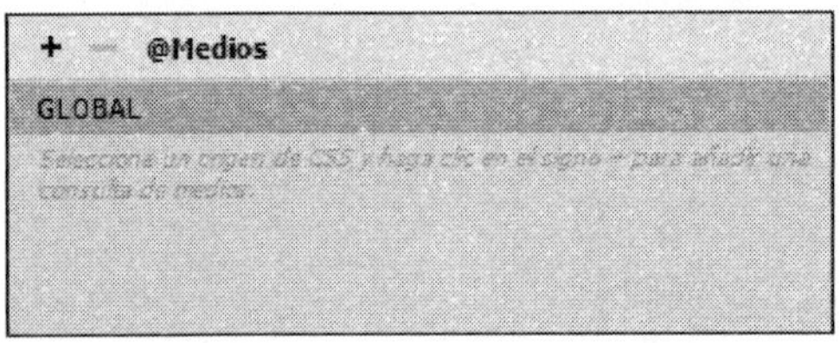

- En la pestaña **Selectores**, haga clic en el botón +, **Añadir selector**.

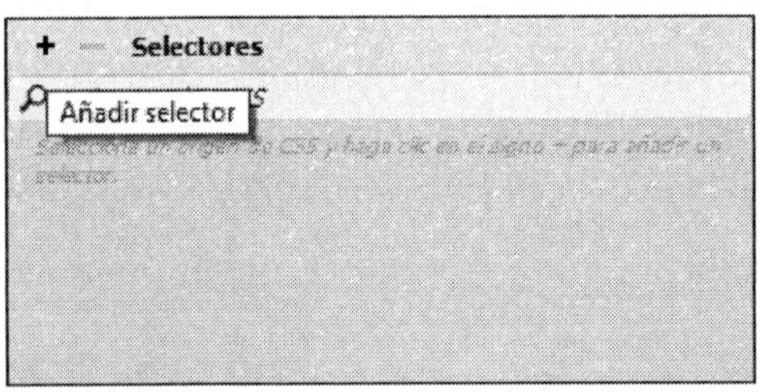

- En el campo de texto, introduzca el selector de elemento **body**.

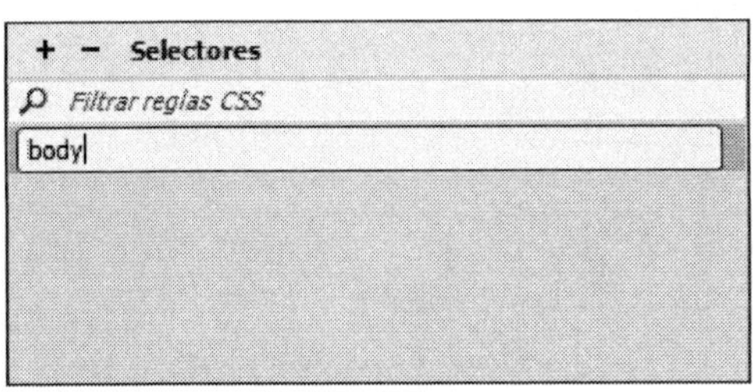

- Confirme el selector pulsando la tecla ↵.
- En la pestaña **Propiedades**, categoría **Diseño**, aplicaremos en este ejemplo márgenes **0**.

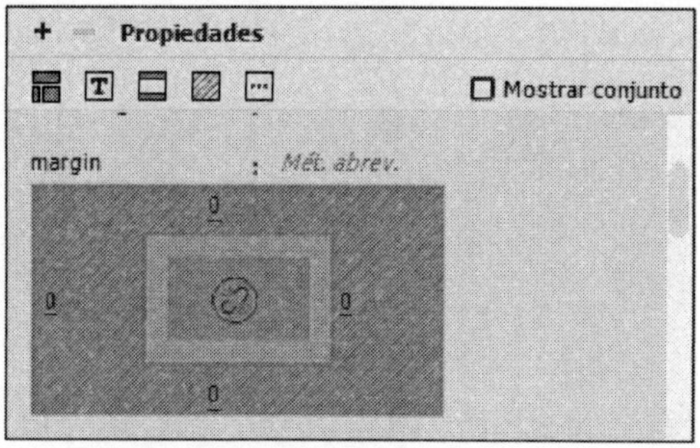

➔ En el menú **Archivo**, seleccione **Guardar todo**.

Este es el panel **Diseñador de CSS** que tiene como fuente el archivo CSS **estilos-perso.css** y el selector de elemento **body** con sus propiedades.

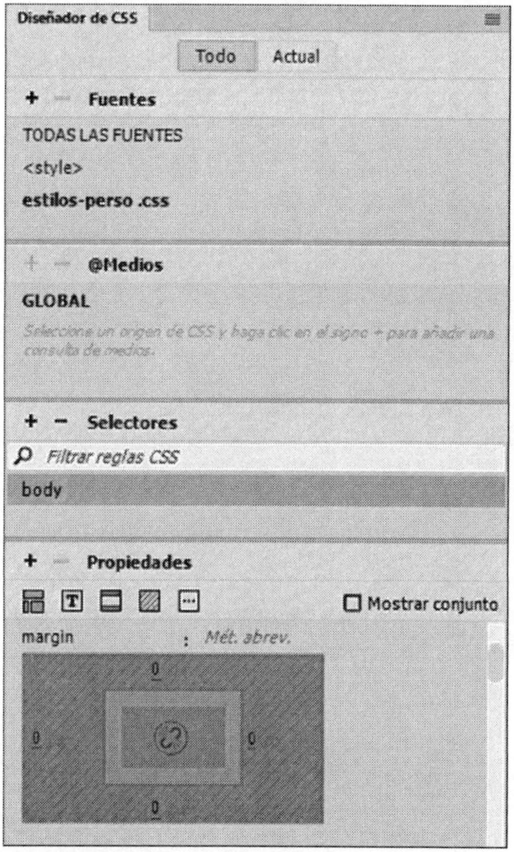

En la barra de documento podemos ver el archivo HTML, **proyecto.html** en este ejemplo y su archivo vinculado, **estilos-perso.css**.

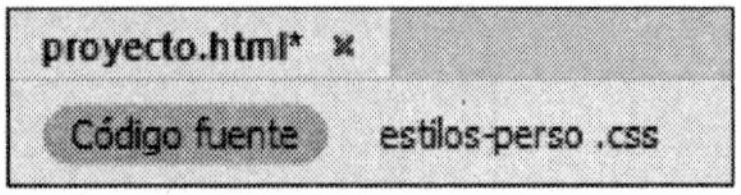

Si muestra el código fuente, en la sección `<head>`, verá efectivamente el vínculo entre el archivo HTML y el archivo CSS.

```
<link href="estilos-perso.css" rel="stylesheet" type="text/css">
```

F. Vincular un archivo CSS a una página HTML

En el apartado precedente hemos visto cómo crear un archivo CSS externo al archivo HTML. Ahora veremos cómo vincular un archivo HTML a un archivo CSS externo ya creado.

- En un archivo HTML diferente al abierto anteriormente, en el panel **Diseñador de CSS**, pestaña **Fuentes**, haga clic en el botón **+** y seleccione **Adjuntar archivo CSS existente**.

- En la ventana **Adjuntar archivo CSS existente**, haga clic en el botón **Examinar** y seleccione el archivo CSS externo que desea vincular.

- En la opción **Añ. como**, deje marcada la opción **Vínculo**.

  No crearemos consultas multimedia, por lo tanto no usaremos el panel **Uso condicional (opcional)**.

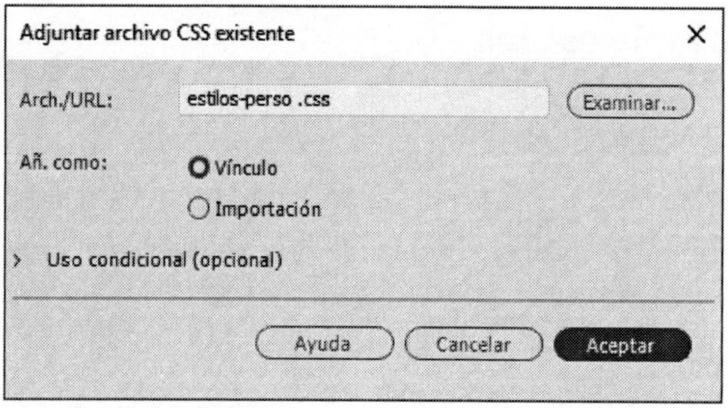

- Haga clic en **Aceptar**.

El archivo CSS externo, **estilos-perso.css** en este ejemplo, se ha vinculado efectivamente al archivo HTML abierto.

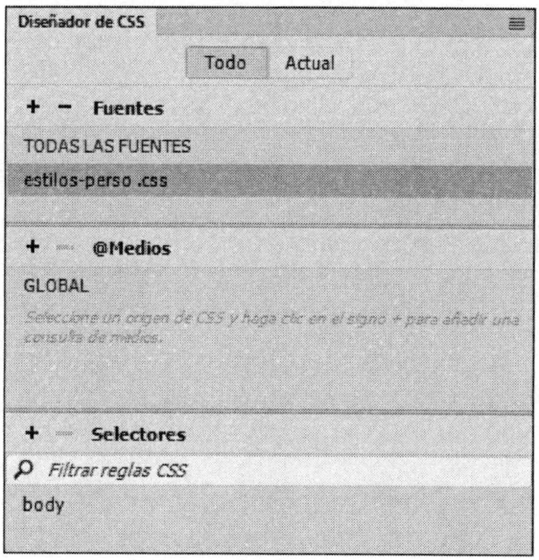

- Si muestra el código fuente, podrá ver el vínculo:

```
<link href="estilos-perso.css" rel="stylesheet" type="text/css">
```

En la barra del documento podremos ver, efectivamente, el archivo externo vinculado **estilos-perso.css**:

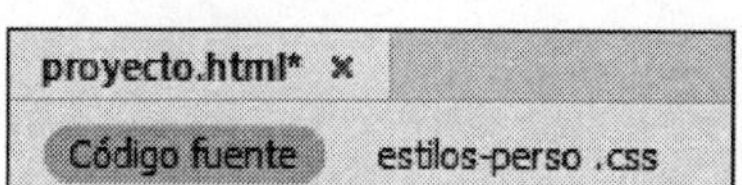

G. Administrar las fuentes de estilos

1. Seleccionar la fuente correcta

La pestaña **Fuentes** del panel **Diseñador de CSS** permite visualizar las fuentes de estilos CSS.

En este ejemplo tenemos una fuente interna con estilos guardados en la página HTML. Es la indicación de la fuente **<style>**.

Tenemos dos fuentes externas, dos archivos CSS vinculados a esa página HTML. Son los archivos **nuevos-estilos.css** y **estilos-perso.css**.

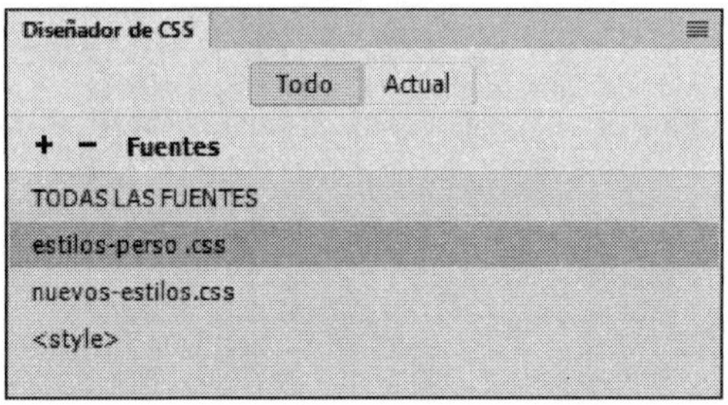

→ Para ver los selectores de una fuente determinada, basta con hacer clic sobre el nombre de la fuente.
En este ejemplo está seleccionada la fuente interna **<style>**.

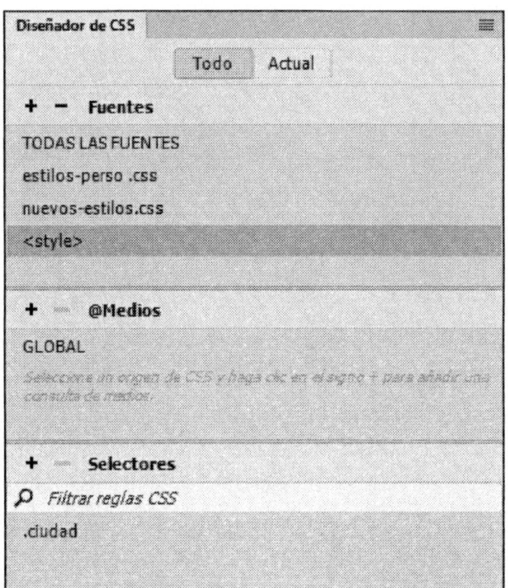

En este otro ejemplo, es una fuente externa lo que está seleccionado con el archivo **nuevos-estilos.css**

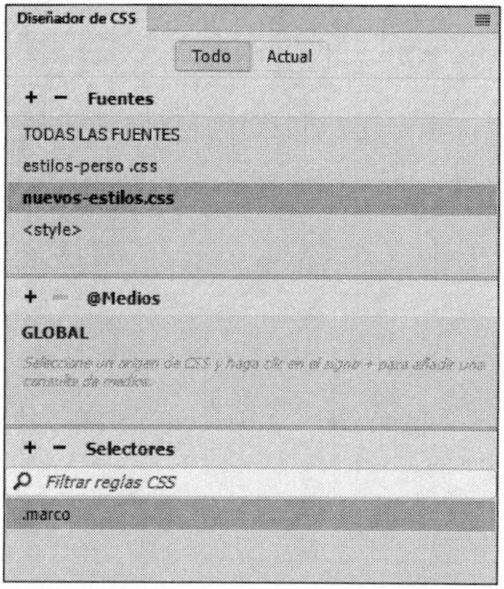

➜ Por último puede hacer clic en **TODAS LAS FUENTES** (internas y externas) utilizadas en el archivo HTML.

La pestaña **Selectores** muestra todos los selectores de todas las fuentes.

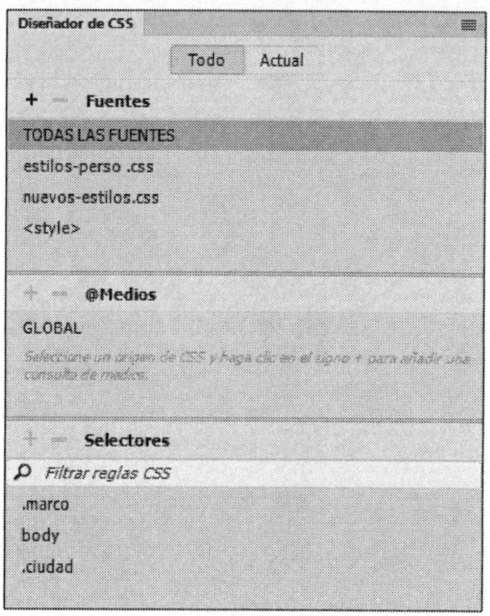

2. Eliminar una fuente externa

Las fuentes de estilos CSS pueden eliminarse en cualquier momento, ya se trate de fuentes internas, los estilos CSS se guardan en el archivo HTML o externas, con archivos CSS vinculados.

- En el panel **Diseñador de CSS**, pestaña **Fuentes**, seleccione la fuente que desea eliminar **nuevos-estilos.css** en este ejemplo.
- Haga clic en el botón [–], **Quitar origen CSS**.

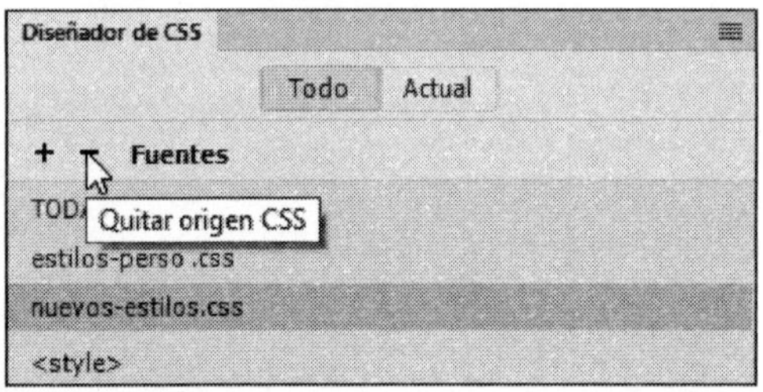

El vínculo se elimina:

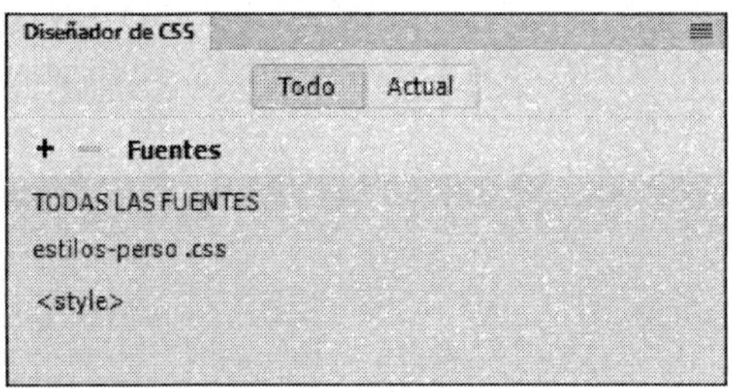

3. Eliminar una fuente interna

Del mismo modo eliminaremos la fuente interna de los estilos, los que están guardados en el archivo HTML.

- En el panel **Diseñador de CSS**, pestaña **Fuentes**, seleccione la fuente que desea eliminar, **<style>** en este ejemplo. Recuerde que **<style>** representa los estilos CSS guardados en el archivo HTML.
- Haga clic en el botón [–], **Quitar origen CSS**.

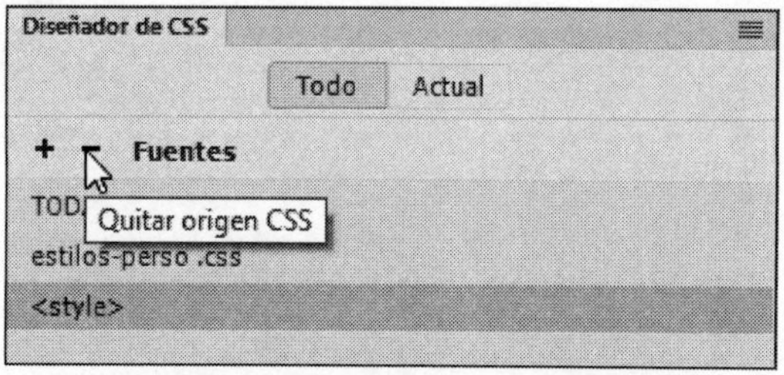

Se eliminan todos los estilos CSS internos:

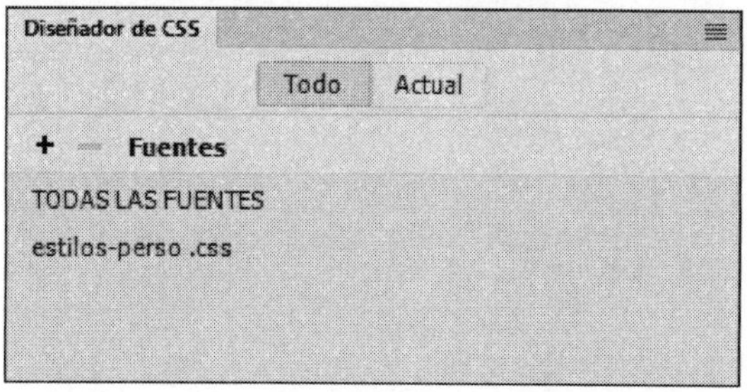

H. Administrar los selectores

1. Añadir un nuevo selector

Veamos cómo añadir un nuevo selector CSS a la fuente interna de nuestro archivo HTML vacío de reglas CSS. El nuevo estilo se guardará en el archivo HTML.

- En el panel **Diseñador de CSS**, pestaña **Fuentes**, añada una fuente definida en la página.
- Seleccione la fuente **<style>**.
- En la pestaña **@Medios**, seleccione **GLOBAL** (sin consulta).
- En la pestaña **Selectores**, haga clic en el botón [+], **Añadir selector**.

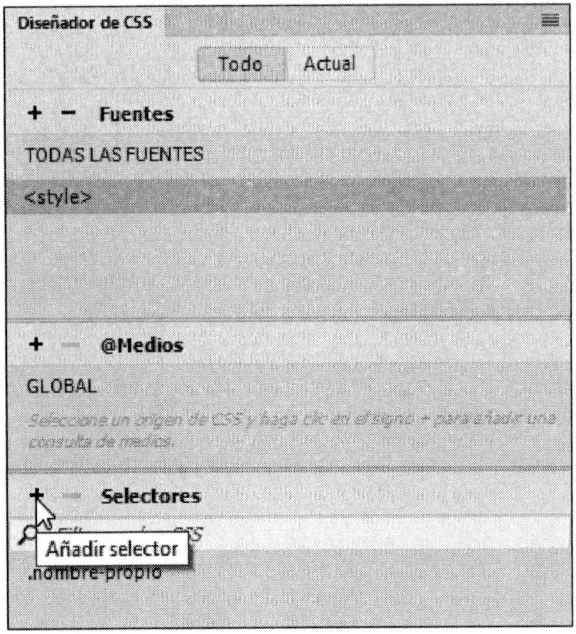

- Dé un nombre al selector y confirme pulsando ↵.
- Seleccione el nuevo selector, **.pais** en este ejemplo y aplíquele propiedades simples en la pestaña **Selectores**.

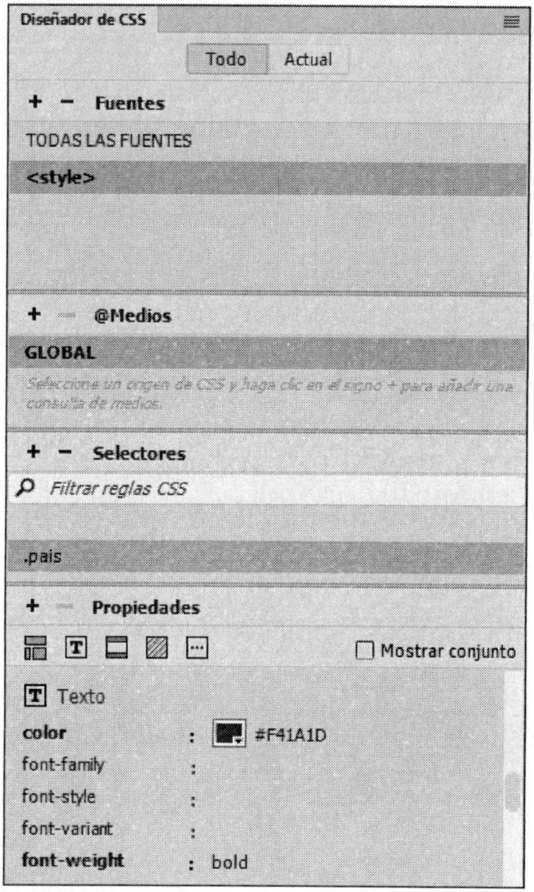

➜ Guarde el archivo.

2. Modificar un selector

Para modificar un selector, deberá seleccionar en primer lugar su contexto de creación, es decir, su fuente y su consulta multimedia y a continuación podrá seleccionar el selector que desea modificar.

➜ En el ejemplo precedente, en el panel **Diseñador de CSS**, pestaña **Fuentes**, seleccione **<style>**.

➜ En la pestaña **@Medios**, seleccione **GLOBAL** (sin consulta).

- En la pestaña **Selectores**, seleccione **.pais** en este ejemplo.
- Después, en la pestaña **Propiedades**, modifique las propiedades deseadas, de **font-variant** a **small-caps** en este ejemplo.

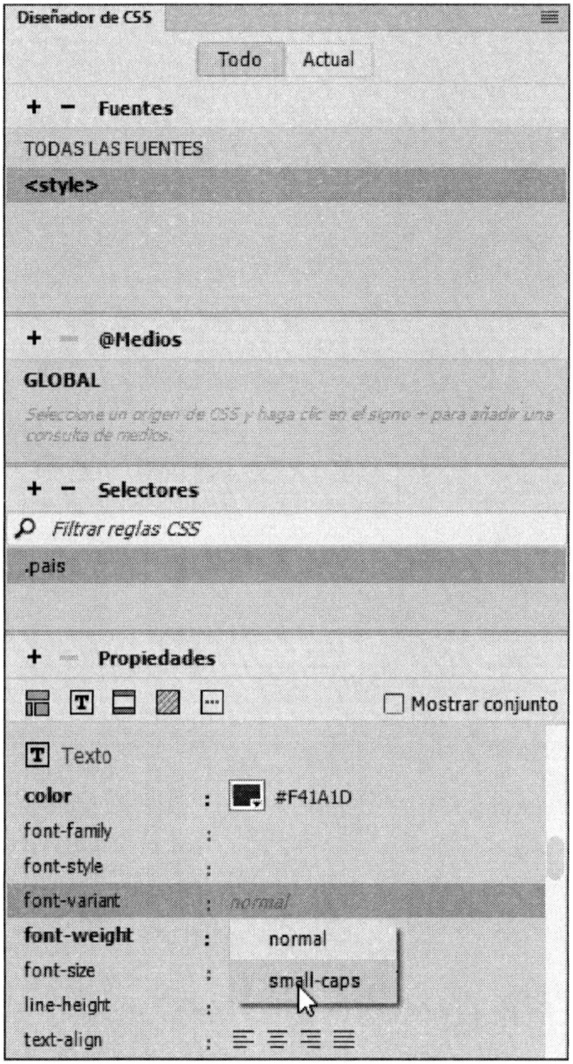

El selector se modifica.

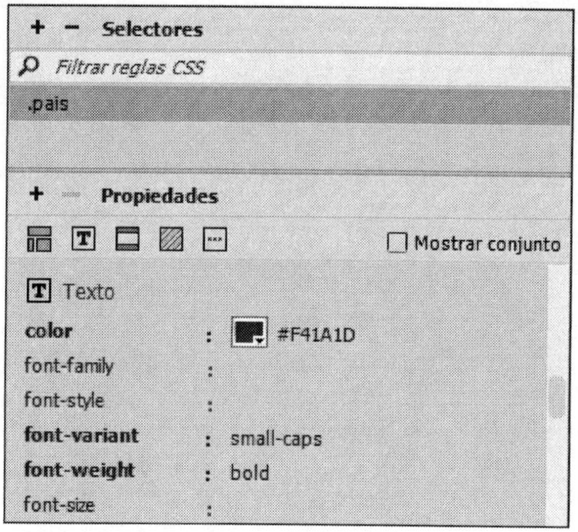

- Guarde los cambios.

Puede usarse un segundo método:

- Seleccione en la página el elemento HTML cuya regla CSS desea modificar.
- En el panel **Propiedades**, haga clic en el botón **CSS**.

  En la lista desplegable **Regla de destino**, verá el estilo CSS aplicado, **.pais** en este ejemplo.

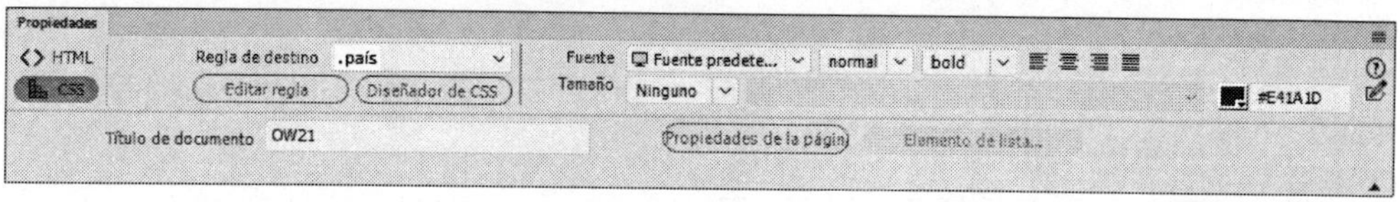

- Haga clic en **Diseñador de CSS** para ver el panel correspondiente y lleve a cabo los cambios deseados.
- Haga clic en **Editar regla** para ver la ventana de administración de los estilos que se usaba en las anteriores versiones de Dreamweaver.

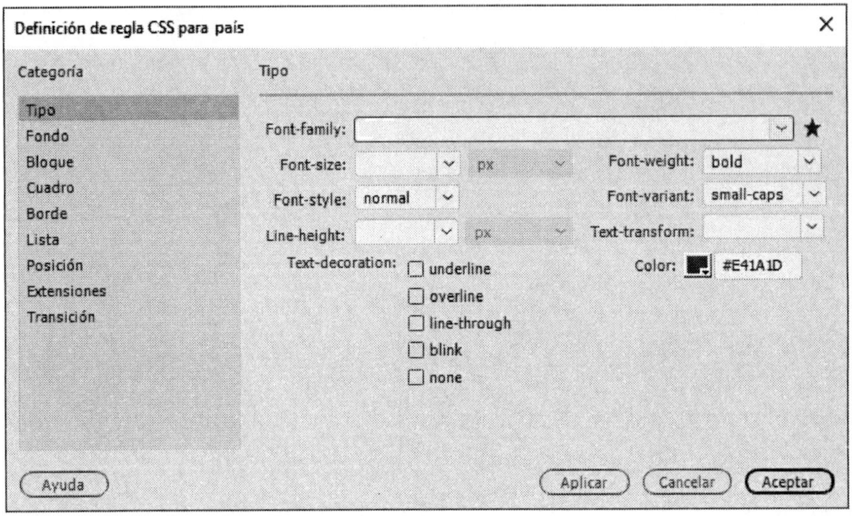

También es posible editar los estilos CSS directamente en modo Código, siempre y cuando sepa cómo hacerlo, por supuesto.

3. Buscar un selector

Cuando en una hoja de estilo existen muchos selectores, Dreamweaver permite realizar búsquedas a partir del nombre del selector.

- En el panel **Diseñador de CSS**, seleccione el contexto adecuado (**Fuentes** y **@Medios**) y sitúese en la pestaña **Selectores**.

- En la pestaña **Selectores**, haga clic en el cuadro de búsqueda señalado con una pequeña lupa.
- Al introducir una parte del nombre de un selector, Dreamweaver muestra todos los selectores con esas letras.

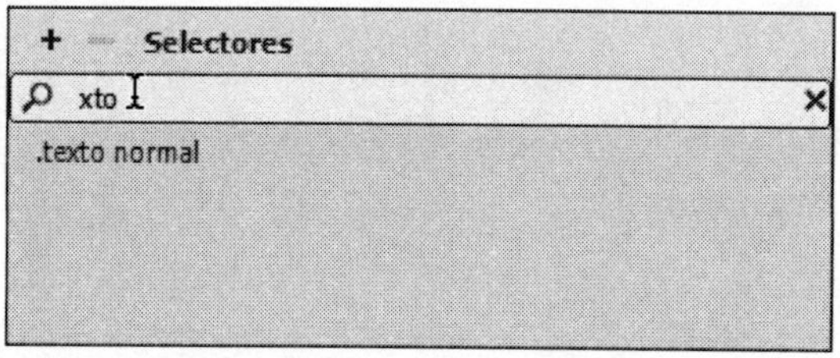

4. Cambiar el nombre a un selector

Es posible cambiar el nombre de los selectores cuyos nombres no le resultan adecuados.

> Atención, si el selector ya se aplica a elementos HTML, estos elementos conservarán el antiguo nombre. Usted deberá modificar el uso, la aplicación del nuevo nombre del selector usted mismo.

- En el panel **Diseñador de CSS**, seleccione el contexto del selector (**Fuentes** y **@Medios**).
- En la pestaña **Selectores**, haga doble clic en el selector que desea modificar.

- Escriba el nuevo nombre.

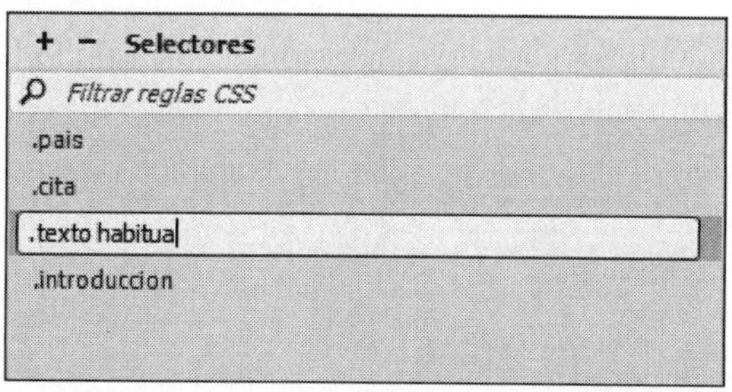

- Confirme el nuevo nombre pulsando ⏎.

5. Eliminar un selector

Los selectores CSS usados en la página web pueden eliminarse en todo momento.

- En el panel **Diseñador de CSS**, pestaña **Fuentes**, seleccione **<style>**.
- En la pestaña **@Medios**, seleccione **GLOBAL** (sin consulta).
- En la pestaña **Selectores**, seleccione **.pais** y haga clic en el botón [−], **Quitar selector**.

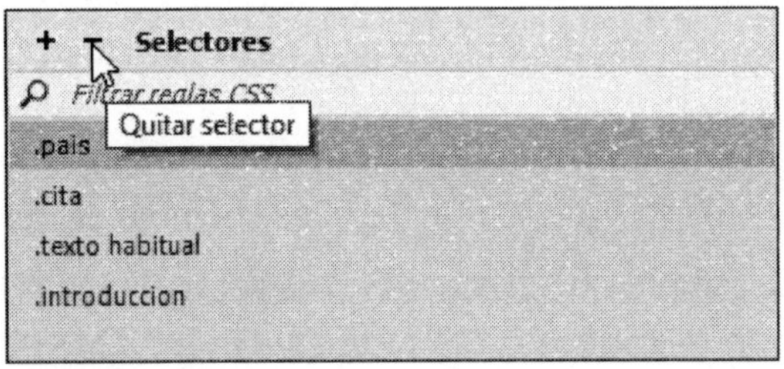

El selector se elimina.

En este ejemplo, la clase `.pais` se ha eliminado, pero el texto que la utilizaba conserva el elemento de estilo:

```
<p>Lorem ipsum dolor sit amet <span class="pais">Francia</span>,
consectetur adipiscing élit.</p>
```

Es conveniente eliminar el elemento `<span>` en este ejemplo.

I. Aplicar los selectores

1. Aplicar un selector de elemento

Los selectores de elemento permiten modificar el diseño de un elemento HTML existente. Esto quiere decir que cuando va a usar un elemento HTML cuyo diseño ha modificado, el estilo se aplicará automáticamente.

En este ejemplo, tenemos un estilo con el selector de elemento **h2**, que está guardado en el archivo HTML. En la página HTML, el título «Lorem ipsum dolor sit amet» utiliza el **Formato** de texto **Encabezamiento 2**, que corresponde al elemento HTML `<h2>`. La aplicación del diseño se hace automáticamente. No es preciso que usted lo haga.

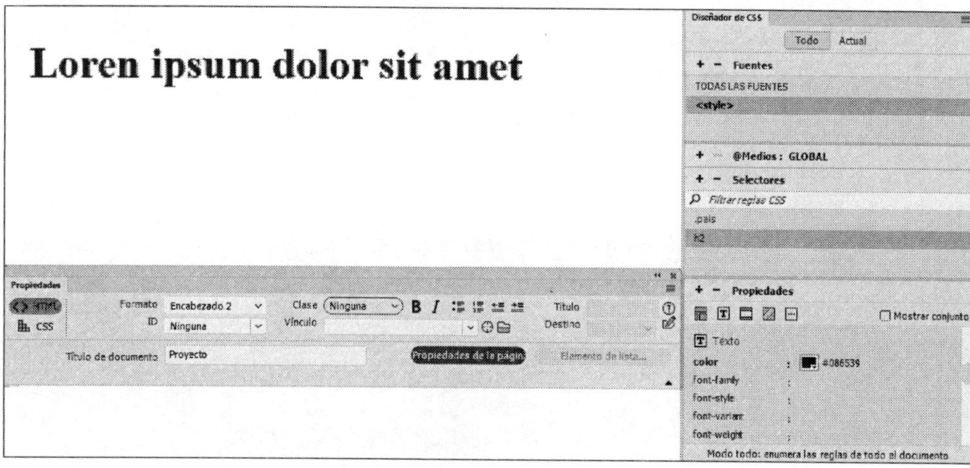

2. Aplicar un selector de clase a un texto

Los selectores de clase deberá aplicarlos usted. Cuando desea aplicar un estilo a un formato de texto, es decir, a un elemento HTML «contenedor» de texto (párrafo, encabezados, listas y texto preformateado), bastará con que el punto de inserción parpadee en el texto en cuestión. Dicho de otra forma: bastará con que haga clic en el texto.

En este ejemplo, el punto de inserción parpadea en el párrafo de texto:

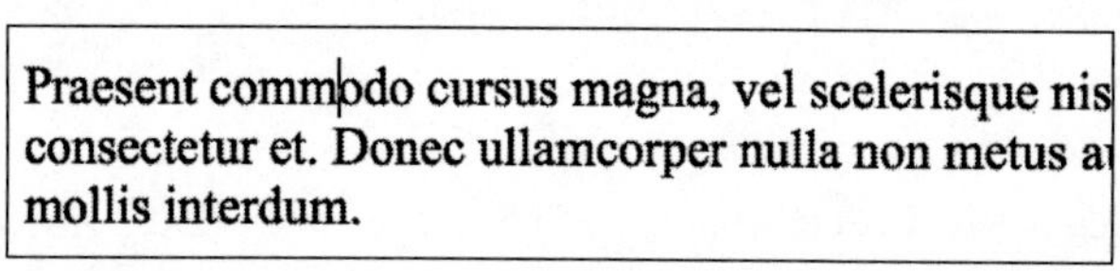

➜ También es posible seleccionar el texto haciendo clic en su etiqueta HTML en la barra de estado. En este mismo ejemplo, bastará con hacer clic en la etiqueta **<p>** cuando el punto de inserción parpadee en el párrafo.

Encontrará el elemento **<p>** en el panel **DOM**.

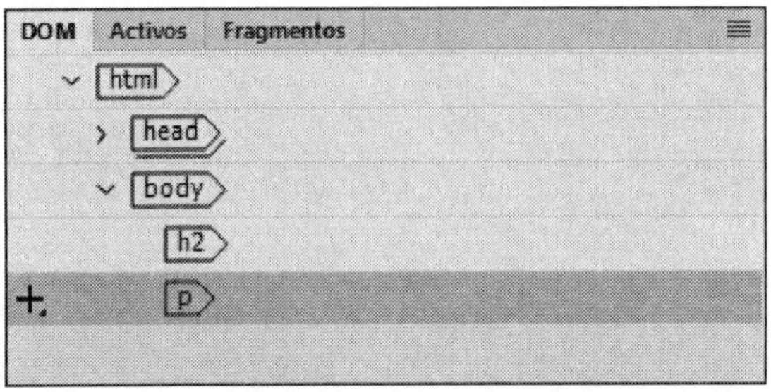

➜ Una vez seleccionado el texto con uno de estos medios, para aplicar el estilo deseado, vaya al panel **Propiedades** y compruebe que el botón **HTML** esté activo. En la lista desplegable **Clase**, seleccione la clase que quiere aplicar, la clase **texto-normal** en este ejemplo.

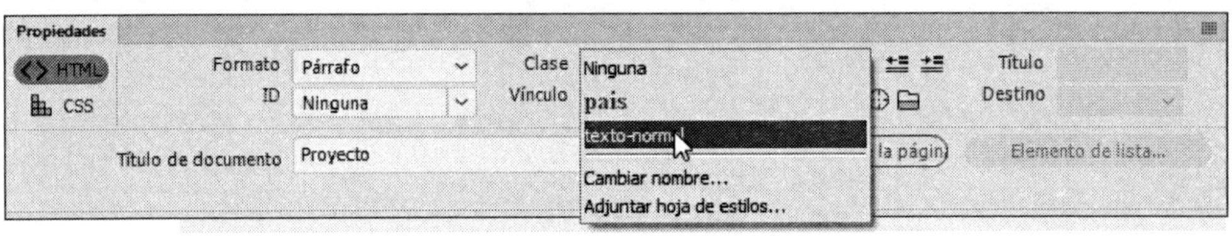

➜ Si el botón **CSS** está activo, use la lista desplegable **Regla de destino** para seleccionar el estilo que quiere aplicar.

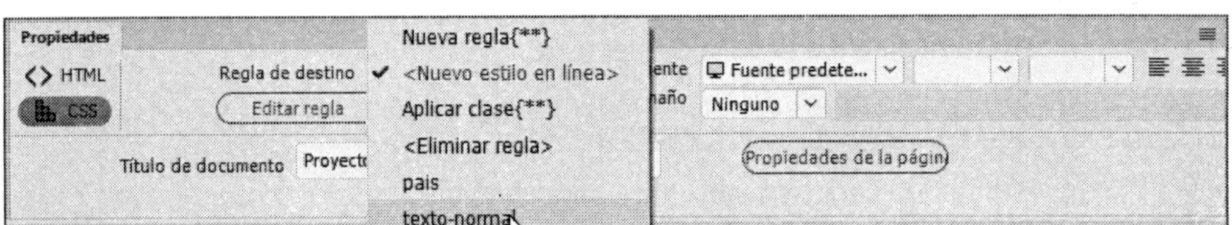

El diseño se aplica. En la barra de estado, Dreamweaver indica que la clase **.texto-normal** se ha aplicado al párrafo `<p>`.

Y podrá verlo en el panel **DOM**.

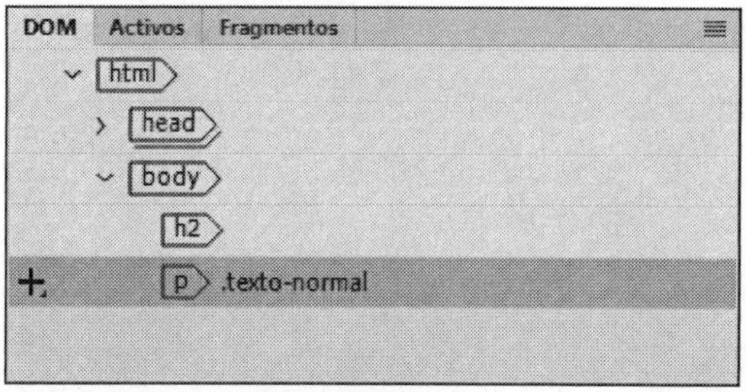

Recuerde consultar la barra de estado: allí encontrará siempre la información necesaria para saber qué elemento HTML utiliza cada estilo CSS.

3. Aplicar un selector de clase a una selección

Es posible aplicar clases a una selección: una o varias letras, una o varias palabras.

- Seleccione el texto deseado.

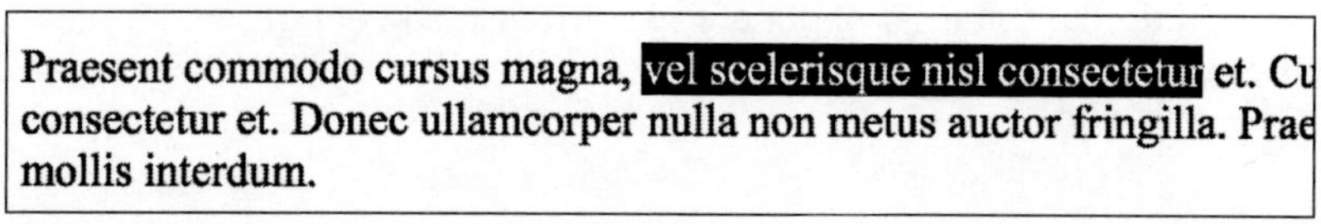

- Y, al igual que hemos hecho antes, en el panel **Propiedades**, aplique la clase deseada. La clase **.cita** en este ejemplo.

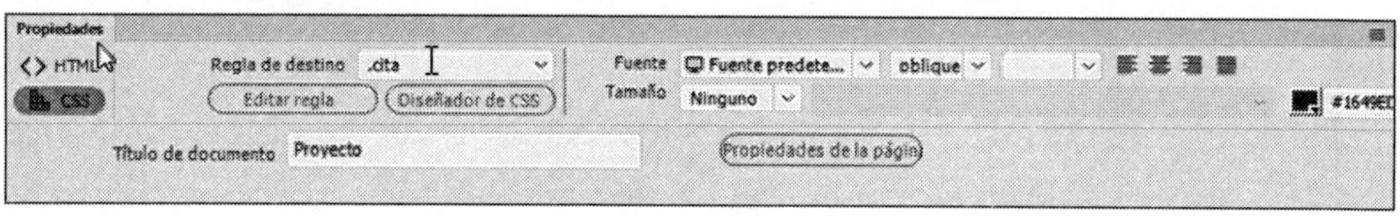

Cuando se aplica un estilo a una selección, el código HTML generado utiliza el elemento <span>. En la barra de estado podemos ver que la selección **span** utiliza el estilo **.cita**.

Y también en el panel **DOM**.

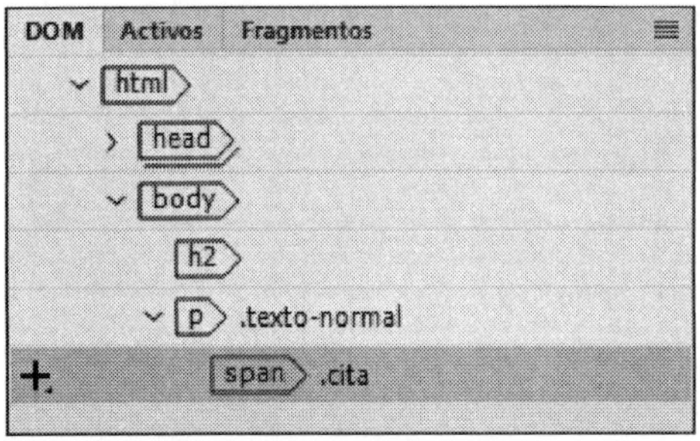

Para completar este ejemplo, en la barra de estado podemos ver que la selección utiliza el estilo **.cita**, **<span .cita>**, se encuentra en un párrafo que utiliza un estilo llamado **.texto-normal**, **<p .textoNormal>** y todo ello se encuentra situado en la página **<body>**.

4. Ver una clase aplicada

Como acabamos de verlo en el párrafo precedente, para saber qué estilo se aplica al elemento seleccionado, basta con mirar en la barra de estado.

También es posible saberlo consultando el panel **Propiedades**, con el botón **CSS** activo, en la lista desplegable **Regla de destino**. Dreamweaver indica el estilo utilizado en el lugar donde parpadea el punto de inserción.

En este ejemplo, se utiliza el estilo **.cita**.

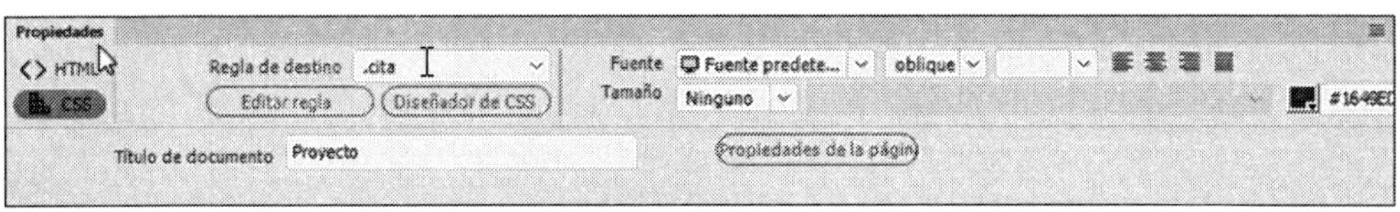

También es posible verlo en el panel **Diseñador de CSS**.

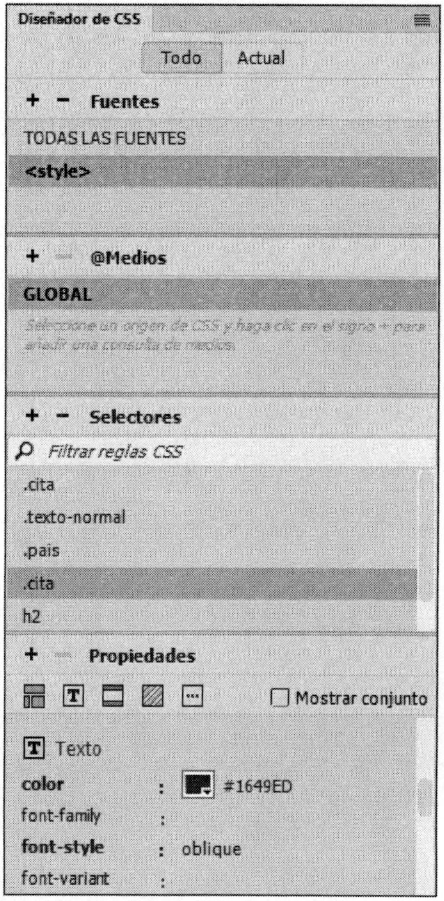

Verá que el selector **.cita** pertenece a la fuente **<style>** que aparece en negrita en la pestaña **Fuentes**.

5. Ver y modificar los selectores con el navegador de código

Cuando no realiza ninguna acción en Dreamweaver, al cabo de dos segundos proximadamente, en el lugar donde parpadea el punto de inserción aparece un icono: . Es el navegador de código.

➜ Al hacer clic sobre este icono, aparece una ventana.

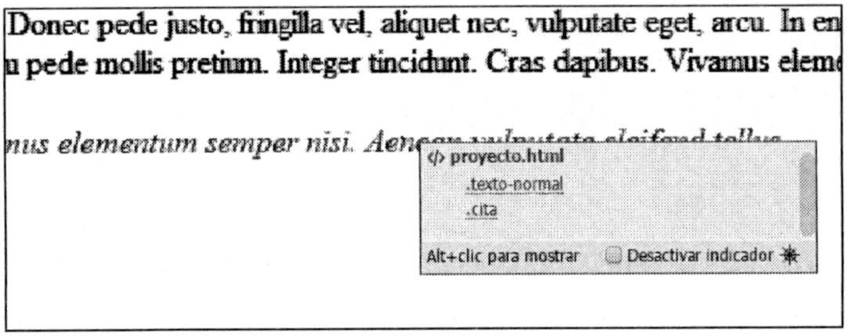

Esta ventana indica el diseño CSS del elemento en el que parpadea el punto de inserción.

En este ejemplo, Dreamweaver indica que el punto de inserción parpadea en un elemento que utiliza un estilo llamada **.cita**, inserta a su vez en otro elemento que utiliza un estilo llamado **texto-normal** guardado en el archivo HTML llamado **proyecto.html**.

- Si pasa el puntero sobre uno de los estilos, Dreamweaver muestra las propiedades.

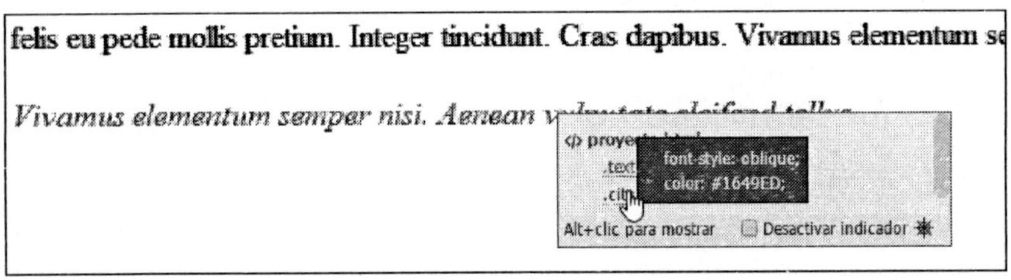

- Si hace clic en el nombre del estilo, Dreamweaver abre la página en modo código en la que está guardados el estilo. Allí podrá llevar a cabo todas las modificaciones que desee.

6. Dejar de aplicar un selector

Es posible en todo momento dejar de aplicar los selectores CSS aplicados a determinado diseño de elementos HTML para recuperar su diseño inicial virgen.

- Seleccione en la página web el elemento HTML que desea modificar.

  En el panel **Propiedades**, con el botón **CSS** activo, verá el selector CSS aplicado; en este ejemplo se trata de la clase **.cita**.

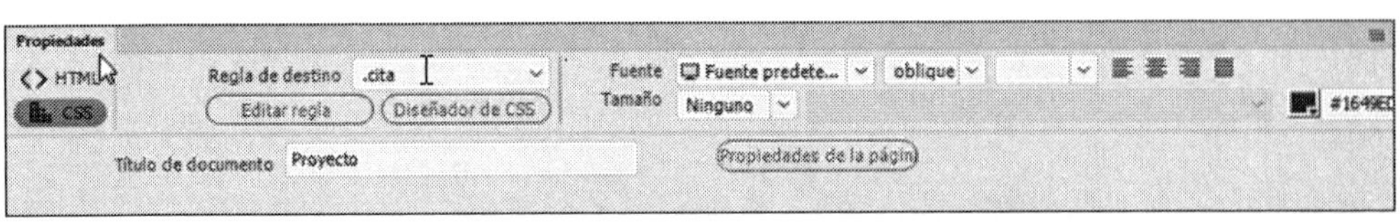

- En la lista desplegable **Regla de destino**, seleccione **<Eliminar clase>**.

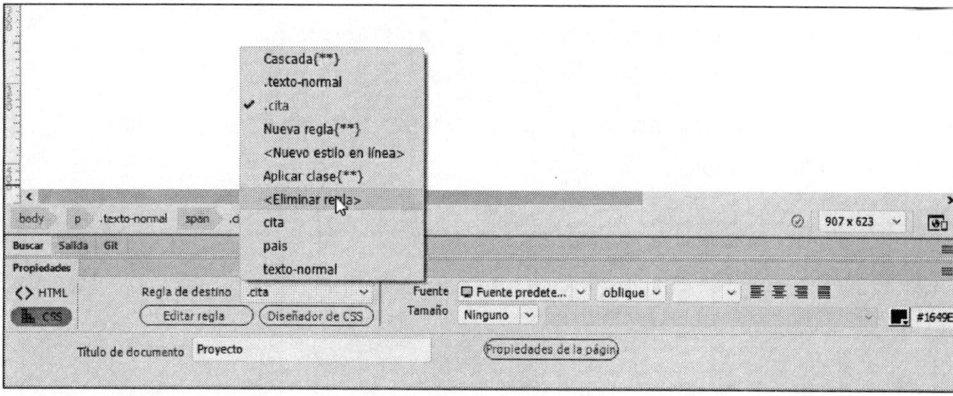

El elemento HTML deja de tener aplicados selectores CSS.

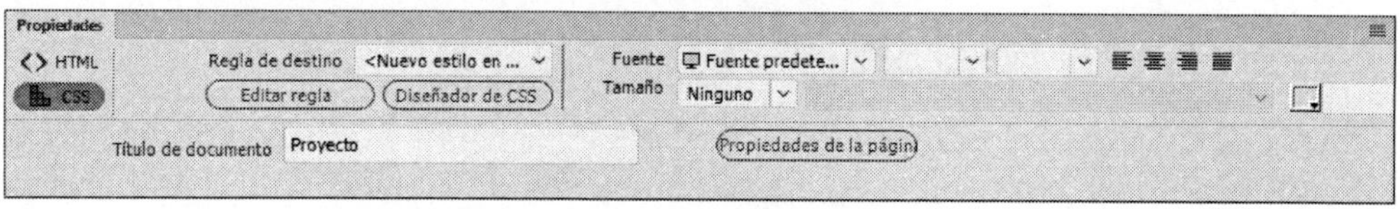

J. Administrar las propiedades de los selectores

1. Añadir una propiedad

Utilice el panel **Diseñador de CSS** para añadir propiedades el selector CSS seleccionado. Las propiedades CSS se clasifican por temas y puede accederse a ellas mediante cuatro botones. Estos son, por orden: **Diseño**, **Texto**, **Borde**, **Fondo** y **Más**.

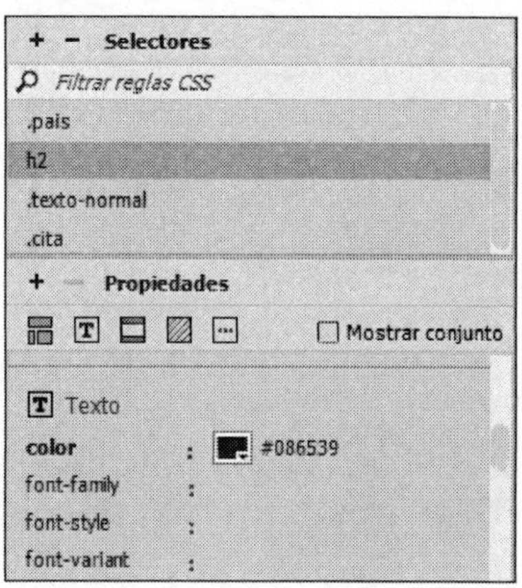

- Haga clic en uno de los botones para acceder a las propiedades.
  En este ejemplo, vemos activo el botón **Texto**.
- En función del tipo de propiedad podrá utilizar propiedades y valores de diferentes maneras:
  - Una lista desplegable:

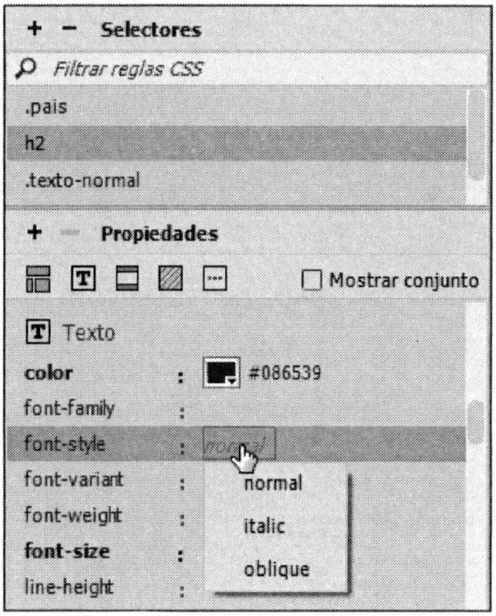

- Una lista de unidades:

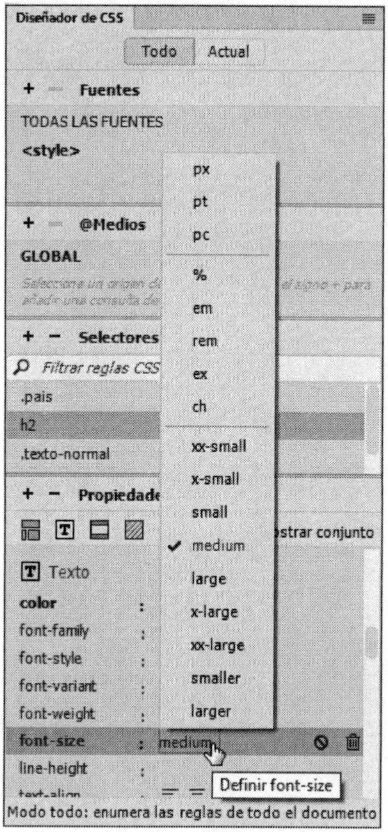

- Introducir un valor haciendo clic:

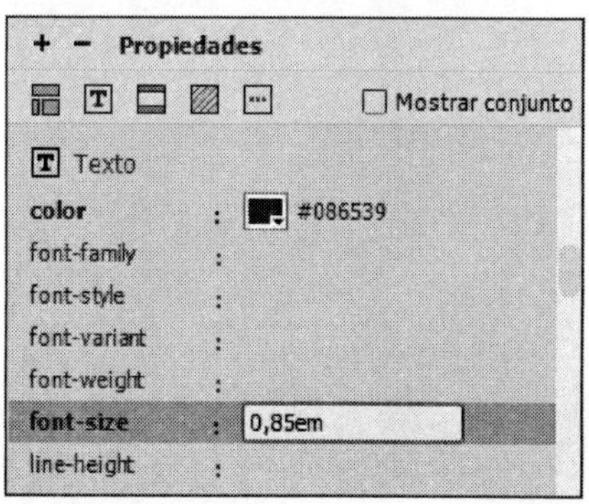

- Seleccionar una opción:

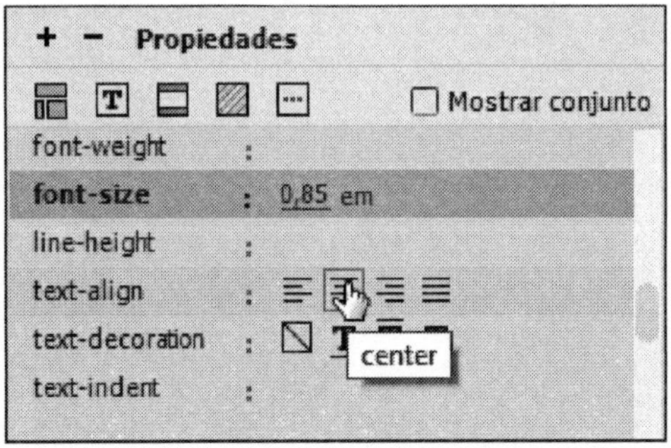

- Utilizar un selector: seleccione el color y confirme pulsando ⏎.

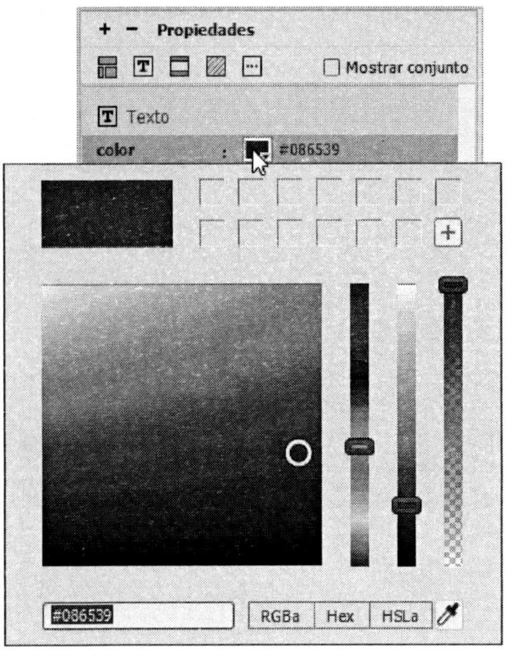

- Utilizar cuadros gráficos:

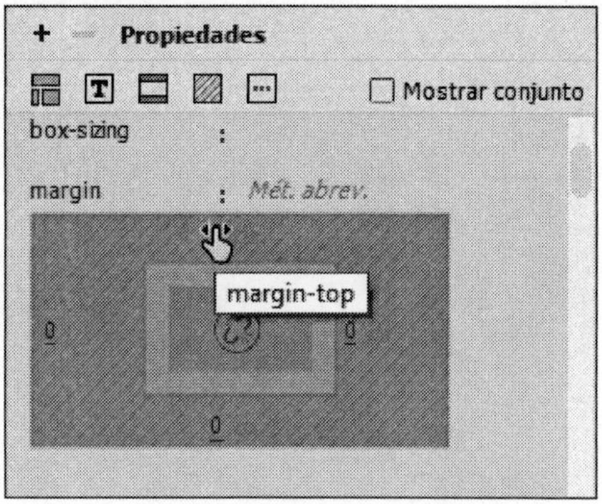

2. Añadir una propiedad manualmente

También es posible añadir propiedades CSS «a mano». Resulta muy útil si conoce el nombre exacto de la propiedad puesto que permite ir más rápido y no tener que buscarla en la lista general de estilos y si se trata de una nueva propiedad aún no implementada por Dreamweaver.

- En el panel **Diseñador de CSS**, pestaña **Fuentes**, seleccione **<style>**.
- En la pestaña **@Medios**, seleccione **GLOBAL** (sin consulta).
- En la pestaña **Selectores**, seleccione una clase CSS.
- En la pestaña **Propiedades**, haga clic en el botón [+], **Añadir propiedad CSS**.

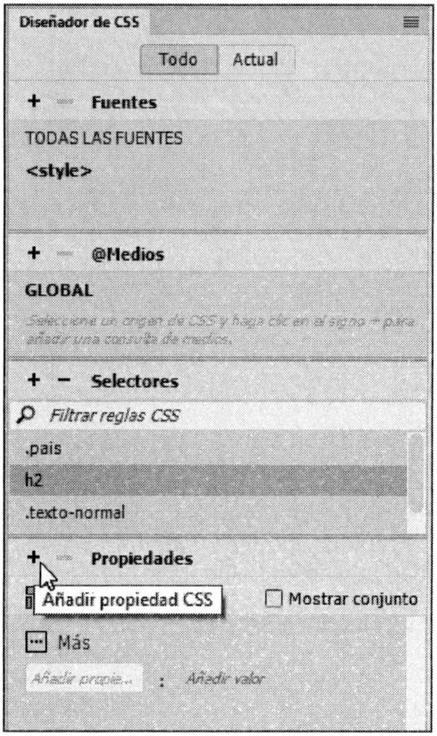

- Introduzca la propiedad deseada en el campo de texto. Dreamweaver muestra las propiedades por las letras introducidas.
- Confirme pulsando ⏎.

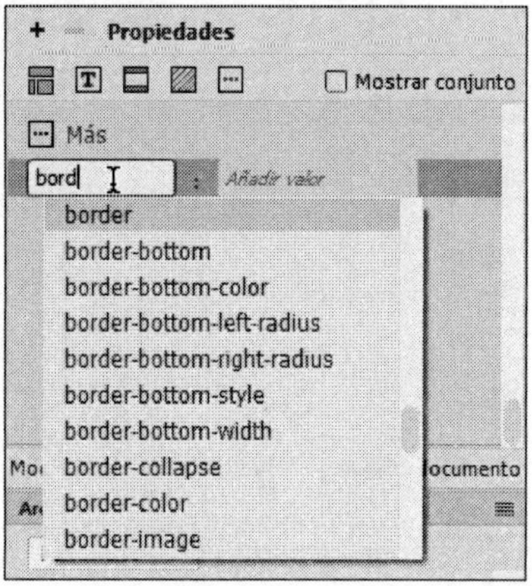

➙ Después introduzca uno o varios valores según la propiedad seleccionada.

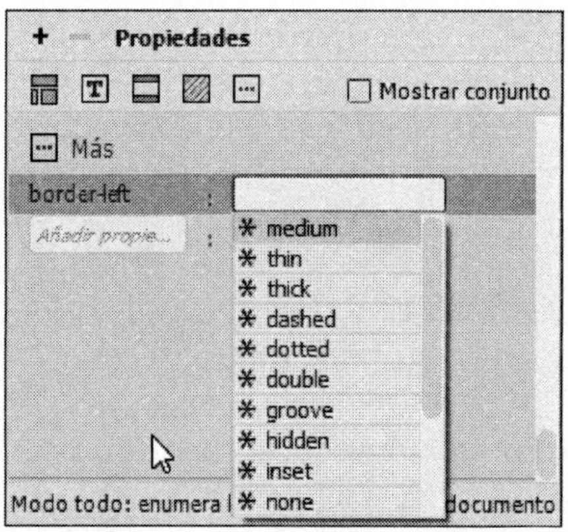

Propiedad CSS completa de este ejemplo:

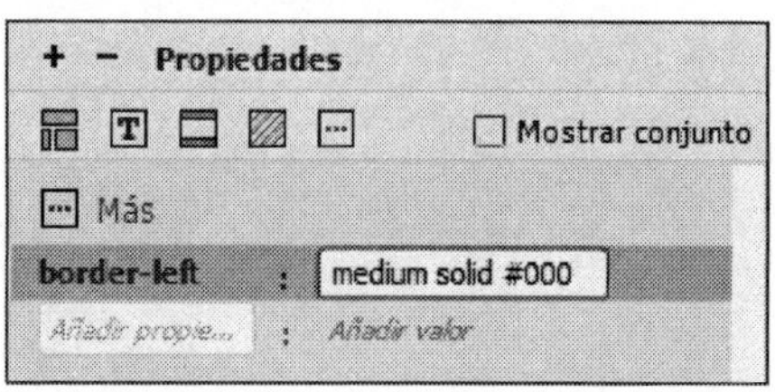

3. Ver únicamente las propiedades utilizadas

Cuando muestra las propiedades de un selector, aparecen de forma predeterminada todas las propiedades, incluidas aquellas no utilizadas.

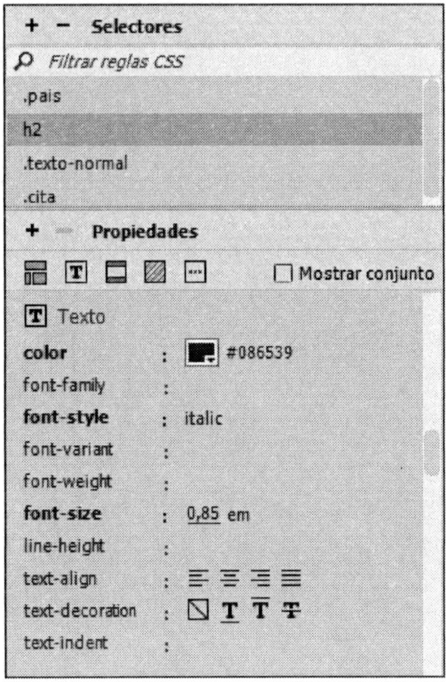

→ Para ver únicamente las propiedades usadas por el selector seleccionado, marque la opción **Mostrar conjunto** de la pestaña **Propiedades**.

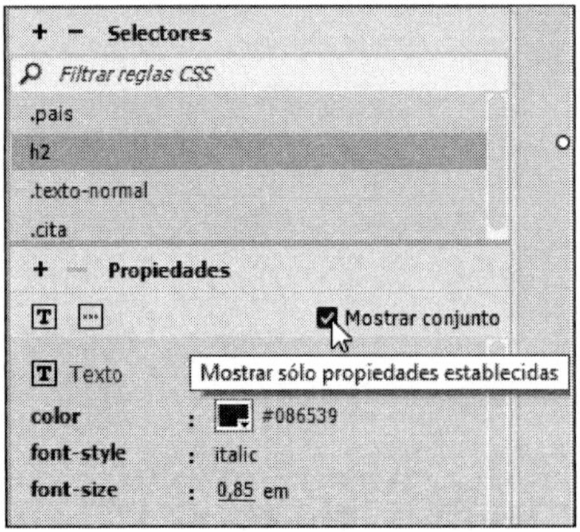

4. Desactivar una propiedad

Las propiedades CSS pueden desactivarse en todo momento. Esto resulta muy útil al planear el diseño y la composición de las páginas web ya que permite hacer «pruebas», sin eliminar las propiedades.

- Seleccione el elemento HTML que quiere modificar.
- En el panel **Diseñador de CSS**, seleccione el selector en el que se va a trabajar.
- En la pestaña **Propiedades**, pase el cursor sobre la propiedad a desactivar.
- Haga clic en **Deshabilitar propiedad CSS**.

La propiedad CSS deja de aplicarse en la página.

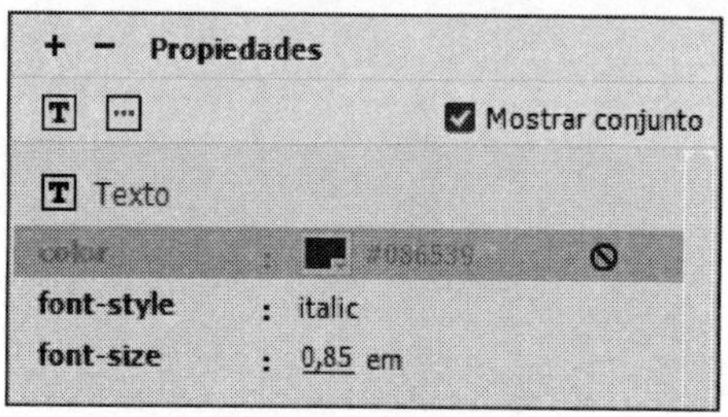

- Para activar la propiedad, haga clic en el botón **Activar propiedad CSS**.

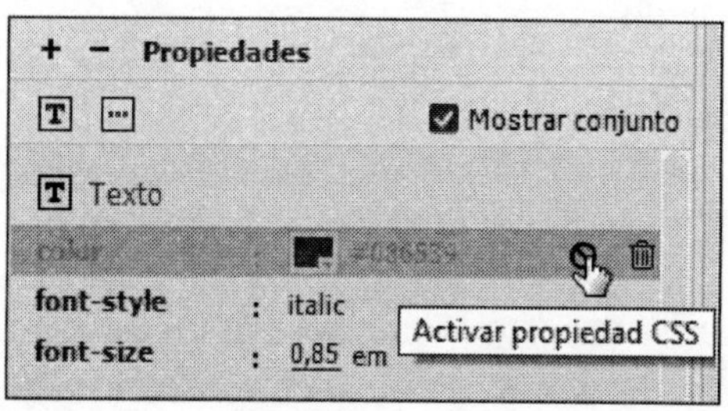

5. Eliminar una propiedad

Es posible seleccionar una de las propiedades de un selector seleccionado.

- En el panel **Diseñador de CSS**, seleccione el selector en el que se va a trabajar.
- En la pestaña **Propiedades**, seleccione la propiedad que desea eliminar.
- Pase el cursor sobre la propiedad y haga clic en el botón **Quitar propiedad CSS**.

La propiedad se elimina:

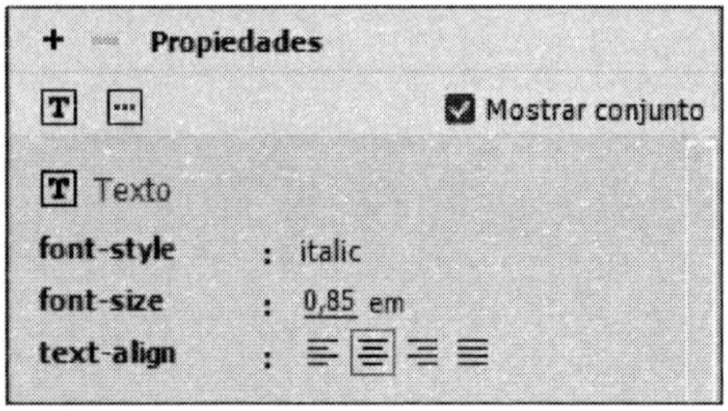

K. La noción de caja

Utilizar las hojas de estilo CSS es indisociable de la noción de caja. Una caja es la zona de la pantalla donde aparece el elemento HTML elaborado. Las cajas poseen varias partes:

- **El contenido**: es donde aparece el elemento insertado en la página, el texto, la imagen, la tabla, etc. La propiedad CSS `width` determina su ancho y la propiedad `height` determina su alto.
- **El relleno**: es el espacio entre el contenido y el límite de la caja. La propiedad `padding` define este espacio. Podemos definir cuatro valores de espacio diferentes en los cuatro lados de la caja.
- **El borde**: es el marco dibujado que se aplica al límite de la caja. La propiedad `border` define este borde. Podemos definir cuatro bordes diferentes en los cuatro lados de la caja.
- **El margen**: es el espacio en torno a la caja. La propiedad `margin` determina este espacio. Podemos definir cuatro valores de margen diferentes para los cuatro lados de la caja.

El ancho de la vista en las páginas web depende de la propiedad `box-sizing`. Esta propiedad acepta dos valores principales:

- `box-sizing: content-box;`,
- `box-sizing: border-box;`.

Con el valor `content-box`, el ancho de la caja que aparece en la pantalla del navegador queda definido por la suma del valor del ancho (propiedad `width`), los valores de relleno izquierdo y derecho (propiedades `padding-left` y `padding-right`) y los valores de los bordes izquierdo y derecho (propiedades `border-left` y `border-right`).

Lo mismo ocurre con la altura.

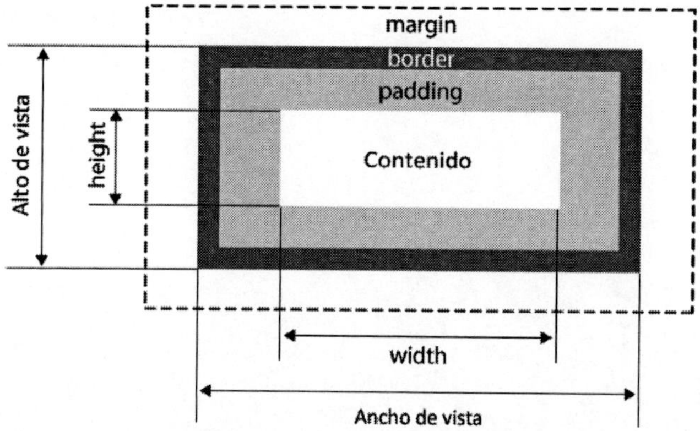

Con el valor `border-box`, el ancho de vista calculado `width` incluye el relleno (`padding`) y los bordes (`border`). Con el esquema precedente, el valor de `width` es igual al **Ancho de vista**.

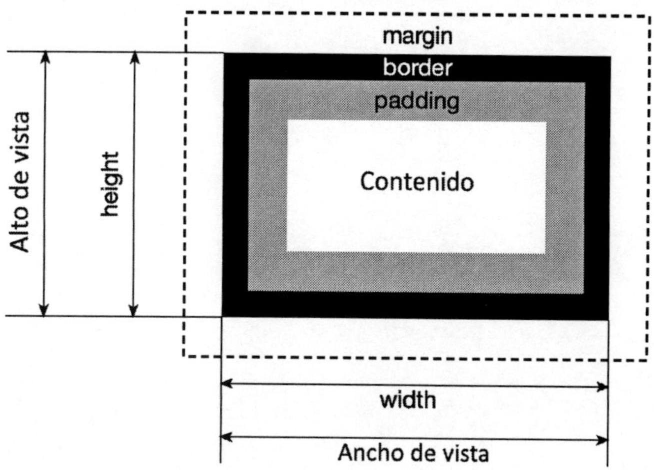

Capítulo 7: Composición CSS de las páginas

A. Objetivos

Hemos visto cómo crear páginas para el sitio web, ahora vamos a ver cómo efectuar composiciones con hojas de estilo CSS.

En este capítulo veremos las principales propiedades aplicables a las páginas de los sitios web.

B. Los selectores utilizables

Para componer las páginas web utilizaremos selectores de elementos y selectores de clase.

1. El selector de elemento body

Los selectores de elemento permiten modificar la composición de elementos HTML existentes. En nuestras páginas web, el contenido visible en la ventana de los navegadores está situado en el elemento HTML `<body>`. Utilizaremos el selector del elemento **body** para realizar las composiciones de las páginas.

Atención, las hojas de estilo se organizan en cascada, CSS son las siglas de **Cascading Style Sheets**: hojas de estilo en cascada en español. Esta cascada implica que un estilo aplicado a determinado elemento se aplica automáticamente a todos los elementos incluidos. El estilo CSS del elemento padre se aplica a los elementos hijo.

En la estructura de una página, el elemento `<body>` incluye todos los elementos HTML de descripción de la página. Por tanto, si por ejemplo aplicamos un color rojo al elemento `<body>`, todos los textos incluidos y mostrados serán de color rojo. Excepto si después aplicamos otras reglas CSS a los elementos incluidos en el elemento padre `<body>`.

Veamos en este ejemplo la creación del selector de elemento `body` definido en el archivo HTML (**Fuentes : <style>**).

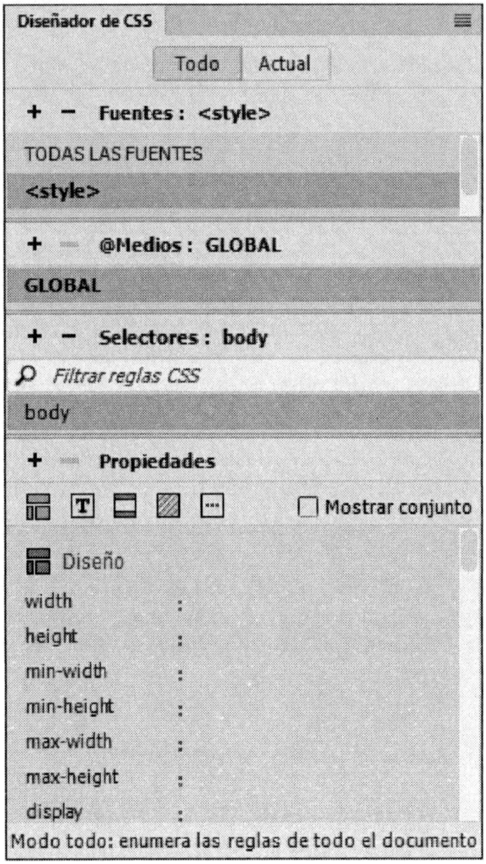

2. Los selectores de clase

Es perfectamente posible crear y aplicar varios selectores de clase al elemento `<body>`. Esto permite modular la composición de las páginas de acuerdo con el contexto de vista de las mismas.

C. Las fuentes de caracteres

1. Los tipos de fuente

La elección de las fuentes tipográficas es muy importante. La primera posibilidad siempre ha sido escoger una familia genérica con fuentes tipográficas que puedan encontrarse por defecto en los ordenadores más habituales. Existen tres familias principales:

- La familia genérica **Verdana, Arial, Helvetica, sans-serif** está formada por fuentes tipográficas "palo" (lineal en tipografía) bastante similares en Windows (**Arial**), Mac (**Helvetica**) y las Unix (**sans-serif**). La fuente **Verdana** está especialmente concebida para resultar fácil de leer en pantalla, le aconsejo que la utilice. Es la fuente tipográfica más utilizada en la Web.
- La familia genérica **Georgia**, **Times new roman**, **Times**, **serif** está formada por fuentes tipográficas con serifa bastante similares en Windows (**Times new roman**), Mac (**Times**) y las Unix (**serif**). La fuente **Georgia** está especialmente concebida para resultar fácil de leer en pantalla.
- La familia genérica **Courier new, Courier, monospace** está formada por fuentes tipográficas de ancho fijo bastante similar en Windows (**Courier new**), Mac (**Courier**) y las Unix (**mono**).

Pero en la actualidad también es posible utilizar fuentes web, es decir, fuentes tipográficas de libre acceso en la Web. En ese caso, los visitantes de su sitio usarán fuentes de tipográficas que se encuentran en servidores accesibles. Esto permite tener un diseño más libre, pero puede ralentizar la carga de las páginas ya que el navegador debe "ir a buscar" las fuentes a la Web.

2. Administrar las fuentes en Dreamweaver

Dreamweaver permite administrar tanto las familias tipográficas que se deseen como las fuentes web.

➜ En el menú **Herramientas**, seleccione **Administrar fuentes**.

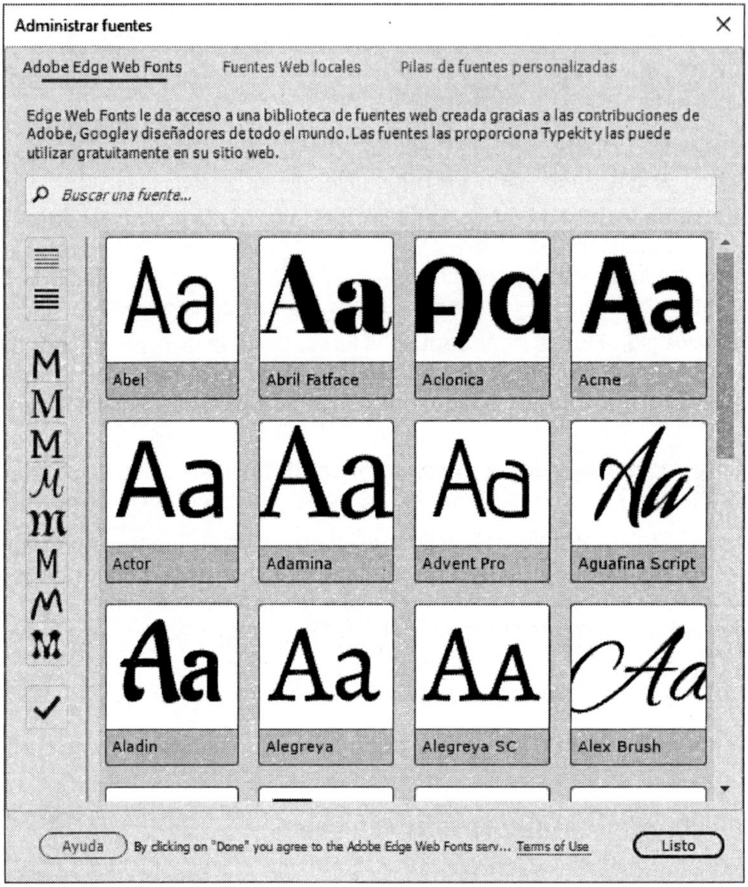

3. Las fuentes web

La primera pestaña de esta ventana, la pestaña **Adobe Edge Web Fonts**, permite usar fuentes tipográficas de uso libre.

- En la columna izquierda, haga clic en el primer botón para ver solo las fuentes tipográficas recomendadas para encabezados. El segundo botón muestra las fuentes recomendadas a los párrafos de texto.

➔ Haciendo clic en uno de los botones siguientes es posible ver las fuentes de un tipo determinado:

Estas son, por ejemplo, las fuentes **Script**:

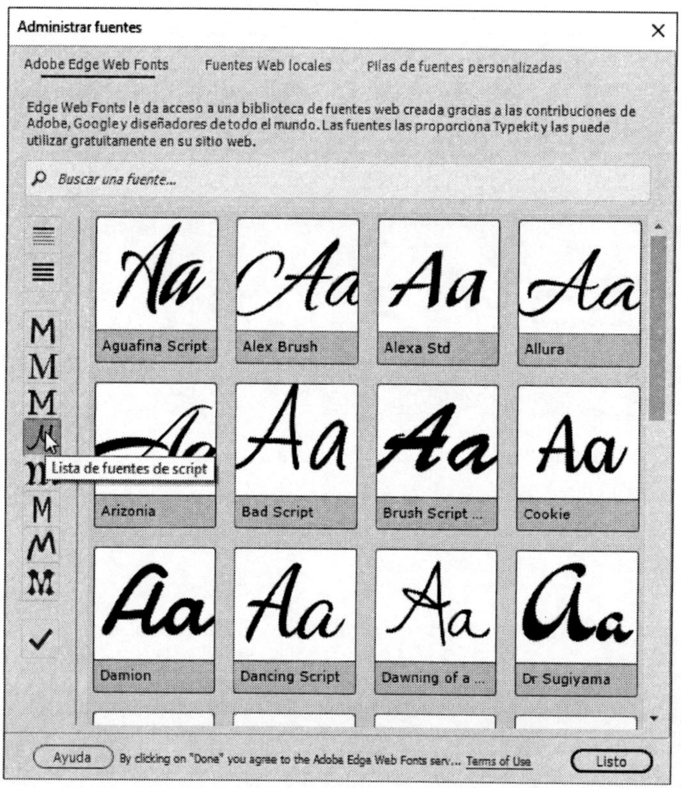

En este ejemplo podemos ver las fuentes de tipo **Sans**, es decir, sin serifa, caracteres rectos.

→ A continuación, haga clic en las fuentes que le interesen, **Abel**, **Actor** y **Allerta**, en este ejemplo. Todas las fuentes seleccionadas muestran una marca.

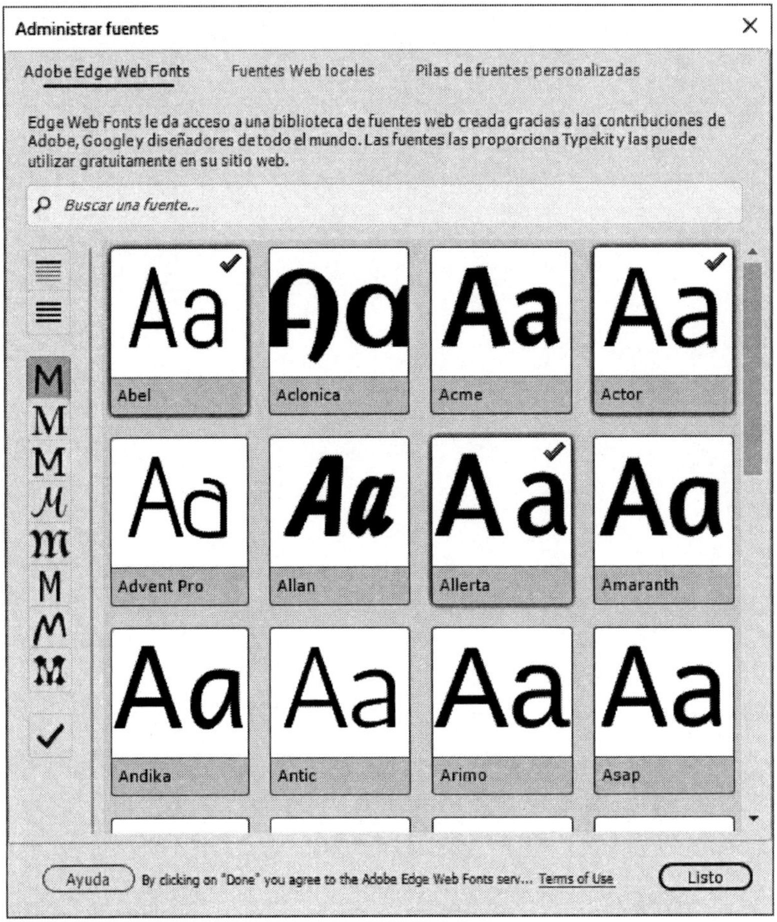

→ Haga clic en el botón **Listo**.

Las tres fuentes web se añaden a la lista de fuentes disponibles en el sitio web.

4. Las fuentes locales

La segunda pestaña de la ventana **Administrar fuentes**, la pestaña **Fuentes Web locales**, permite añadir fuentes tipográficas de su ordenador. Esto tiene poco interés para sitios publicados en la Web, ya que los visitantes no podrán acceder a las fuentes situadas en su ordenador.

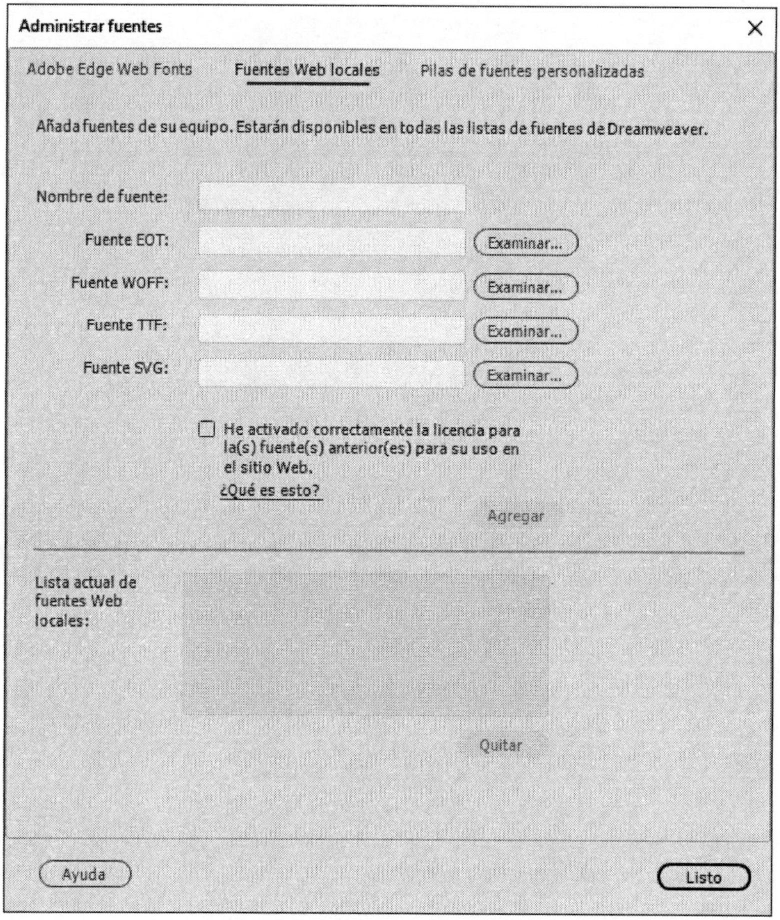

5. Las familias de fuentes

La tercera pestaña, **Pilas de fuentes personalizadas** permite añadir las familias de fuentes tipográficas genéricas.

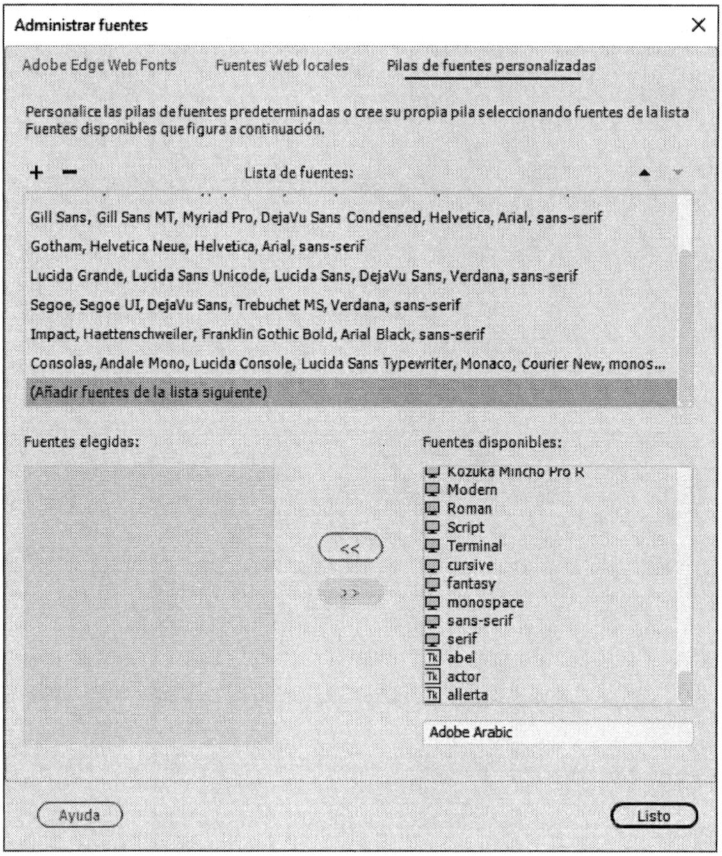

En el cuadro **Lista de fuentes** encontrará toda una serie de familias de fuentes de Adobe ya creadas y que pueden, por tanto, utilizarse de inmediato.

Sin embargo, nosotros vamos a crear nuestra propia familia genérica.

- En el cuadro **Lista de fuentes** compruebe que esté seleccionada la instrucción (**Añadir de la lista siguiente**).
- En el cuadro **Fuentes disponibles**, busque la fuente **Verdana** escribiendo el principio del nombre en el cuadro de texto.
- Selecciónela en la lista.

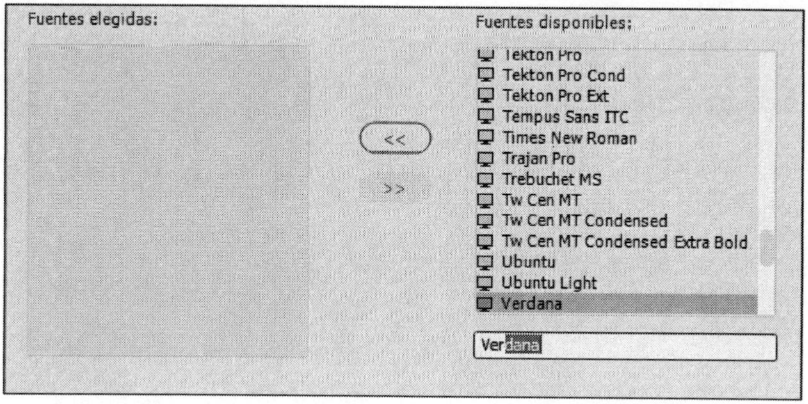

- Haga clic en el botón **<<** para añadirla al cuadro **Fuentes elegidas**.

  La fuente **Verdana** se añade.

- Proceda de la misma forma con las fuentes **Arial** y **sans-serif**.

- Para la fuente **Helvetica**, presente en Mac y no en Windows, seleccione su nombre y haga clic en el botón **<<**.

  Se añaden las cuatro fuentes:

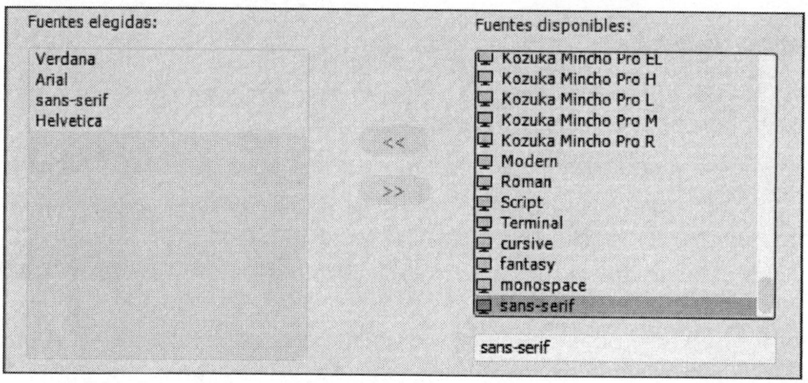

Estas cuatro fuentes tipográficas, que constituyen nuestra familia genérica se añaden automáticamente a **Lista de fuentes**.

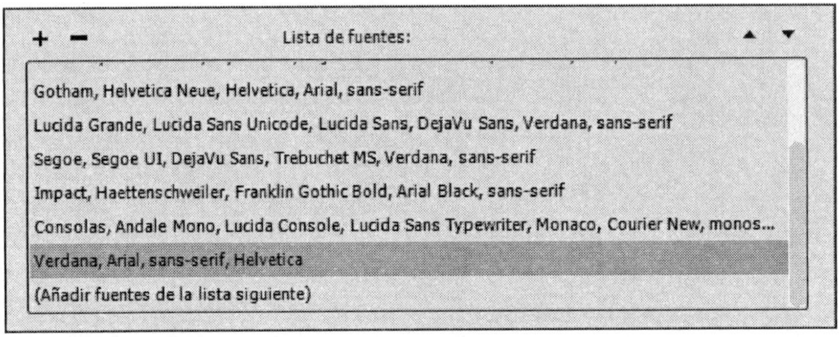

- Haga lo mismo con todas las familias que desee crear haciendo clic en el botón +, arriba a la izquierda de la **Lista de fuentes**.
- Para eliminar una familia, selecciónela y haga clic en el botón −, arriba a la izquierda de la **Lista de fuentes**.
- Para modificar el orden de las fuentes, seleccione una y use los botones triangulares situados arriba ala derecha de la **Lista de fuentes**.
- Cuando acabe, haga clic en **Listo**.

6. Los tamaños de caracteres

Los tamaños de las fuentes tipográficas en la Web difieren de lo que puede utilizar en el software de escritorio o de Publicación Asistida por Ordenador.

Para definir el tamaño de la tipografía en CSS, dispone de tres tipos de tamaño: tamaños fijos, tamaños relativos y tamaños heredados.

Los tamaños fijos se utilizan como en los programas de texto. Se selecciona la unidad de medida que se va a utilizar: **px** para píxeles, **pt** para puntos y **pc** para picas. También es posible utilizar tamaños predefinidos: **xx-small**, **x-small**, **medium**, **large**, **x-large**, **xx-large**.

Los tamaños relativos permiten obtener un tamaño según un valor de referencia. Las unidades son:

- **em**: es el tamaño de fuente predeterminado del navegador para el elemento HTML en cuestión. Cada navegador posee sus propios valores predeterminados. Por ejemplo, para el elemento <p>, el tamaño de fuente predeterminado en todos los navegadores es 16px. Un tamaño relativo de 1em equivale, por tanto, a un tamaño de 16px. Un tamaño de 1.5em equivale, por tanto, a 24px. Cuidado, los tamaños de caracteres definidos en **em** utilizan la cascada en los casos de elementos imbricados unos en otros.
- **rem**: es el tamaño de fuente definido por la raíz (root) del sitio. Funciona como la unidad **em**, salvo que no funciona en cascada, lo que resulta muy práctico.

- **ex**: es una fracción de la altura de los caracteres, es una fracción de 1 em. Este tamaño es el equivalente al alto de una fuente en minúsculas. Esta unidad se utiliza poco porque depende de la fuente tipográfica usada y puede, por tanto, variar enormemente.
- **%**: mismo principio que con el em. 100 % corresponde al tamaño de fuente definida de forma predeterminada en el navegador.

La razón del uso del tamaño relativo es que los internautas con problemas o discapacidades visuales puedan ampliar el tamaño de la fuente, independientemente del navegador utilizado, cosa que no podrían hacer con un tamaño fijo. Para respetar los criterios de accesibilidad es importante, por tanto, usar tamaños relativos.

Los tamaños heredados permiten tener tamaños de caracteres más pequeños o más grandes que el elemento padre (un párrafo, por ejemplo) que incluye al elemento hijo (una palabra del párrafo, por ejemplo) al que aplica el estilo. Son los tamaños **smaller** (más pequeño) y **larger** (más grande).

D. Aplicar estilos a las páginas

1. La tipografía

Procederemos a aplicar una fuente y un tamaño tipográfico a la página. Recuerde que según el principio de herencia, esto se aplica también a todos los elementos HTML incluidos en la página. Por supuesto, podrán hacerse excepciones aplicando otras reglas a los elementos que se desee.

➔ En el panel **Diseñador de CSS**, pestaña **Fuentes**, seleccione crear estilos en la página HTML o en un archivo .css externo. En este ejemplo, se selecciona crear y guardar los estilos en la página HTML, con la fuente **<styles>**.

➔ En la pestaña **@Medios**, deje **GLOBAL** seleccionado. No crearemos una regla específica para los diferentes tamaños de pantalla de difusión.

➔ En la pestaña **Selectores**, añada el selector de elemento **body**.

➔ En la pestaña **Propiedades** para las propiedades de **Texto**, seleccione una familia de fuentes y un tamaño relativo. En este ejemplo, he seleccionado la familia genérica (**font-family**) que habíamos creado anteriormente y un tamaño relativo (**font-size**) de **0.8em**.

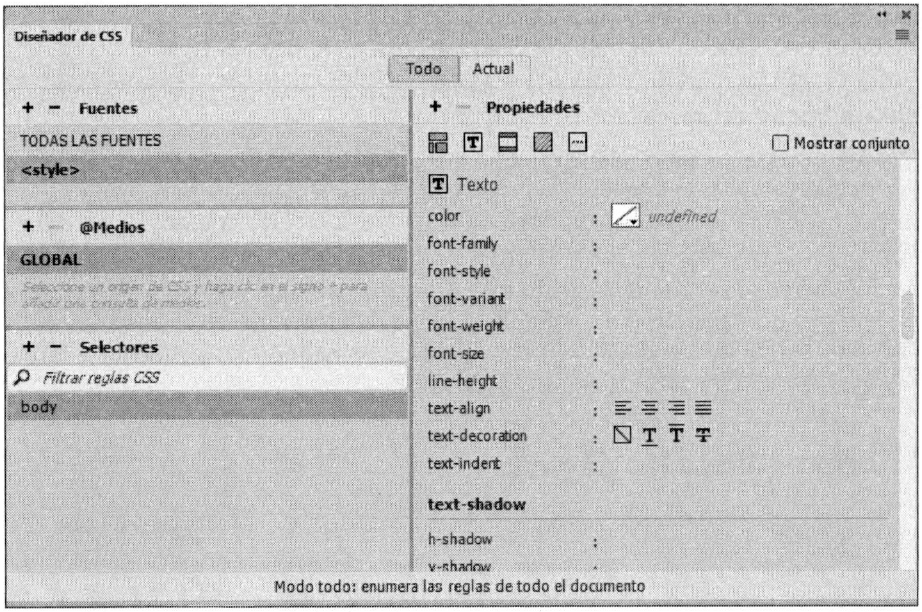

2. Los márgenes

De forma predeterminada, las páginas HTML poseen un espacio entre el límite de la página y el borde de la ventana del navegador. Este espacio, este margen, varía entre 8 y 15 píxeles según los navegadores. Es bastante habitual indicar márgenes de 0 en el diseño de páginas web.

- En el panel **Diseñador de CSS**, con el selector **body** seleccionado, en la pestaña **Propiedades**, haga clic en el primer botón, **Diseño**.
- En la propiedad **margin**, haga clic en el símbolo de la cadena para aplicar el mismo valor a los cuatro márgenes.
- Después haga clic para escribir el valor **0**, con la unidad **px** por defecto.

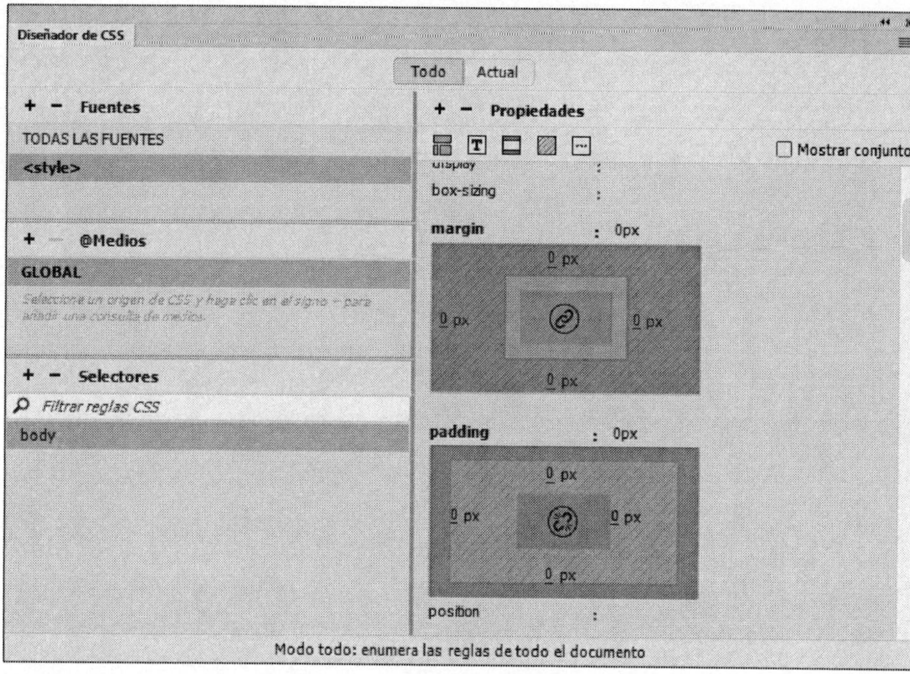

3. El relleno

Todos los elementos HTML «contenedores» poseen un relleno: es la propiedad **padding**, entre el límite de ese contenedor y su contenido.

- Proceda de igual modo en la pestaña **Propiedades**, para indicar el valor de la propiedad **padding**.

  En este ejemplo hemos indicado un valor común de **10 px**.

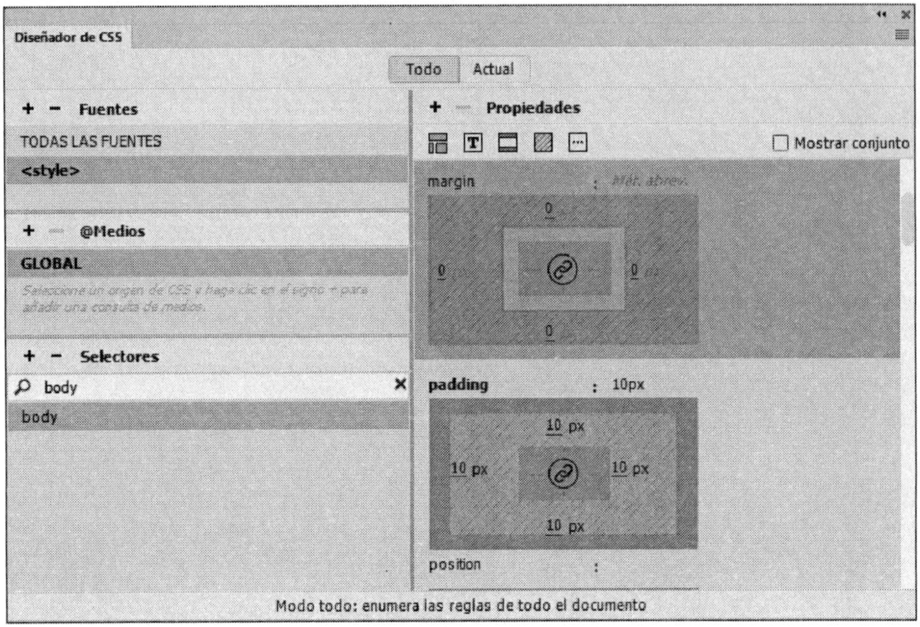

4. El color de fondo

De manera predeterminada, el color de fondo de las páginas es blanco. Es posible modificar este color.

→ En la pestaña **Propiedades**, haga clic en el botón **Fondo**.

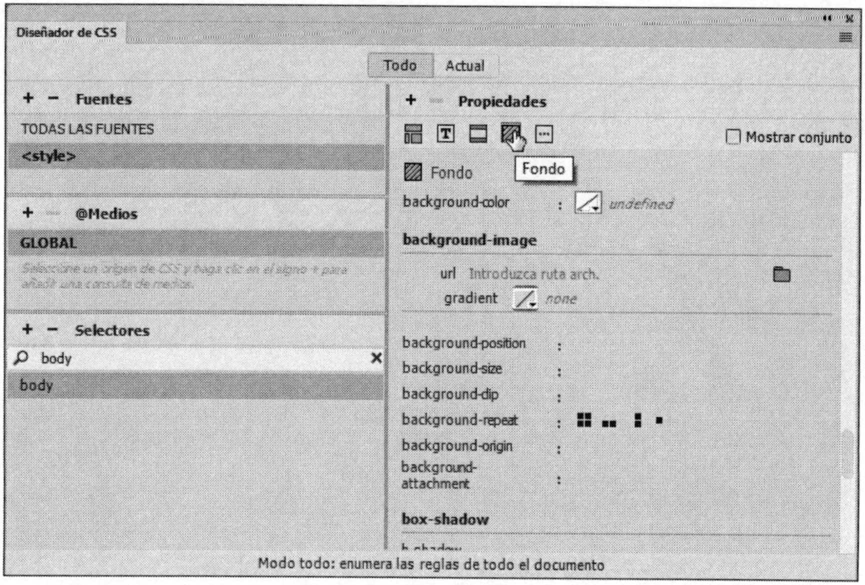

↗ Utilice el selector de color **background-color**.

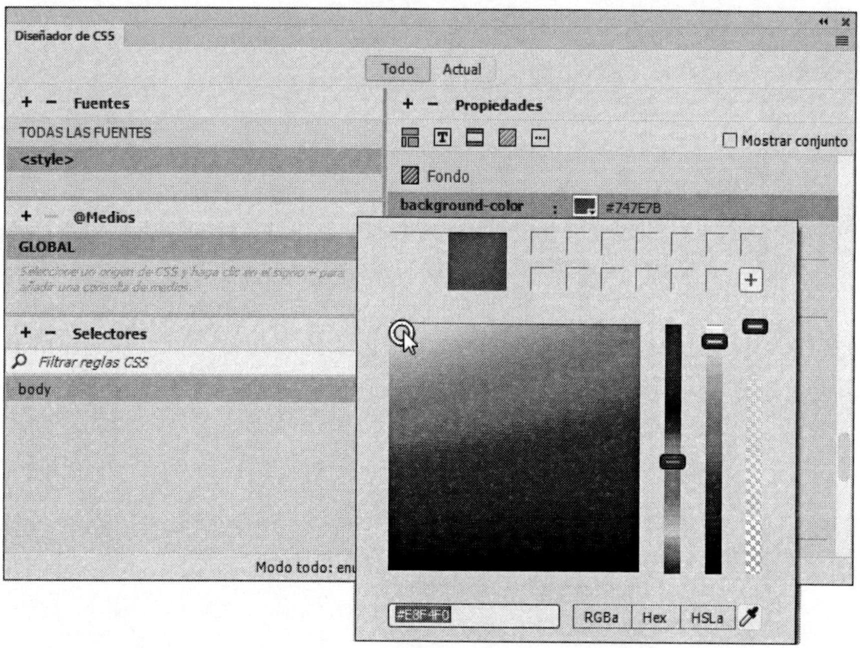

- Haga clic en un color de la primera regleta vertical.
- A continuación utilice el cuadrado de color de la izquierda para definir el brillo y la saturación.

  También puede usar las dos regletas para definir esos dos parámetros.

  También puede introducir usted mismo el color deseado seleccionando la unidad de preferencia **RGBa**, **Hex** o **HSLa**.
- Confirme el color definido pulsando ⏎.

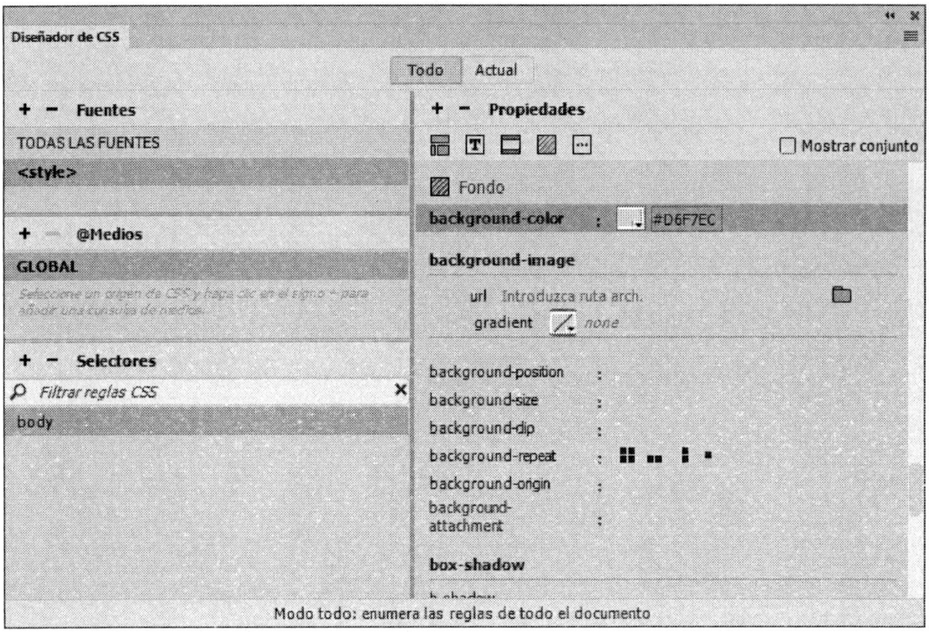

5. Una imagen de fondo

No es forzosamente el diseño más elegante, pero es posible usar una imagen como fondo de la página.

- En la pestaña **Propiedades**, haga clic en el botón **Fondo**.
- Para la propiedad **background-image**, haga clic en el campo **url** y utilice el botón **Examinar** para seleccionar la imagen deseada.

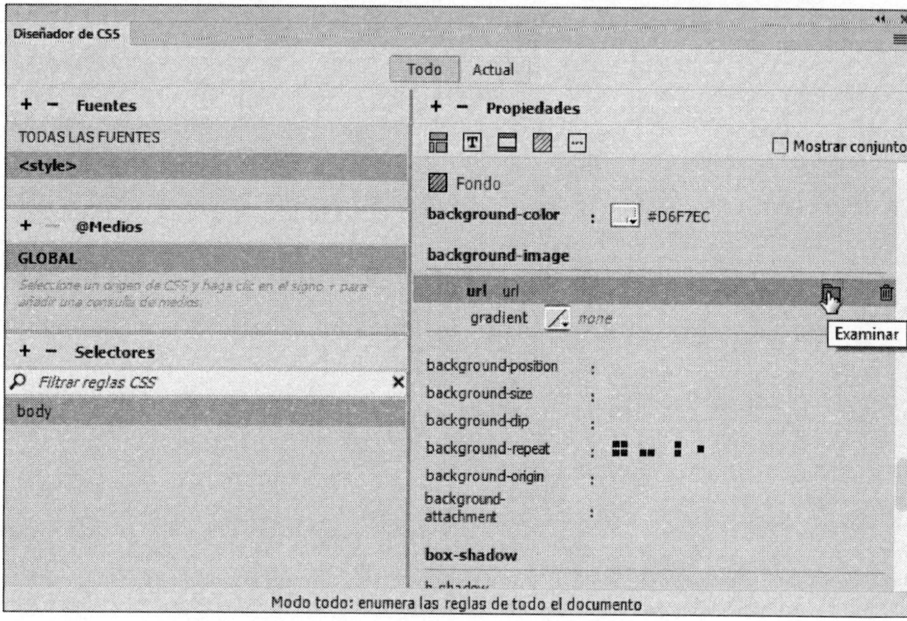

- También es posible introducir usted mismo la ruta de acceso a la imagen en el campo **url**.
- La propiedad **background-position** permite determinar la posición de la imagen en su contenedor, en la página en este ejemplo.
- La propiedad **background-repeat** permite definir el tipo de repetición de la imagen. En este ejemplo no hay repeticiones.

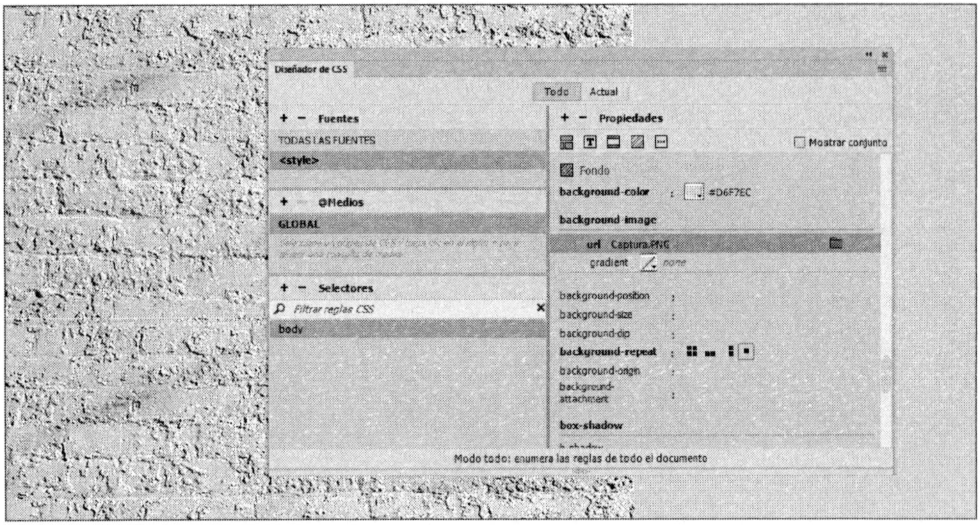
Diseñador de CSS
Todo
Actual
+ − Fuentes
TODAS LAS FUENTES
<style>
+ − @Medios
GLOBAL
+ − Selectores
Filtrar reglas CSS
body
+ − Propiedades
Mostrar conjunto
Fondo
background-color : #D6F7EC
background-image
url Captura.PNG
gradient none
background-position :
background-size :
background-clip :
background-repeat :
background-origin :
background-attachment :
box-shadow
Modo todo: enumera las reglas de todo el documento

Capítulo 8: Insertar texto

A. Principios generales

1. La codificación de los caracteres

La codificación de los caracteres es un punto importante. Consiste en definir la manera en que van a escribirse todos los caracteres de la página HTML. La anterior técnica de codificación consistía en usar la norma **ISO-8859-1**. Entonces los caracteres propios de cada país y de cada plataforma informática se codificaban de manera específica.

En la actualidad, para conseguir uniformidad en los caracteres se utiliza la norma **Unicode**. En nuestras páginas HTML usaremos la norma **UTF-8**, que hace que ya no sea preciso codificar los caracteres. Utilice Mac o Windows, escriba en español o en alemán, los caracteres manejados en la página HTML se escribirán sin código.

Con la norma ISO, el carácter é se codifica como `é`. Con la norma UTF-8, el carácter é se escribe é independientemente del entorno informático utilizado.

➜ Como hemos visto en el capítulo anterior, para definir la norma que se usará en los nuevos documentos, vaya a **Preferencias** (menú **Edición en Windows, Dreamweaver CC** en Mac) y seleccione la categoría **Nuevo documento**. En la lista desplegable **Codificación pred.**, seleccione **Unicode (UTF-8)**.

2. Los elementos HTML contenedores de texto

Sus textos, sean los que sean, deben estar situados en un "contenedor" de texto, en un elemento HTML. El texto no debe estar "solo", en la página HTML. Los contenedores de texto son de cinco tipos diferentes:

- Encabezamiento
- Párrafo
- Párrafo de cita
- Texto con formato predeterminado
- Lista

3. Los espacios entre las palabras

En HTML, existen dos tipos de espacios: el espacio "clásico" entre palabras y el espacio indivisible, que permite que no haya cesura entre dos palabras. De forma predeterminada solo es posible tener un espacio entre las palabras.

- Si desea introducir varios espacios, vaya a **Preferencias**, categoría **General**, y marque la opción **Permitir múltiples espacios consecutivos**. Estos espacios consecutivos serán entonces espacios indivisibles (entidad de carácter ` `).

4. Los caracteres especiales

- Para insertar caracteres especiales en su texto, vaya al menú **Insertar - HTML - Carácter** y seleccione el carácter que desea insertar.
- Para tener una ventana más completa, en el mismo menú, escoja **Otro** y seleccione el carácter que desea insertar en la ventana **Insertar otro carácter**.

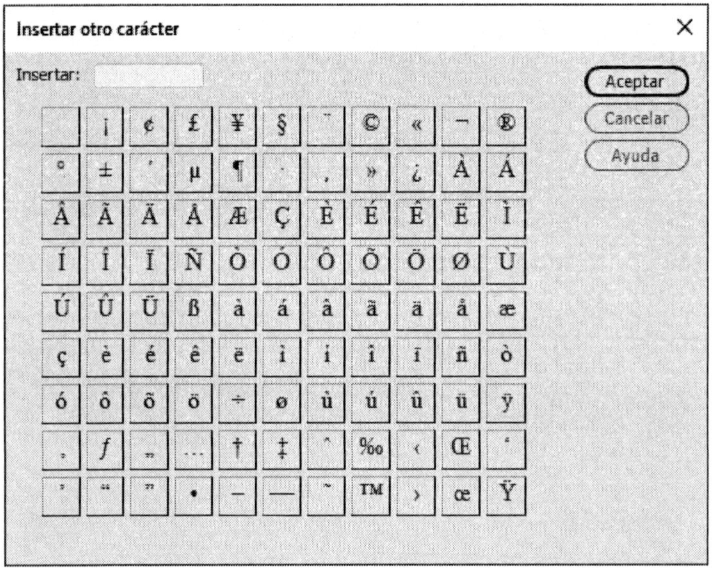

- Encontrará esos caracteres especiales en la categoría **HTML** de la lista desplegable del panel **Insertar**. Utilice la lista desplegable **Carácter**.

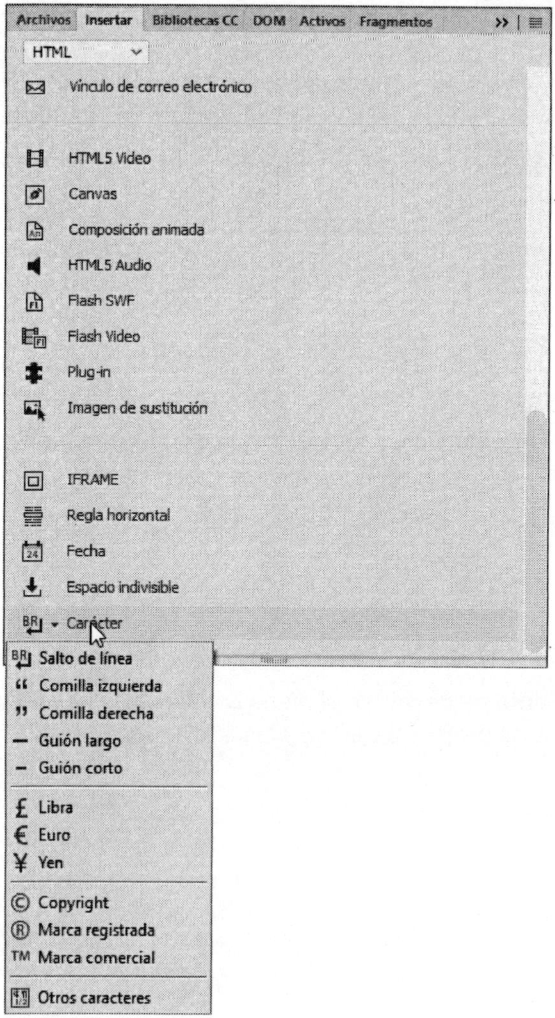

Los caracteres especiales se conocen en HTML como **entidades de carácter** y se codifican de una forma particular: empiezan con el carácter ampersand `&` y finalizan con punto y coma `;`. Entre ambos caracteres se indica el código del carácter. Ejemplos: el carácter euro € se codifica como `€`, el copyright © se codifica como `©`.

5. Copiar-pegar texto

Es posible copiar-pegar textos seleccionados en aplicaciones de gestión de texto a Dreamweaver. La forma en que Dreamweaver pegará y formateará el texto copiado depende de una preferencia.

- En el menú **Edición** (Windows) o **Dreamweaver CC** (Mac), haga clic en **Preferencias** y seleccione la categoría **Copiar/Pegar**.

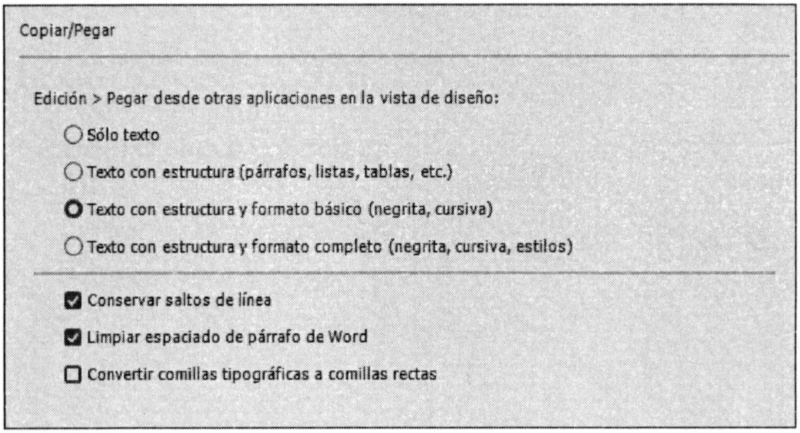

- Si desea poder escoger en el momento de **Pegar**, en el menú **Edición**, seleccione **Pegado especial**. Ahí encontrará las diferentes opciones de las preferencias.

B. Utilizar los encabezados

Los elementos de encabezado (elementos HTML `<h1>` a `<h6>`) permiten estructurar la página web en varias partes bien diferenciadas. Dispone de 6 niveles de encabezado: de 1 a 6. Por definición, el texto de los encabezados está en negrita. El tamaño de los caracteres va de menor a mayor : de encabezado 6 (tamaño de 10 píxeles aproximadamente) a encabezado 1 (tamaño de 32 píxeles aproximadamente).

- Para usar un encabezado, en el menú **Insertar - Heading**, seleccione encabezados **de H1** a **H6**.

  También es posible utilizar la lista desplegable **Formato** del panel **Propiedades**, con el botón **HTML** activo.

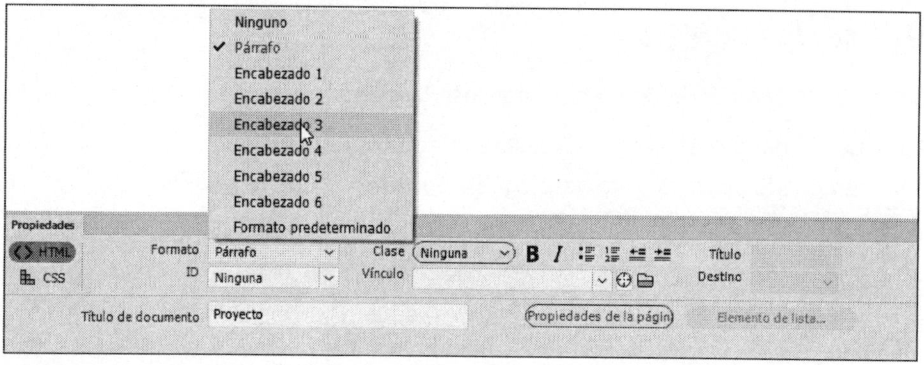

Este es un ejemplo de dos encabezados con dos párrafos de texto:

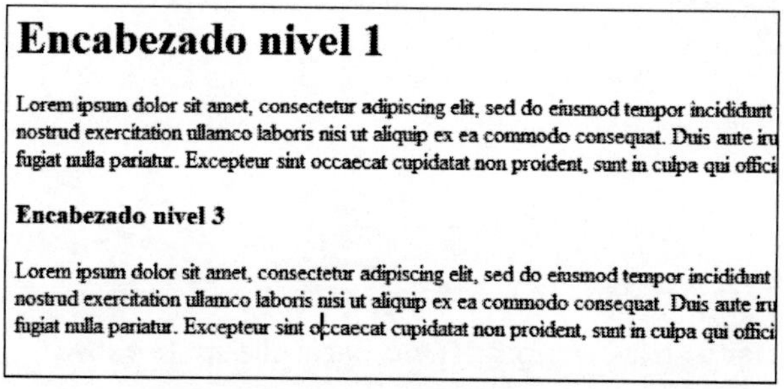

➜ También puede utilizar el panel **Insertar**. En la categoría **HTML**, haga clic en la lista desplegable **Heading** para seleccionar el nivel deseado.

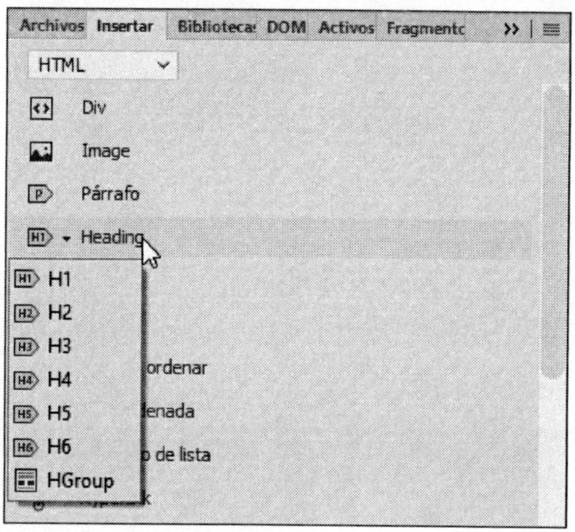

C. Utilizar los párrafos

Los párrafos (elemento HTML <p>) permiten insertar texto.

- Para usar un párrafo, en el menú **Insertar**, seleccione **Párrafo**.

  También puede utilizar la lista desplegable **Formato** del panel **Propiedades**, con el botón **HTML** activo y seleccionar **Párrafo**.

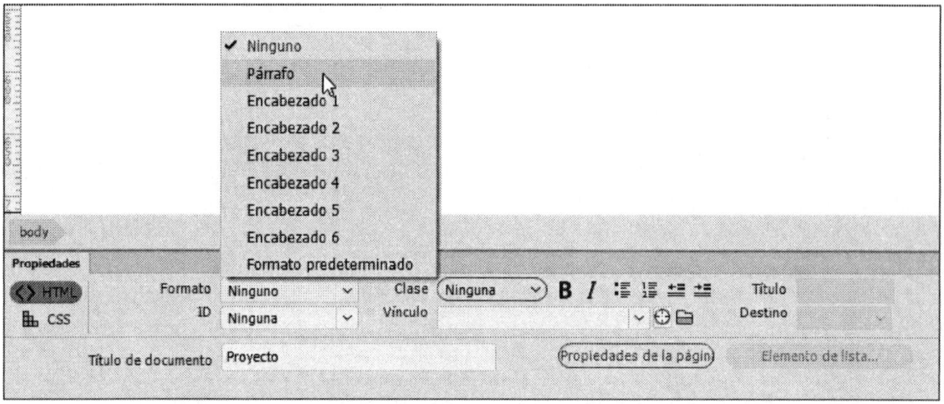

Otra opción es utilizar el panel **Insertar** y en la categoría **HTML**, hacer clic en **Párrafo**.

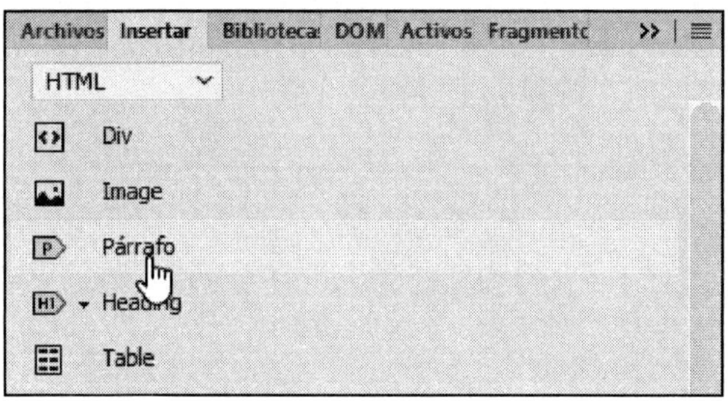

- Para cambiar de línea dentro del mismo párrafo sin crear un nuevo párrafo, use la combinación de teclas clásica: Mayús ↵. También puede ir al menú **Insertar - HTML - Carácter** y seleccionar **Salto de línea**.

Este es un ejemplo de dos párrafos. El segundo contiene un salto de línea en la segunda línea.

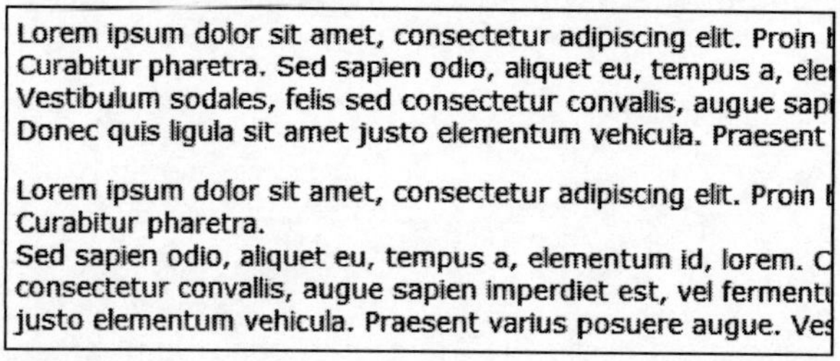
Lorem ipsum dolor sit amet, consectetur adipiscing elit. Proin
Curabitur pharetra. Sed sapien odio, aliquet eu, tempus a, ele
Vestibulum sodales, felis sed consectetur convallis, augue sap
Donec quis ligula sit amet justo elementum vehicula. Praesent

Lorem ipsum dolor sit amet, consectetur adipiscing elit. Proin
Curabitur pharetra.
Sed sapien odio, aliquet eu, tempus a, elementum id, lorem. C
consectetur convallis, augue sapien imperdiet est, vel ferment
justo elementum vehicula. Praesent varius posuere augue. Ve

Por defecto, al pulsar la tecla [Enter] después de un elemento de título, obtendrá un párrafo (**Preferencias - General** - opción **Cambiar a párrafo sencillo tras el encabezado**).

D. Utilizar las citas en bloque

Las citas en bloque (elemento HTML `<blockquote>`) permiten resaltar texto añadiendo una sangría a la izquierda y a la derecha del texto.

→ Para usar una cita en bloque, utilice el botón **Blockquote** del panel **Propiedades**, con el botón **HTML** activo.

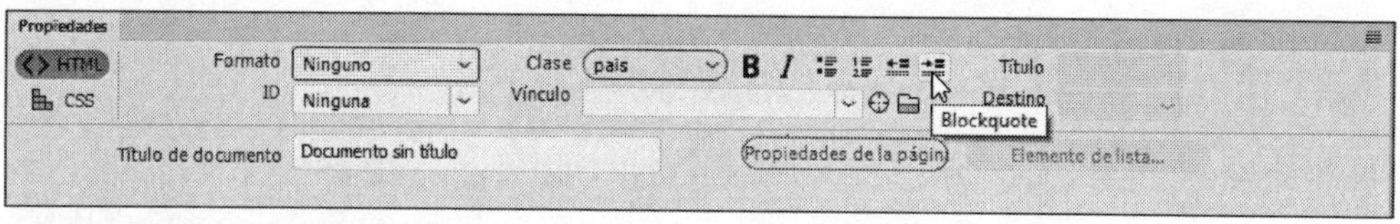

o haga [Ctrl] [Alt] * (PC o Mac)

Ejemplo: el segundo texto es una cita en bloque.

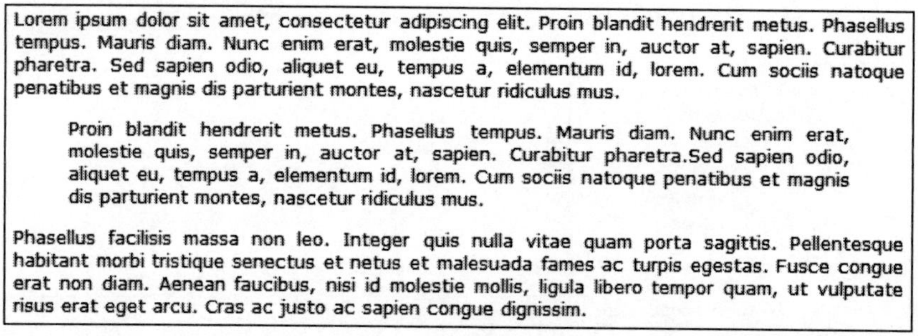
Lorem ipsum dolor sit amet, consectetur adipiscing elit. Proin blandit hendrerit metus. Phasellus tempus. Mauris diam. Nunc enim erat, molestie quis, semper in, auctor at, sapien. Curabitur pharetra. Sed sapien odio, aliquet eu, tempus a, elementum id, lorem. Cum sociis natoque penatibus et magnis dis parturient montes, nascetur ridiculus mus.

Proin blandit hendrerit metus. Phasellus tempus. Mauris diam. Nunc enim erat, molestie quis, semper in, auctor at, sapien. Curabitur pharetra.Sed sapien odio, aliquet eu, tempus a, elementum id, lorem. Cum sociis natoque penatibus et magnis dis parturient montes, nascetur ridiculus mus.

Phasellus facilisis massa non leo. Integer quis nulla vitae quam porta sagittis. Pellentesque habitant morbi tristique senectus et netus et malesuada fames ac turpis egestas. Fusce congue erat non diam. Aenean faucibus, nisi id molestie mollis, ligula libero tempor quam, ut vulputate risus erat eget arcu. Cras ac justo ac sapien congue dignissim.

- Para eliminar la cita en bloque, en el panel **Propiedades**, haga clic en el botón **Quitar Blockquote**.

Para las citas en bloque, Dreamweaver genera código HTML que puede optimizarse, ya que inserta el elemento HTML `<blockquote>` en el elemento `<p>`, lo cual es inútil. Basta con el elemento `<blockquote>`. Este es el código generado por Dreamweaver:

```
<p>
<blockquote>
El texto...
</blockquote>
</p>
```

- El código puede mejorarse eliminando el elemento `<p>`:

```
<blockquote>
El texto...
</blockquote>
```

E. Utilizar texto con formato predeterminado

El texto con formato predeterminado (elemento HTML `<pre>`) se utiliza con menor frecuencia. Permite tener de manera predeterminada una fuente tipográfica tipo Courier (fuente de ancho fijo) y conservar los espacios adicionales insertados así como las marcas de tabulación.

- Para utilizar texto con formato predeterminado, use la lista desplegable **Formato** del panel **Propiedades**, con el botón **HTML** activo y seleccione la opción **Formato predeterminado**.

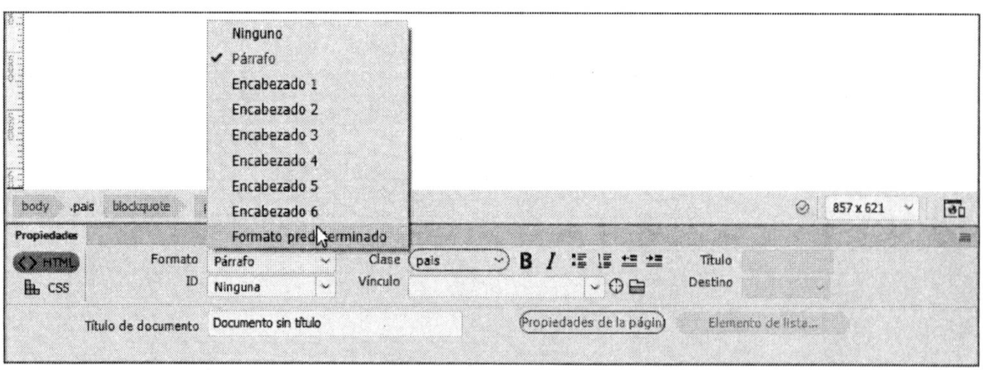

F. Utilizar las listas

En HTML, existen tres tipos de listas: las listas simples con viñetas, las listas numeradas y las listas de definiciones.

1. Las listas simples con viñetas

➜ Para insertar una lista simple con viñetas (elemento HTML `<ul>`), en el menú **Insertar**, seleccione **Lista sin ordenar**.

También puede hacer clic en el botón **Lista sin ordenar** del panel **Propiedades**, con el botón **HTML** activo.

También es posible utilizar el panel **Insertar** y en la categoría **HTML**, hacer clic en **Lista sin ordenar**.

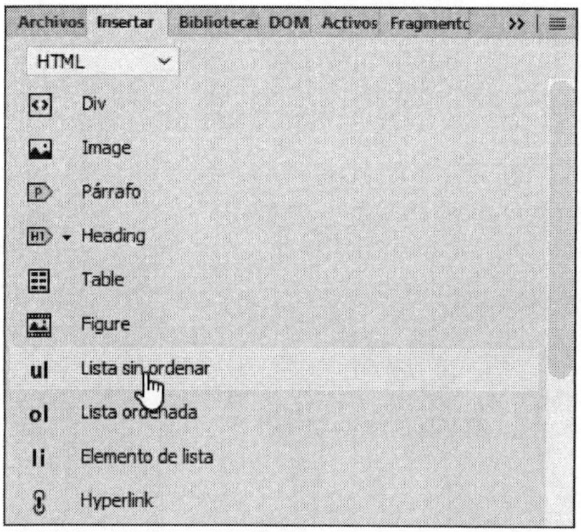

➜ Después de escribir el primer elemento de la lista (elemento HTML `<li>`), pulse la tecla ↵ para escribir el segundo elemento. Para dejar la lista y volver al párrafo, pulse dos veces la tecla ↵.

Observe que las listas presentan un espacio a su izquierda por defecto y están por tanto desplazadas con respecto al texto de los párrafos.

Ejemplo de lista sin ordenar:

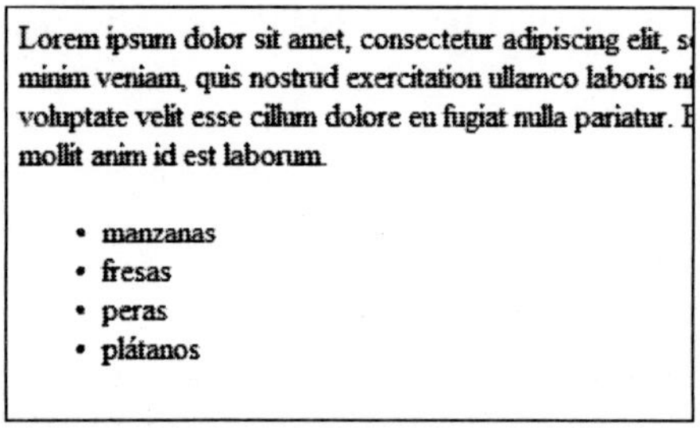

2. Las listas ordenadas

- Para insertar una lista ordenada (elemento HTML <ol>), en el menú **Insertar**, seleccione **Lista ordenada**. También es posible hacer clic en el botón **Lista ordenada** del panel **Propiedades**, con el botón **HTML** activo.

  También es posible utilizar el panel **Insertar**, categoría **HTML** y hacer clic en **Lista ordenada**.

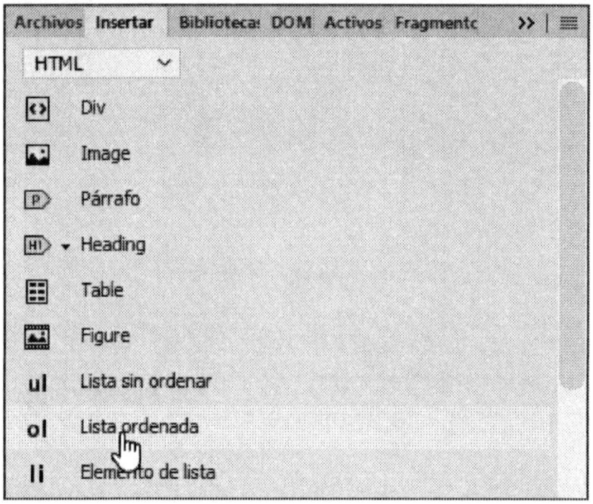

Las listas ordenadas se crean exactamente igual que las listas desordenadas.

Ejemplo de lista ordenada:

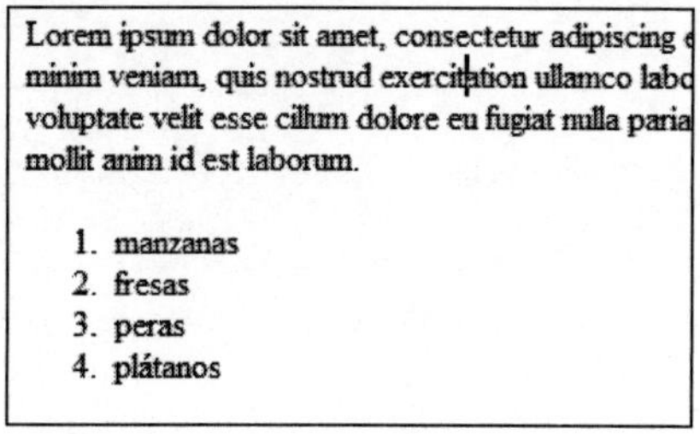

3. Las listas de definiciones

Las listas de definiciones permiten crear, por ejemplo, glosarios. Usted indica la palabra a definir y su definición aparece debajo con una sangría izquierda.

- Para crear una lista de definiciones, escriba la palabra que quiere definir en un párrafo, después pulse ⏎ para crear un segundo párrafo e introduzca su definición.
- Haga lo mismo con todas las palabras que desee definir.

  Estos son tres ejemplos de definiciones en párrafos diferentes.

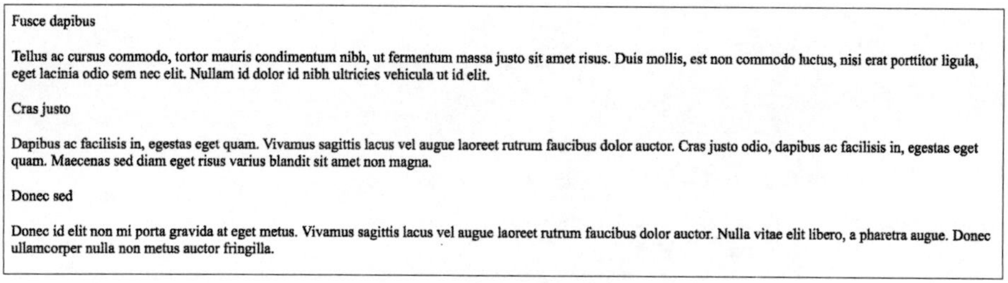

- Seleccione todos los elementos que forman la lista de definición.
- En el menú contextual, seleccione **Lista**, y **Lista de definición**.

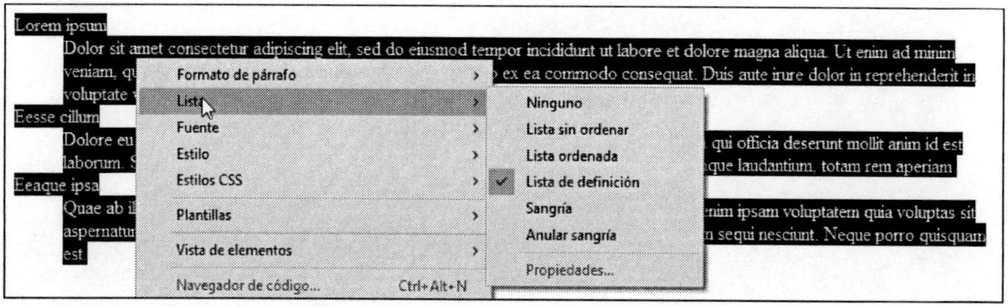

La lista de definiciones se crea:

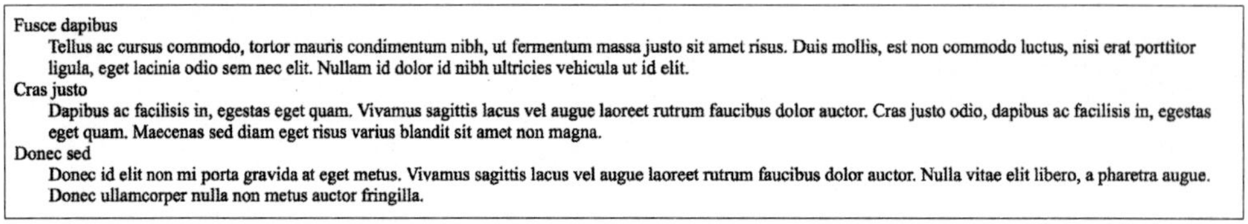
Fusce dapibus
Tellus ac cursus commodo, tortor mauris condimentum nibh, ut fermentum massa justo sit amet risus. Duis mollis, est non commodo luctus, nisi erat porttitor ligula, eget lacinia odio sem nec elit. Nullam id dolor id nibh ultricies vehicula ut id elit.
Cras justo
Dapibus ac facilisis in, egestas eget quam. Vivamus sagittis lacus vel augue laoreet rutrum faucibus dolor auctor. Cras justo odio, dapibus ac facilisis in, egestas eget quam. Maecenas sed diam eget risus varius blandit sit amet non magna.
Donec sed
Donec id elit non mi porta gravida at eget metus. Vivamus sagittis lacus vel augue laoreet rutrum faucibus dolor auctor. Nulla vitae elit libero, a pharetra augue. Donec ullamcorper nulla non metus auctor fringilla.

G. Conocer el elemento HTML utilizado

Para saber con certeza en qué elemento HTML introduce el texto, deberá mirar en la barra de estado cuál es el elemento HTML en curso.

En este ejemplo, el punto de inserción parpadea en un encabezado de nivel 4, `<h4>`:

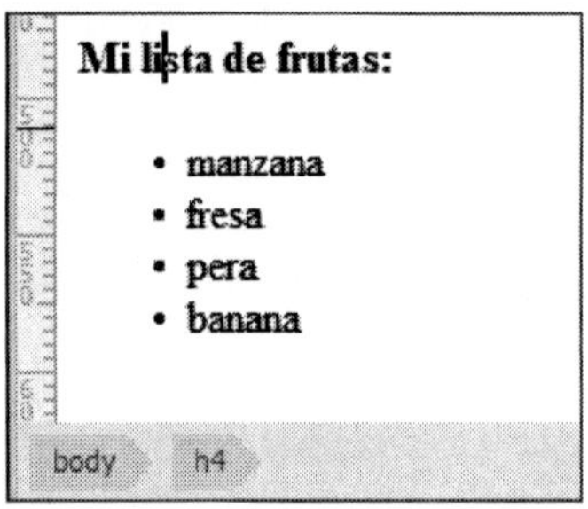

También puede utilizar el panel **DOM**:

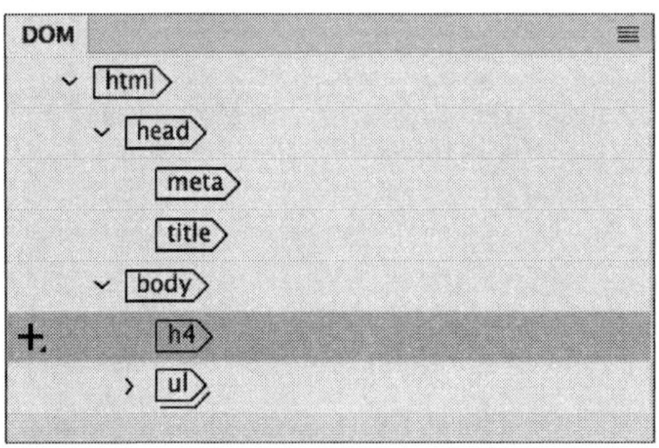

En este ejemplo, el punto de inserción parpadea en un elemento de la lista `<li>`, de una lista desordenada `<ul>`:

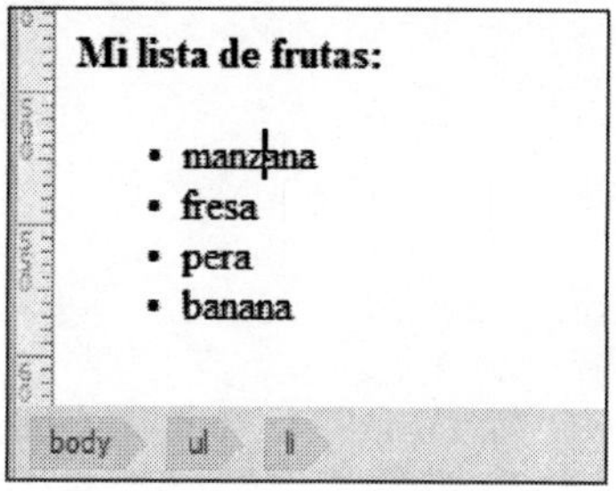

H. Editar el texto

1. Buscar y reemplazar

Las búsquedas se realizan en modo Código y en modo Diseño al mismo tiempo. Esto quiere decir que es posible buscar y remplazar tanto texto como código.

- En el menú **Ventana**, después **Resultados**, haga clic en **Buscar**.

  La ventana de búsqueda aparece bajo la zona principal:

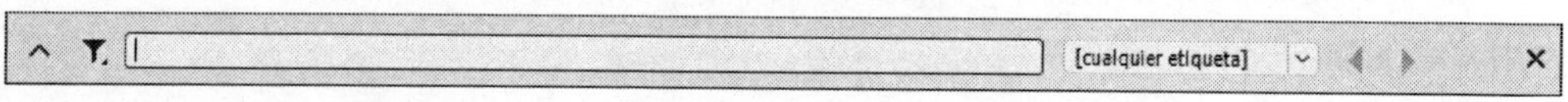

- Haga clic en **Mostrar más** para ver el cuadro **Reemplazar**.

  Verá entonces dos campos de texto:

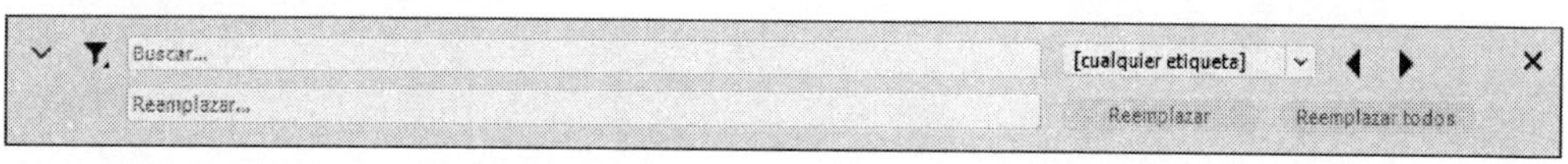

- En el campo **Buscar**, introduzca la palabra que desee.

  Dreamweaver selecciona las palabras encontradas.

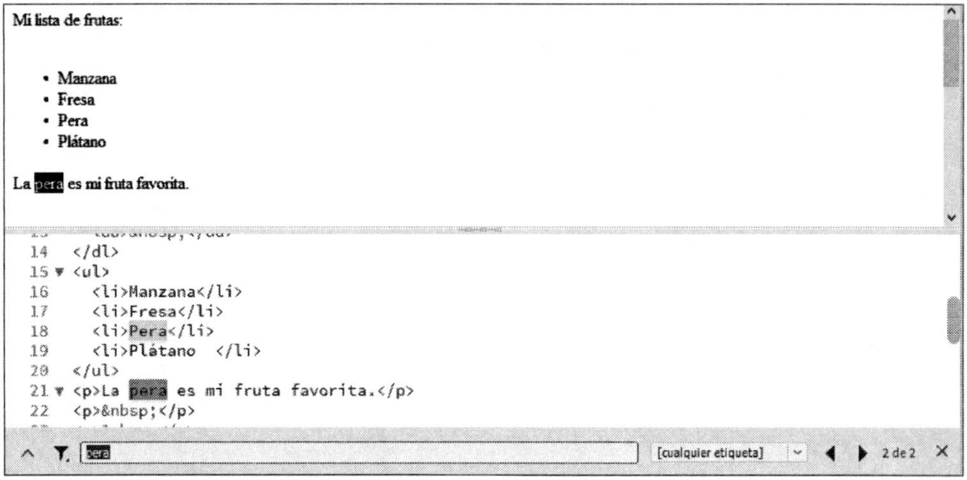

- Puede usar los botones de desplazamiento para seleccionar las palabras encontradas.

- En el campo **Reemplazar** introduzca la palabra deseada.

- Utilice los botones **Reemplazar** o **Reemplazar todos**, según lo que desee hacer.

  También tiene a su disposición filtros de búsqueda a los que puede accederse con el botón **Filtros**:

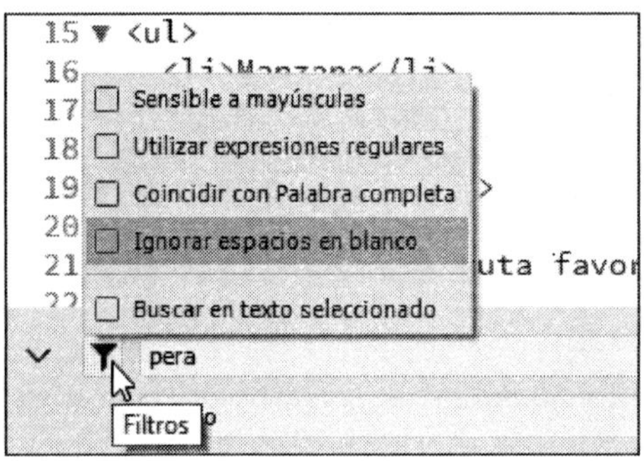

2. Comprobar la ortografía

- En primer lugar, en las **Preferencias** (menú **Edición** en PC, **Dreamweaver CC** en Mac), categoría **General**, en la lista desplegable **Diccionario ortográfico**, seleccione la lengua que desea.

- Después, en el menú **Herramientas**, seleccione **Revisar ortografía**.

I. Insertar una línea de separación

Esta línea horizontal (elemento HTML `<hr>`) permite separar diferentes partes dentro de la página web.

- En el menú **Insertar - HTML**, seleccione **Regla horizontal**. O en el panel **Insertar**, categoría **HTML**, haga clic en **Regla horizontal**.

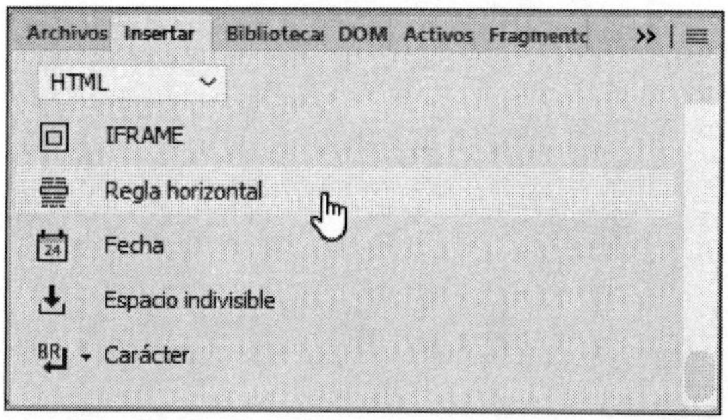

Ejemplo de dos párrafos separados por una línea horizontal:

Lorem ipsum dolor sit amet, consectetur adipiscing elit. Proin blandit hendrerit metus. Phasellus tempus. Mauris diam. Nunc enim erat, molestie quis, semper in, auctor at, sapien. Curabitur pharetra. Sed sapien odio, aliquet eu, tempus a, elementum id, lorem. Cum sociis natoque penatibus et magnis dis parturient montes, nascetur ridiculus mus.

Phasellus facilisis massa non leo. Integer quis nulla vitae quam porta sagittis. Pellentesque habitant morbi tristique senectus et netus et malesuada fames ac turpis egestas. Fusce congue erat non diam. Aenean faucibus, nisi id molestie mollis, ligula libero tempor quam, ut vulputate risus erat eget arcu. Cras ac justo ac sapien congue dignissim.

Capítulo 9: Formato CSS de los caracteres

A. Principios generales

Utilizaremos un formato conforme a los estándares actuales: resaltado del texto con estilos «clásicos» negrita, cursiva, etc. y un formato con estilos CSS dedicados a los caracteres.

B. El formato con estilos clásicos

1. Negrita, cursiva y resaltado

Dreamweaver utiliza para los formatos de negrita y cursiva dos elementos HTML bien particulares. En la norma W3C, los elementos HTML son `<b>` para aplicar la negrita y `<i>` para la cursiva. Estos dos elementos HTML dan solo un aspecto decorativo al texto, pero no dan ningún sentido al texto al que se da formato. Para darle un sentido semántico al contenido que se desea resaltar (el énfasis), el W3C aconseja utilizar los elementos `<strong>` y `<em>`. Estos dos elementos tienen un resultado gráfico idéntico a `<b>` y `<i>`.

El segundo motivo para usar `<strong>` y `<em>` es la conformidad con los consejos referentes a la accesibilidad de las páginas web para personas con discapacidad que usan síntesis vocal en el navegador. De esa manera, cuando el sintetizador encuentra el elemento `<em>` (para el formato gráfico cursiva), el volumen aumenta un poco. Cuando el sintetizador encuentra el elemento `<strong>` (para el formato gráfico negrita), el volumen aumenta más.

➜ Para administrar este cambio, vaya a **Preferencias** (menú **Edición** en Windows o **Dreamweaver CC** en Mac), categoría **General**. Deje la opción **Utilizar <strong> y <em> en lugar de <b> y <i>** marcada.

2. La aplicación de estilos

Para dar formato al texto, selecciónelo. En el menú **Herramientas - HTML**, seleccione **Negrita** o **Cursiva**. También puede usar los botones **Negrita** **B** y **Cursiva** *I* del panel **Propiedades**, con el botón **HTML** activo.

3. Los demás estilos

➜ En el menú **Herramientas - HTML**, seleccione:

- **Subrayado** (elemento HTML `<u>`)
- **Tachado** (elemento HTML `<s>`)

C. El formato con los estilos CSS

1. Recordatorio sobre los selectores

Vamos a crear y aplicar estilos CSS a una selección de caracteres o de palabras. Recuerde que es posible utilizar un **selector de clase** que permite crear un estilo, definir sus propiedades y aplicarlos a las selecciones que usted elija. También es posible utilizar los **selectores de elemento** que permiten redefinir el formato de un elemento HTML existente. Por ejemplo, es posible redefinir el formato del elemento HTML `<strong>` para que aparezca con un color y un fondo de color. Al insertar en la página web un énfasis `<strong>`, el formato definido se aplica.

2. Crear un estilo CSS

Es posible crear estilos guardados en el documento HTML o en un archivo CSS externo. Véase el capítulo Hojas de estilo CSS si es preciso.

3. Las propiedades CSS

Haremos un repaso a las propiedades disponibles para los caracteres. En el panel **Diseñador de CSS**, puede accederse a las propiedades de texto haciendo clic en el botón **Texto**.

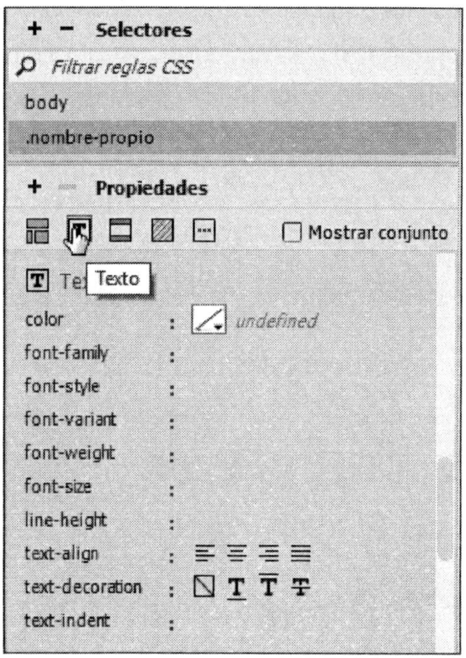

D. Las propiedades para el texto

1. La propiedad color

➜ Utilice esta propiedad para aplicar un color al texto.

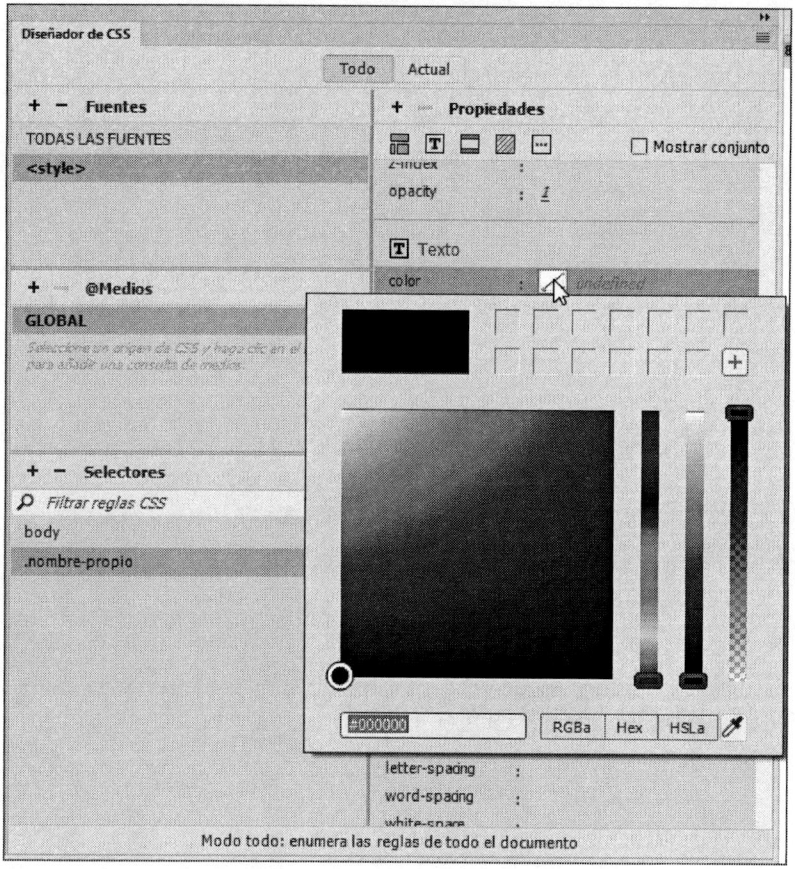

2. La propiedad font-family

Encontramos aquí los mismos elementos técnicos que los estudiados en el capítulo Composición CSS de las páginas. Consulte de nuevo el capítulo para volver a ver las nociones.

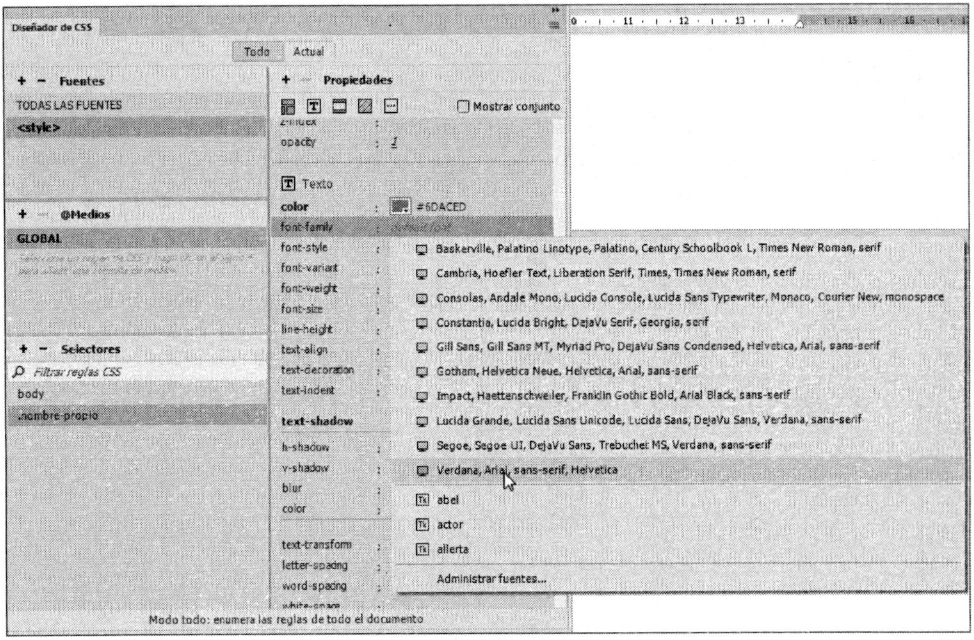

Como puede ver, es posible incluso introducir las fuentes deseadas.

- Haga doble clic en el campo **font-family**.
- Introduzca el nombre de la fuente que desea utilizar. Si son varias fuentes, sepárelas con comas.

  Si tiene alguna fuente compuesta por varias palabras, indique su nombre entre comillas Ejemplo: "**Times New Roman**".
- Confirme pulsando ⏎.

3. La propiedad font-style

La propiedad **font-style** permite determinar si quiere disponer de cursiva. Los valores posibles son:

normal	Sin cursiva
italic	Utilización de la fuente con su declinación, su forma cursiva.
oblique	Aplicación de una falsa cursiva (inclinación de los caracteres) para las fuentes que no tienen cursiva.

4. La propiedad font-variant

La propiedad **font-variant** permite aplicar versalitas con el valor **small-caps**.

5. La propiedad font-weight

La propiedad **font-weight** permite determinar si desea disponer o no de negritas. El W3C ha propuesto armonizar los valores del "peso" con valores uniformizados: de 100 a 900. Pero los fondos de las fuentes tipográficas no han tenido en cuenta esta propuesta. Por tanto, aconsejamos que utilice valores clásicos: **normal** (sin negrita), **bold** (negrita), **bolder** (más negrita que el elemento padre) y **lighter** (menos negrita que el elemento padre).

6. La propiedad font-size

Encontramos aquí los mismos elementos técnicos que los estudiados en el capítulo Composición CSS de las páginas. Consulte de nuevo el capítulo para volver a ver las nociones.

- En primer lugar, seleccione la unidad deseada.
- Introduzca el valor que desee.

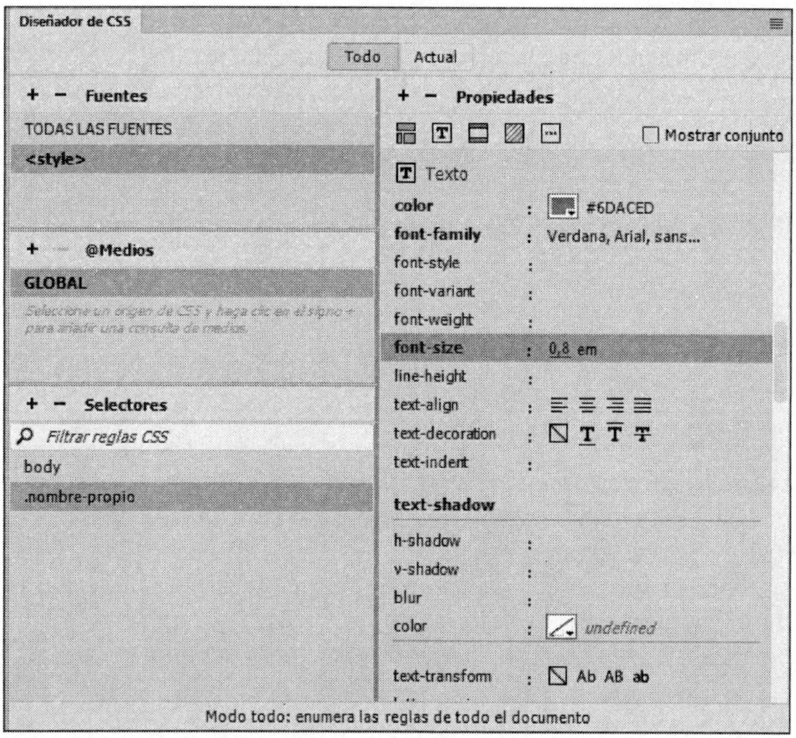

- Puede hacer doble clic en el campo **font-size** e introducir el valor y la unidad deseadas, sin añadir espacios entre el valor y la unidad: Ejemplo: **0.8em**.

7. La propiedad text-decoration

Esta propiedad permite aplicar una decoración al texto. Los valores posibles, por orden, son:

none	Sin estilo.
underline	Subrayado.
overline	Sobrerayado, un trazo sobre el texto.
line-through	Tachado

8. Les propiedades text-shadow

Les propiedades del cuadro **text-shadow** permiten aplicar una sombra al texto.

h-shadow	Permite indicar la distancia horizontal de la sombra.
v-shadow	Permite indicar la distancia vertical de la sombra.
blur	Permite definir el halo a aplicar a la sombra.
color	Permite definir el color de la sombra.

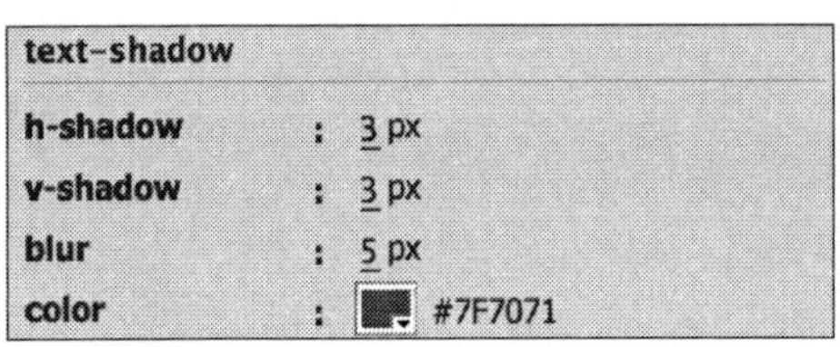

El siguiente es un ejemplo con los valores arriba señalados:

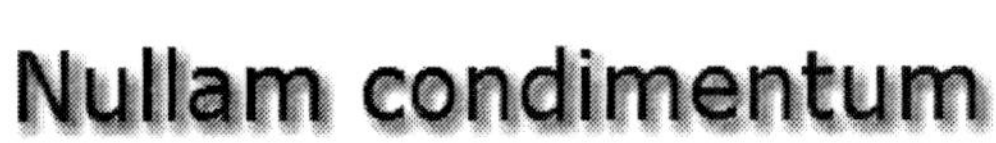

9. La propiedad text-transform

La propiedad **text-transform** permite cambiar de mayúsculas a minúsculas y viceversa el texto introducido. Los valores posibles, por orden, son:

none No hay cambio mayúsculas/minúsculas

capitalize Solo la primera letra de cada palabra seleccionada en mayúscula, las demás permanecen en minúsculas.

uppercase Todas las letras en mayúsculas.

lowercase Todas las letras en minúsculas.

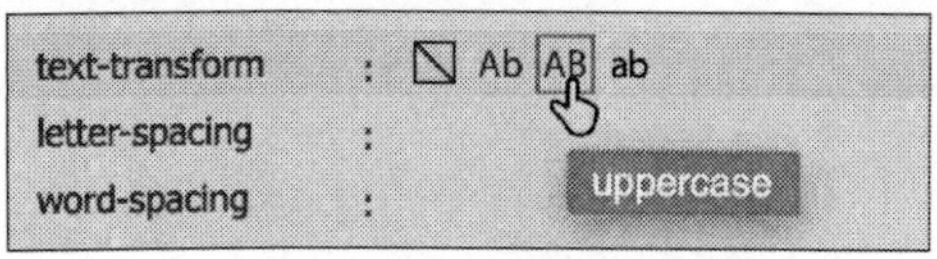

10. La propiedad letter-spacing

Esta propiedad permite ampliar o reducir el espacio entre las letras. Funciona del mismo modo que la propiedad precedente.

Un ejemplo con un valor de 1 em (el texto tiene también fondo coloreado):

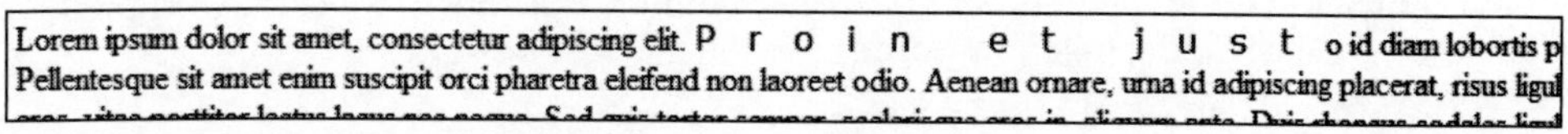

11. La propiedad word-spacing

➜ Esta propiedad permite ampliar o reducir el espacio entre las palabras. Seleccione primero la unidad y a continuación el valor a aplicar.

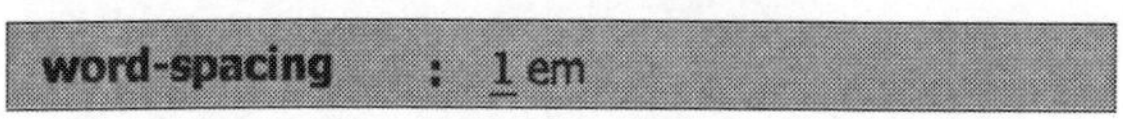

Un ejemplo con valor de 1 em (el texto tiene también fondo coloreado):

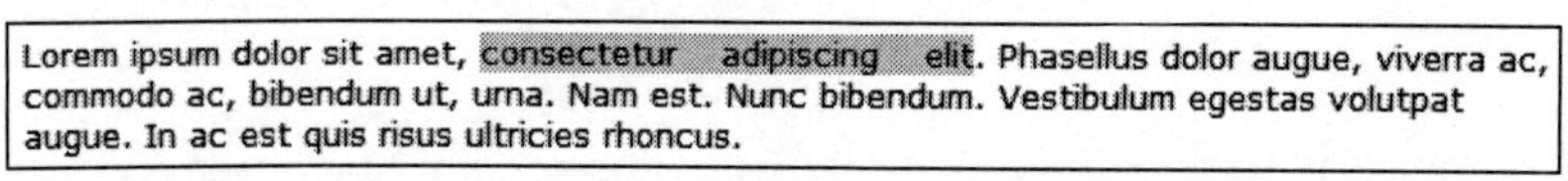

12. La propiedad vertical-align

Con esta propiedad puede crear subíndices y superíndices. Puede escoger uno de los valores predefinidos o indicar usted mismo el valor y la unidad.

En este ejemplo tenemos dos clases. La primera tiene como valor de **vertical-align : super** y un tamaño tipográfico de 0.7 em. Se aplica a 3 de $10m^3$.

La segunda tiene como valor de **vertical-align : sub** y también un tamaño tipográfico de 0.7 em. Se aplica a 2 de H_20.

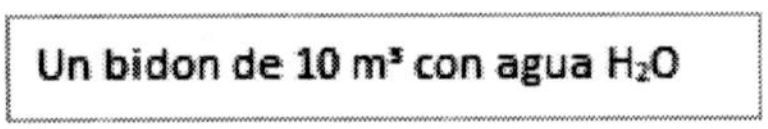

E. Las propiedades de la caja

1. El texto y la caja

Todos los elementos HTML se muestran en cajas, incluida la selección de texto seleccionada y dotada de estilo con el elemento <span>. Podremos, por tanto, aplicar las propiedades CSS relativas a las cajas: fondo, relleno y borde.

2. La propiedad background-color

Esta propiedad permite aplicar un color de fondo a una selección de palabras.

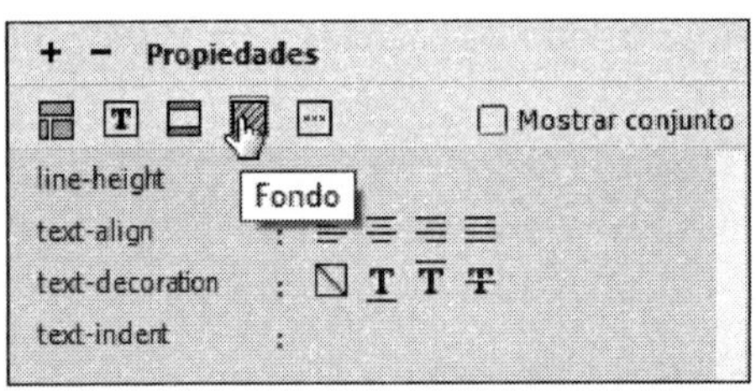

→ Utilice el selector de color **background-color** para escoger el color que desea aplicar.

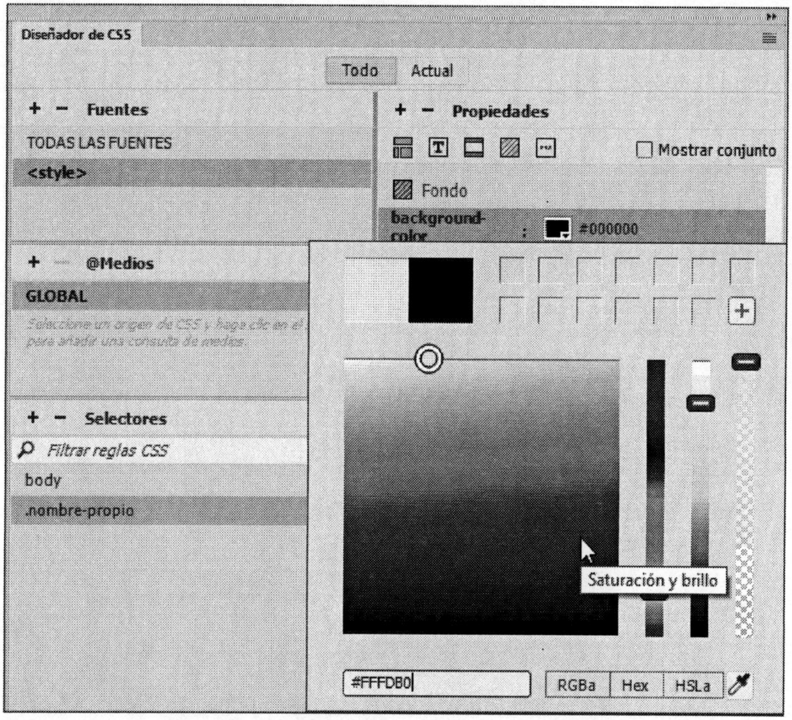

- Confirme el color seleccionado pulsando ↵.
- También puede introducir usted mismo el valor deseado en el campo **background-color**, indicando la unidad, en hexadecimales con el carácter **#** en este ejemplo.

3. La propiedad padding

- Se puede acceder a la propiedad **padding** en la categoría **Diseño**.

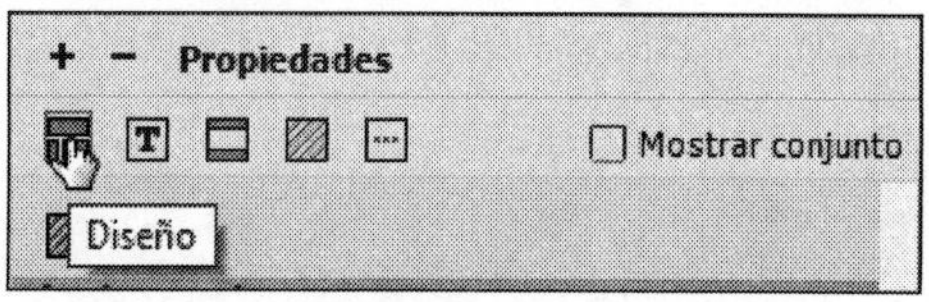

La propiedad **padding** permite añadir un espacio entre el límite de la caja y su contenido. Se puede aplicar el mismo valor a los cuatro lados haciendo clic en el botón con forma de cadena situado en el centro del esquema, como vemos en el ejemplo mostrado abajo. De lo contrario, es posible definir valores diferentes para cada lado.

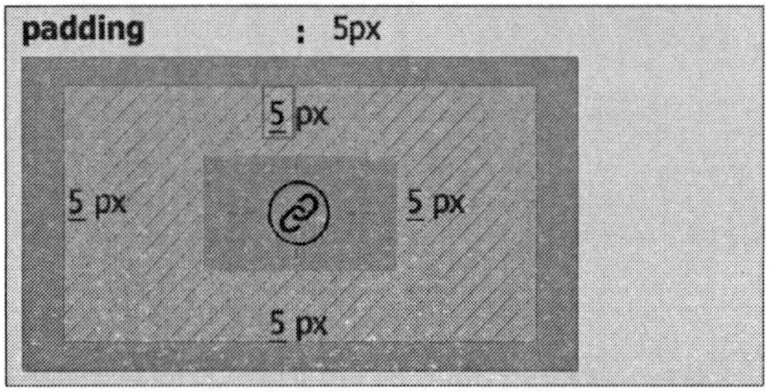

En este ejemplo tenemos un **padding** de 5 píxeles en cada lado y un fondo de color.

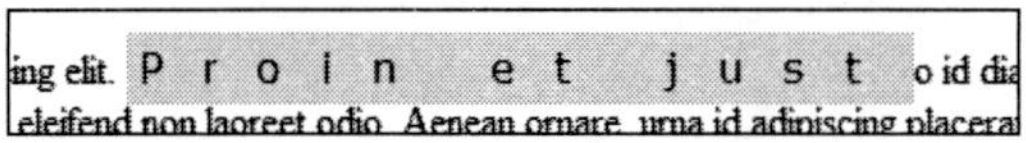

4. La propiedad margin

La propiedad **margin** permite añadir un espacio, un margen, en el exterior de la caja.

- Se puede acceder a la propiedad **margin** desde la categoría **Diseño**. Se puede aplicar el mismo valor a los cuatro lados haciendo clic en el botón con forma de cadena situado en el centro del esquema. De lo contrario, es posible definir valores diferentes para cada lado como vemos en el ejemplo mostrado abajo, donde sólo se definen los márgenes izquierdo y derecho en 20 píxeles.

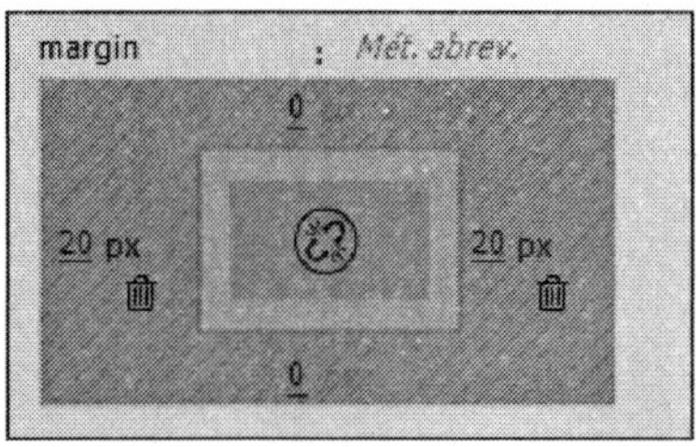

Este es el ejemplo con los valores de margen definidos arriba:

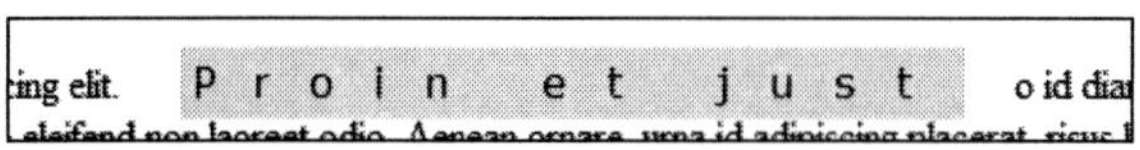

5. La propiedad border

➜ Es posible añadir un marco, un borde, a la selección. Se puede acceder a la propiedad **border** en la categoría **Diseño**.

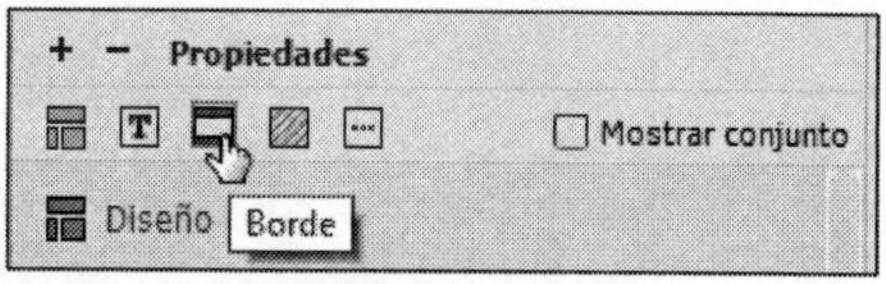

Estas son las propiedades accesibles:

- **border-color**: para escoger el color del borde para los cuatro lados de la caja. Si no, es posible trabajar en cada uno de los lados con las propiedades **border-top-color**, **border-right-color**, **border-bottom-color** y **border-left-color**.
- **border-width**: para definir el grosor del borde para los cuatro lados de la caja. Si no, es posible trabajar en cada uno de los lados con las propiedades **border-top-width**, **border-right-width**, **border-bottom-width** y **border-left-width**.
- **border-estilo**: para definir el estilo del borde para los cuatro lados de la caja. Si no, es posible trabajar en cada uno de los lados con las propiedades **border-top-estilo**, **border-right-estilo**, **border-bottom-estilo** y **border-left-estilo**.
- **border-radius**: para definir la redondez del borde de la caja. Haciendo clic en el botón con forma de cadena aplicará el mismo valor a los cuatro ángulos. De lo contrario, cada ángulo puede tener un valor diferente. Observe que el botón **4r** está activo. Esto permite definir los círculos para los ángulos. Con el botón **8r** podrá definir elipses.

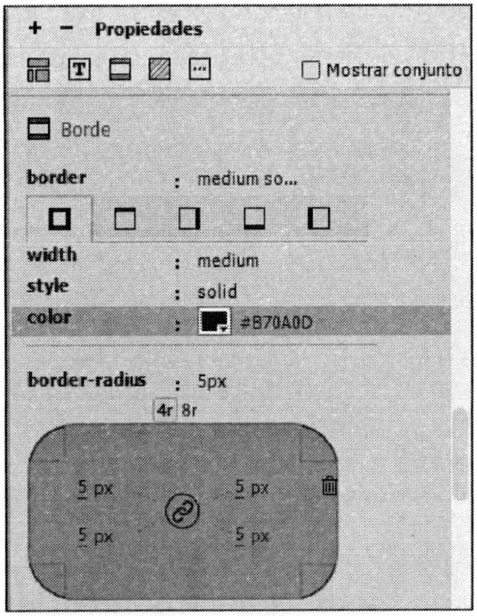

Este es un ejemplo con las propiedades definidas arriba:

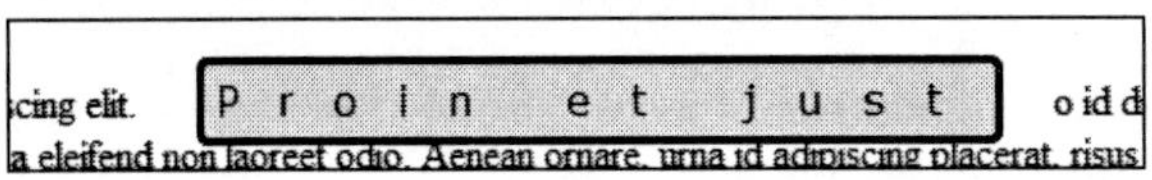

Capítulo 10: Composición CSS de los textos

A. La composición CSS

A modo de recordatorio diremos que los contenedores de texto son elementos que contienen texto: los encabezados (`<h1>` a `<h6>`), los párrafos (`<p>`), las citas en bloque (`<blockquote>`), las listas (desordenadas `<ul>`, ordenadas `<ol>` y de definiciones `<dl>`) y el texto con formato predeterminado.

1. Los selectores que pueden usarse

Es posible crear dos tipos de selectores principales, los **selectores de clase** que permiten crear, definir una composición y aplicarla a los contenedores de texto que se desee. También es posible crear **selectores de elemento**, que permiten redefinir la composición de un elemento HTML existente. Una utilización clásica es redefinir la composición de los encabezados (`<h1>` a `<h6>`) para conseguir cierta homogeneidad de presentación para todos los encabezados del sitio.

Estos contenedores utilizan el modelo de caja. Consulte el capítulo Hojas de estilo CSS para revisar el modelo de caja si lo considera necesario.

B. La composición referida al texto

1. Las propiedades

Las propiedades relativas al texto pueden encontrarse en el panel **Diseñador de CSS**, pestaña **Propiedades**, categoría **Texto**.

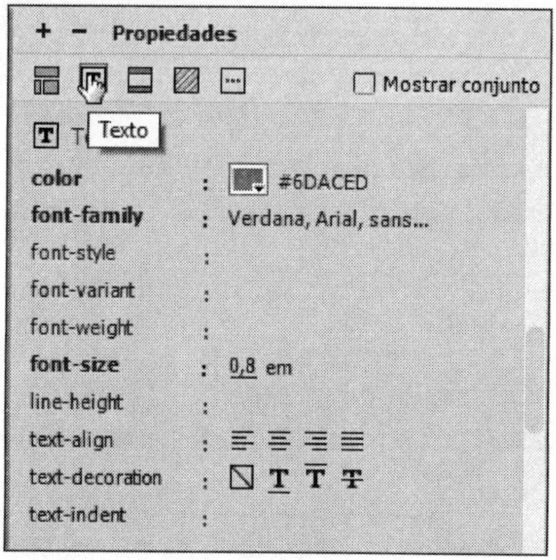

2. La propiedad line-height

Esta propiedad gestiona el interlineado del texto. Puede encontrarse en la categoría **Texto**, ya que el interlineado se fija en función del tamaño de la tipografía. Introduzca el valor y la unidad del interlineado deseados.

3. La propiedad text-align

Encontrará las alineaciones de texto clásicas: alineación a la izquierda (**left**), alineación a la derecha (**right**), centrar (**center**) y justificar (**justify**).

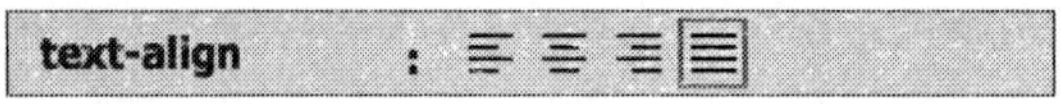

4. La propiedad text-indent

- Bajo este término encontramos la no menos clásica sangría de primera línea. Indique el valor y unidad deseados.

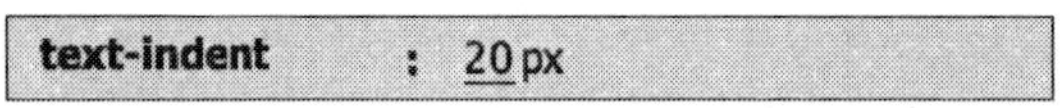

5. La propiedad white-space

Esta propiedad, menos utilizada, permite gestionar el uso de los espacios en el texto.

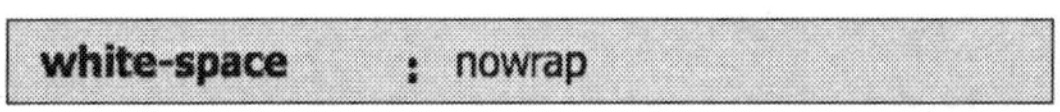

- El valor **normal** permite conservar un solo espacio como es habitual en HTML.
- El valor **nowrap** indica que no hay corte al final de la frase. Si tiene texto en un párrafo de longitud fija, el texto no pasará a la línea siguiente.

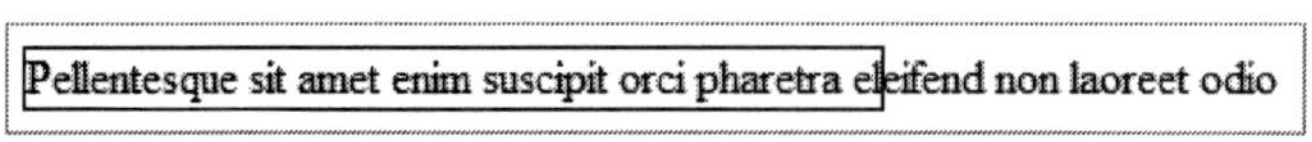

- El valor **pre** permite conservar los espacios adicionales introducidos.
- El valor **pre-line** permite fusionar los espacios adicionales introducidos. El texto pasará a la siguiente línea si es preciso.
- El valor **pre-wrap** permite conservar los espacios adicionales introducidos. El texto pasará a la siguiente línea si es preciso.

C. La composición referida al bloque

1. Las propiedades

Veremos ahora las propiedades que se aplican a los bloques que contienen el texto.

Se puede acceder a estas propiedades en el panel **Diseñador de CSS**, pestaña **Propiedades**, categoría **Diseño**, **Borde** y **Fondo**.

2. Las propiedades ancho y alto

➜ Con las propiedades **Width** y **Height** de la categoría **Diseño**, es posible determinar el ancho y alto de los contenedores: párrafos, encabezados, etc. Indique el valor y la unidad que debe utilizarse.

width	:	300px
height	:	

En este ejemplo, el primer párrafo usa el ancho disponible en la ventana de navegador (no un ancho específico), el segundo párrafo tiene un ancho de 300 px.

Lorem ipsum dolor sit amet, consectetur adipiscing elit. Proin blandit hendrerit metus. Phasellus tempus. Mauris diam. Nunc enim erat, molestie quis, semper in, auctor at, sapien. Curabitur pharetra.

Donec nulla tortor, malesuada non, mollis ac, consectetur ac, urna. In venenatis eleifend arcu. Etiam vehicula mi eget leo. Praesent gravida dolor sed justo.

> Consulte el final del capítulo Hojas de estilo CSS para repasar la noción de caja.

➜ También es posible definir anchos y altos mínimos y máximos que no deben sobrepasarse. Utilice las propiedades **min-width**, **min-height**, **max-width** y **max-height**.

width	:	300px
height	:	200px
min-width	:	250px
min-height	:	150px
max-width	:	350px
max-height	:	250px

3. La propiedad display

Esta propiedad le permitirá modificar la vista predeterminada de los elementos HTML. Existen dos tipos principales de vista:

- La vista en bloques (**block**), que muestra los elementos unos bajo los otros. Es el valor de los elementos de tipo párrafo, encabezado, listas, etc.
- La vista en línea (**inline**), que muestra los elementos unos al lado de otros en un elemento de tipo bloque. Es la vista de elementos de tipo imagen (`<img>`), objeto de formulario (`<input>`), de formato (`<strong>`), etc.

→ En la lista desplegable de la propiedad **display**, seleccione la vista deseada.

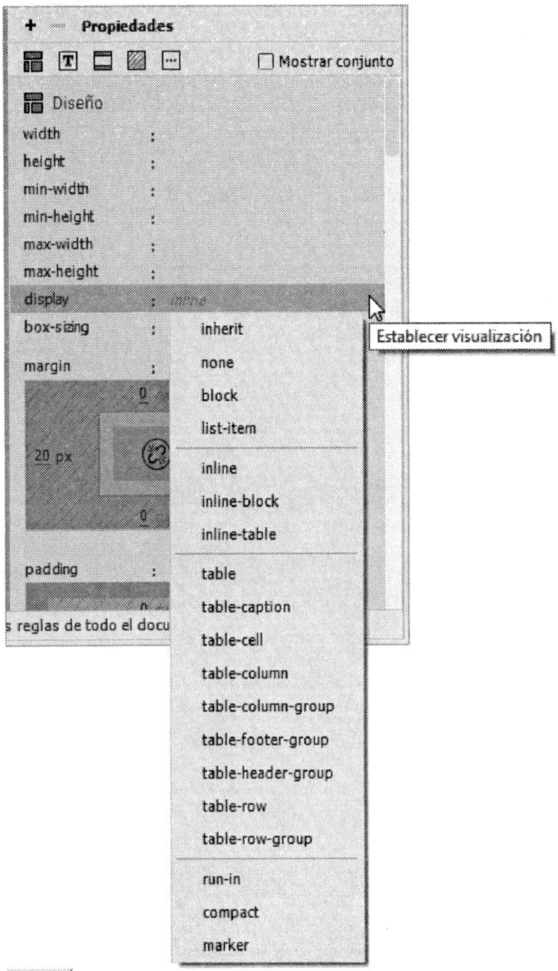

Ejemplo clásico: hacer listas horizontales. El elemento <li> corresponde a un ítem de una lista. Si aplica el valor **inline** a la propiedad **display** del elemento <li>, los ítems de la lista se mostrarán horizontalmente.

4. La propiedad box-sizing

Como habíamos visto en el capítulo dedicado al estilo CSS, el ancho de una caja es la suma de su ancho (**width**), el relleno (**padding**) y los bordes (**border**). La propiedad **box-sizing** permite modificar este comportamiento.

- El valor **content-box** permite conservar el comportamiento habitual.
- El valor **border-box** permite indicar que el ancho se define con el valor de la propiedad **width**, incluso si se añaden relleno y bordes.

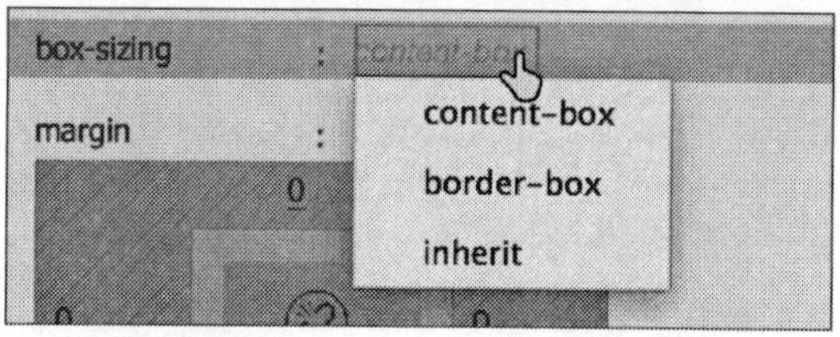

5. Las propiedades margin y padding

Al igual que para la composición CSS de los caracteres, es posible utilizar las propiedades **padding** y **margin**.

6. La propiedad border

En la categoría **Borde**, encontrará la propiedad **border** para aplicar bordes en torno a la caja. Su uso es similar al que hemos visto para los caracteres.

7. La propiedad background-color

En la categoría **Fondo**, encontrará la posibilidad de aplicar un color de fondo. Su uso es similar al que hemos visto para los caracteres.

8. Las propiedades de imagen de fondo

Aún en la categoría **Fondo**, encontrará varias propiedades vinculadas a las imágenes de fondo de la caja.

➜ La propiedad **url** permite indicar qué imagen debe utilizarse. Haga clic en el botón con forma de carpeta para seleccionar la imagen o introduzca usted mismo la ruta de acceso a la imagen.

- La imagen puede situarse en una posición precisa de la caja.

  Utilice las propiedades **background-position** con los valores predefinidos **left**, **center** o **right** y **background-position** con los valores predefinidos **top**, **center** o **bottom**. Puede indicar usted mismo el valor y la unidad para posicionar la imagen de fondo en la caja.

- La propiedad **background-repeat** permite indicar si la imagen debe repetirse hasta cubrir la totalidad de la superficie de la caja. La imagen puede repetirse solo horizontal o verticalmente, en caso de que sea más pequeña que la caja. El valor predeterminado, **repeat**, permite repetir la imagen para llenar por completo la caja. Es el primer valor que se propone.
- La imagen solo puede colocarse horizontalmente con el valor **repeat-x** (segundo valor propuesto) o verticalmente con el valor **repeat-y** (tercer valor propuesto). Por último, la imagen puede no repetirse con el valor **no-repeat** (último valor).

- La propiedad **background-size** permite definir el tamaño de la imagen de fondo. Esto permite, por ejemplo, reducir el tamaño de la imagen si es preciso especificando una unidad y un valor. El valor **contain** permite que la imagen se adapte al tamaño de bloque sin deformarse. El valor **cover** permite que la imagen se adapte al tamaño de bloque sin deformarse, pero puede recortarse si es preciso.

- La propiedad **background-clip** permite definir los límites de la imagen en la caja. El valor **border-box** indica que la imagen se extiende hasta el límite del borde.

  El valor **padding-box** indica que la imagen no alcanzará el borde, el límite es el relleno. Por último, el valor **content-box** permite limitar la imagen al contenido.

➔ La propiedad **background-origin** permite determinar el punto de origen para posicionar la imagen en la caja. El valor **border-box** indica que el origen de la imagen está bajo el borde. El valor **padding-box** indica que el origen de la imagen está en el relleno. Por último, el valor **content-box** indica que el origen de la imagen está en el contenido.

background-origin	:	content-box

➔ La propiedad **background-attachment** permite indicar si la imagen debe ser fija (valor **fixed**) al utilizar una barra de desplazamiento en la ventana del navegador o si debe desplazarse al tiempo que se usan las barras de desplazamiento (valor **scroll**).

background-attachment	:	fixed

➔ La propiedad **background-origin** permite definir la position de origen de la imagen utilizada de fondo.

-**border-box**: la imagen de fondo se coloca con respecto a los bordes de la caja.

-**padding-box**: la imagen de fondo se coloca con respecto al relleno de la caja (`padding`).

-**content-box**: la imagen de fondo se coloca con respecto al contenido de la caja.

background-origin	:	content-box

9. Las propiedades de sombreado

Las propiedades de sombreado permiten aplicar una sombra a la caja de texto.

- La propiedad **h-shadow** permite indicar la posición horizontal de la sombra.
- La propiedad **v-shadow** permite indicar la position vertical de la sombra.
- La propiedad **blur** permite especificar el halo de la sombra.
- La propiedad **spread** permite definir el tamaño de la sombra.
- La propiedad **inset** indica que la sobra está en el interior de la caja.

box-shadow		
h-shadow	:	20 px
v-shadow	:	10 px
blur	:	5 px
spread	:	5 px
color	:	#AAA6A6
inset	:	☐

10. Las propiedades de degradado

Existe la posibilidad de aplicar degradados en el fondo de las cajas de párrafo.

En la categoría **Fondo**, zona **background-image**, encontrará la propiedad **gradient**.

Deberá escoger entre una imagen y un degradado de fondo, los dos al mismo tiempo no son posibles.

→ Haga clic en la propiedad **gradient**.

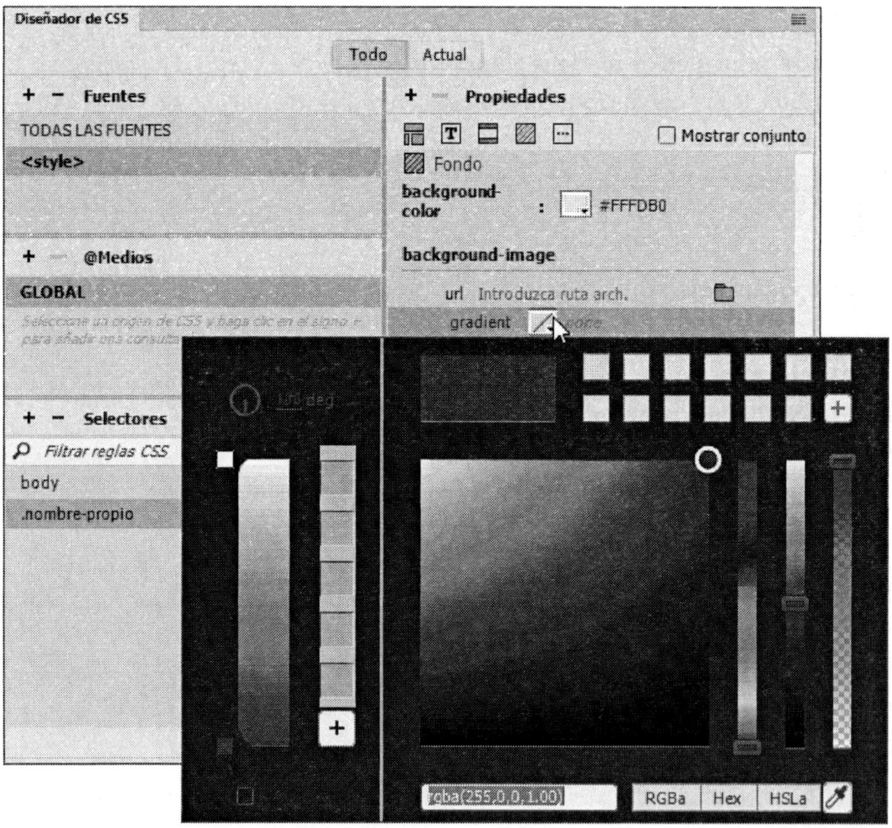

- En la regleta de la izquierda, haga clic en el primer cuadro de color de abajo para determinar el color inicial con ayuda del selector de color situado a su izquierda.
- Haga lo mismo para el color final cuyo cuadro de color se encuentra en la parte superior de la regleta.
- Puede desplazar los colores haciendo clic y arrastrando en la regleta.
- Para añadir otro color, haga clic en el borde izquierdo de la regleta y seleccione otro color.

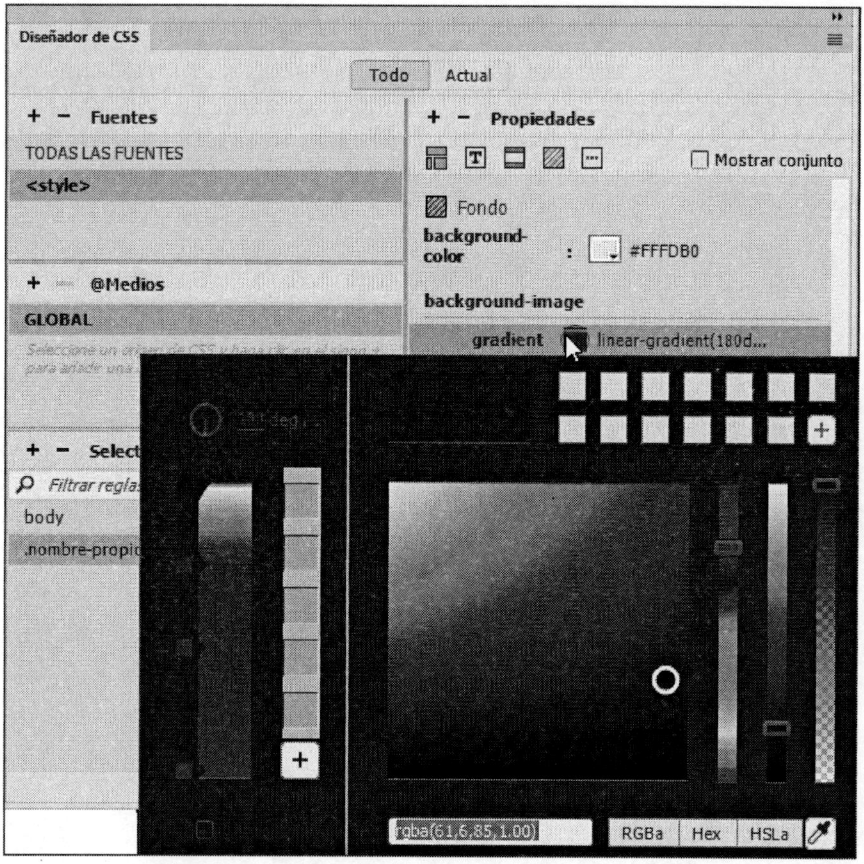

- Para eliminar un color, haga clic sobre su cuadro de color y arrástrelo fuera de la regleta.
- Para modificar el ángulo del degradado utilice la rueda de posicionamiento o introduzca el valor en el campo asociado.

Los degradados se crean para el selector activo:

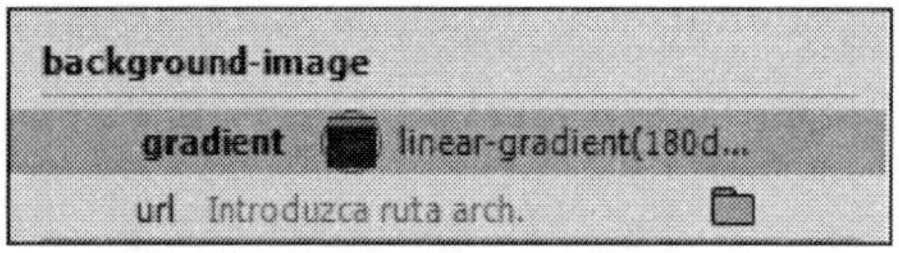

11. Ejemplos de composición

En este último ejemplo, el párrafo tiene un ancho de 300 px (`width: 300px`), un relleno idéntico de 20 px por todos lados (`padding: 20px`), un margen superior de 20 px (`margin-top: 50px`) y un margen inferior de 0 px (`margin-bottom: 0px`).

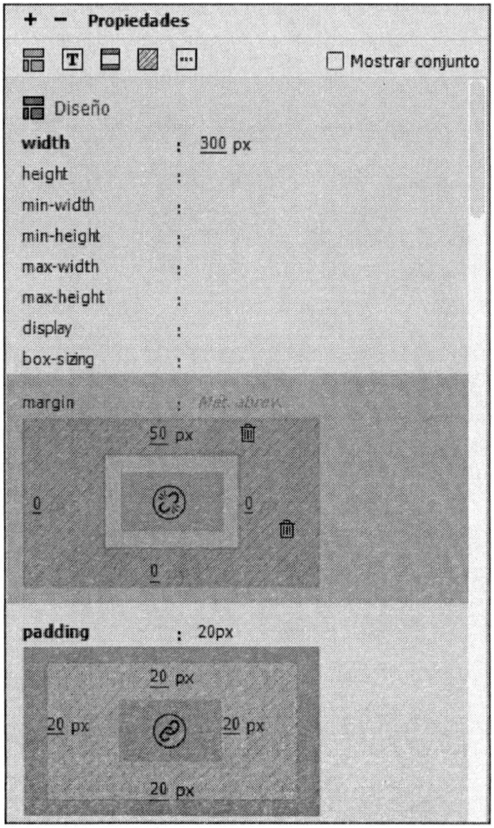

Tiene también un borde similar en todos sus lados: estrecho (`thin`), en línea discontinua (`dashed`) y negro (`#000`). Por último, la caja tiene unos bordes redondeados de 20 px.

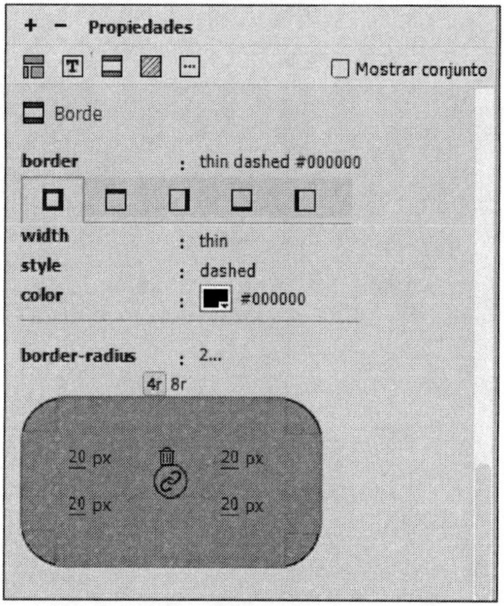

El resultado en el navegador:

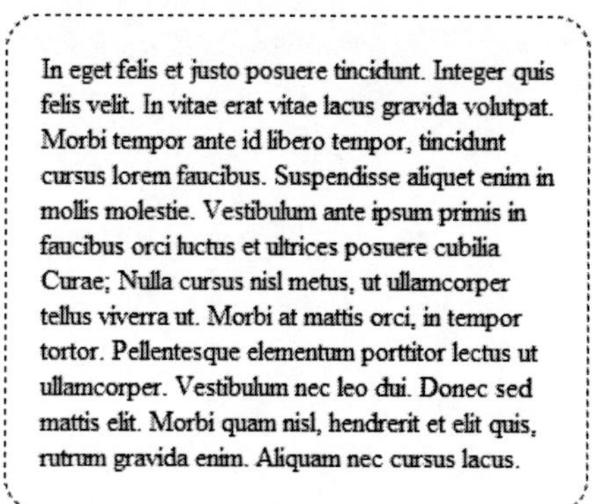

In eget felis et justo posuere tincidunt. Integer quis felis velit. In vitae erat vitae lacus gravida volutpat. Morbi tempor ante id libero tempor, tincidunt cursus lorem faucibus. Suspendisse aliquet enim in mollis molestie. Vestibulum ante ipsum primis in faucibus orci luctus et ultrices posuere cubilia Curae; Nulla cursus nisl metus, ut ullamcorper tellus viverra ut. Morbi at mattis orci, in tempor tortor. Pellentesque elementum porttitor lectus ut ullamcorper. Vestibulum nec leo dui. Donec sed mattis elit. Morbi quam nisl, hendrerit et elit quis, rutrum gravida enim. Aliquam nec cursus lacus.

En este segundo ejemplo, el párrafo usa un estilo con:

- un fondo de color (`#F4F0BF`):

- un relleno:
  - izquierda (`padding-left:20px`)
  - derecha (`padding-right:10px`)
  - y un margen izquierdo (`margin:50px`)

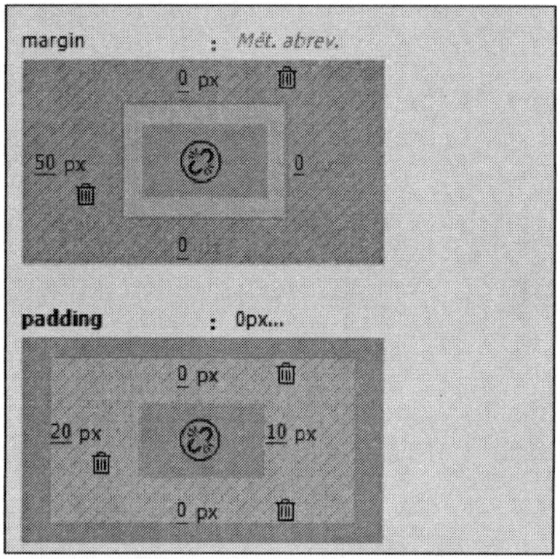

- un borde izquierdo (`solid`, `5px` y de color: `#999999`):

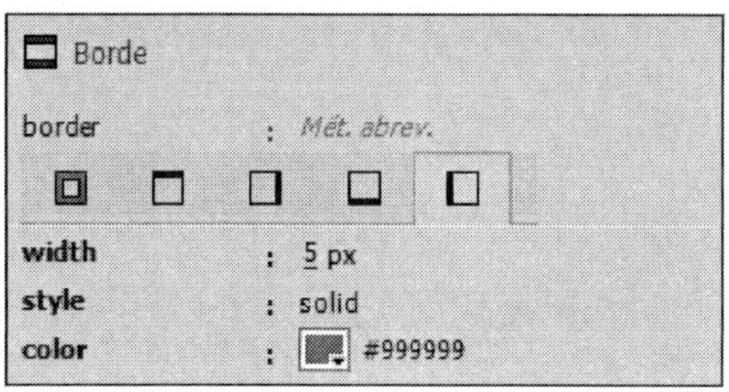

El resultado en el navegador:

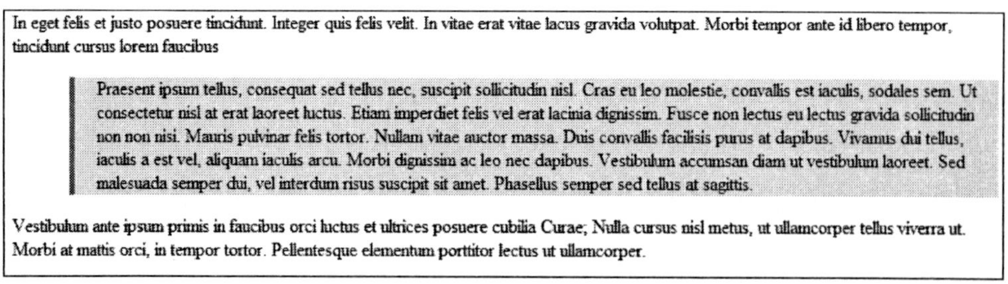

En este tercer ejemplo, el segundo párrafo utiliza un estilo con:

- un fondo con una imagen, sin repeticiones, situada en la parte superior izquierda del párrafo (`background: url(triangle.gif) no-repeat left top`):

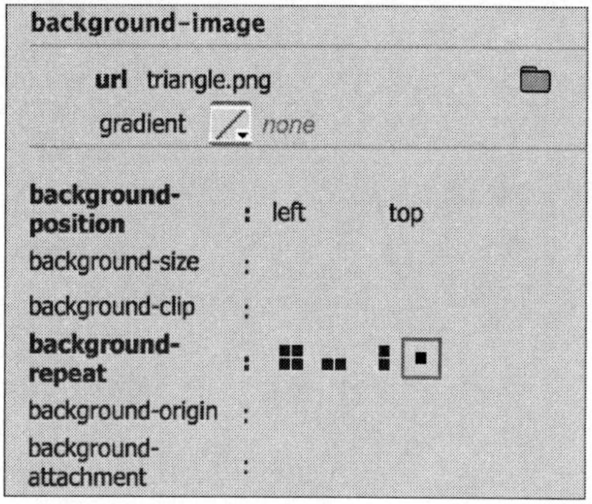

- una alineación justificada (`text-align: justify`) y una sangría de primera línea de 30 px (`text-indent: 30px`):

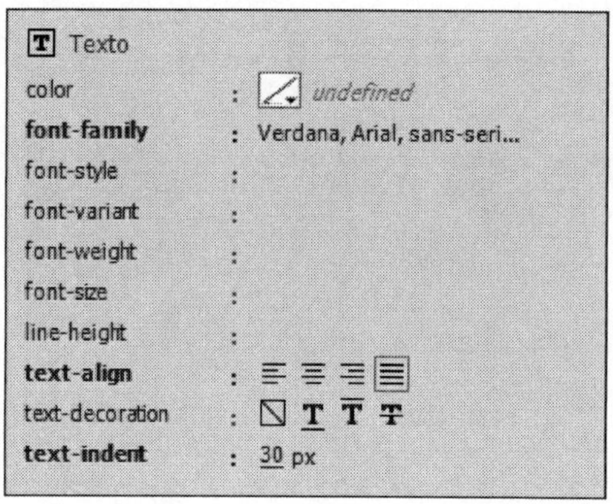

- un relleno a la derecha (`padding-right:10px`), un relleno a la izquierda (`padding-left:20px`) y un margen izquierdo (`margin:50px`):

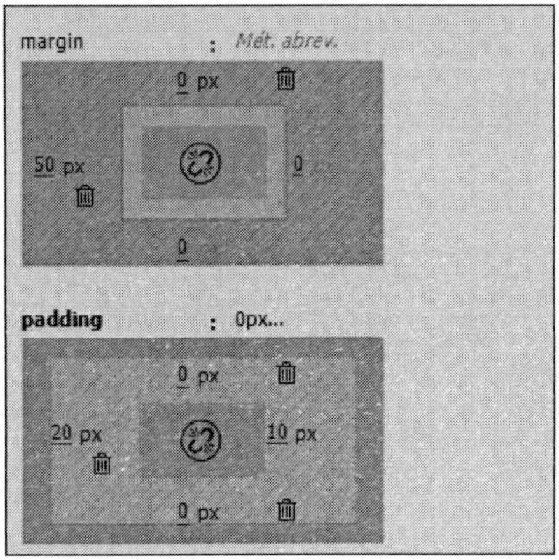

El resultado en el navegador:

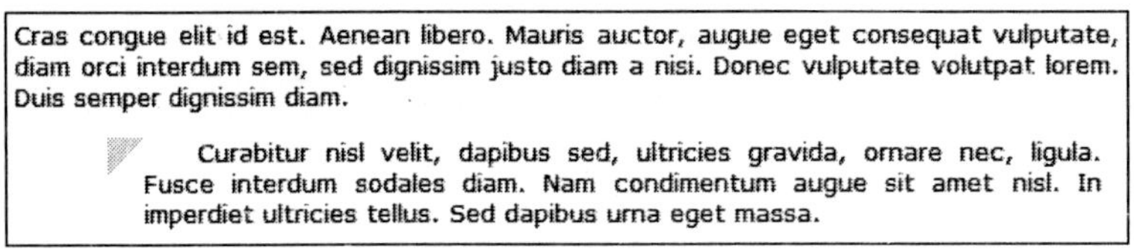
Cras congue elit id est. Aenean libero. Mauris auctor, augue eget consequat vulputate, diam orci interdum sem, sed dignissim justo diam a nisi. Donec vulputate volutpat lorem. Duis semper dignissim diam.

Curabitur nisl velit, dapibus sed, ultricies gravida, ornare nec, ligula. Fusce interdum sodales diam. Nam condimentum augue sit amet nisl. In imperdiet ultricies tellus. Sed dapibus urna eget massa.

D. La composición de las listas

1. Las propiedades

Las propiedades relativas a la composición de las listas se encuentran en la categoría **Texto**.

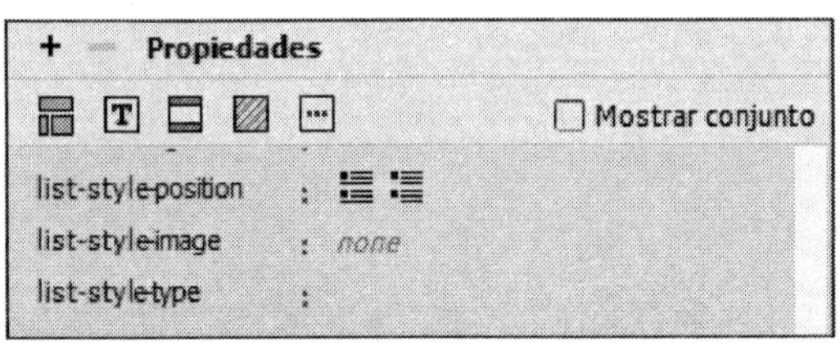

Esta categoría le permitirá componer listas desordenadas y listas numeradas.

2. La propiedad list-style-position

Esta propiedad permite indicar si la viñeta debe estar en la lista del texto (`inside`) o en el exterior (`outside`) cuando los ítems se ordenan en varias líneas.

En este ejemplo hemos escogido una imagen (vineta.gif) y la hemos colocado dentro del texto (`inside`).

El resultado en el navegador:

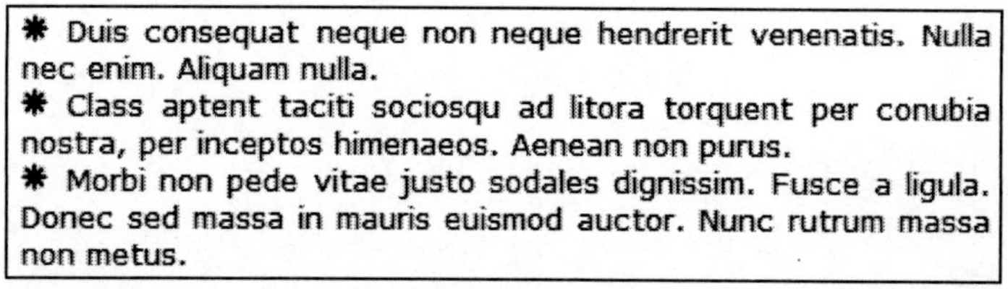

3. La propiedad list-style-image

Esta propiedad permite seleccionar una imagen en sustitución de las viñetas o números.

4. La propiedad list-style-type

Esta propiedad permite seleccionar el tipo de lista que desea utilizar. Estos son los valores más habituales:

disc	Lista con viñetas con punto negro.
circle	Lista con viñetas con punto hueco (blanco).
square	Lista con viñetas con cuadrado.
decimal	Lista numerada con cifras.
lower-roman	Lista numerada con números romanos en minúscula.
upper-roman	Lista numerada con números romanos en mayúscula.
lower-alpha	Lista numerada con letras en minúscula.
upper-alpha	Lista numerada con letras en mayúscula.
none	Sin numeración.

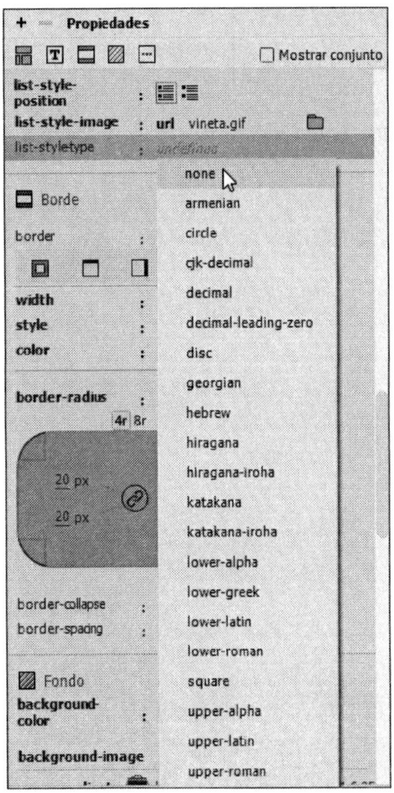

En este ejemplo tenemos dos listas: la primera con el valor `square` y la segunda con el valor `upper-alpha`.

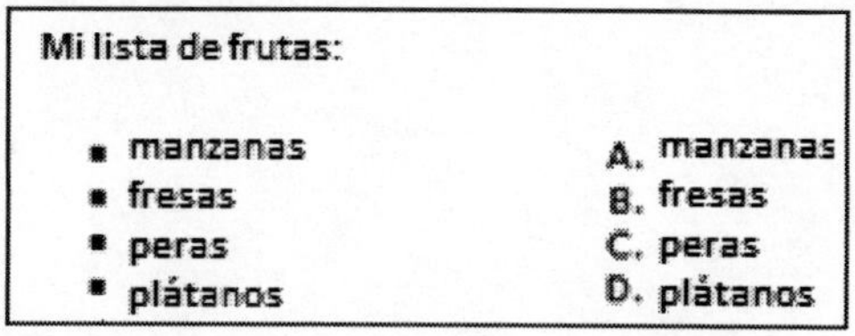

El tipo de lista inicial (lista simple con viñetas o lista numerada) no tiene importancia.

Capítulo 11: Insertar tablas

A. El uso correcto de las tablas

Las tablas en la Web han tenido una vida «tormentosa» En efecto, durante mucho tiempo (y todavía hoy), se han utilizado para hacer composiciones de página. No obstante, las tablas deberían usarse únicamente para su primera función: presentar datos estructurados en filas y columnas.

B. Insertar una tabla

Sitúese en la parte de la página web donde desea insertar la tabla. En el menú **Insertar**, seleccione **Tabla** (Ctrl Alt **T** (PC) o cmd Alt **T** (Mac)), o en el panel **Insertar**, categoría **HTML**, haga clic en **Table**.

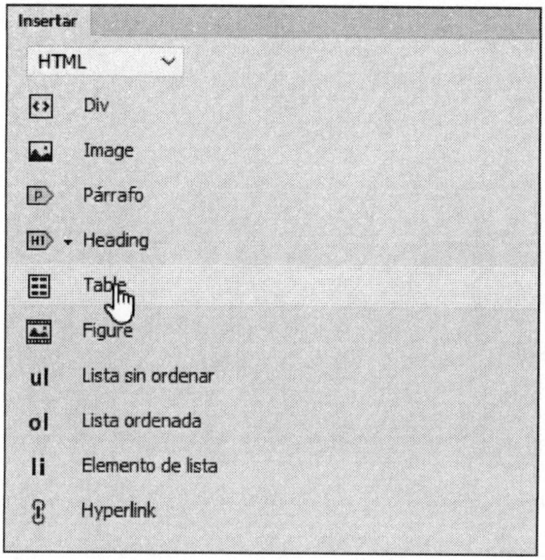

Dreamweaver abre una ventana de configuración de la tabla:

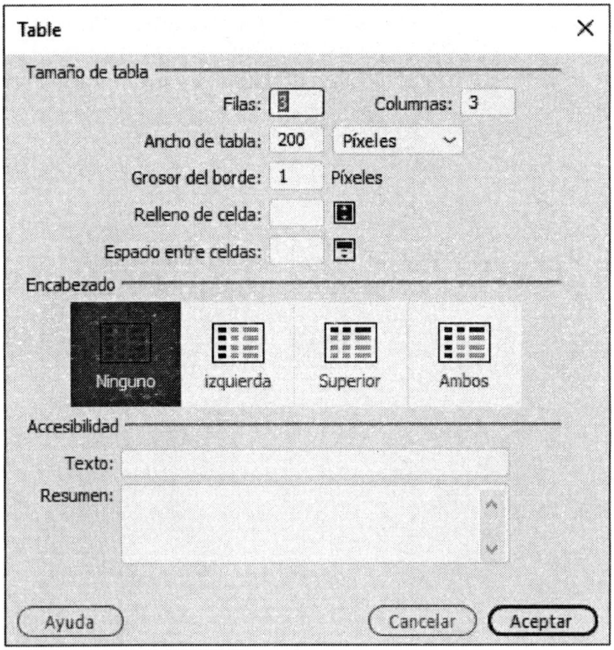

1. La zona de Tamaño de tabla

- El campo **Filas** permite indicar el número de filas que debe contener la tabla.
- El campo **Columnas** permite indicar el número de columnas que debe poseer la tabla.
- El campo **Ancho de tabla** permite indicar el ancho de la tabla. Seleccione la unidad: **Píxeles** para que la tabla tenga un ancho fijo o **Porcentaje** para que el ancho de la tabla sea proporcional al ancho del contenedor, del elemento padre, generalmente la ventana del navegador (el `<body>`). Si indica 75 %, la tabla tendrá ¾ partes del ancho de la ventana del navegador, sea cual sea el ancho de la ventana del mismo.
- El campo **Grosor del borde** permite indicar el grosor del borde exterior de la tabla.
- El campo **Relleno de celda** permite especificar el espacio entre los bordes de las celdas y el contenido de las mismas.
- El campo **Espacio entre celdas** permite especificar el espacio entre las celdas.

Atención: observe que estas configuraciones (ancho, márgenes y espacios) se trabajarán de manera más precisa y juiciosa con los estilos CSS. Se trata aquí del formato HTML. Por tanto, cuando inserta una tabla, no es preciso completar los campos correspondientes al formato HTML.

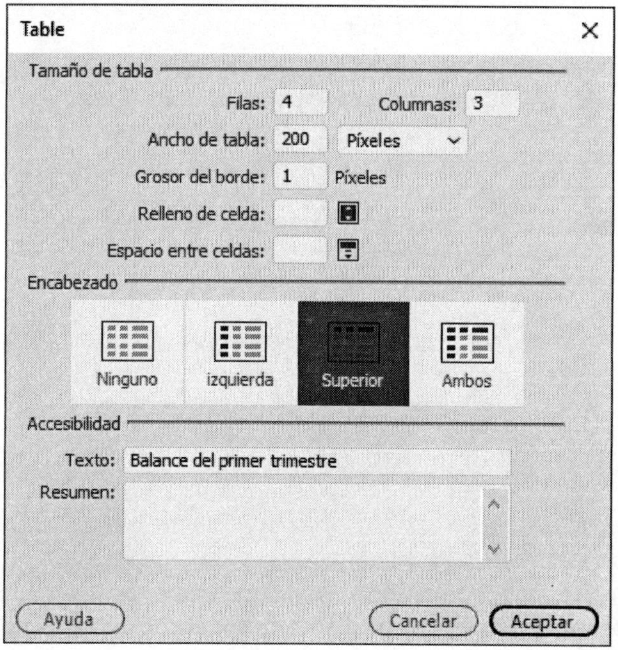

Esta es la tabla insertada en la página web con la configuración indicada en la anterior ventana.

> **!** Observe que en las capturas de pantalla siguientes hemos dejado los valores para el ancho de la tabla en 300 píxeles y para el alto de las celdas en 100 píxeles con el fin de visualizar mejor las opciones aplicadas.

2. La zona del encabezado

Estas opciones permiten escoger si desea que la tabla tenga o no encabezados. Por defecto, el contenido de los encabezados estará centrado y en negrita (elemento HTML `<th>`).

3. La zona Accesibilidad

- Para respetar los criterios de accesibilidad, indique un **Texto** para su tabla (elemento HTML `<caption>`). El texto aparece en la parte superior de la tabla de manera predeterminada.

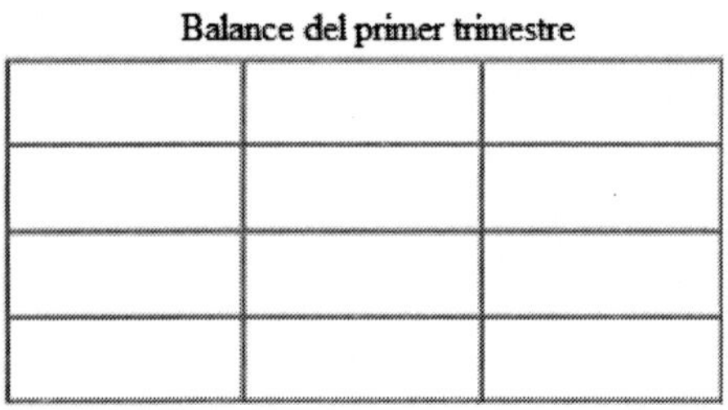

- El campo **Resumen** permite indicar una información más extensa. Este texto no estará visible en la página web, pero el sintetizador vocal lo leerá para las personas con discapacidades.

C. La estructura de la tabla

1. Añadir filas o columnas

Una vez insertada la tabla, la estructura puede modificarse en todo momento: añadir o eliminar filas o columnas.

- Para añadir una nueva fila, haga clic en la última celda y pulse la tecla [⇥].
- Para añadir una nueva fila dentro de la tabla, haga clic en una celda. En el menú **Edición - Tabla**, seleccione **Insertar fila** ([Ctrl] **M** (PC) o [cmd ⌘] **M** (Mac)).
- Para añadir una nueva columna dentro de la tabla, haga clic en una celda. En el menú **Edición - Tabla**, seleccione **Insertar columna** ([Ctrl] [Mayús] **A** (PC) o [cmd ⌘] [Mayús] **A** (Mac)).

- Para añadir una o varias filas o columnas, haga clic en una celda de la tabla y vaya al menú **Edición - Tabla - Insertar filas o columnas**.

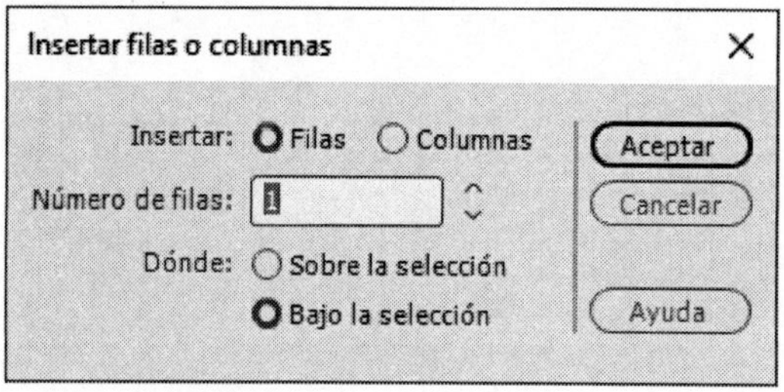

- En la ventana que aparece, modifique las opciones de acuerdo con lo que desee y haga clic en **Aceptar**.

2. Añadir una columna

- Puede usar el menú local que aparece en las dimensiones de la tabla. Esas indicaciones aparecen encima o debajo de la tabla (dependiendo de la posición de la tabla en la página). Si hace clic en el triangulito verde de una columna, en su menú local, accederá a las diferentes opciones: **Insertar columna izquierda** o **Insertar columna derecha**.

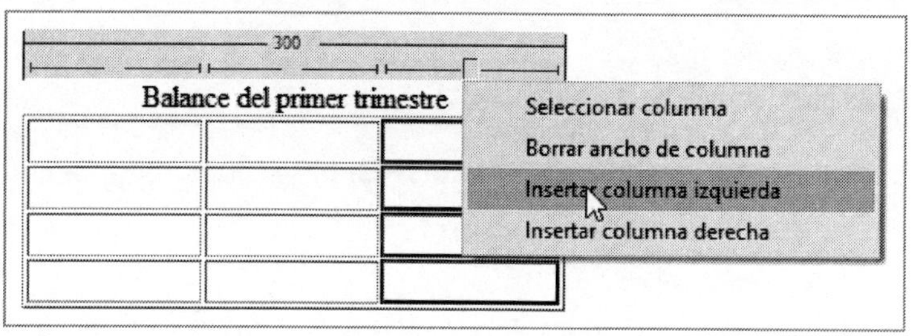

3. Seleccionar filas y columnas

- Para seleccionar una fila, coloque el cursor a la izquierda de la fila: el puntero se convierte en una flecha negra y la fila se subraya en rojo. Haga clic.

- Para seleccionar varias filas, con el puntero en forma de flecha, haga clic y arrastre verticalmente sobre todas las filas que desee seleccionar.

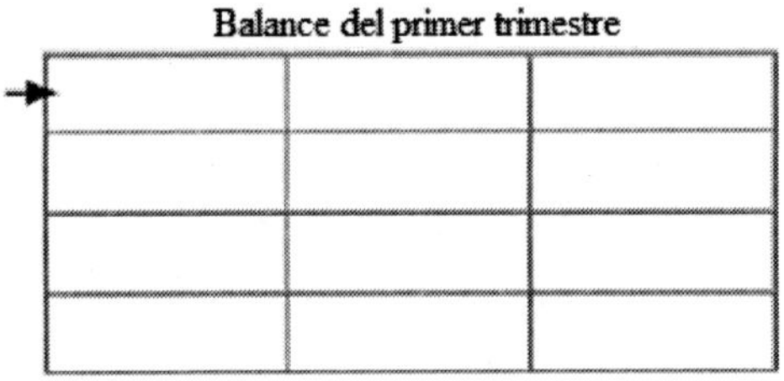

- Para seleccionar una columna, el principio es el mismo. También puede usar el menú local situado bajo (o sobre, dependiendo de la posición de la tabla en la página) la columna en cuestión, en las líneas de tamaños.

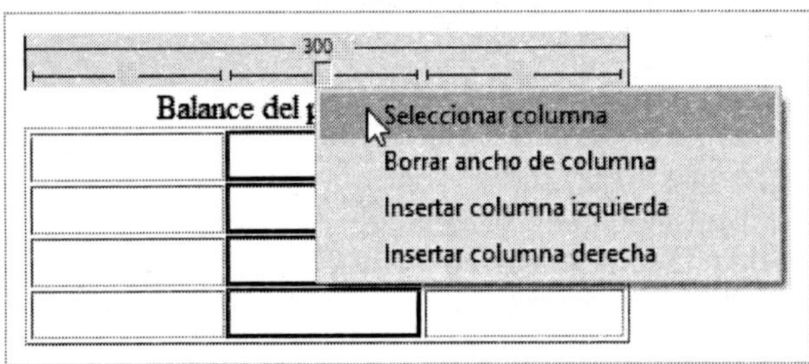

4. Eliminar filas y columnas

- Una vez hecha la selección, vaya al menú **Edición - Tabla - Eliminar fila** o **Eliminar columna**.

5. Combinar celdas

- Para combinar dos celdas (o más) en una sola, selecciónelas haciendo clic y arrastrando. En el menú **Edición - Tabla**, seleccione **Fusionar celdas** (Ctrl Alt **M** (PC) o cmd ⌘ ⌥ **M** (Mac)), o en el panel **Propiedades**, haga clic en el botón **Combina las celdas seleccionadas usando extensores**.

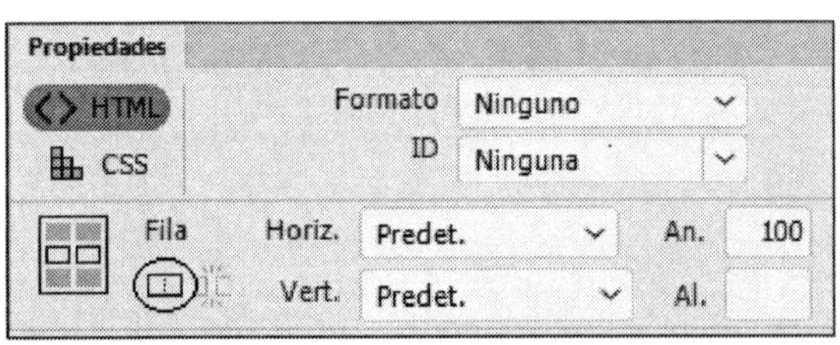

➜ Puede fusionar las celdas horizontalmente (como es el caso en el ejemplo de abajo) u verticalmente.

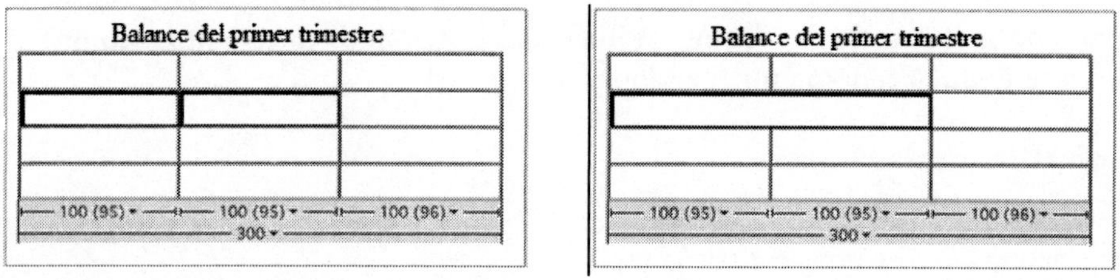

➜ Cuando una celda se combina, es posible aumentar la combinación horizontal o vertical. Haga clic en la celda fusionada y, en el menú **Edición - Tabla**, seleccione **Aumentar tamaño de columna** (Ctrl Mayús - (PC) o cmd ⌘ Mayús - (Mac)) (combinación filas) o **Aumentar tamaño fila** (combinación columnas).

6. Dividir celdas

Una vez fusionadas las celdas, la fusión puede eliminarse dividiendo las celdas.

➜ Haga clic en la celda combinada y, en el menú **Edición - Tabla**, seleccione **Dividir celda** (Alt Ctrl Mayús **T** (PC) o alt Mayús cmd ⌘ **T** (Mac)), o en el panel **Propiedades**, haga clic en el botón **Dividir celdas en filas o en columnas**.

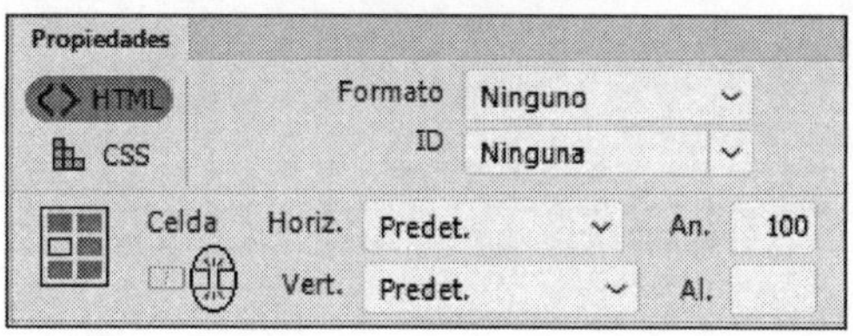

➜ Seleccione el modo de división en la ventana que aparece.

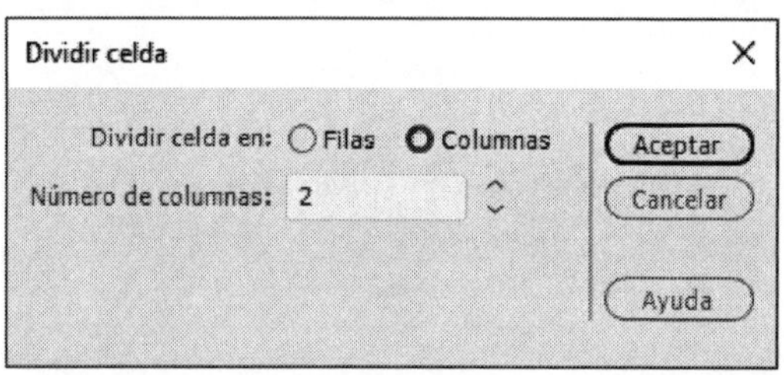

- Con respecto al párrafo precedente, la celda combinada debe dividirse en **2** celdas repartidas en **Columnas**.
- También puede ir al menú **Edición - Tabla** y seleccionar **Reducir tamaño columna** (división en filas) o **Reducir tamaño fila** (división en columnas).

7. Imbricar las tablas

Cuando tiene tablas complicadas de realizar, con numerosas combinaciones, puede resultar muy útil imbricar una tabla en una celda de la tabla.

En este ejemplo, hemos insertado una tabla en la primera celda combinada de la segunda fila.

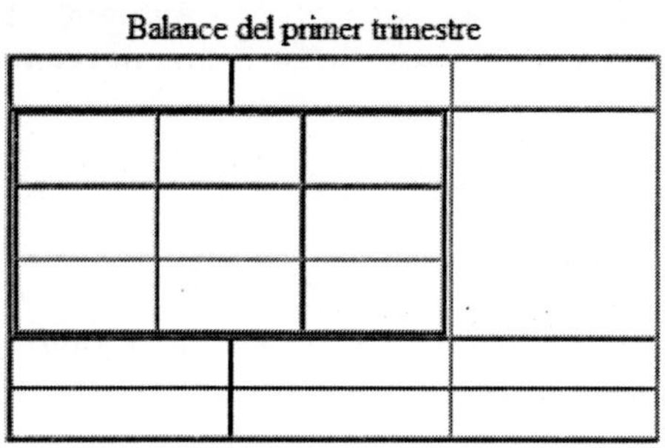

D. Ver una tabla en modo expandido

Dreamweaver permite ver la tabla en un modo que «agranda» las celdas para mayor comodidad visual.

- Haga clic con el botón derecho para ver el menú contextual de la tabla.
- Seleccione **Tabla**, y **Modo de tablas expandidas**.

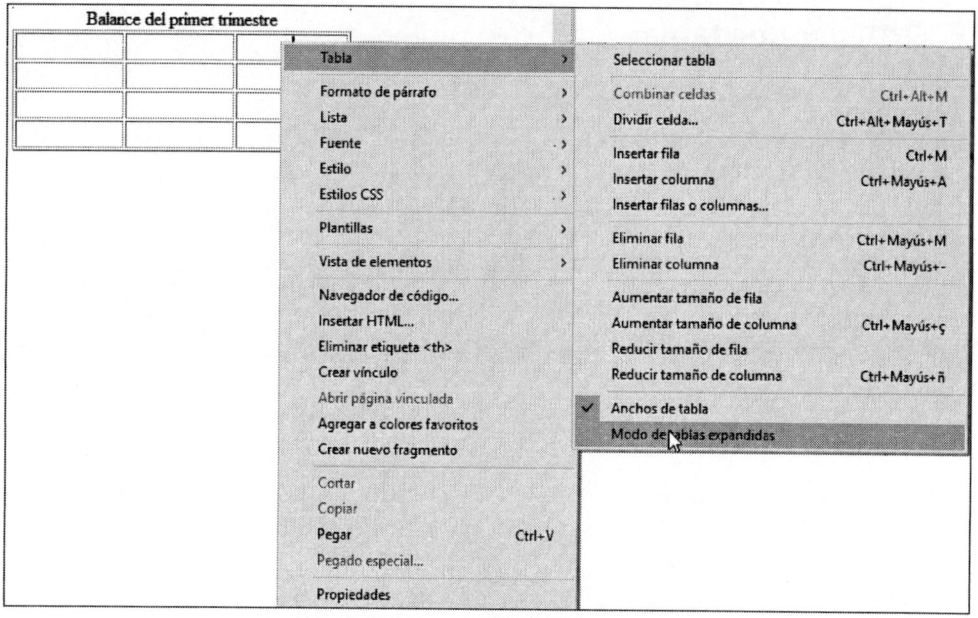

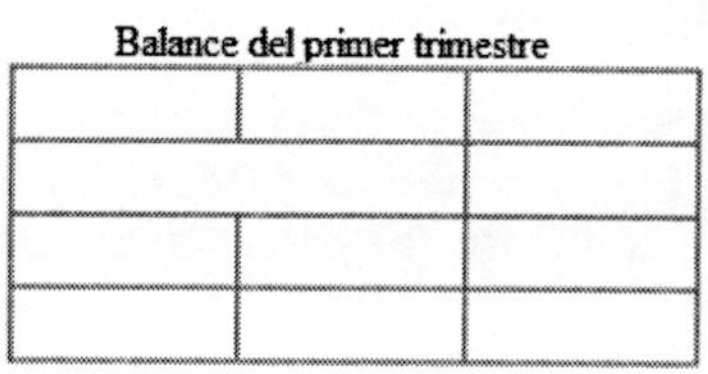

Modo estándar

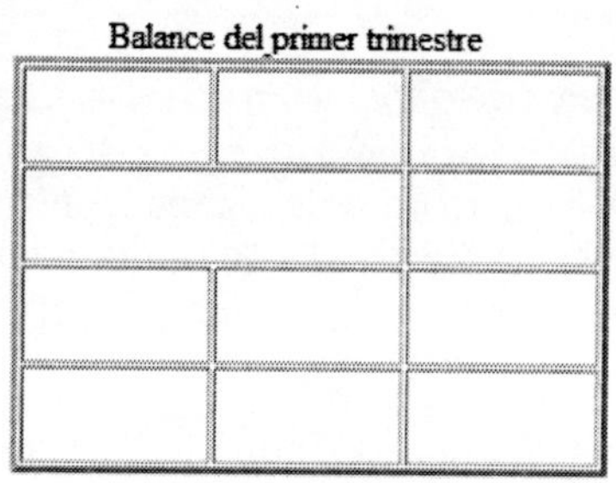

Modo expandido

- Para volver al modo estándar haga clic con el botón derecho en la tabla.
- En el menú contextual que aparece, seleccione **Tabla**, y de nuevo **Modo de tablas expandidas**.

  También puede hacer clic en la opción [salir] de la barra superior de la ventana del documento.

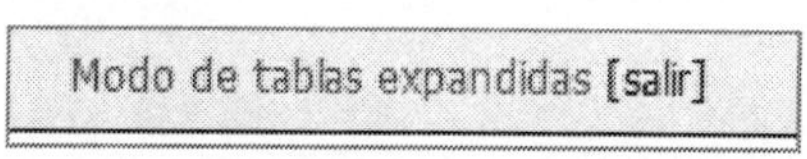

E. Ordenar una tabla

Dreamweaver permite ordenar las tablas.

- Haga clic en una celda de la tabla y después en el menú **Edición - Tabla** haga clic en **Ordenar tabla**.

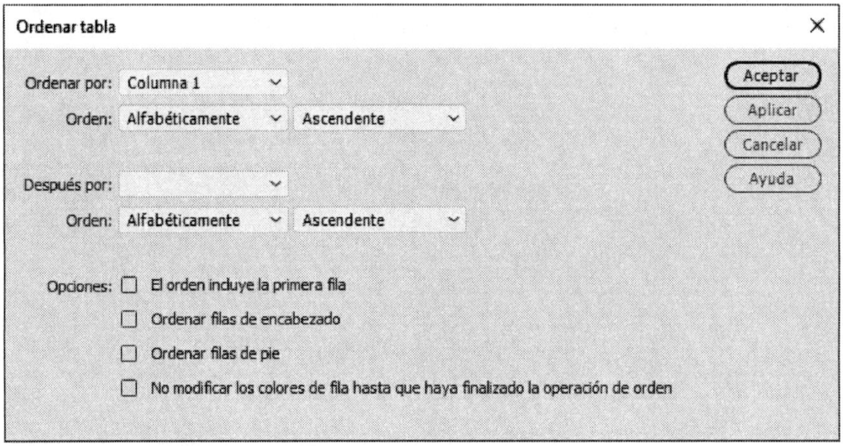

- Seleccione los criterios de ordenación en las listas desplegables **Ordenar por**: elección de la columna, **Orden**: **Alfabéticamente** o **Numéricamente**, y **Ascendente** o **Descendente**, Para añadir un segundo criterio de orden, haga lo mismo con **Después por** y **Orden**. Utilice las **Opciones** para gestionar los encabezados de la tabla.

  En este ejemplo, el orden se ha realizado en la segunda columna, por orden numérico ascendente.

Balance del primer trimestre

Enero	Febrero	Marzo
12	14	9
10	8	15
7	13	16

Tabla en bruto

Balance del primer trimestre

Enero	Febrero	Marzo
10	8	15
7	13	16
12	14	9

Tabla ordenada

Capítulo 12: Composición CSS de las tablas

A. El código HTML y CSS para las tablas

A modo de recordatorio, el elemento HTML para las tablas es <table>, <caption> para las leyendas, <tr> para las filas, <td> para las celdas y <th> para las celdas de encabezado.

También dispone de elementos que permiten estructurar mejor las tablas: <tbody>, <thead>, <tfoot>, <colgroup> y <col>.

B. El formato de la tabla

1. El ancho de la tabla

El ancho de la tabla estará determinado por la propiedad **width**, en la categoría **Diseño**.

- Seleccione el valor y la unidad deseadas. Puede optar por una unidad fija (px, cm, pt...) o relativa: %. Con la unidad porcentaje, el ancho de la tabla será proporcional al ancho de su elemento padre: la ventana del navegador si la tabla está en la página web, o bien una caja <div>. Observe que si especifica el ancho de las celdas en la primera fila de la tabla, no es indispensable indicar el ancho de la tabla.

2. El fondo de la tabla

Es posible aplicar un color o una imagen de fondo a la tabla con las propiedades de la categoría **Fondo**.

3. El borde de la tabla

El borde de la tabla, el borde exterior está definido por las propiedades de la categoría **Borde**.

4. Un ejemplo de formato para una tabla

Para este ejemplo hemos creado una clase llamada **.tabla**. Una vez definida las propiedades, hacemos clic en una de las celdas de la tabla, selecciono la tabla (<table>) en la barra de estado, y en el panel **Propiedades** le aplico la clase **.tabla**.

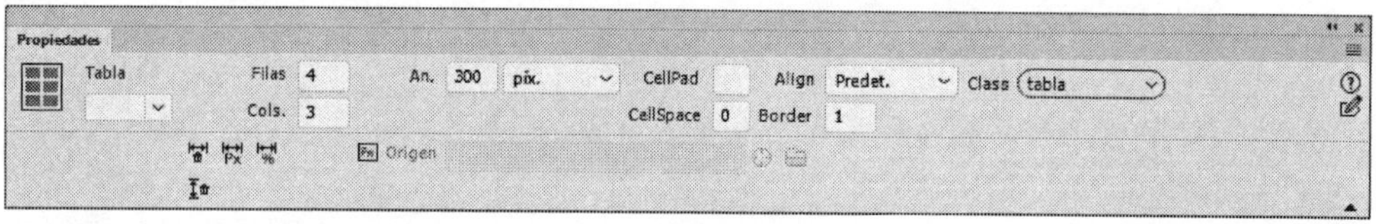

Esta clase **.tabla** utiliza las siguientes propiedades:

- Un ancho de 300 píxeles (`width: 300px`):

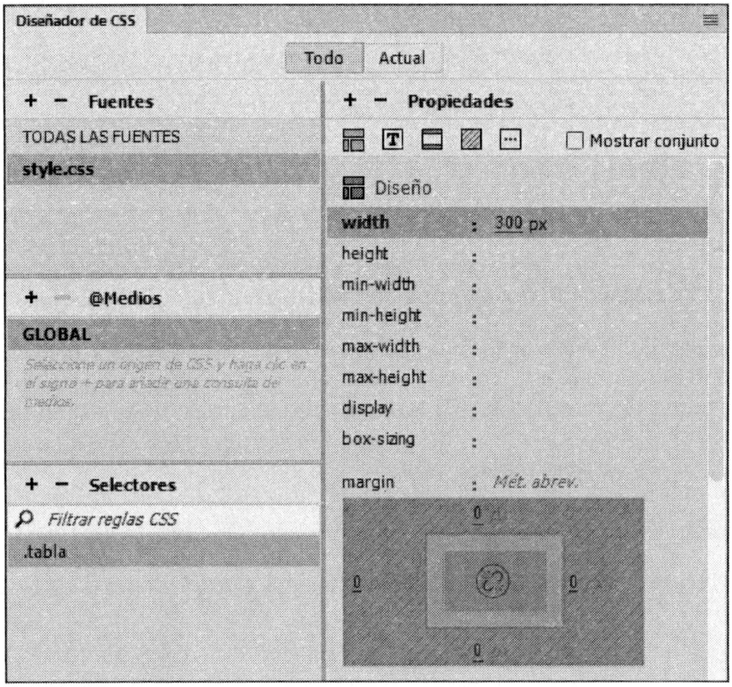

- Un fondo de color (`background: #E4E4E4`):

- Un borde exterior sólido, estrecho y negro (`border: thin solid #000`):

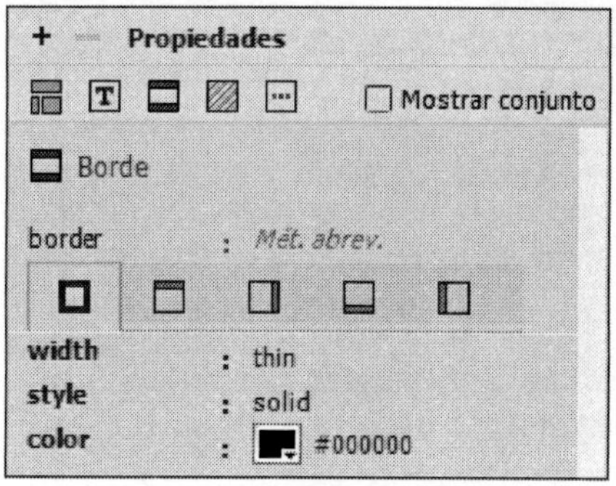

El resultado en el navegador:

Balance del primer trimestre

Enero	Febrero	Marzo
10	8	15
7	13	16
12	14	9

5. La alineación de la tabla

Por defecto, la tabla se alinea a la izquierda en la página. Si desea centrarla, utilice la propiedad **margin**. En la categoría **Diseño**, bastará con poner los márgenes derecho e izquierdo en **auto**.

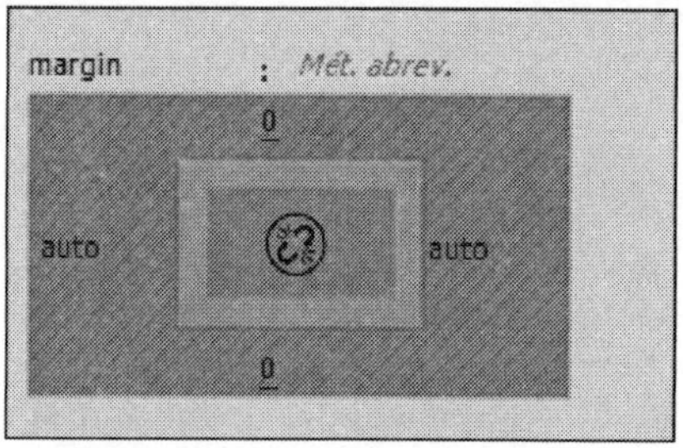

6. Los márgenes de la tabla

→ También es posible aplicar márgenes a la tabla para espaciarla de lo que la precede y de lo que va a continuación. En la categoría **Diseño**, utilice las propiedades **margin-top** y **margin-bottom**.

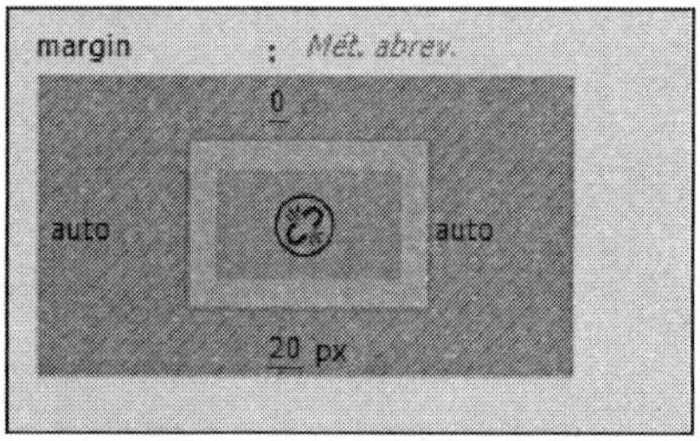

En este ejemplo, la tabla está centrada: los márgenes izquierdo y derecho están en **auto** y se distancia de lo que viene después 20 píxeles (propiedad **margin-bottom** a **20px**).

El resultado en el navegador:

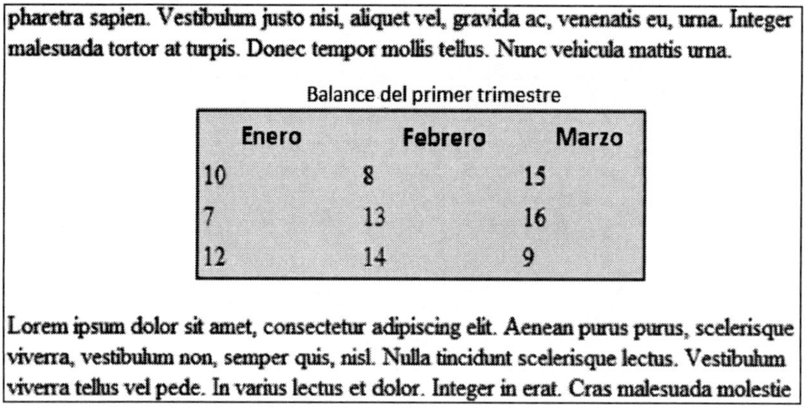

C. El formato de la leyenda

1. La leyenda de las tablas

La leyenda de las tablas se muestra con el elemento HTML `<caption>`. Las propiedades CSS asociadas a las leyendas de las tablas no están directamente accesibles en la pestaña **Propiedades** del panel **Diseñador de CSS**, deberemos introducir las propiedades nosotros mismos.

2. Crear una clase para la leyenda

➜ En el panel **Diseñador de CSS**, pestaña **Selectores**, cree una clase llamada **.leyenda**.

3. Añadir la propiedad

Vamos a añadir la propiedad que permite gestionar la posición de la leyenda en relación con la tabla.

- En la pestaña **Selectores**, seleccione la clase **.leyenda**.
- En la pestaña **Propiedades**, haga clic en el botón **Añadir propiedad CSS**.

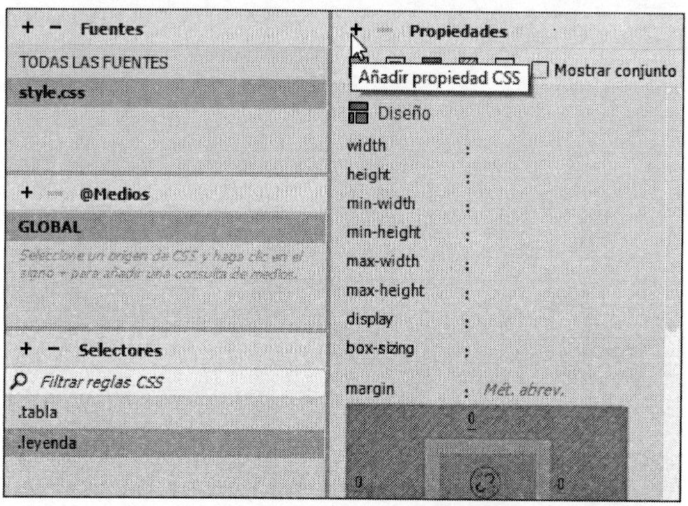

- En el campo de texto del nombre de la propiedad, escriba **caption-side**.

- En el campo de texto del valor, escriba **top**.

  Para posicionar la leyenda puede utilizar los valores **right**, **left** y **bottom**.

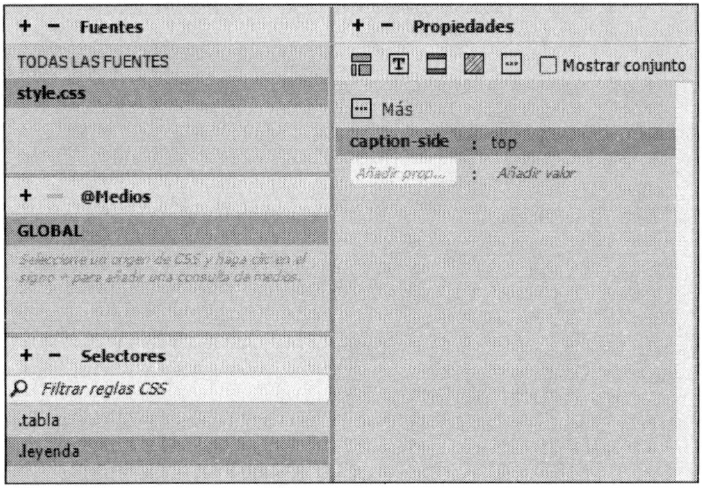

Observe que cuando introduce usted mismo las propiedades en la pestaña **Propiedades**, estas aparecen en la categoría **Más**.

4. Aplicar el selector a la leyenda

- En la página HTML, haga clic en la leyenda.

  Esta aparece seleccionada:

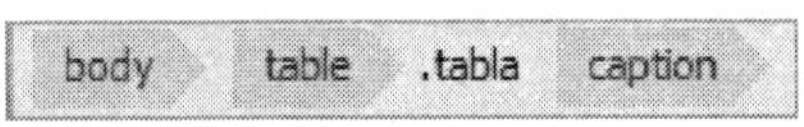

- En el panel **Propiedades**, con la pestaña **CSS** activa, en la lista desplegable **Regla de destino**, seleccione **.leyenda**.

D. Ejemplo de formato de una tabla

Esta tabla tiene una clase llamada **.leyenda** aplicada a la leyenda de la tabla (`<caption>`), con una posición superior (`caption-side:top`), un margen superior de 30 píxeles (para separarla del texto que la precede), un margen izquierdo y derecho de 0 y un margen inferior de 10 píxeles (para separarla un poco de la tabla) (`margin: 30px 0px 10px`), un relleno idéntico de 5 píxeles en todos los lados (`padding: 5px`) y un fondo de color (`background: #F0F0F0`).

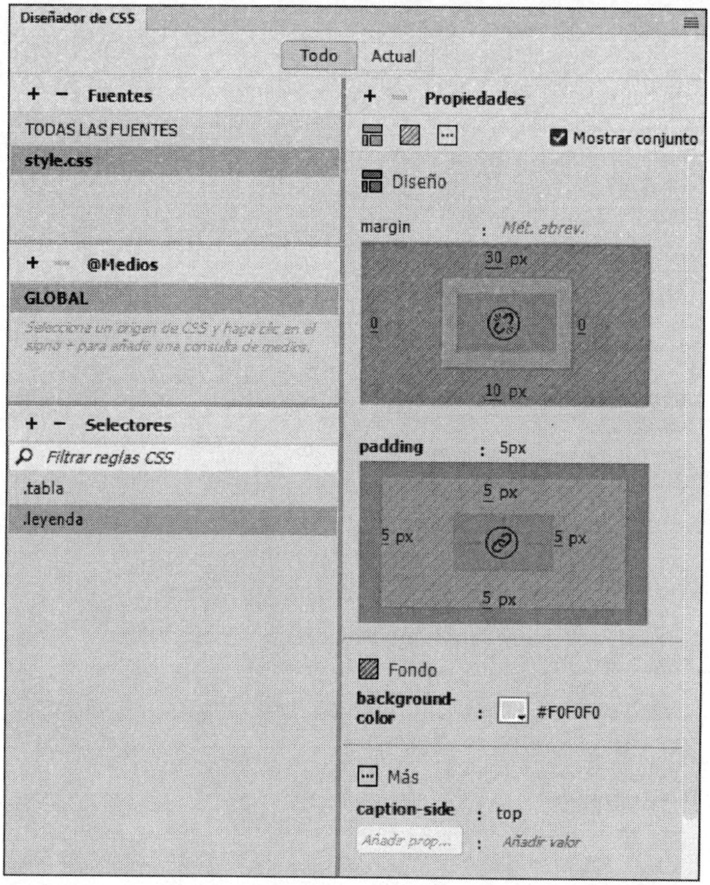

La tabla utiliza una clase llamada **.tabla**. La clase posee las siguientes propiedades: un ancho de 300 pixeles (`width: 300px`), un margen inferior de 20 píxeles para separarla del texto que la sigue, un margen superior de 0 y en los lados izquierdo y derecho un margen en auto para el centrado (`margin: 0px auto 20px`), y un fondo de color.

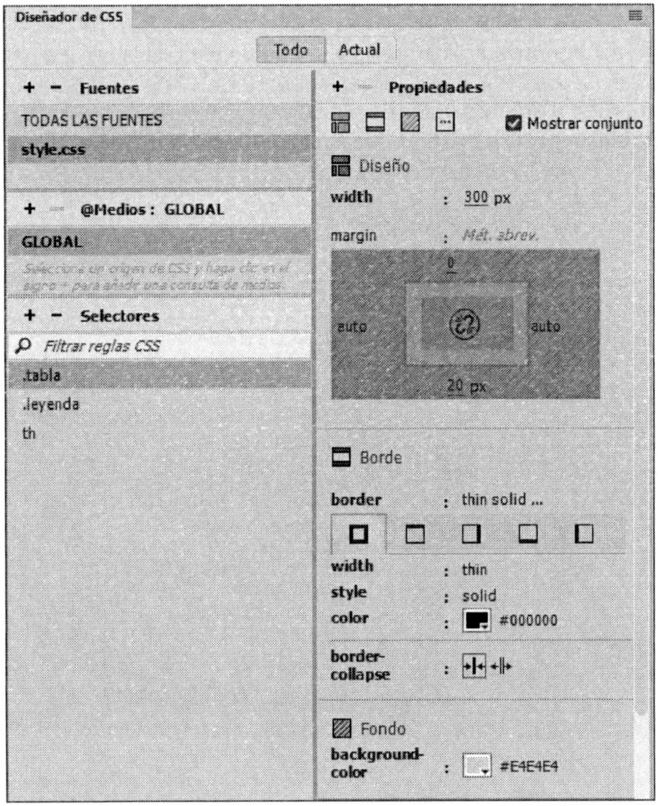

En el cuerpo de la página <body>, el tamaño de fuente aplicado es de 0.8 em y la familia de fuente usada es Verdana, Arial, Helvetica y sans-serif.

Este es el resultado en el navegador:

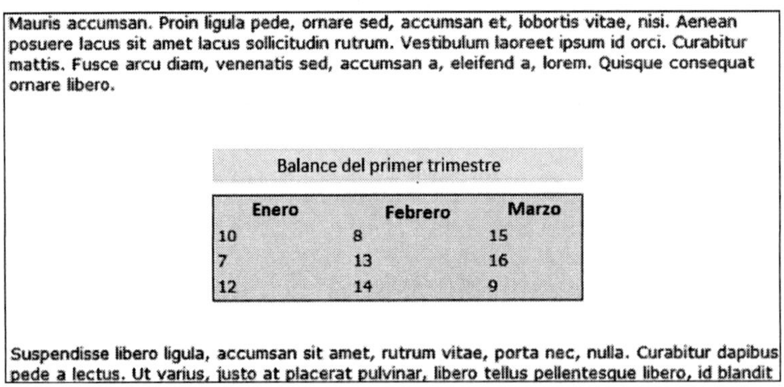

E. El formato de las celdas

1. El ancho de las celdas

➔ Utilice la propiedad **width** de la categoría **Diseño**. Recuerde que la suma de los anchos de la primera fila de la tabla debe ser imperativamente igual al ancho total de la tabla para que esta esté bien estructurada y no haya problemas en la vista. Recuerde también que bastará con indicar el ancho de las celdas de la primera fila. Es posible no especificar el ancho de la tabla.

En el siguiente ejemplo, hemos usado el selector de etiquetas `<th>` para dar formato a la primera fila de la tabla.

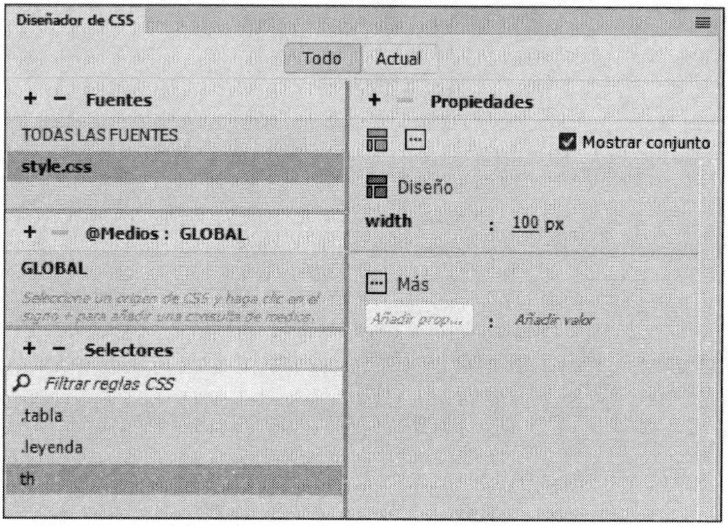

2. Los bordes de las celdas

➔ Para aplicar bordes a las celdas de la tabla utilice la categoría **Borde**.

En este ejemplo, se ha creado una clase llamada **.celda**. Será la clase que se aplicará a las celdas de la tabla. Los bordes son iguales en todos los lados, sólidos, estrechos y negros (`border: thin solid #000;`). El texto tiene una alineación centrada.

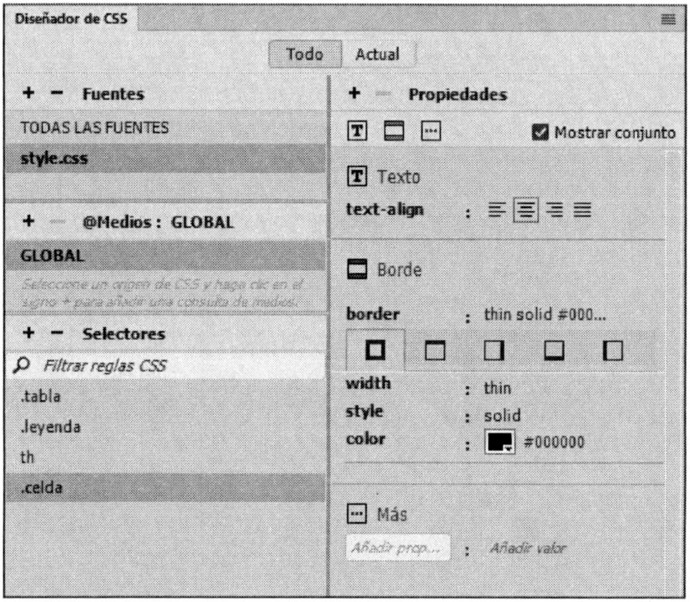

- Para que los bordes de las celdas de la tabla se combinen bien y no aparezcan desdoblados, como es el caso ahora, en el selector **.tabla**, categoría **Borde**, utilice la propiedad **border-collapse**, con el valor **collapse**.

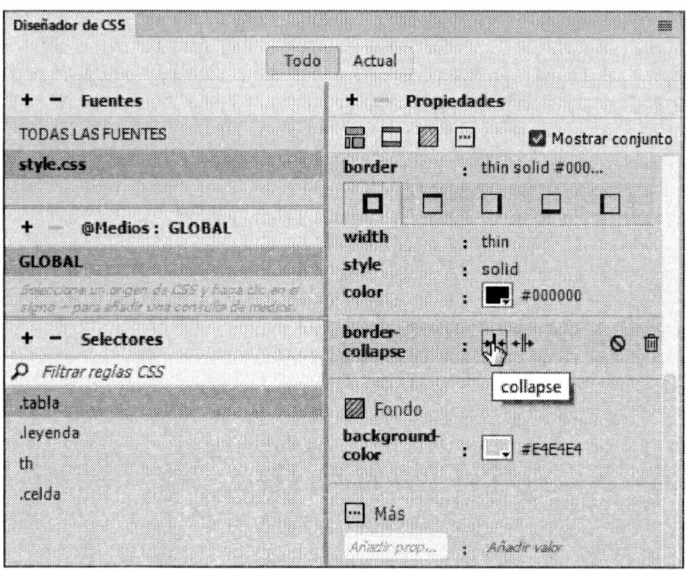

➜ Para tener una tabla más « despejada », es posible añadirle un relleno (propiedad **padding**) a la clase **.celda** que se aplicará a las celdas.

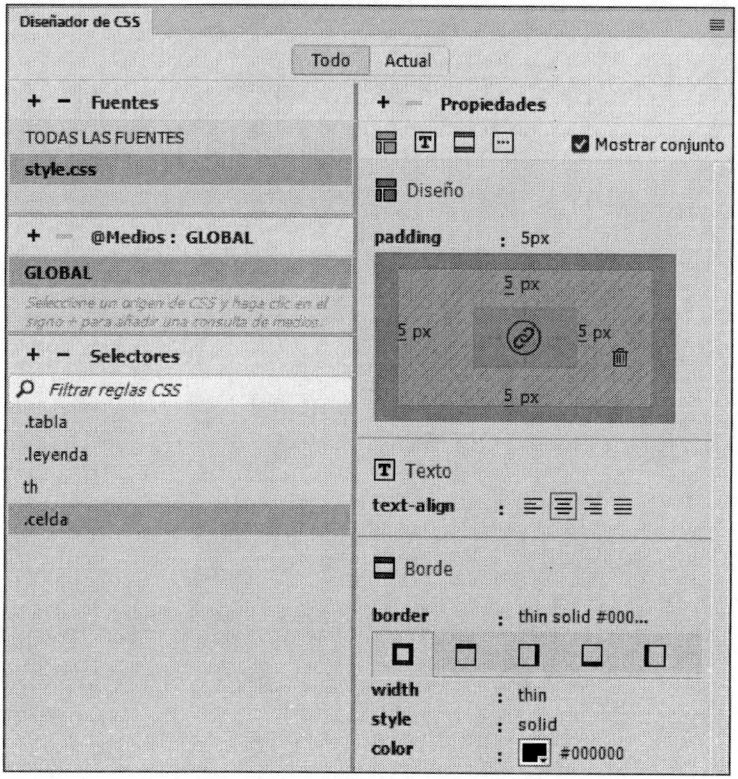

Las celdas de encabezado `<th>` tienen también bordes iguales a las demás celdas.

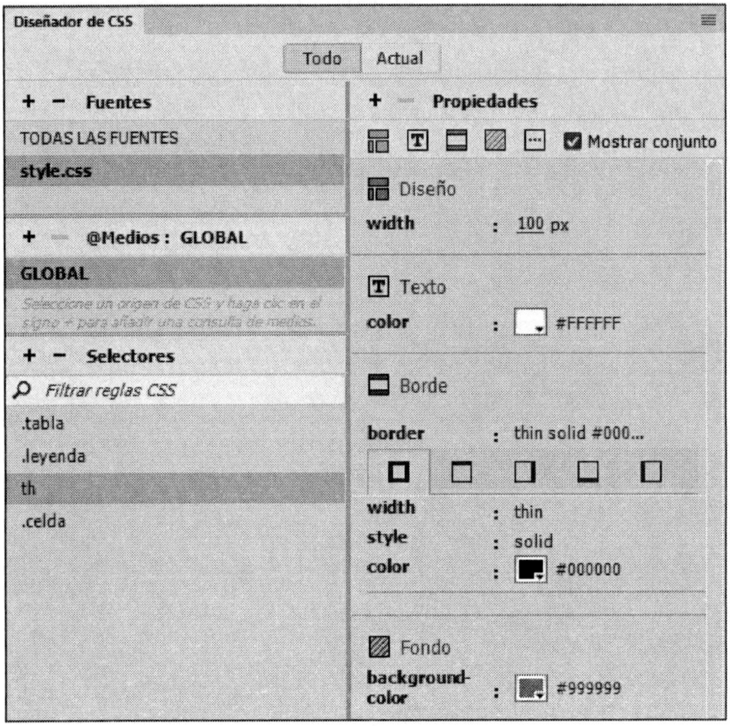

3. Resaltar una celda

- Es posible crear una clase para resaltar una celda en particular. En este ejemplo, la clase recibirá el nombre de **.especial**.

Estas son las propiedades utilizadas:

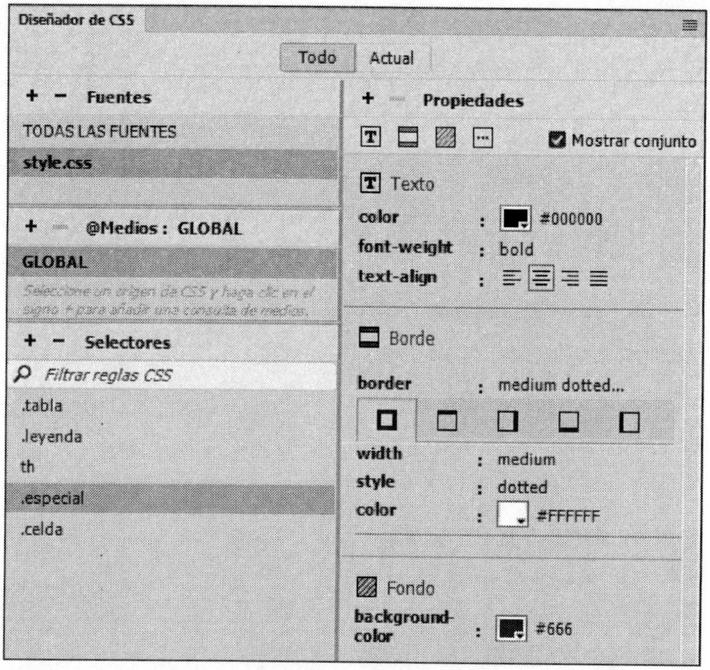

→ Aplique esta clase a una celda seleccionada de la tabla.

Capítulo 13: Insertar imágenes

A. Los formatos de imagen

Solo existen tres formatos de imagen reconocidos de forma nativa por los navegadores.

El formato **GIF** (extensión .gif) permite imágenes con 256 colores como máximo, con un nivel de transparencia y una compresión no destructiva. Es el formato ideal para las imágenes con colores sólidos como los logos, los pictos, las pequeñas ilustraciones y el formato vectorial.

El formato **JPEG** (extensión .jpg) ofrece millones de colores, sin transparencia y con compresión destructiva. Es el formato ideal para las fotos y el formato bitmap.

El formato **PNG** (extensión .png) permite imágenes de 256 colores o millones de colores, 256 niveles de transparencia y una compresión no destructiva. El formato PNG está muy bien para imágenes con elementos vectoriales y bitmap. Con 256 colores, el peso de la imagen optimizada es similar al obtenido con el formato GIF. Con millones de colores, una foto en JPEG siempre será más ligera en PNG.

B. La ruta de acceso a las imágenes

1. La ruta relativa y absoluta

Cuando inserta una imagen en su página web, Dreamweaver le propone que haga referencia a ella, bien a través de la ruta al documento, a la página donde aparece la imagen, bien a través de la ruta a la raíz del sitio.

Este es un ejemplo de ruta al documento:

```
<img src="tigre.jpg".../>
```

Y esta una ruta a la raíz del sitio:

```
<img src="/mi-sitio-web/cebra.jpg".../>
```

Seleccione siempre la ruta de acceso relativa al documento. Resulta infinitamente más práctico y flexible para mantener el sitio y actualizar los archivos.

➔ Esta es la opción definida por defecto durante la configuración del sitio (menú **Sitio - Administrar sitios**). En la categoría **Configuración avanzada - Información local**, la opción **Vínculos relativos a** marcada por defecto es **Documento**.

2. Las imágenes fuera del archivo local

Como sabe, todos archivos que forman el sitio web deben estar en la carpeta raíz local. Si selecciona una imagen que no se encuentra en la carpeta local, Dreamweaver le avisa y le pide que copie la imagen en la carpeta local.

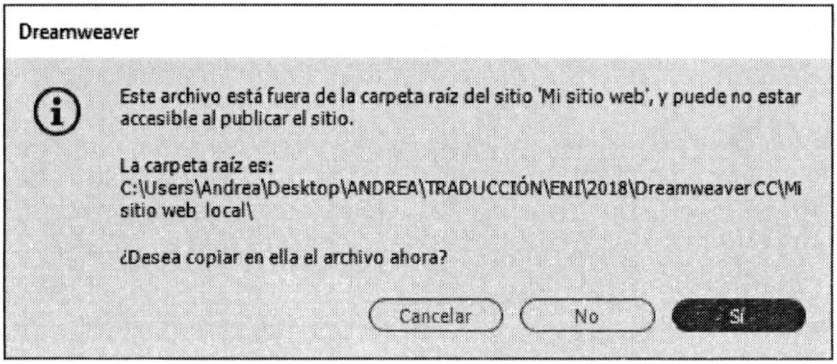

C. Insertar imágenes

1. Insertar una imagen ya optimizada

- Haga clic en el lugar de la página donde quiere insertar la imagen. Seleccione **Image** en el menú **Insertar** o, en el panel **Insertar**, categoría **HTML**, haga clic en el botón **Image**, o bien utilice el método abreviado de teclado Ctrl Alt **I** (PC) o cmd ⌘ alt **I** (Mac).

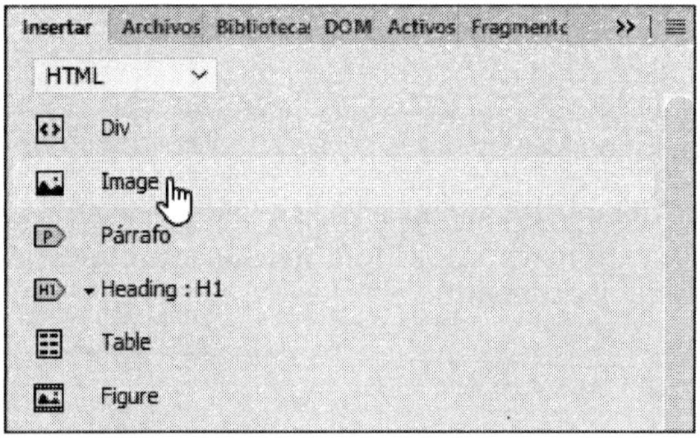

- Seleccione el archivo.

2. Las propiedades de la imagen insertada

Una vez insertada la imagen, en el panel **Propiedades**, encontrará el contenido del campo **Texto secundario** en el campo **Alt**.

Es posible asignar un **ID** a la imagen, si tuviera que intervenir en un JavaScript, por ejemplo. El campo **Src** indica la ruta de acceso a la imagen.

→ En los campos **L** y **H** podrá ver las indicaciones de ancho y alto de la imagen. Si cambia el tamaño de la imagen manualmente utilizando los indicadores o escribiendo los datos en los campos **L** y **H**, deberá validar los cambios utilizando la opción **Realizar tamaño de la imagen**.

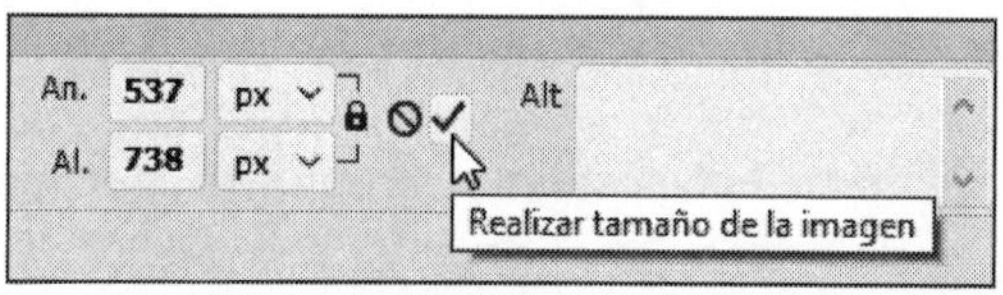

→ El botón **Alternar restricción de tamaño** permite conservar las proporciones de la imagen.

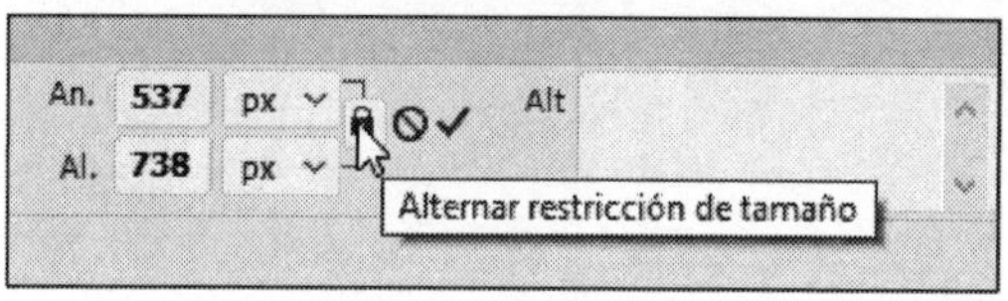

→ Para volver al tamaño original cuando ha llevado a cabo modificaciones, haga clic en el botón **Restablecer tamaño original**.

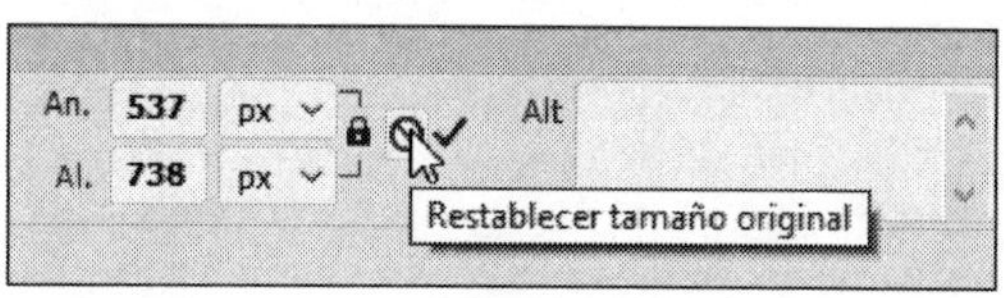

→ Por último, la lista desplegable **Class** permite atribuir un estilo CSS a la imagen.

D. Editar las imágenes insertadas

Pese a que es claramente más conveniente trabajar en la imagen original con programas especializados como Photoshop, Dreamweaver ofrece pequeñas herramientas de corrección.

➜ Con la imagen seleccionada, en el panel **Propiedades**, utilice los botones del cuadro **Editar**:

El primer botón **Editar** permite editar la imagen en un programa especializado de su ordenador. Si dispone de Adobe Photoshop, el icono será remplazado por el de Photoshop.

El segundo botón **Editar configuración de imagen** permite editar los parámetros de compresión de la imagen.

El tercer botón **Actualizar desde el original** permite actualizar la imagen cuando esta ha sido modificada desde un programa especializado externo, como Adobe Photoshop.

El cuarto botón **Recorte** permite reencuadrar la imagen de manera definitiva.

El quinto botón **Volver a muestrear** permite editar el tamaño de la imagen y mejorar su calidad.

El sexto botón **Brillo y contraste** permite editar la luminosidad y el contraste de la imagen.

El último botón **Perfilar** permite aumentar la nitidez de la imagen.

Capítulo 14: Composición CSS de las imágenes

A. Las propiedades CSS utilizadas

Para componer imágenes en CSS, principalmente trabajaremos en la flotación, el relleno, los márgenes y los bordes.

B. La flotación

Hace que una imagen flote en el texto, permite colocarla en el lado izquierdo o derecho de un párrafo y hacer que el texto se muestre en la parte contraria a la flotación.

En este ejemplo, la imagen de la flor flota a la izquierda en el párrafo, el texto se muestra entonces a la derecha.

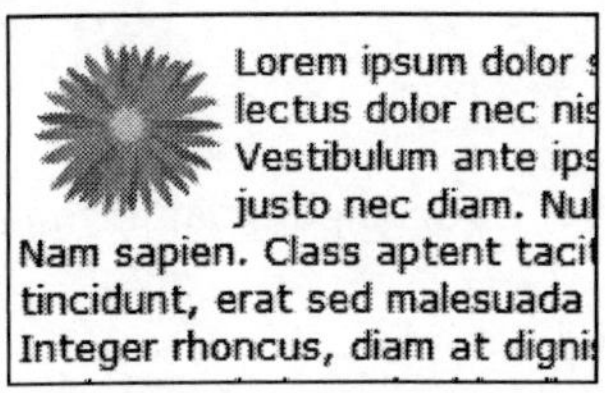

➜ En el panel **Diseñador de CSS**, pestaña **Propiedades**, categoría **Diseño** se encuentra la propiedad **float**, con dos valores posibles: **Left** (flotación a la izquierda) et **Right** (flotación a la derecha).

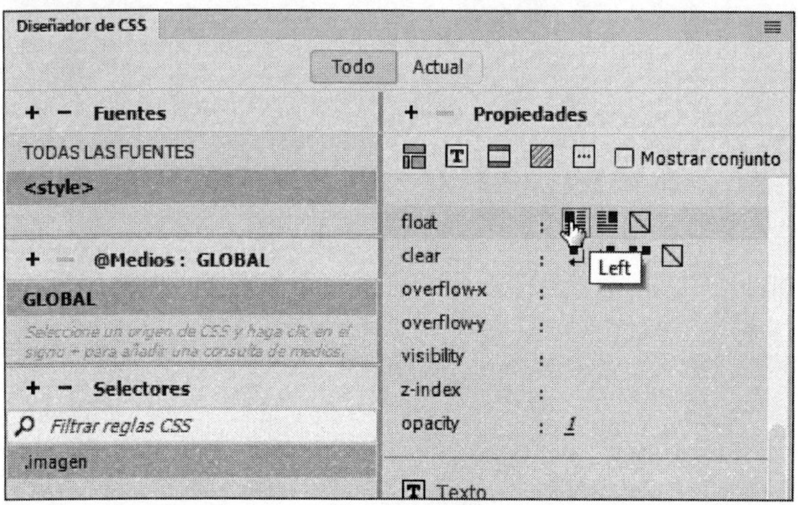

En este ejemplo, la imagen usa una flotación a la derecha:

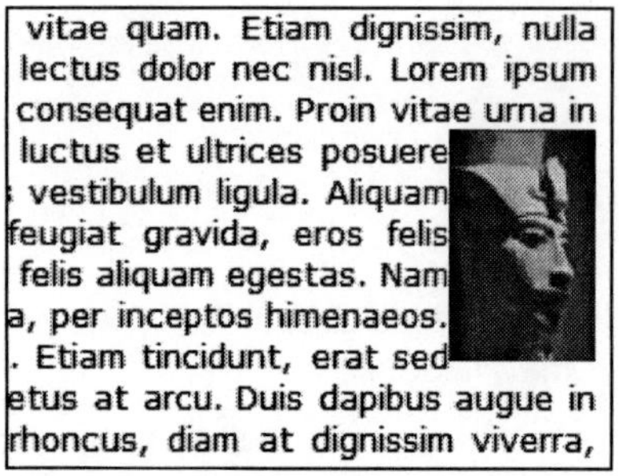

C. Las demás propiedades

Puede usar las propiedades **Padding**, **Margin** (categoría **Diseño**) y **Borde** para dar formato a las imágenes.

D. Un ejemplo más completo

Esta imagen utiliza una clase llamada **.image**. Posee una flotación izquierda (`float: left`), margen superior de 5 píxeles, derecho de 30 píxeles e inferior de 5 píxeles (`margin-top: 5px; margin-right: 30px; margin-bottom: 5px;`), un relleno a la derecha de 10 píxeles (`padding-right: 10px`) y un borde derecho, sólido, de grosor medio y gris (`border-right: medium solid #666`).

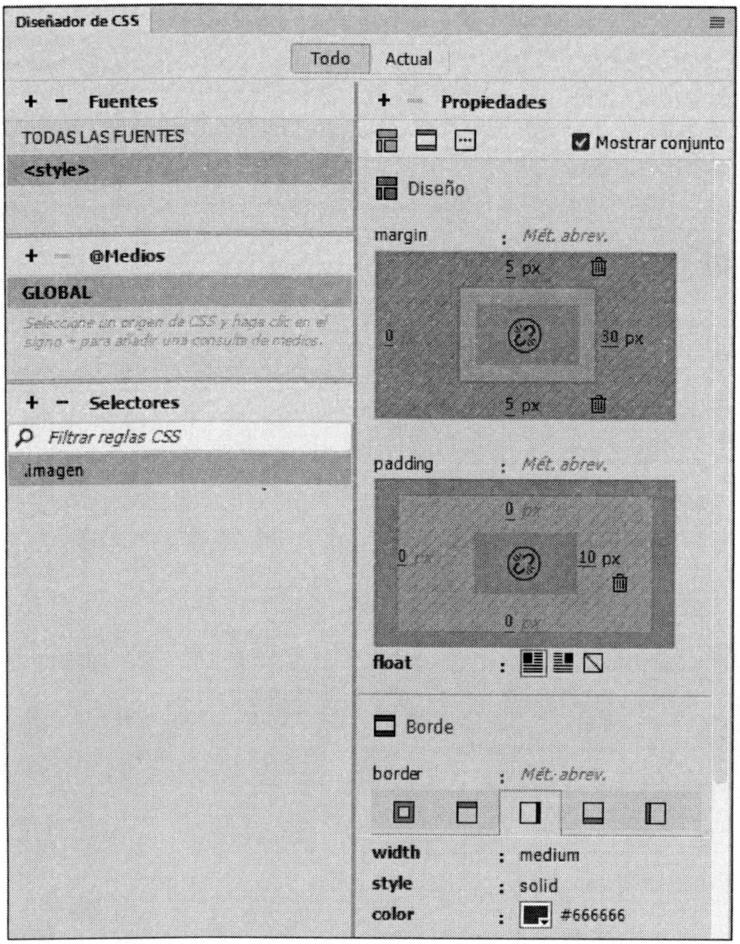

➜ Seleccione la imagen y aplíquele la clase.

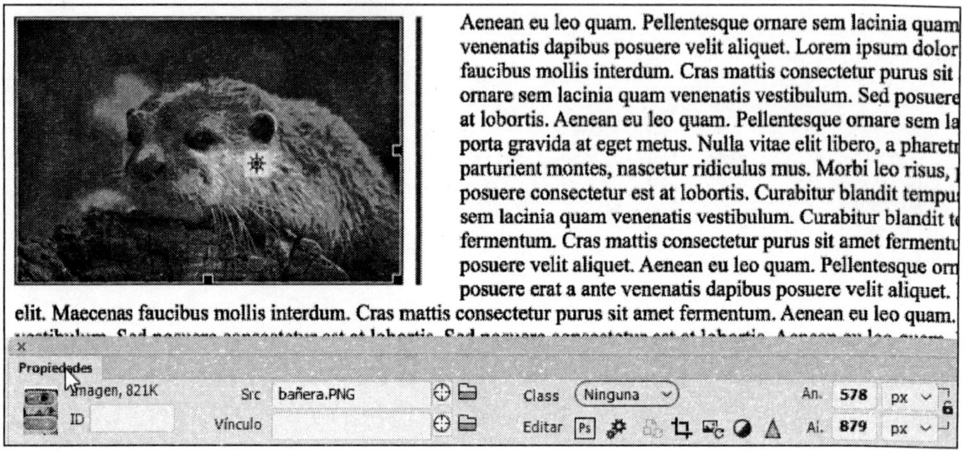
Aenean eu leo quam. Pellentesque ornare sem lacinia quam
venenatis dapibus posuere velit aliquet. Lorem ipsum dolor
faucibus mollis interdum. Cras mattis consectetur purus sit
ornare sem lacinia quam venenatis vestibulum. Sed posuere
at lobortis. Aenean eu leo quam. Pellentesque ornare sem la
porta gravida at eget metus. Nulla vitae elit libero, a pharetr
parturient montes, nascetur ridiculus mus. Morbi leo risus,
posuere consectetur est at lobortis. Curabitur blandit tempu
sem lacinia quam venenatis vestibulum. Curabitur blandit t
fermentum. Cras mattis consectetur purus sit amet fermentu
posuere velit aliquet. Aenean eu leo quam. Pellentesque orn
posuere erat a ante venenatis dapibus posuere velit aliquet.
elit. Maecenas faucibus mollis interdum. Cras mattis consectetur purus sit amet fermentum. Aenean eu leo quam.
Propiedades
Imagen, 821K
ID
Src
bañera.PNG
Vínculo
Class
Ninguna
Editar
An.
578
px
Al.
879
px

Capítulo 15: Insertar formularios

A. Utilizar formularios

Los formularios permiten una forma de diálogo con los lectores del sitio web. Mediante formularios, el lector podrá introducir información y llevar a cabo elecciones. Usted podrá recuperar toda esa información para almacenarla en una base de datos, habitualmente, pero también para enviarla a una dirección de correo electrónico.

Los objetos del formulario son de tres tipos principales:

- Los campos de texto.
- Las elecciones: botón de opción, casilla de verificación, menú y lista.
- Los botones de interacción: envío de datos del formulario y anulación de los datos que se han introducido y las elecciones efectuadas.

Para recoger esa información en una base de datos es necesario un programa que se ejecutará en un servidor: son los scripts de servidor. Esto requiere que se use un lenguaje y una base de datos. Es lo que se conoce como tecnología de servidor.

El script utilizará dos parámetros en los objetos de formulario: el nombre y el valor. Este valor puede ser lo que ha escrito el usuario o lo que ha escogido.

La composición del formulario se hará, por supuesto, en CSS, pero el formulario puede insertarse en una tabla para tener una presentación bien estructurada.

La llegada del HTML5 ha mejorado enormemente los formularios aportando un gran número de elementos nuevos. Dreamweaver CC permite incorporarlos.

B. Insertar un formulario

1. El objeto formulario

Debe empezar insertando el objeto formulario. Dentro del formulario será donde se incluyan todos los objetos.

➔ En el menú **Insertar - Formulario**, seleccione **Formulario**. O en el panel **Insertar**, categoría **Formulario**, haga clic en **Formulario**.

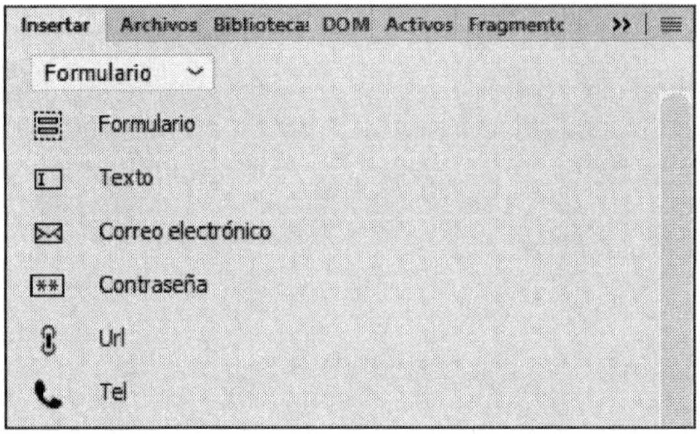

El objeto formulario se inserta y aparece rodeado de puntos rojos:

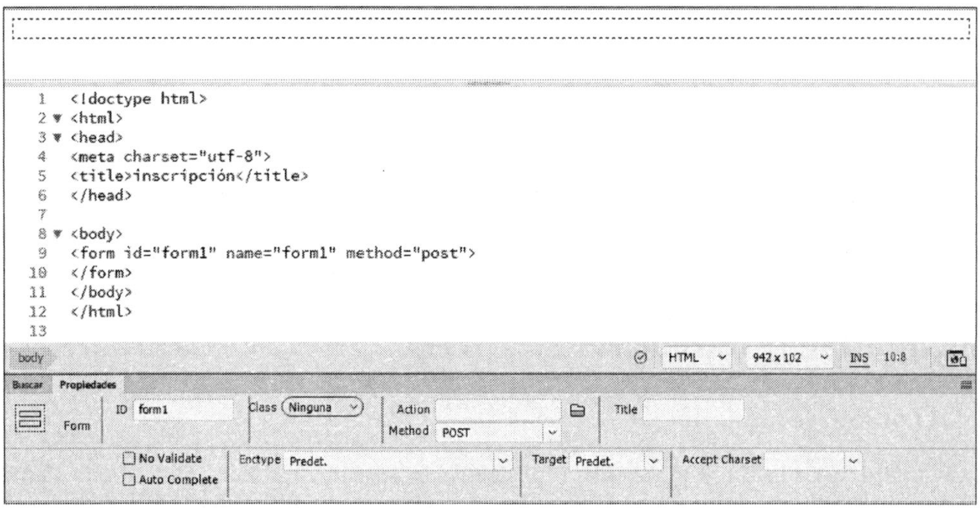

2. Configurar el formulario

- En el panel **Propiedades**, en el campo **ID**, deberá indicar el nombre único del formulario (relacionado eventualmente con el desarrollador web que ha escrito el script de servidor).
- En la lista desplegable **Class**, si es preciso, aplique una clase CSS al formulario. Veremos la cuestión de la composición en el siguiente capítulo.
- En el campo **Action**, indique la ruta de acceso al script servidor que recogerá los datos del formulario. Si los datos deben enviarse a una dirección de correo electrónico, escriba: **mailto:mimail@miempresa.org**. Atención: los datos se enviarán sin formato a la dirección e-mail.

- En el campo **Method**, seleccione el tipo de envío de datos al script servidor (deberá solicitarlo al desarrollador web que ha creado el script servidor).
- La opción **No Validate** permite especificar que los campos de texto del formulario no se validarán al enviar el formulario, incluso aunque tengan el atributo **Required**.
- La opción **Auto Complete** permite activar el auto completar en los campos del formulario. La función de auto completar se basará en aquello que ya se haya escrito en el navegador.
- En la lista desplegable **Target**, podrá especificar el destino para el envío del formulario (nueva pestaña, misma pestaña, etc.).
- En la lista desplegable **Accept Charset**, puede especificar una codificación específica.

C. Los objetos de texto

1. El campo de texto

El primer objeto de formulario que permite introducir texto, el campo de texto está hecho para introducir informaciones cortas, de una sola línea.

- Para insertar un campo de texto, en el menú **Insertar - Formulario**, seleccione **Texto**. O en el panel **Insertar**, categoría **Formulario**, haga clic en **Texto**.

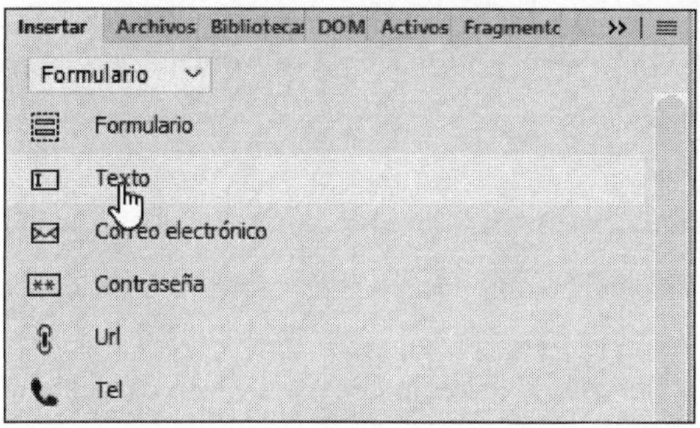

El campo **Texto** se inserta en el formulario.

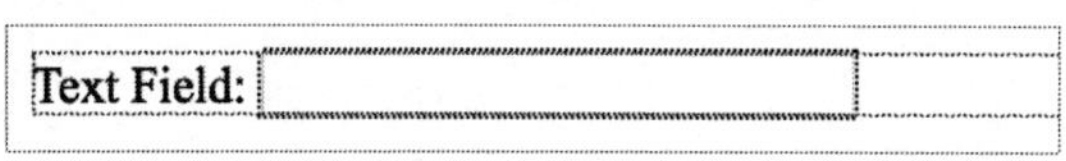

- Seleccione la etiqueta llamada por defecto **Text Field** e introduzca el texto deseado. **Nombre** en este ejemplo.

- Seleccione el objeto campo de texto para configurarlo en el panel **Propiedades**.

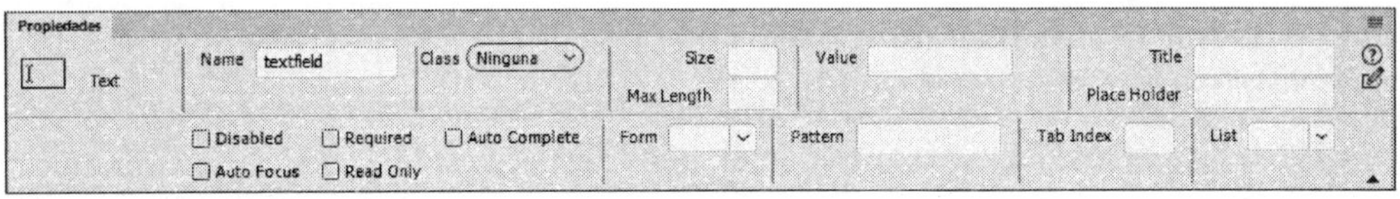

- En el campo **Name**, introduzca el nombre del campo.
- En la lista desplegable **Class**, seleccione la clase CSS para componer ese campo. En el próximo capítulo veremos la composición CSS de formularios.
- En el campo **Size**, puede indicar el ancho del campo en caracteres. Pero se trata de una composición HTML; daremos prioridad a las CSS y por tanto no usamos ese campo.
- En el campo **Max Length**, indique el número máximo de caracteres que podrá introducir el usuario. Pero existen otras soluciones HTML5 con el campo **Pattern**.
- En el campo **Value**, se puede introducir un texto que aparecerá en el campo, para indicar una consigna, por ejemplo. Pero es preferible la solución del **Place Holder** de HTML5.
- En el campo **Title** introduzca el título del campo que aparecerá al pasar el ratón por encima.
- En el campo **Place Holder**, introduzca el texto que aparecerá inicialmente en el campo y que desaparecerá automáticamente cuando el usuario introduzca los datos.
- La opción **Disabled** permite deshabilitar el campo. El usuario no podrá hacer clic en el campo ni introducir texto.
- La opción **Required** permite hacer obligatorio un campo. Si el usuario no introduce nada, el navegador mostrará un mensaje de alerta.
  Este es el mensaje de alerta de **Google Chrome**:

- La opción **Auto Complete** permite activar el autocompletado del campo. Esta opción se basará en la información anteriormente introducida en el navegador.
- La opción **Auto Focus** permite situar el punto de inserción en el campo.
- La opción **Read Only** permite indicar que el campo no puede modificarse, que se encuentra en modo solo lectura. El usuario no podrá introducir datos.
- El campo **Pattern** permite indicar el modelo de contenido que se espera. Si el usuario no introduce contenido conforme a lo esperado y definido en el modelo, el pattern, aparecerá un mensaje de alerta. Introduzca el modelo a introducir: **[A-F][0-9]{5}**. Lo que se escriba debe empezar por una letra comprendida entre la A y la F, seguida de al menos cinco cifras. Si además se trata de un campo obligatorio, el navegador mostrará un mensaje de alerta si no se respeta el modelo.

  Este es el ejemplo con Google Chrome:

- En el campo **Tab Index**, puede indicar el número de orden de acceso al campo con la tabulación.

2. El campo de contraseña

Es posible insertar un campo de texto de tipo contraseña. Cuando el usuario introduce una información, esta aparecerá en forma de viñetas (puntos).

- En el panel **Insertar** o en el menú **Insertar**, seleccione **Formulario** y después **Contraseña**.

  El campo se inserta.

- Seleccione la etiqueta, llamada **Password** por defecto, e introduzca su etiqueta.
- En el panel **Propiedades**, verá que el campo es de tipo **Password**.

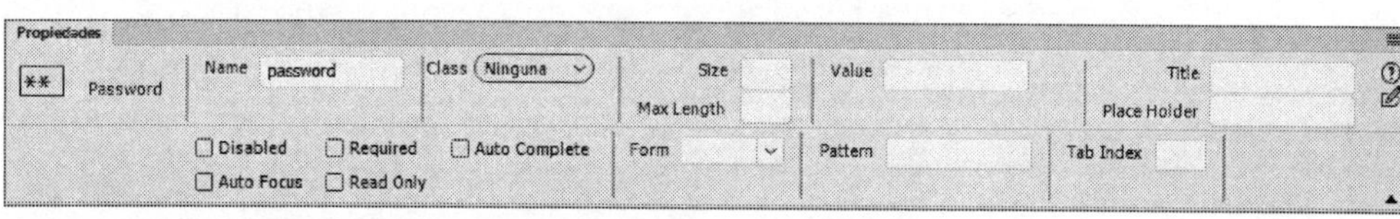

- Encontrará los mismos parámetros que en el campo **Texto**.

3. El campo de texto multilínea

Este último campo de texto permite al usuario escribir varias líneas de texto. Es ideal para los comentarios largos.

- Para insertar un campo de texto, en el menú **Insertar - Formulario**, seleccione **Área de Texto**. O en el panel **Insertar**, categoría **Formulario**, haga clic en **Área de Texto**.
  El área de texto se inserta.

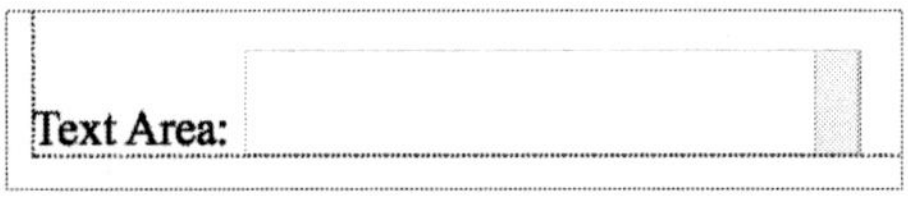

- Seleccione la etiqueta llamada **Text Area** e introduzca su propia etiqueta.
- En el panel **Propiedades**, verá que el campo es de tipo **Text Area**.

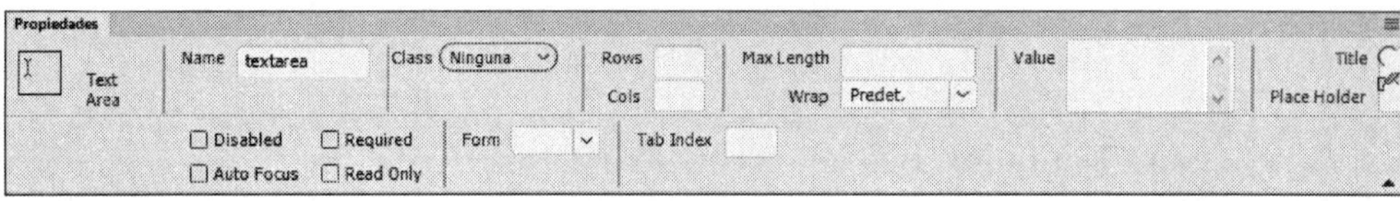

Encontrará muchos parámetros ya tratados.

- En los campos **Rows** y **Cols**, puede indicar el alto en número de líneas y el ancho en número de caracteres. Pero es conveniente usar una composición CSS.
- En la lista desplegable **Wrap** puede seleccionar cómo el texto actuará en los saltos de línea. La opción **Soft** (valor predeterminado) indica que el texto no incluirá saltos de línea al enviar el formulario. La opción **Hard** indica que los saltos de línea se tendrán en cuenta al enviar el formulario de acuerdo con el valor del atributo **Cols**.

4. El campo para las direcciones de correo electrónico

El campo **E-mail** permite que el usuario introduzca su dirección e-mail. El navegador comprobará la presencia de la arroba y mostrará un mensaje de alerta en caso de error.

- Inserte el campo de tipo **E-mail**.

En el panel **Propiedades**, la configuración es similar a la que hemos visto en los campos anteriores.

5. El campo para los números de teléfono

El campo **Tel** permite indicar que lo que se espera en el campo es un número de teléfono.

- Inserte el campo de tipo **Tel**.

En el panel **Propiedades**, los parámetros son similares a los vistos anteriormente.

Este tipo de campo permitirá que los smartphones adapten automáticamente el teclado a la introducción de números de teléfono.

6. El campo para las direcciones web

El campo **Url** permite especificar que lo que se espera en el campo es una dirección web. El navegador comprobará la validez de la URL y mostrará un mensaje de alerta en caso de error.

- Inserte el campo de tipo **Url**.

En el panel **Propiedades**, los parámetros son similares a los de los campos vistos anteriormente.

7. El campo de búsqueda

El campo **Buscar** permite insertar un campo de búsqueda y retoma automáticamente el formato de cada navegador.

- Inserte el campo de tipo **Buscar**.

En el panel **Propiedades**, los parámetros son similares a los de los campos vistos anteriormente.

8. El campo de texto para los números

El campo **Número** permite introducir nombres fácilmente.

- Inserte el campo de tipo **Número**.
- Seleccione el campo insertado.
- En el panel **Propiedades**, utilice los campos **Min** y **Max** para indicar los valores mínimo y máximo autorizados. En el campo **Step**, indique el valor de incremento usando los botones que mostrará el navegador.

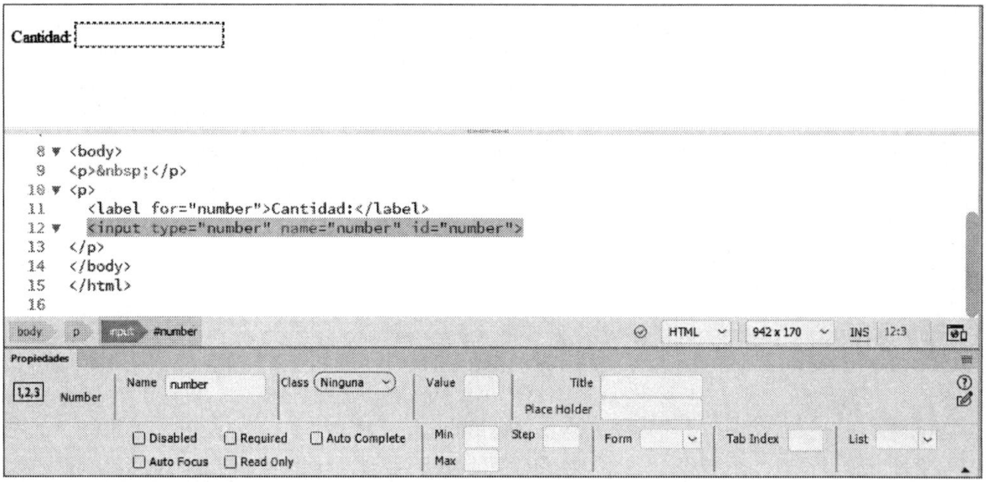

Esta es la vista en Google Chrome:

9. Las regletas con cursor

El objeto de formulario **Rango** permite introducir un valor numérico en una regleta con ayuda de un cursor.

- Inserte el campo de tipo **Rango**.
- En el panel **Propiedades**, utilice los campos **Min** y **Max** para indicar los valores mínimo y máximo autorizados. En el campo **Step**, indique el valor de incremento con el cursor de la regleta.

La vista dependerá del navegador.

Esta es la vista con Google Chrome:

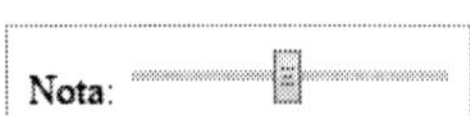

10. Seleccionar un color

El objeto de formulario **Color** permite seleccionar un color en un selector cuya vista dependerá totalmente del navegador utilizado por el visitante.

- Inserte el campo de tipo **Color**.

En el panel **Propiedades**, los parámetros son similares a los de los campos vistos anteriormente.

D. Los objetos de tiempo

1. Seleccionar un mes

El objeto de formulario **Mes** permitirá que los visitantes seleccionen un mes del año en una interfaz que dependerá por completo del navegador.

➙ Inserte el campo de tipo **Mes**.

En el panel **Propiedades**, los parámetros son similares a los vistos anteriormente.

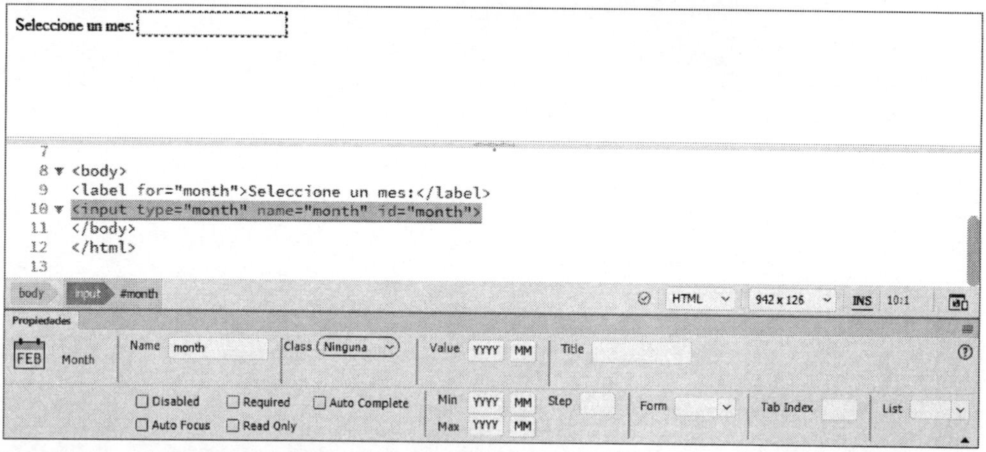

Esta es la vista en Google Chrome:

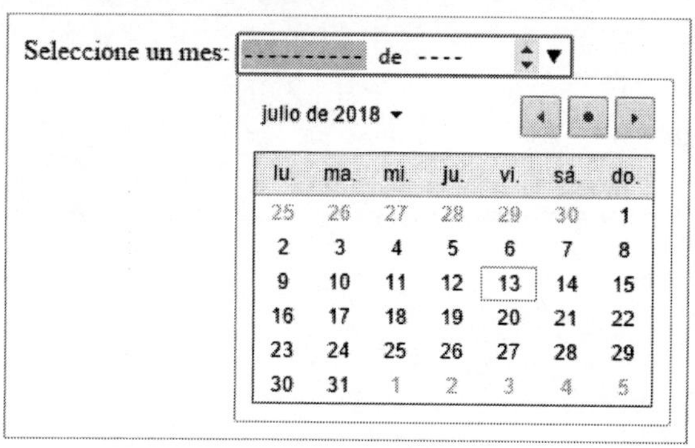

Esta es la vista cuando el visitante hace clic en el triángulo para ver los meses y hace clic en una fecha del mes de julio:

2. Seleccionar una semana

Mismo principio, esta vez con el objeto **Semana**, siempre con el navegador Google Chrome.

3. Seleccionar una fecha

Mismo principio, esta vez con el objeto **Fecha**, siempre con el navegador Google Chrome.

4. Seleccionar una hora

El objeto **Hora** utiliza los mismos parámetros vistos hasta ahora para gestionar el uso del objeto.

5. Seleccionar una fecha y una hora

El objeto **Fecha y hora** permite que los visitantes introduzcan una fecha y una hora.

- Inserte el objeto **Fecha y hora.**
- En el panel **Propiedades**, puede determinar los formatos que quiere usar con los atributos **Value**, **Min** y **Max**.

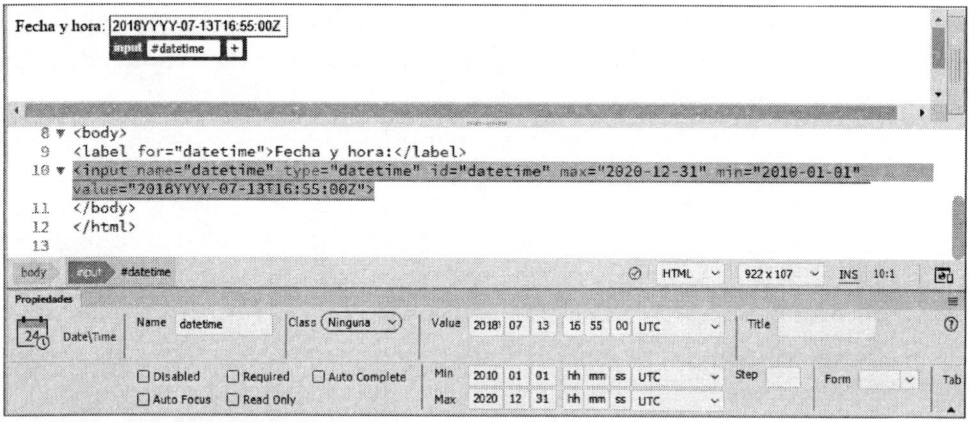

Esta es la vista antes de introducir los datos:

6. Seleccionar una fecha y hora locales

El objeto **Fecha y hora locales** funciona con el mismo principio, pero no ofrece el atributo de huso horario.

E. El campo oculto

Este tipo de objeto permite insertar el resultado de una programación en un campo que no se mostrará en la página web. Es útil para los desarrolladores web, consulte con él si necesita ese tipo de campo.

- Para insertar un campo oculto, en el menú **Insertar - Formulario**, seleccione **Oculto**. O en el panel **Insertar**, categoría **Formulario**, haga clic en **Oculto**.

En la página web, el campo se señala mediante su símbolo invisible H.

F. Los objetos botones de opción y casillas de verificación

1. Los botones de opción

Los botones de opción permiten efectuar una elección entre varias posibles. Para que los botones de opción de un mismo grupo funcionen bien en selección única, es obligatorio que tengan el mismo nombre (campo **Name**) en el panel **Propiedades**.

- Para insertar un único botón de opción, en el menú **Insertar - Formulario**, seleccione **Botón de opción**. O en el panel **Insertar**, categoría **Formulario**, haga clic en **Botón de opción**.

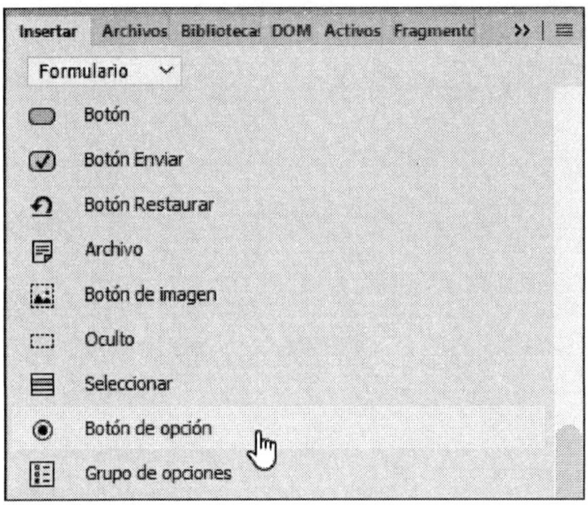

El objeto se inserta.

- En la página, seleccione la etiqueta **Botón de opción** e introduzca su propia etiqueta. **Estado civil**, en este ejemplo.

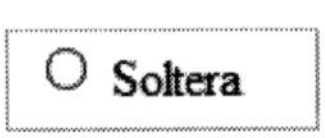

- Seleccione el botón de opción en la página para configurarlo en el panel **Propiedades**.
- En el campo **Name**, introduzca el nombre exacto de los botones de opción respetando las reglas de nomenclatura de la Web, **estado civil** en este ejemplo.

→ En el campo **Value**, escriba el valor que se usará al enviar al formulario, **Soltera** en este caso.

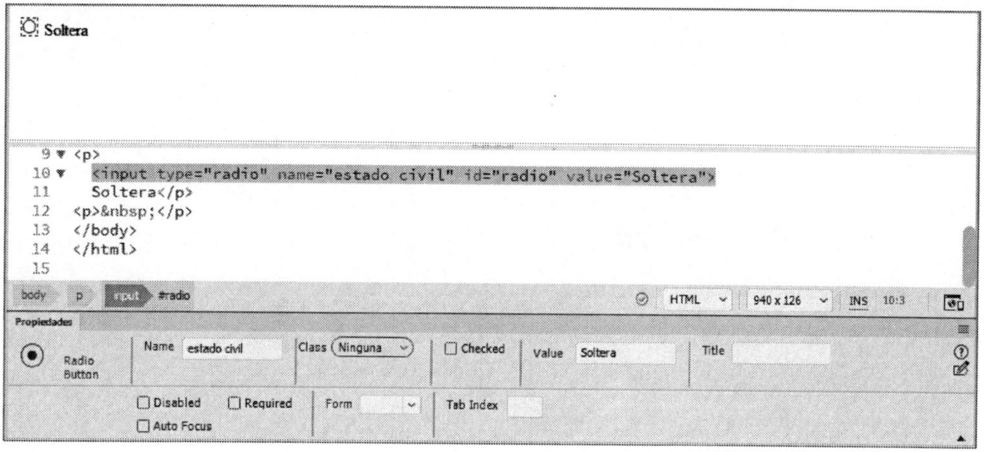

→ Haga lo mismo con los demás botones de opción.

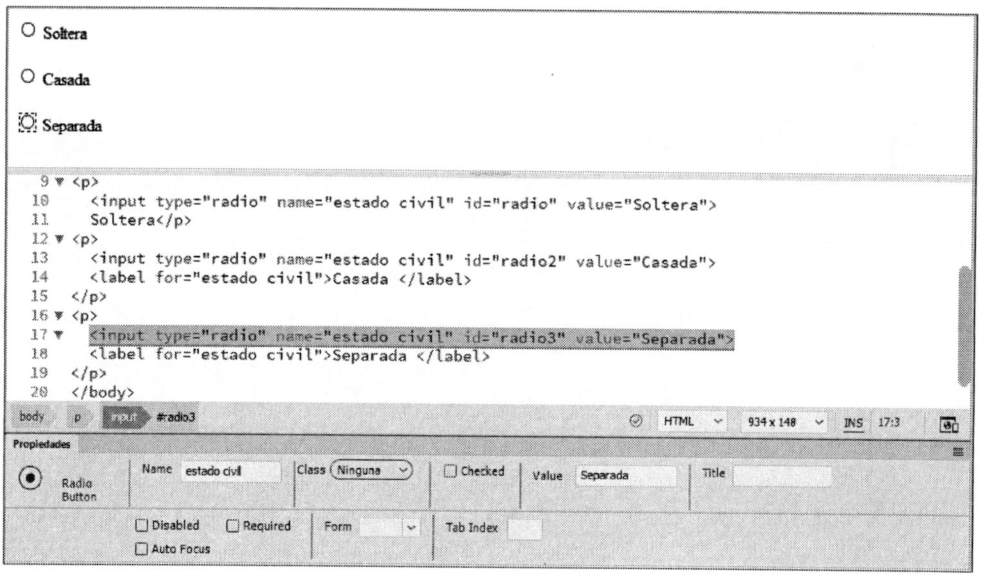

Esta es la vista en el navegador:

2. Los grupos de botones de opción

Es posible insertar todo un grupo de botones de opción con un solo cuadro de diálogo.

- En el menú **Insertar - Formulario**, seleccione **Grupo de opciones**. O en el panel **Insertar**, categoría **Formulario**, haga clic en **Grupo de opciones**.

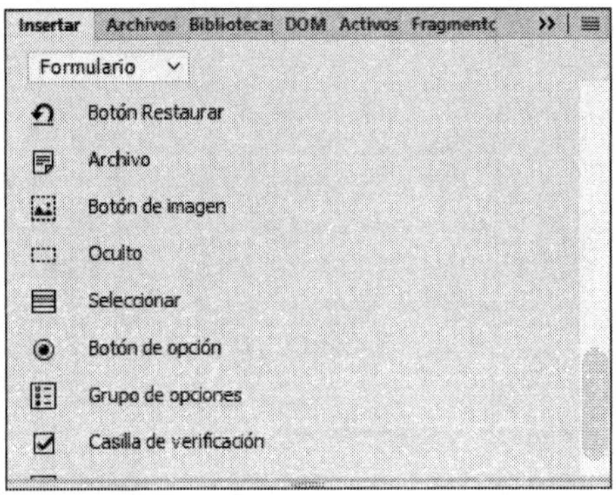

En el cuadro de diálogo que aparece, deberá introducir la información del grupo de botones de opción.

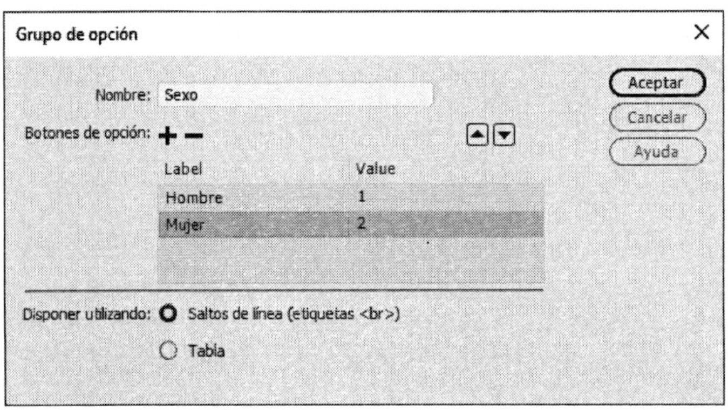

- En el campo **Nombre**, escriba el nombre único del grupo de botones.

- En la zona **Botones de opción**, en el campo **Label**, escriba la etiqueta del botón de opción. En el campo **Value**, escriba el valor que se enviará al servidor.
- Para añadir o eliminar botones de opción, utilice los botones.
- Para cambiar el orden de un botón de opción, haga clic en su etiqueta o valor y utilice los botones.
- En el cuadro **Disponer utilizando**, seleccione **Saltos de línea** (elemento HTML `<br/>`) o **Tabla**.

3. Las casillas de verificación

En los formularios, las casillas de verificación permiten realizar elecciones múltiples dentro de una serie de opciones.

- Para insertar una sola casilla de verificación, en el menú **Insertar - Formulario**, seleccione **Casilla de verificación**. O en el panel **Insertar**, categoría **Formulario**, haga clic en **Casilla de verificación**.

  La casilla de verificación se inserta.

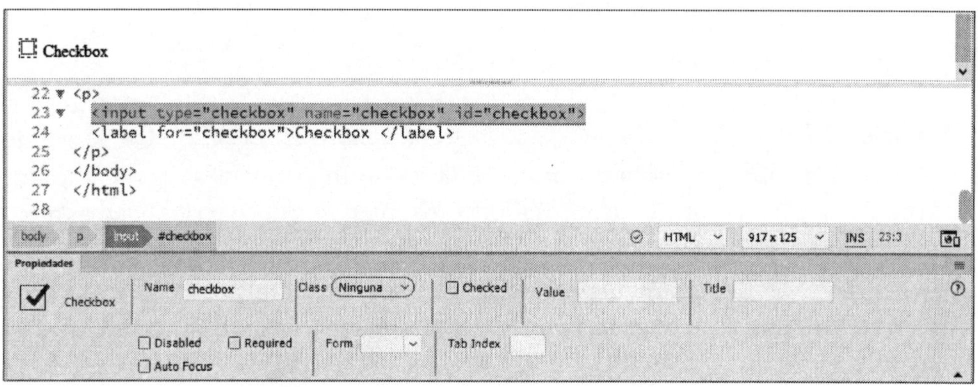

- Seleccione la etiqueta **Checkbox** e introduzca su propia etiqueta.
- Seleccione la casilla de verificación y en el panel **Propiedades**, verá de nuevo los atributos **Name** y **Value** que habíamos visto para los botones de opción.

  En las casillas de verificación, cada casilla debe tener su propio nombre (campo **Name**), ya que se trata de una selección múltiple.
- El atributo **Checked** permite tener una casilla de verificación marcada por defecto en la vista de la página.

- Proceda de la misma manera con las demás casillas de verificación que desee insertar.

4. Los grupos de casillas de verificación

Al igual que con los botones de opción, es posible insertar todo un grupo de casillas de verificación.

- En el menú **Insertar - Formulario**, seleccione **Grupo de casillas de verificación**. O en el panel **Insertar**, categoría **Formulario**, haga clic en **Grupo de casillas de verificación**.

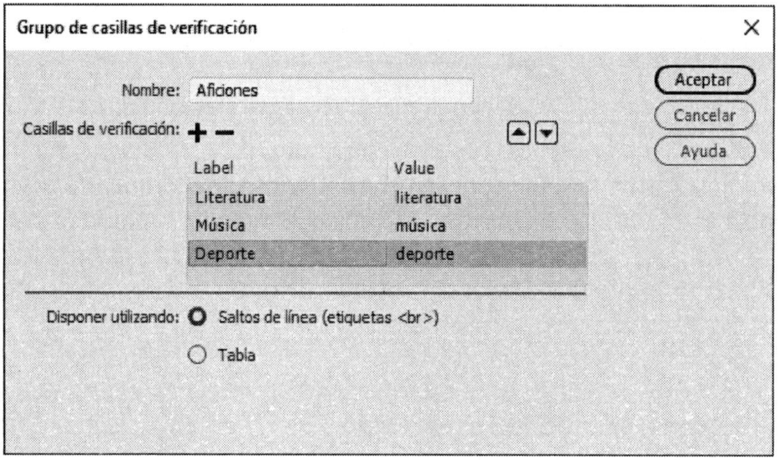

El campo **Nombre** permite introducir el nombre del grupo de casillas de verificación.

Los demás parámetros son idénticos a los vistos anteriormente para los botones de opción.

5. Los grupos de campos

Los objetos del formulario pueden agruparse gráficamente mediante un cuadro. En el ejemplo precedente hemos añadido casillas de verificación, ahora las rodearemos de un marco con título.

- Seleccione en la página las filas de las casillas de verificación.

- En el menú **Insertar - Formulario**, seleccione **Juego de campos**. O en el panel **Insertar**, categoría **Formulario**, haga clic en **Juego de campos**.

→ Dé un nombre al grupo de campos en la ventana que aparece.

→ Haga clic en **Aceptar**.

Las casillas de verificación aparecen enmarcadas con un título.

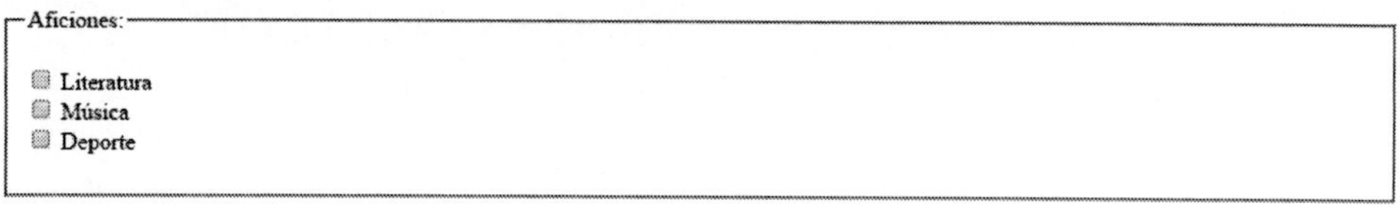

G. El menú y la lista

En los formularios es posible proponer a los visitantes que seleccionen uno o varios valores dentro de una lista predefinida.

→ En el panel o en el menú **Insertar**, seleccione **Formulario** y después **Seleccionar**.

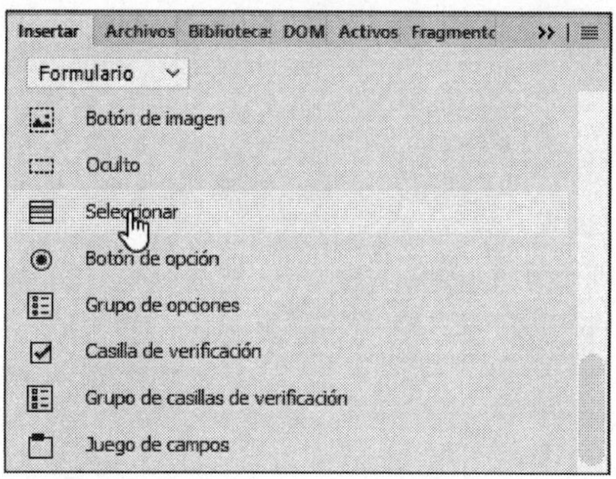

El objeto se inserta en el formulario.

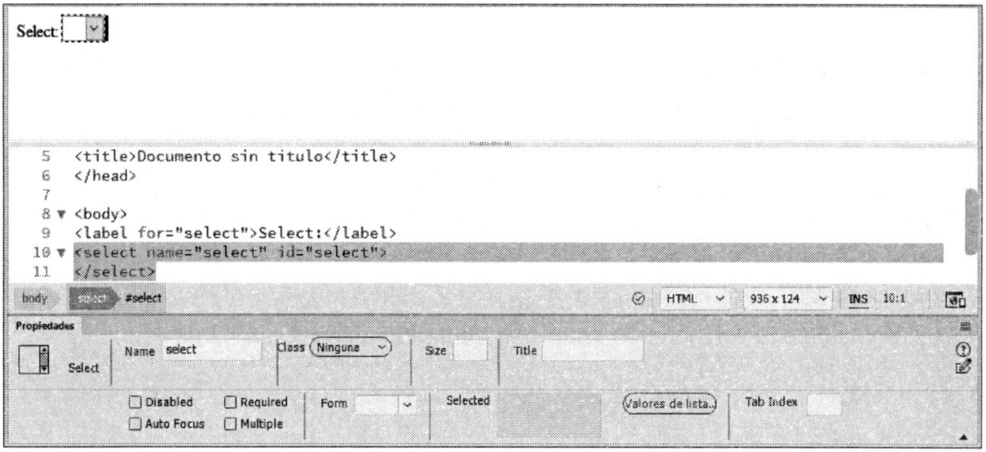

- Seleccione la etiqueta **Select** e introduzca su propia etiqueta.
- Seleccione la lista y en el panel **Propiedades**, atribúyale un nombre en el campo **Name**.
- El campo **Size** permite mostrar no una lista desplegable, sino una lista ya desplegada. El valor del campo **Size** especifica el número de ítems visible.
- Si desea que los usuarios puedan seleccionar varios valores, marque el atributo **Multiple**.
- Para introducir los valores de la lista, haga clic en **Valores de lista**.
- Introduzca los valores deseados.

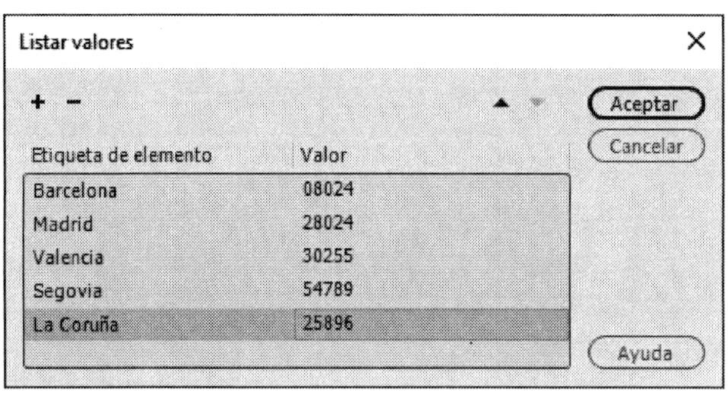

- El campo **Etiqueta de elemento** permite introducir la etiqueta del ítem de menú que verá el usuario.
- El campo **Valor** permite indicar los valores que se enviarán al script.

- Los botones  y  permiten añadir o eliminar ítems.
- Los botones  permiten modificar el orden de aparición de los ítems.

  Esta es la vista en un navegador:

H. El campo de selección de archivo

En ocasiones se pide a los usuarios de los formularios que carguen un archivo: una foto, un pictograma, un avatar, etc. El objeto de formulario **Campo de archivo** ofrece la posibilidad al usuario de examinar su ordenador para seleccionar un archivo.

- En el menú **Insertar - Formulario**, seleccione **Archivo**. O en el panel **Insertar**, categoría **Formulario**, haga clic en **Archivo**.

  Las propiedades son similares a las de los campos de texto.

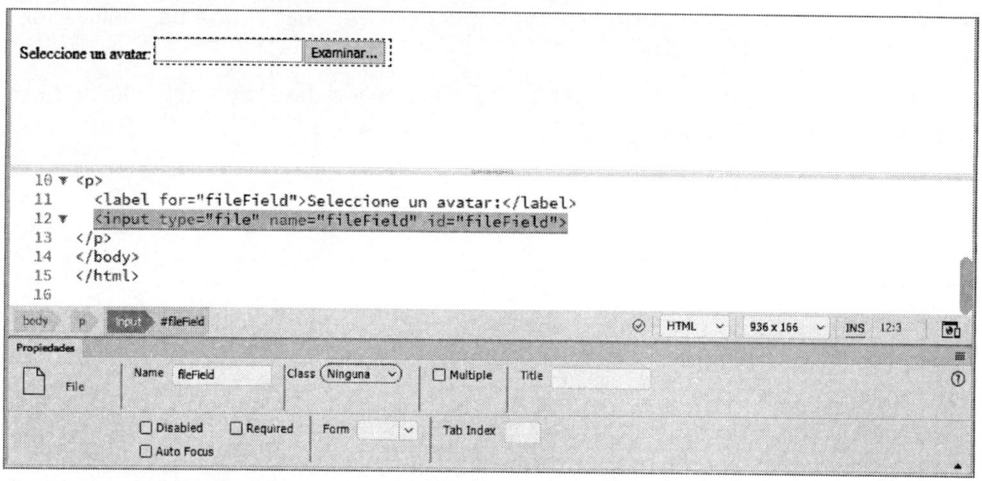

I. Los botones de gestión del formulario

1. El botón de envío

Una vez que el usuario ha introducido la información y realizado las selecciones, es preciso enviar los datos al script servidos o a la dirección de correo electrónico.

- Para insertar un botón de envío, en el menú **Insertar - Formulario**, seleccione **Botón Enviar** o, en el panel **Insertar**, categoría **Formulario**, haga clic en **Botón Enviar**.
- Seleccione el botón de envío.
- Si lo desea, puede modificar el nombre en el campo **Name**.
- En el panel **Propiedades**, introduzca el título del botón en el campo **Value**.
- En el campo **Form Action**, seleccione el script que se ocupará de la acción de envío del formulario cuando el usuario haga clic sobre el botón.
- En la lista desplegable **Form Method**, seleccione el método de envío del formulario con el desarrollador del script.
- Si marca la opción **Form No Validate**, el elemento no se confirmará al enviar el formulario.
- En la lista desplegable **Form**, encontrará el nombre del formulario en el que se sitúa el botón.
- En la lista desplegable **Form Enc Type**, puede seleccionar el tipo de codificación de los caracteres para el formulario.
- En la lista desplegable **Form Target**, podrá seleccionar el destino para el envío del formulario.

2. El botón de restablecer

Deberá también insertar un botón que permita anular los elementos introducidos y selecciones efectuadas cuando el usuario comete un error.

- En el panel o en el menú **Insertar**, seleccione **Formulario** y **Botón Restaurar**.

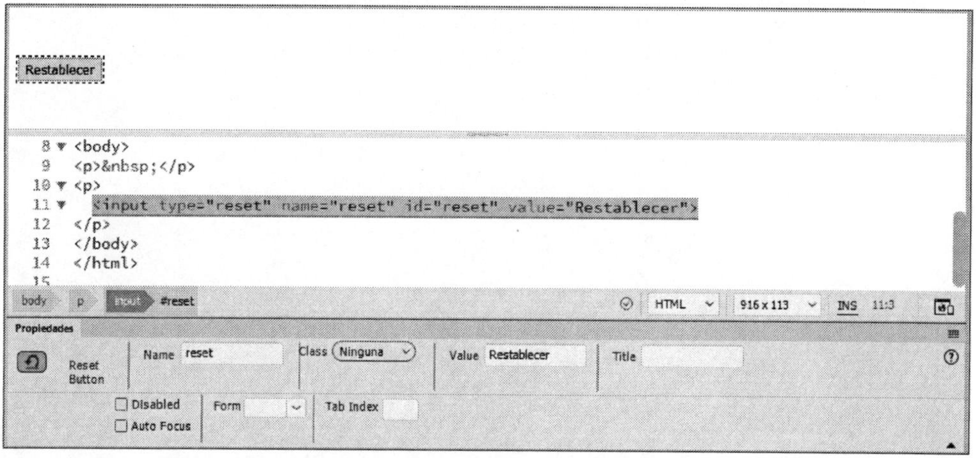

- Seleccione el botón de restablecer.
- Si lo desea, en el panel **Propiedades**, es posible cambiar el nombre al botón en el campo **Name**.
- Escriba el título del botón en el campo **Value**.

Capítulo 16: Composición CSS de los formularios

A. Las hojas de estilo

1. Los selectores utilizables

Como recordatorio diremos que es posible utilizar **selectores de clase** para crear, definir y aplicar un estilo CSS a los elementos HTML que desee.

También puede redefinir el formato de un elemento HTML existente con un **selector de elemento**.

2. Los elementos HTML utilizados

Esta es la lista de los elementos HTML utilizados en los formularios.

- El objeto de formulario es el elemento HTML `<form>`.
- Las etiquetas de los objetos son el elemento `<label>`.
- Los objetos campo de texto (texto, contraseña, teléfono, nombre, e-mail, color, etc.), y los botones (envío y suprimir) se insertan con el elemento `<input>`.
- Los menús y listas usan el elemento `<select>`. Todos los ítems de los menús y de las listas son elementos `<option>`.
- El elemento `<fieldset>` permite enmarcar los objetos de formulario y el título se inserta con el elemento `<legend>`.

3. Uso de una tabla para alinear los objetos del formulario

➚ Nada le impide utilizar tablas para alinear correctamente los elementos.

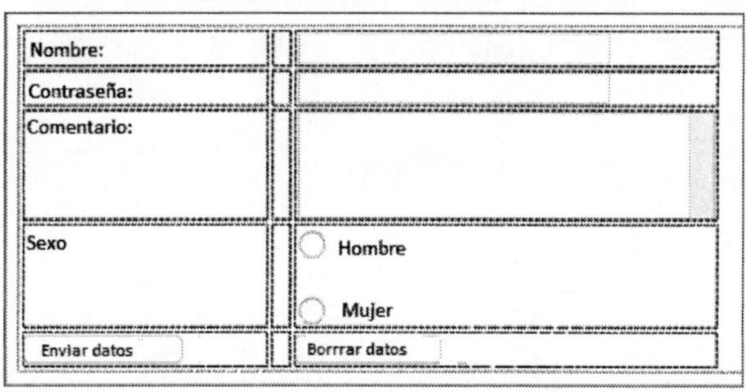

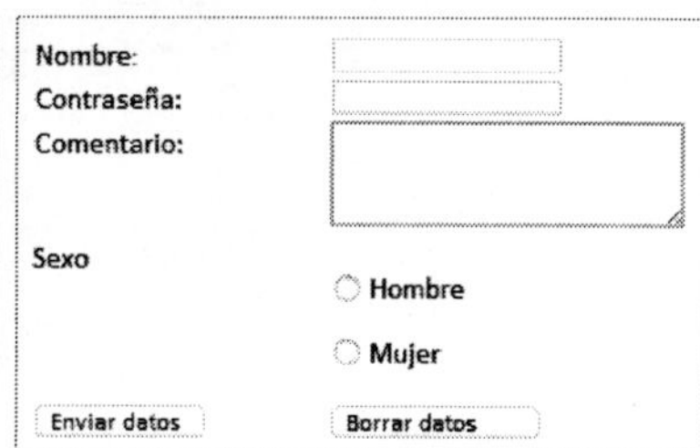

B. La composición de los campos de texto

Puede usar todas las propiedades CSS vistas para la composición de los caracteres, los textos y los contenedores.

1. La composición de las etiquetas

En este ejemplo hemos utilizado el selector de etiqueta `<label>` para que todas las etiquetas tengan la misma composición: negrita con espacio complementario de 1 píxel entre las letras.

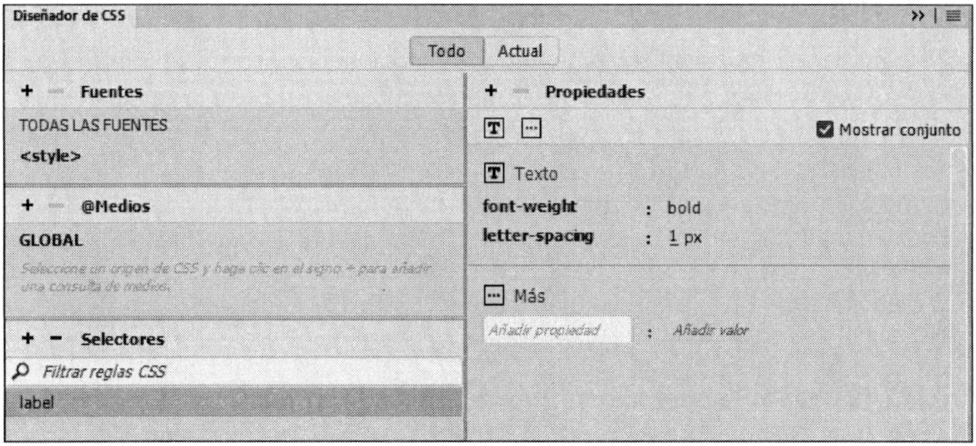

El selector de etiqueta **<body>** tiene un tamaño de **0.8em** y la fuente **Verdana**.

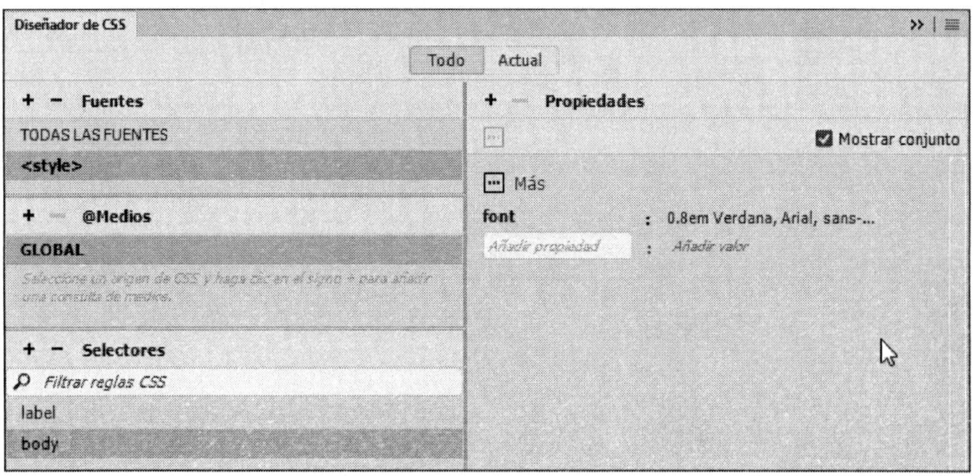

Esos estilos se utilizarán en los ejemplos que siguen.

2. La composición de los campos de texto Línea simple

Algunos campos de texto tienen un fondo de color, un borde y una fuente de color y un ancho fijo de 150 píxeles. La clase utilizada se llama **.campoSimple**.

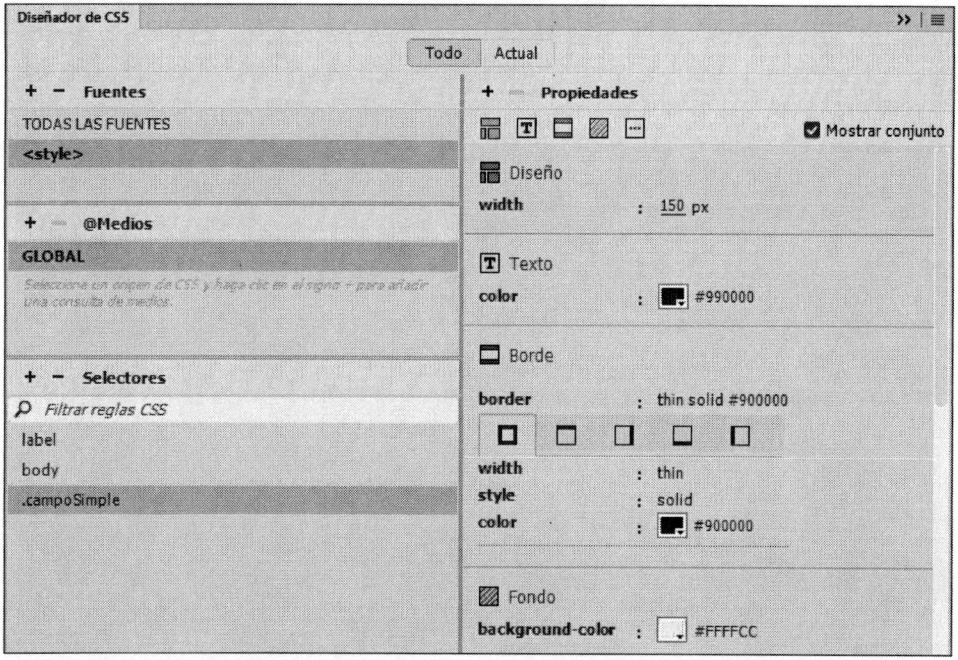

En el siguiente ejemplo puede ver la composición de las etiquetas vistas anteriormente.

3. La composición del campo de texto multilínea

Para los campos de texto multilínea, usamos una imagen de fondo, repetida verticalmente y fija para que la imagen no se desplace al usar la barra de desplazamiento. El campo posee un ancho y un alto fijos y un borde.

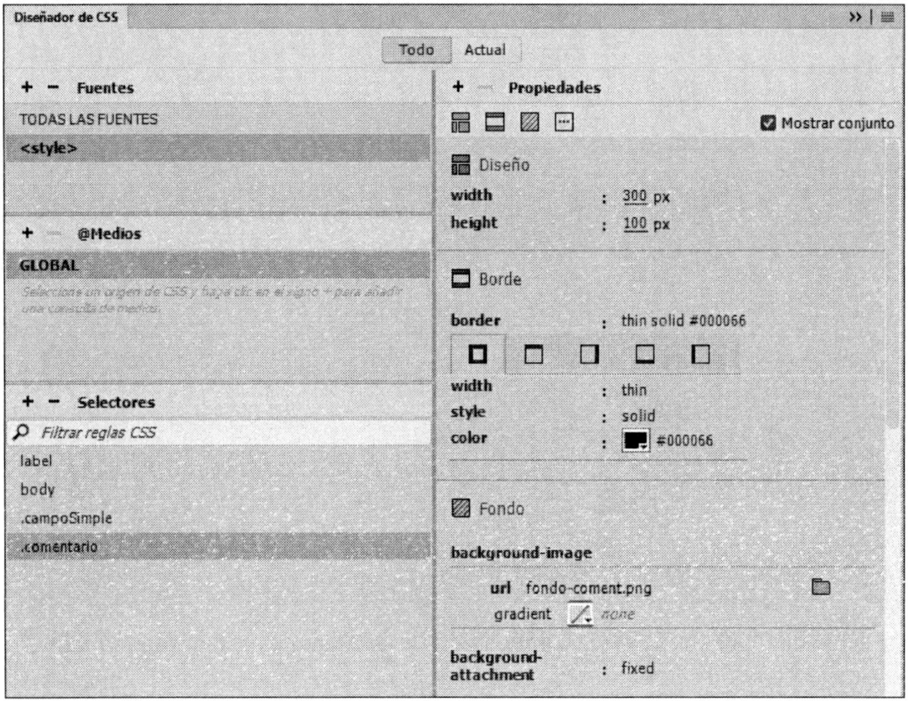

4. La composición de los grupos de campos

Para los grupos de botones de opción y casillas de verificación, hemos usado los selectores de etiqueta `<fieldset>` (el recuadro) y `<legend>` (título del recuadro).

Las propiedades CSS utilizadas para `<fieldset>`:

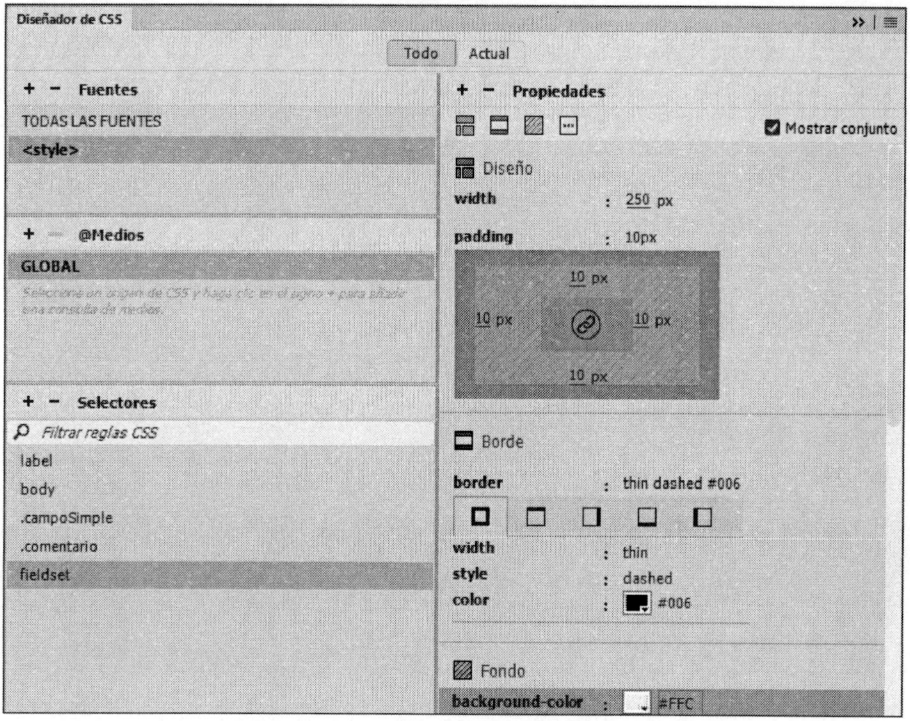

Las propiedades CSS usadas para <legend>:

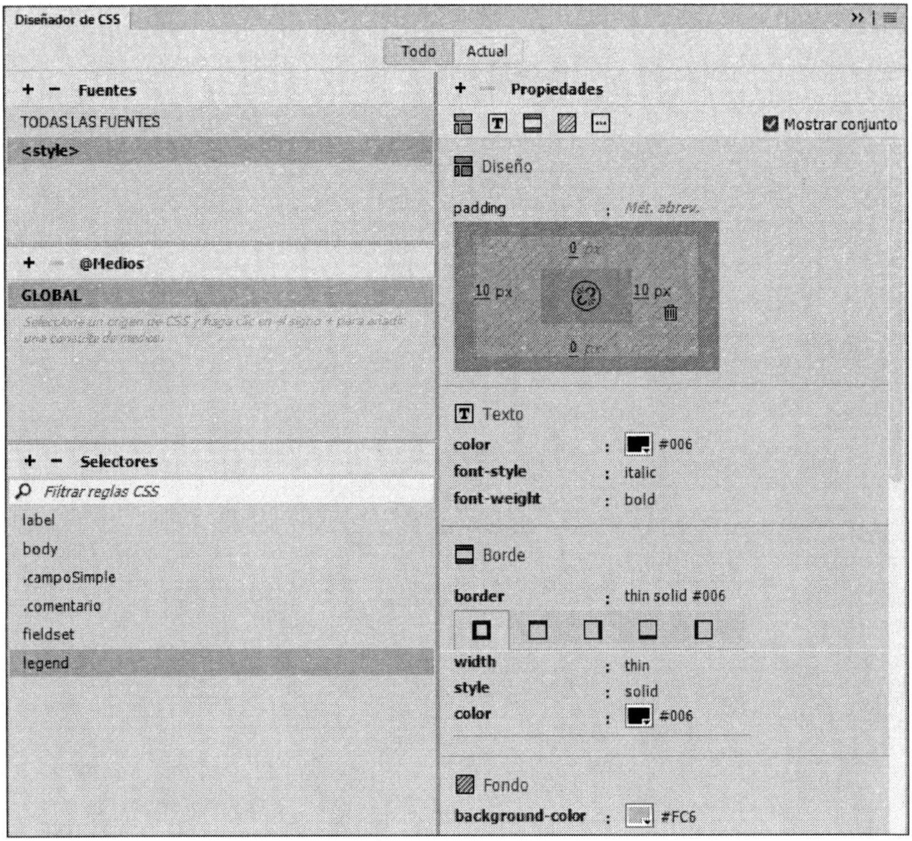

Esta es una vista previa en el navegador:

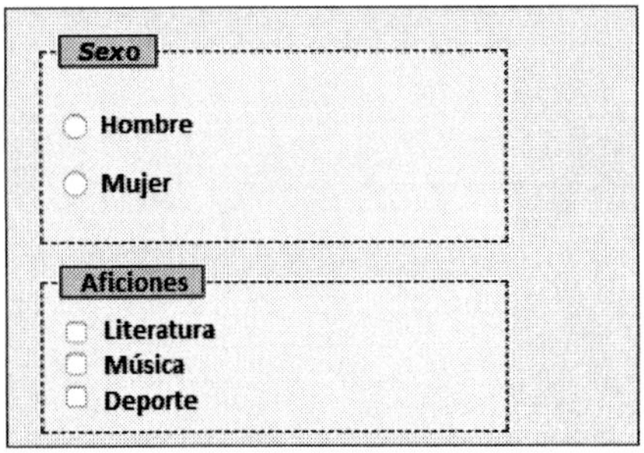

C. La composición del menú

1. El objeto menú

Para el menú de selección de ciudad hemos creado una simple clase `.menuCiudad`: un fondo de color y un borde.

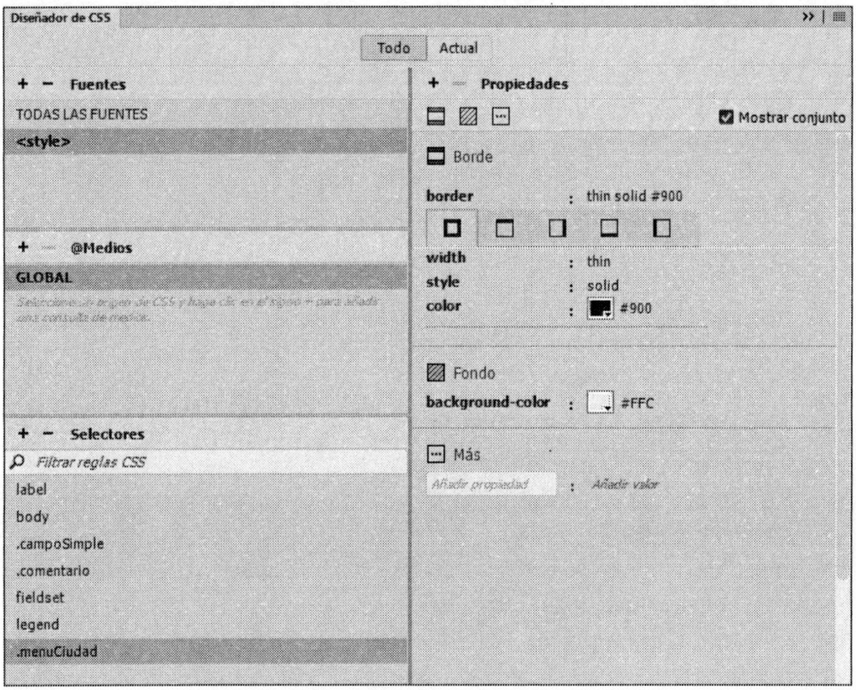

2. El elemento preseleccionado del menú

En el anterior capítulo vimos que es posible elegir un elemento de un menú para que aparezca preseleccionado en el menú. Se trata del atributo `selected`:

```
<option value="29780" selected="selected">Nerja</option>
```

Si desea darle relevancia a este elemento, puede crear una nueva clase y aplicársela. Pero podemos hacerlo en todos los elementos que tengan este atributo con un selector muy particular.

- En el panel **Diseñador de CSS**, pestaña **Fuentes**, seleccione **<style>**, para crear selectores internos, guardados en el archivo HTML.
- En la pestaña **@Medios**, seleccione **GLOBAL**, no usamos consulta multimedia.

- En la pestaña **Selectores**, haga clic en el botón **+**, **Añadir selector**.
- En el campo de texto, escriba el selector **option[selected=selected]**.

Esto permite aplicar el estilo a todos les elementos HTML de tipo **option** que tienen el atributo **selected** con el valor **selected**.

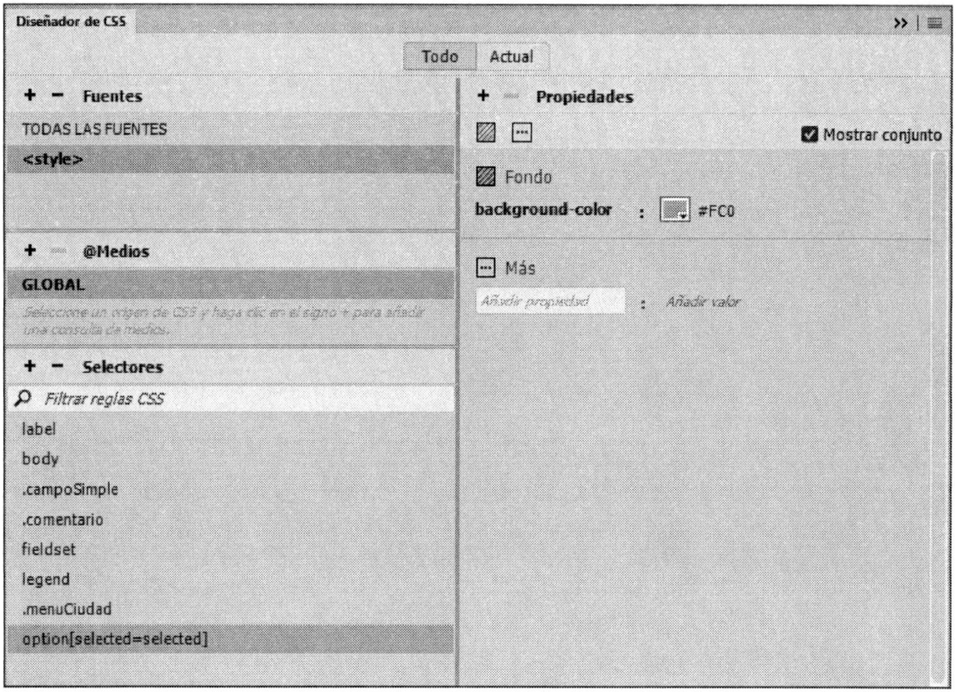

En este ejemplo, el elemento preseleccionado tiene un fondo de color diferente al del menú.

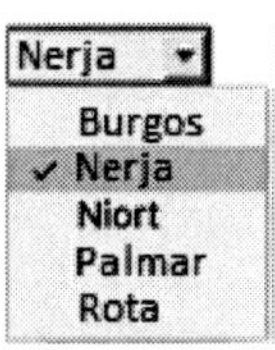

Atención, esto no funciona con todos los navegadores.

D. La composición de los botones

Para los dos botones hemos creado una clase usando propiedades de caracteres (tamaño, grosor y color) y de caja (fondo, borde, relleno y ancho).

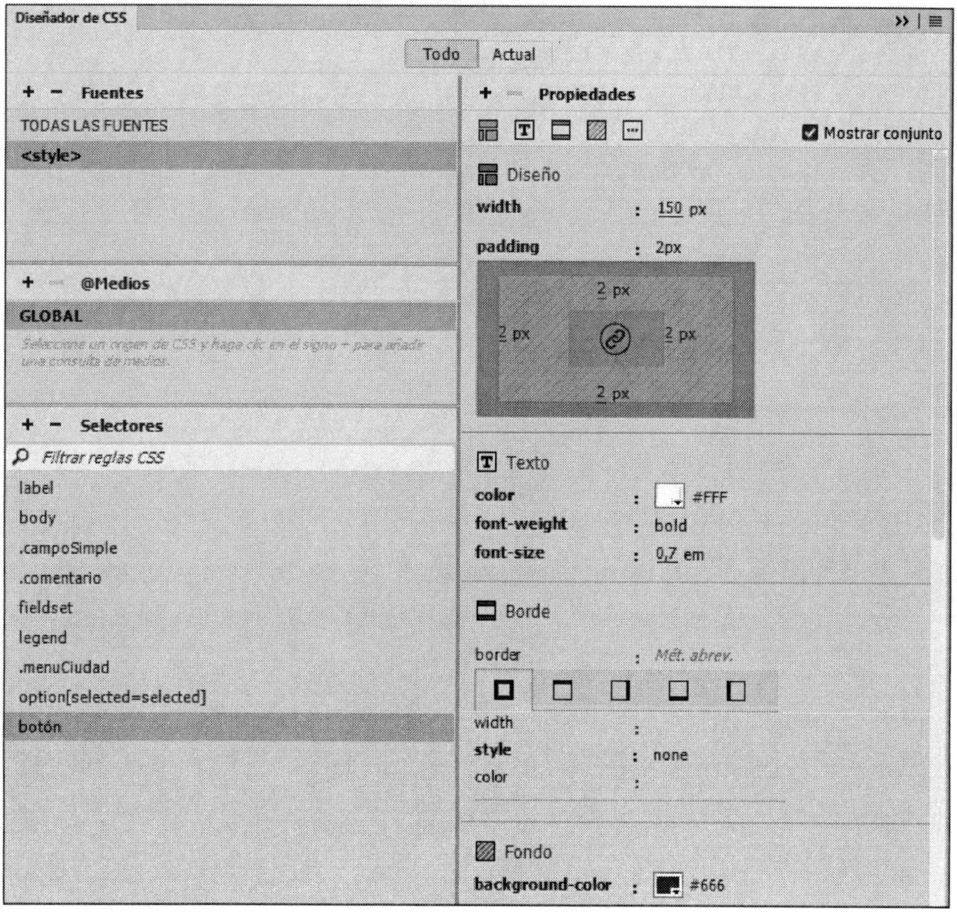

Esta es la vista obtenida:

E. La composición del formulario

➔ Para terminar, nada le impide dar formato al formulario. En este ejemplo, el identificativo de nuestro formulario es **inscripción**. Creamos por tanto un selector de identificación (de uso único en la página) llamado **#inscription**.

El formulario tiene un fondo de color, un borde, un relleno y un ancho específicos.

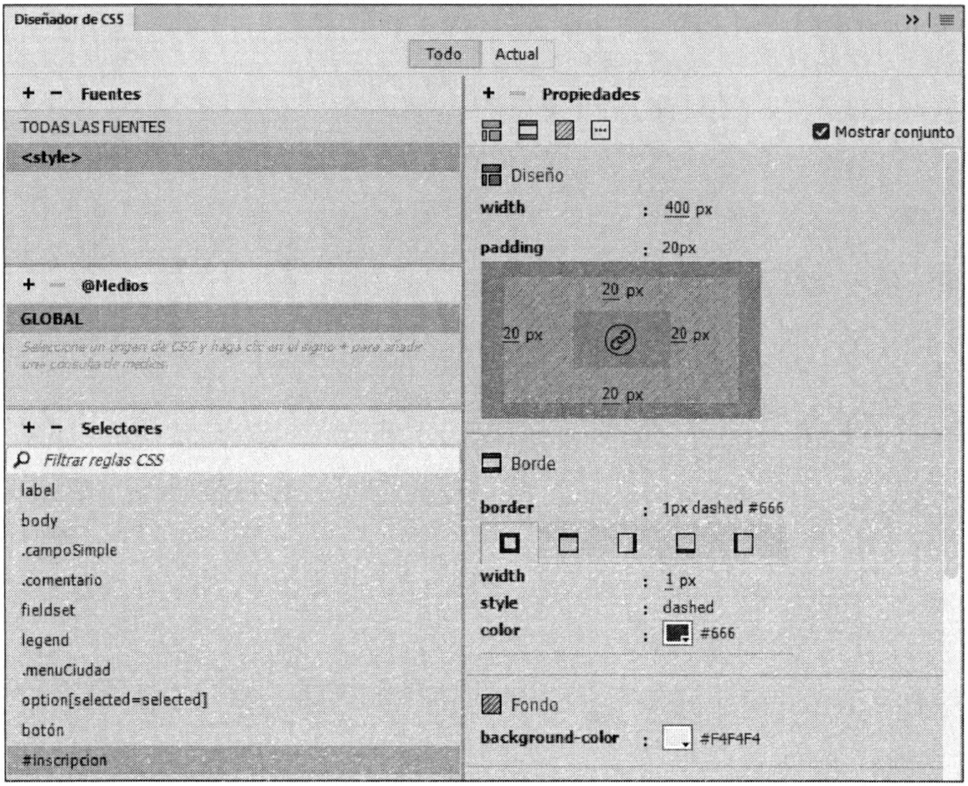

Esta es la vista obtenida en Google Chrome:

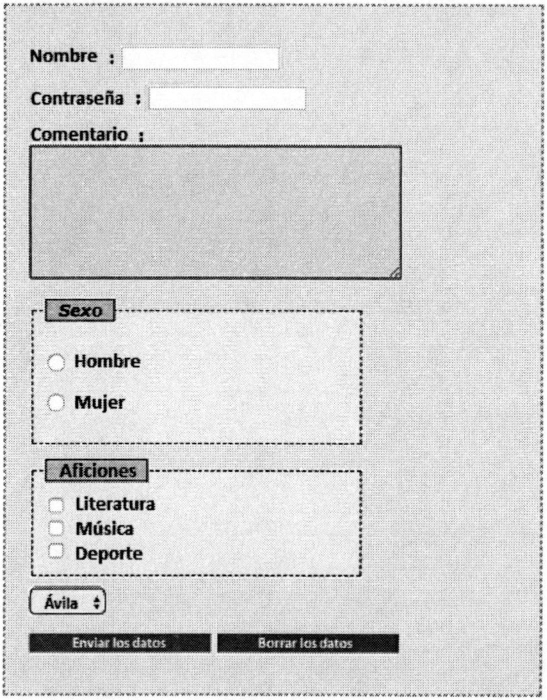

Capítulo 17: Insertar vínculos

A. Los vínculos

Los hipervínculos son la esencia misma de Internet, del HTML: *HyperText Markup Language*. A día de hoy, los vínculos se crean principalmente con texto; los vínculos con imágenes son menos habituales. ¿Por qué?, por una simple cuestión de actualización. Si es preciso cambiar el aspecto de un vínculo en una imagen o simplemente modificar el texto del vínculo, se necesita un programa gráfico, hay que abrir el archivo correspondiente, realizar las modificaciones y actualizar el archivo en la página web. Esto no resulta demasiado reactivo. El segundo escollo es el peso. Si se insertan demasiadas imágenes en la página, habrá que prestar atención al peso total de la página para que esta no tarde demasiado en cargarse. Por último, las hojas de estilo permiten dar un formato totalmente convincente a los vínculos.

B. Los vínculos en una misma página

1. Los documentos largos

En los casos de páginas web con contenidos muy largos, es preferible crear un sumario en la parte superior de la página que permita al lector acceder rápidamente a lugares determinados de la página.

- Cree un documento estructurado en varias partes y relativamente largo. En este ejemplo, hemos creado un documento compuesto por tres partes: Introducción, Resultados y Conclusión (encabezado en nuestro ejemplo) con mucho texto en los párrafos de cada una de las partes.

2. Añadir los identificativos

La primera etapa consiste en añadir identificativos únicos en los lugares de la página adonde conducirán los vínculos. En este ejemplo, deseamos ir a los títulos **Introducción**, **Resultados** y **Conclusión**. Es en los títulos, por tanto, donde deben colocarse los identificativos.

- Seleccione el título **Introducción**.

- En el panel **Propiedades**, con el botón **HTML** activo, en el campo **ID**, escriba el identificativo **introduccion**, respetando la sintaxis web.

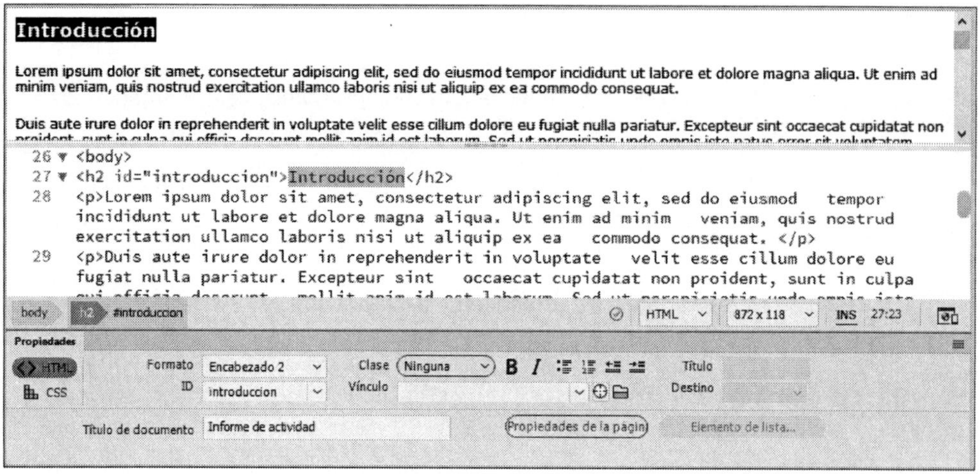

En el código verá la sintaxis:

```
<h2 id="introduccion">Introducción</h2>
```

- Haga lo mismo con **Resultados** y **Conclusión**.

Esta es la sintaxis añadida para esos dos identificativos:

```
<h2 id="resultados">Resultados</h2>
<h2 id="conclusion">Conclusión</h2>
```

3. Crear vínculos a los identificativos

- En la segunda etapa, escriba los textos de los hipervínculos.

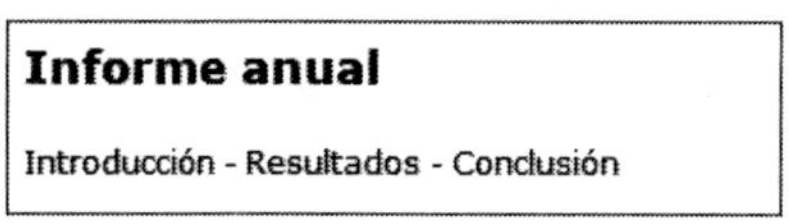

- Seleccione el texto del hipervínculo **Introducción** y en el panel **Propiedades**, campo **Vínculo**, escriba el carácter almohadilla (#) seguido inmediatamente del nombre del identificativo llamado **introduccion**.

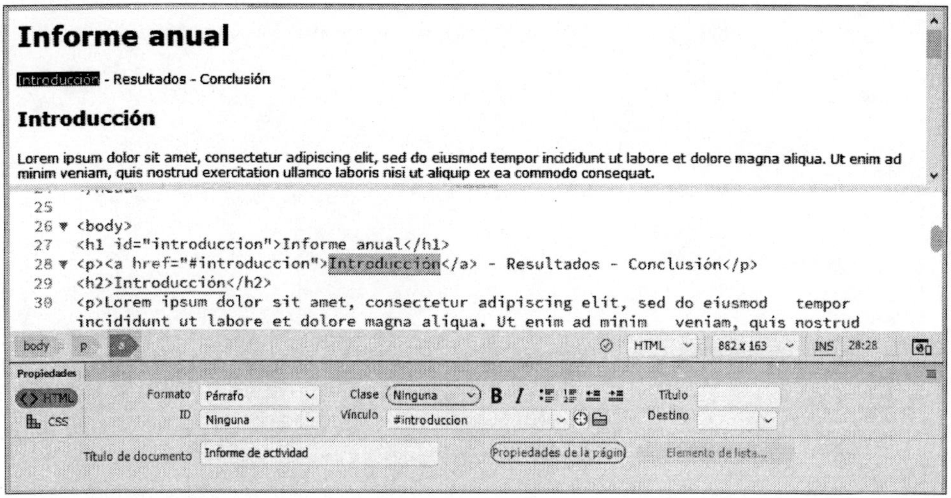

Dreamweaver inserta un vínculo con el identificativo `#introduccion`. Esta es la sintaxis del primer vínculo.

```
<p><a href="#introduccion">Introducción</a> - Resultados - Conclusión</p>
```

➜ Haga lo mismo con los demás enlaces.

Esta es la sintaxis completa de los vínculos:

```
<p><a href="#introducción">Introducción</a> - <a href="#resultados">
Resultados</a> - <a href="#conclusion">Conclusión</a></p>
```

C. Los vínculos hacia otra página del sitio

1. Un vínculo hacia otra página

➜ Seleccione el texto del vínculo. En el menú **Insertar**, seleccione **Hyperlink**, o en el panel **Insertar**, categoría **HTML**, haga clic en **Hyperlink.**

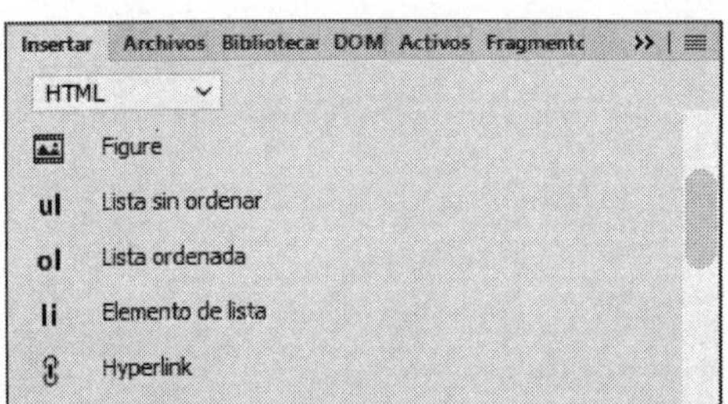

- En la ventana **Hyperlink** que aparece, introduzca los atributos del vínculo:

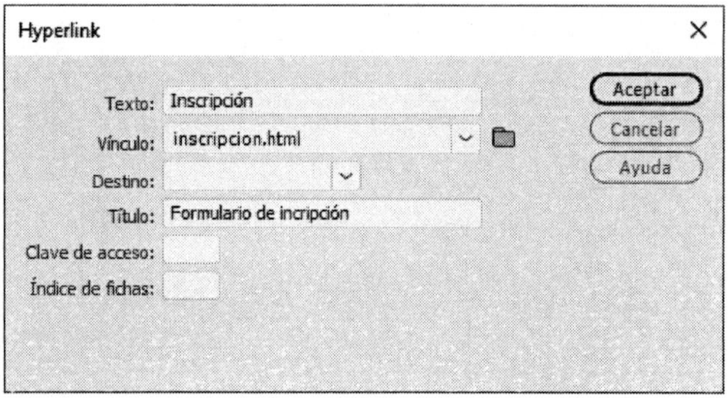

- En el campo **Texto** verá el texto seleccionado. Es posible cambiarlo.
- A la derecha del campo **Vínculo**, haga clic en el botón **Examinar** y seleccione la página web que desea vincular.
- En la lista desplegable **Destino**, puede seleccionar **_blank** si desea que la página vinculada se abra en una nueva pestaña o en una nueva ventana del navegador. Deje este campo en blanco si desea que la página enlazada aparezca en la misma pestaña o en la misma ventana que el vínculo.
- El campo **Título** permite ver un texto que aparece en un globo al pasar el cursor sobre él.

  Los dos campos **Clave de acceso** e **Índice de fichas** son atributos de accesibilidad que ya vimos al insertar objetos de formulario.

  Encontrará esta información en el panel **Propiedades** cuando el texto del vínculo esté seleccionado:

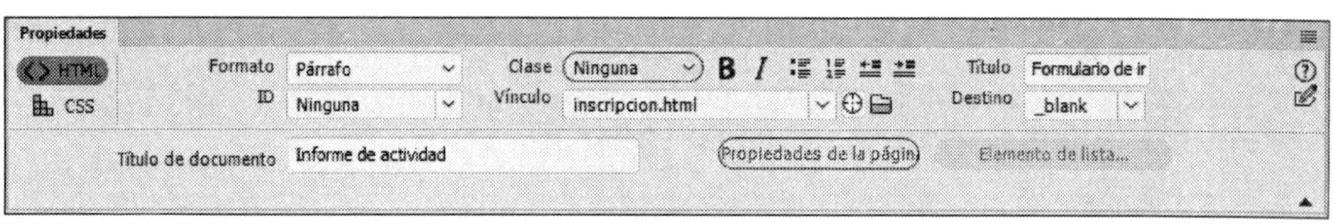

- Puede usar la función de señalamiento vista anteriormente. En el panel **Archivos**, señale la página web que desea vincular.

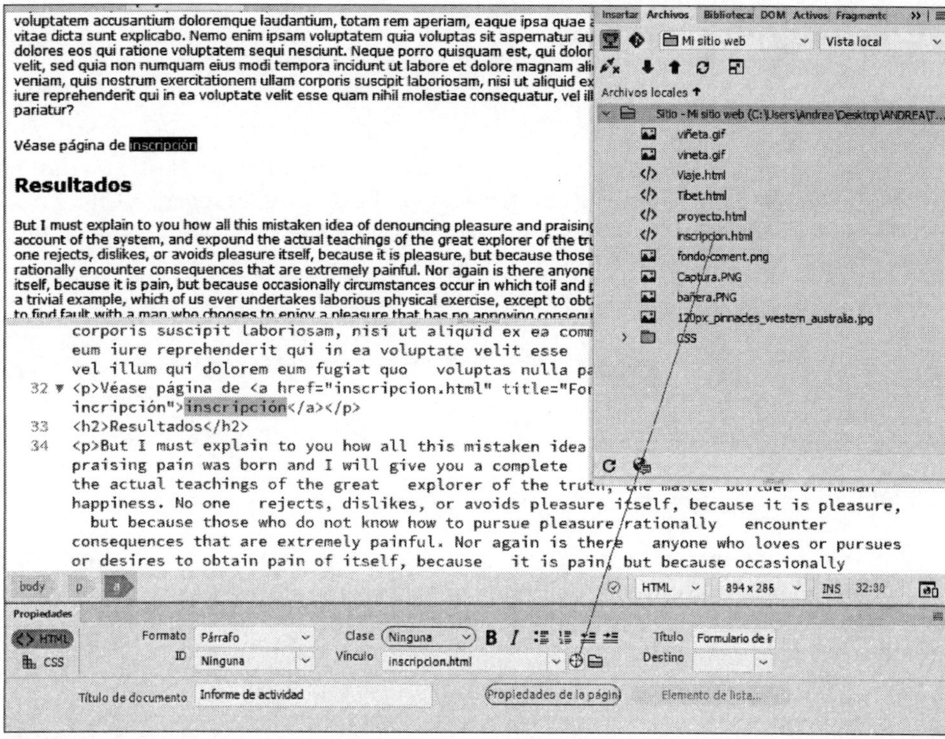

Este el código HTML generado:

```
<p>Véase página de<a href="inscripcion.html">inscripción</a>.</p>
```

2. Crear un vínculo a un ancla de otra página

- Para crear un vínculo a un ancla de otra página, la sintaxis debe definirse **Vínculo**: **nombreDeLaPagina.html#nombreDelAncla**. Por ejemplo, para ir al ancla **#conclusion** de la página **informe.html**, la sintaxis será: **informe.html#conclusion**. Se puede escribir esa sintaxis o bien señalar el ancla en la página de destino con ayuda de la función de señalamiento vista anteriormente.

D. Crear vínculos externos

1. Un vínculo hacia otro sitio

➔ Para crear un vínculo hacia otro sitio, introduzca la URL completa del sitio de destino en el campo **Vínculo**. También puede copiar-pegar la URL desde el navegador. Utilice el atributo **_blank** de la lista desplegable **Destino** para que la página vinculada se abra en una nueva pestaña o en una nueva ventana del navegador.

2. Un vínculo a una dirección de correo electrónico

➔ En el menú **Insertar**, seleccione **Vínculo de correo electrónico**, o en el panel **Insertar**, categoría **HTML**, haga clic en el botón **Vínculo de correo electrónico**.

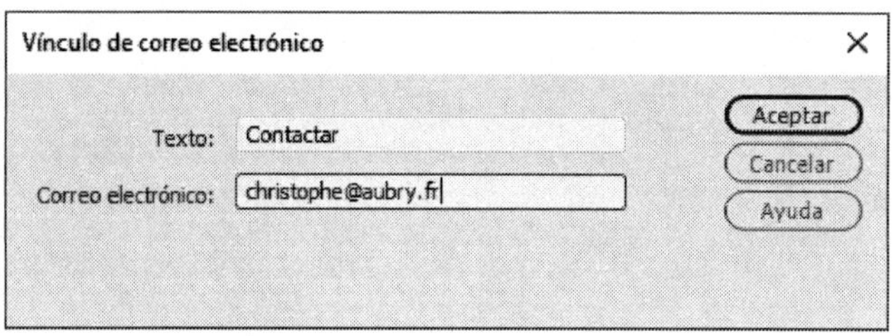

➔ En el campo **Texto**, introduzca el texto del vínculo.

➔ En el campo **Correo electrónico**, introduzca la dirección de correo.

3. Un vínculo a un archivo

Es posible crear vínculos a archivos que se desea consultar o descargar.

➔ En el panel **Propiedades**, en el campo **Vínculo** introduzca la ruta de acceso al archivo. O bien utilice la técnica de señalamiento hacia el archivo en el panel **Archivos**.

En este ejemplo, el archivo **inscripción.pdf** se encuentra en la carpeta **fichas**.

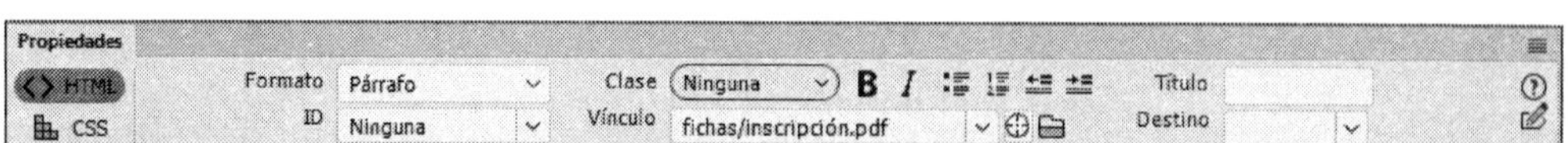

E. Comprobar todos los vínculos del sitio

1. Comprobar los vínculos desde una página

Es posible comprobar todos los vínculos de todas las páginas del sitio cuando no hay más que una página abierta.

→ En el menú **Sitio - Opciones de sitio**, seleccione **Comprobar vínculos en todo el sitio**.
O en el panel **Verificador de vínculos** (menú **Ventana - Resultados - Verificador de vínculos**), haga clic en el botón **Comprobar vínculos** y, en su menú, seleccione **Buscar sitio local actual completo en vínculos**.

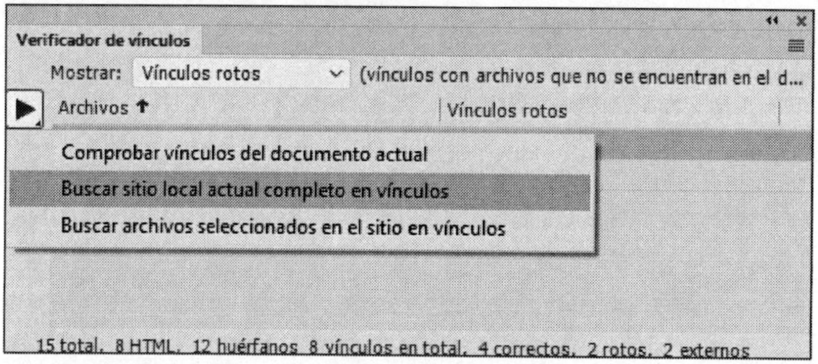

Si Dreamweaver encuentra vínculos rotos, lo indica enseguida. En la lista desplegable **Mostrar** veremos **Vínculos rotos**.

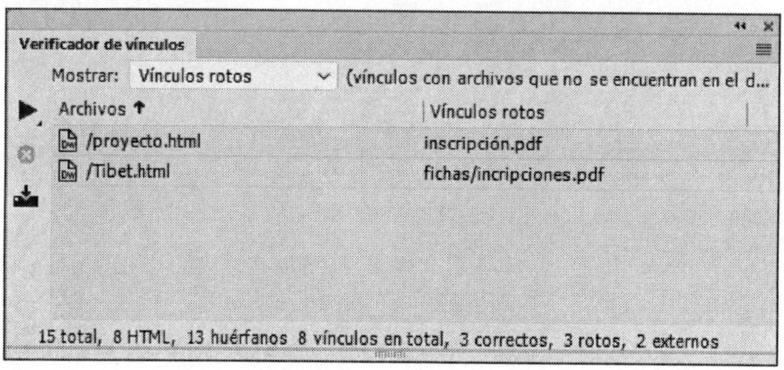

En este ejemplo, vemos dos vínculos rotos que señalan archivos desconocidos para el sitio.

Para corregir vínculos rotos son posibles dos soluciones.

En la primera solución, usted ve el error y conoce el nombre del archivo hacia el que el vínculo está errado.

- En el panel **Verificador de vínculos**, haga clic en el campo **Vínculos rotos** e introduzca el nombre correcto del archivo o haga clic en el botón de la carpeta amarilla para examinar los archivos del sitio.

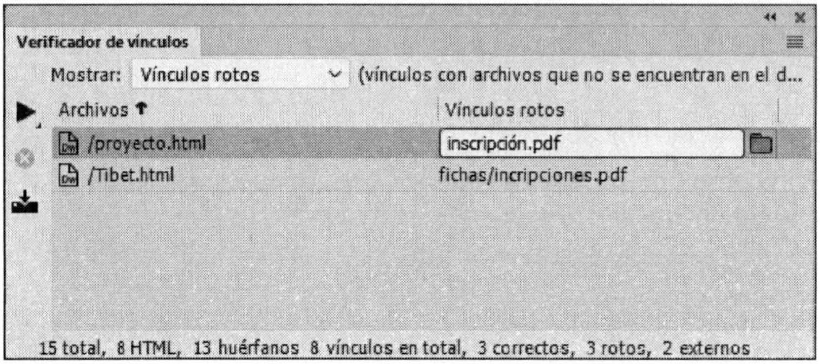

La segunda solución permite abrir el archivo en el que se encuentra el vínculo roto.

- Haga doble clic en el nombre del archivo cuyo vínculo está roto para abrirlo y ver el contexto del vínculo roto.
- En el documento abierto, Dreamweaver selecciona el vínculo roto. Usted deberá rehacer el vínculo con el archivo en el panel **Propiedades**.

2. Comprobar los vínculos desde el mapa del sitio

- En el panel **Archivos**, haga clic en la opción **Expandir para mostrar sitios locales y remotos**. O, en el menú de opciones del panel **Archivos**, seleccione **Ver**, y **Expandir panel de archivos**.

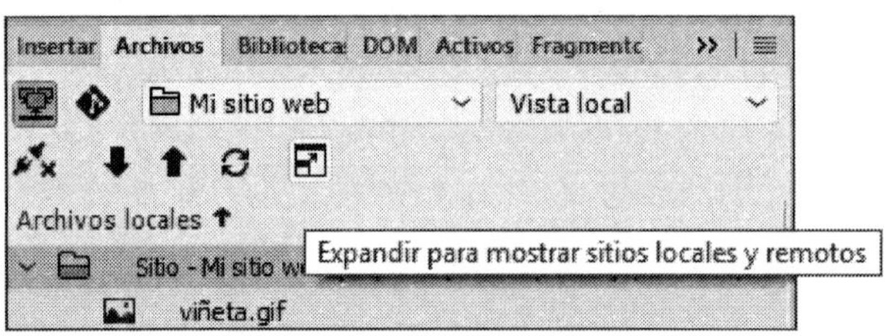

- Seleccione la carpeta raíz local del sitio.

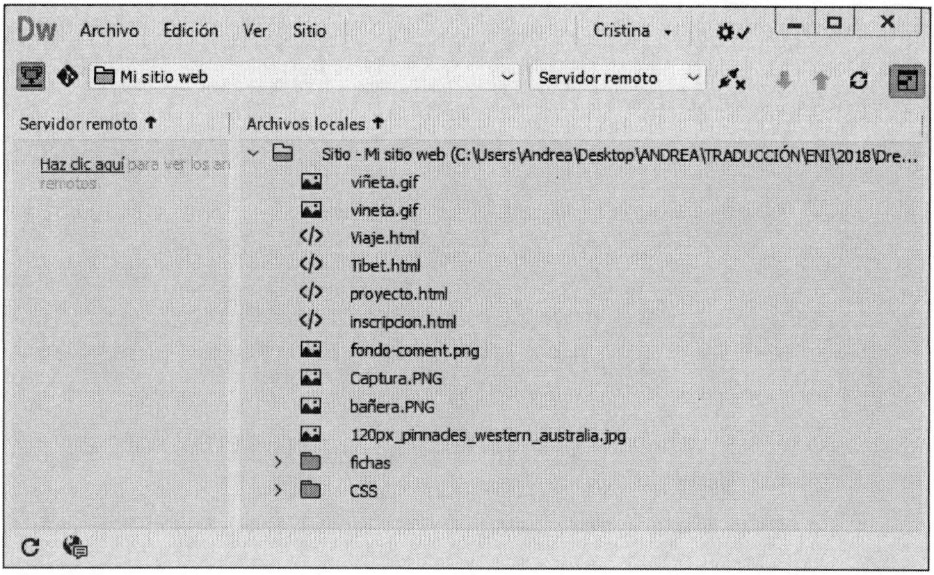

➔ Después, en el menú **Sitio - Opciones del sitio**, seleccione **Comprobar vínculos en todo el sitio**.

Dreamweaver abre entonces la primera página con un vínculo roto, con el panel **Verificador de vínculos** abierto.

F. Utilizar imágenes para crear vínculos

Como hemos visto en la introducción, las imágenes se usan cada vez menos para crear vínculos, pero Dreamweaver ofrece, por supuesto, la posibilidad de hacerlo.

1. Los mapas de imagen

Los mapas de imagen son generalmente imágenes de gran tamaño en las que es posible insertar zonas de activación de vínculos.

➔ Inserte una imagen. Selecciónela y, en el panel **Propiedades**, escriba el identificativo **mapa** en el campo **Mapa**. A continuación, utilice los botones para dibujar una zona circular, rectangular o poligonal.

→ Asocie un **Vínculo** a cada zona.

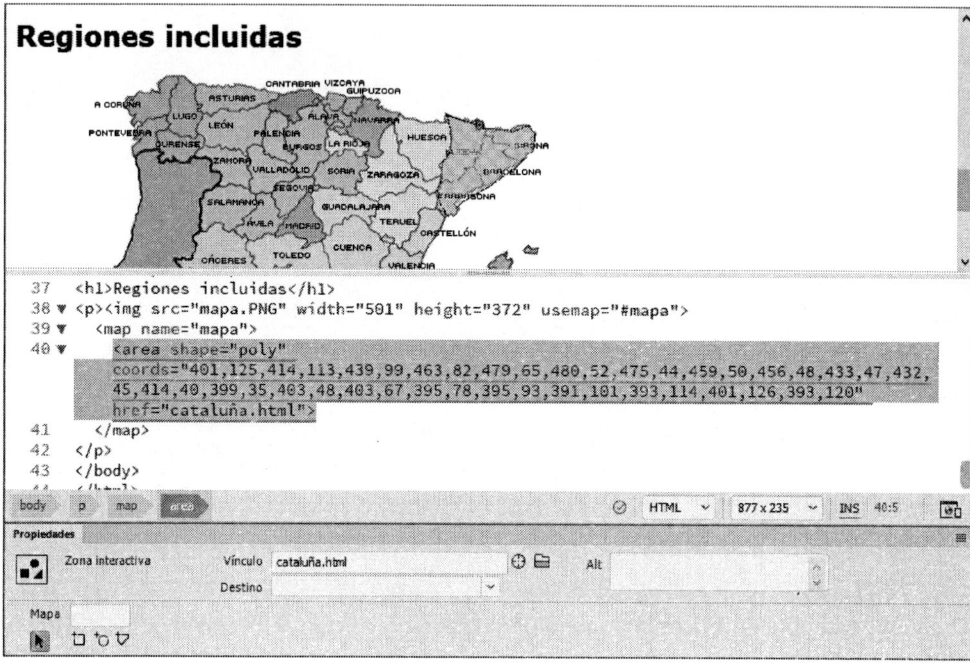

Capítulo 18: Composición CSS de vínculos textuales

A. Los estilos especializados en los vínculos

1. Los selectores pseudo-clases

Las hojas de estilo gestionan perfectamente los vínculos hipertexto mediante selectores especializados: los **selectores de pseudo-clase**. Las pseudo-clases permiten definir cuatro estados para los vínculos:

a:link Formato del vínculo en estado normal, no visitado, no activo. El vínculo no se ha utilizado nunca.

a:visited Formato del vínculo en estado visitado. El vínculo se ha usado y el usuario vuelve a una página donde el vínculo visitado está presente.

a:hover Formato del vínculo al pasar sobre él. Aspecto del vínculo cuando el puntero del ratón se encuentra sobre él.

a:active Formato del vínculo en estado activo. Es el aspecto del vínculo cuando el usuario hace clic sobre él.

En conclusión, no es necesario aplicar esos estilos: cuando se insertan vínculos, los estilos se aplican de inmediato.

2. El orden de declaración

Atención, el orden de declaración es importante para que los estilos se apliquen correctamente. El orden de declaración es el citado anteriormente. Pequeño truco memotécnico para recordarlo: "**L**o**V**e **HA**te" para "**L**ink **V**isited **H**over **A**ctive".

B. Crear estilos especializados

1. Los selectores de pseudo-clases

→ En el panel **Diseñador de CSS**, pestaña **Fuentes**, cree una fuente de tipo **Definir en la página**, por ejemplo.

→ En la pestaña **@Medios**, seleccione **GLOBAL**.

→ En la pestaña **Selectores**, añada un selector y escriba **a:link**.

→ Confirme pulsando ⏎.

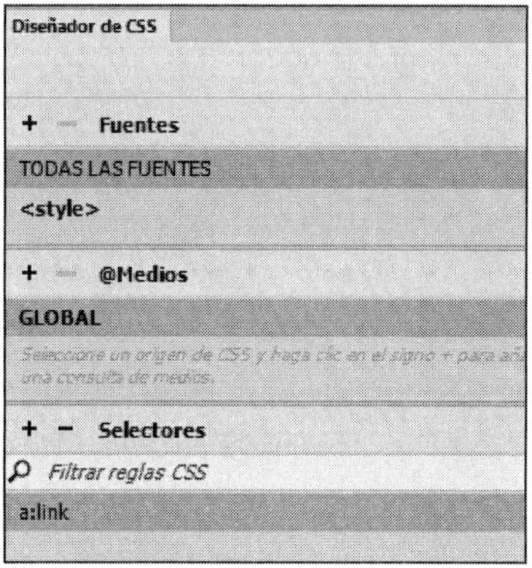

2. La formalización

Todo lo que hemos visto sobre composición en CSS de los caracteres y las cajas se puede aplicar perfectamente a la composición de vínculos textuales. Todas las categorías **Tipo**, **Fondo**, **Bloque**, **Caja** y **Borde** pueden utilizarse.

Solo un pequeño apunte de composición: hace no mucho tiempo, los vínculos podían localizarse porque estos aparecían subrayados por defecto en las páginas web. Este formato se aplica cada vez menos en la actualidad.

➜ Para no tener vínculos subrayados, en la categoría **Texto**, zona **text-decoration**, seleccione **none**.

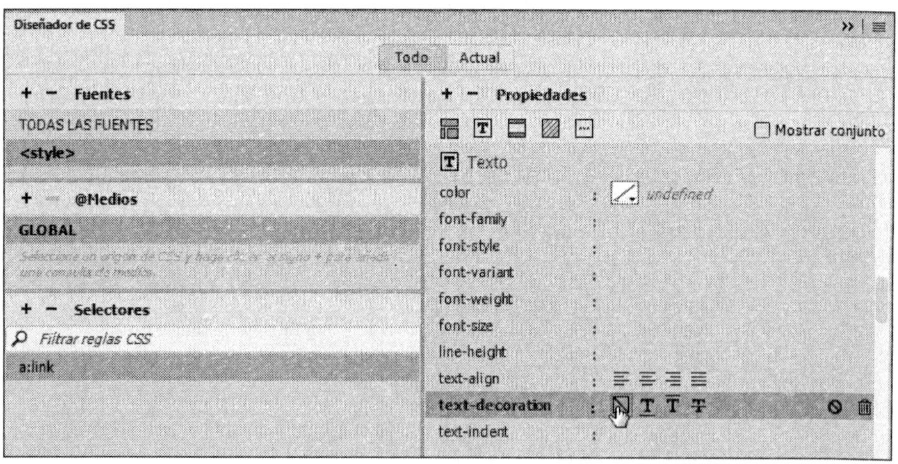

C. Ejemplos de formato

Para el selector `a:link`:

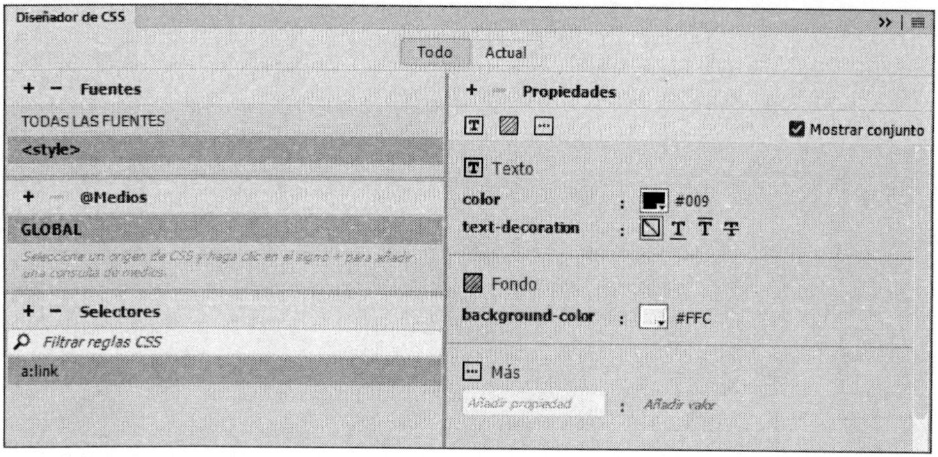

Para el selector `a:visited`:

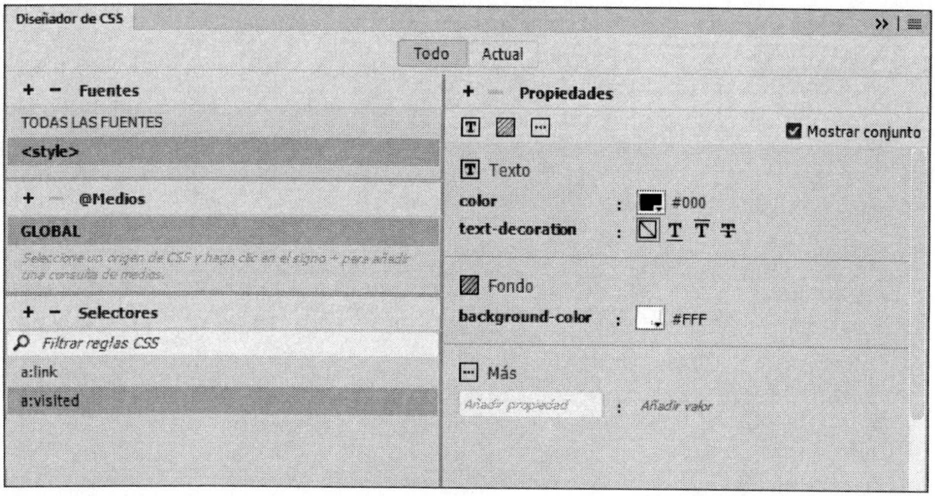

Para el selector `a:hover`:

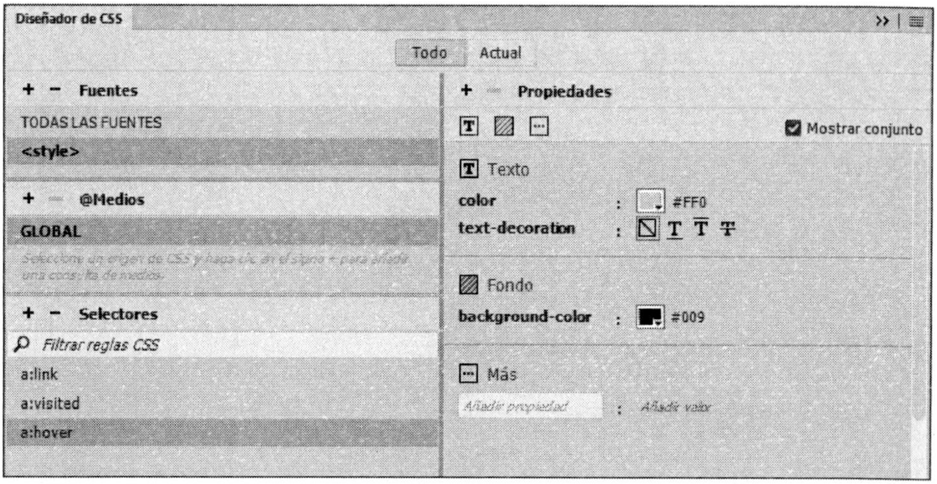

Para el selector `a:active`:

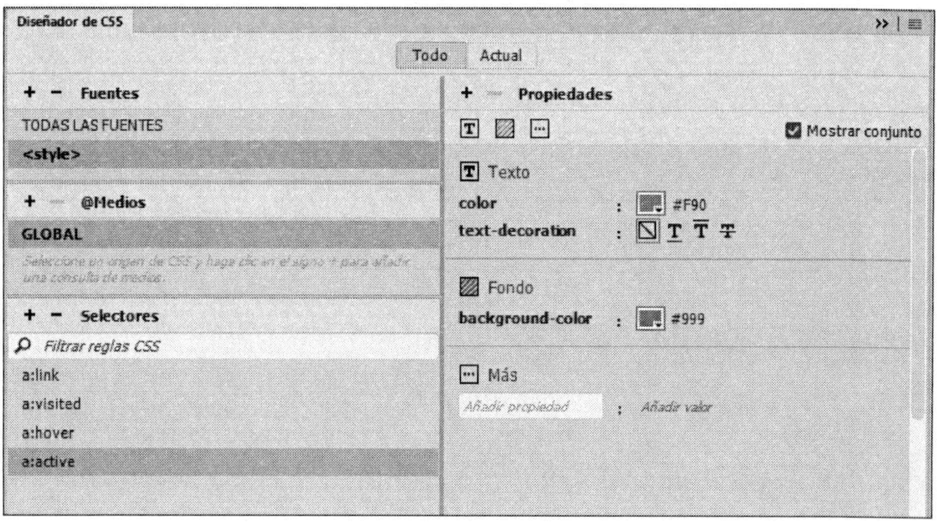

El resultado en un navegador:

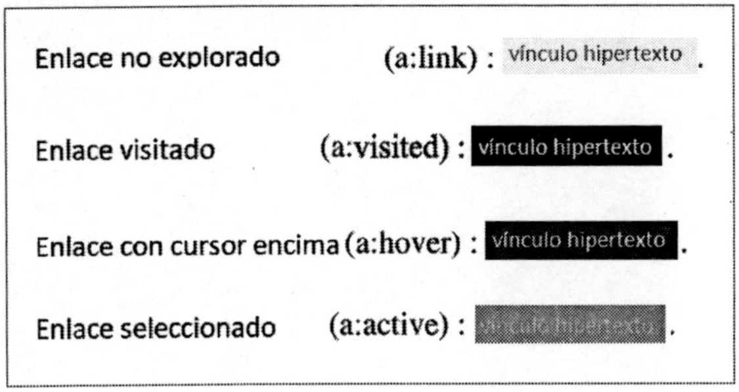

D. La caché de los navegadores

- Cuando compruebe estilos CSS en los navegadores, no olvide limpiar primero la caché para poder ver el formato sin que se muestren de inmediato como vínculos visitados.
- En **Mozilla Firefox**, en el menú **Historial**, seleccione **Limpiar historial reciente**.

  Con **Microsoft Internet Explorer**, en el menú **Herramientas - Opciones de Internet** - pestaña **General** - zona **Historial de navegación**, haga clic en **Eliminar**.

  Para **Google Chrome**, vaya al menú **Chrome**, seleccione **Borrar datos de navegación** y marque la opción **Archivos e imágenes almacenados en caché** de la ventana **Borrar datos de navegación** antes de hacer clic en el botón **BORRAR LOS DATOS**.

  Con **Safari**, vaya al menú **Safari** y seleccione **Borrar historial**. En la ventana que aparece, en el menú **Borrar**, seleccione **todo el historial**.

> ! No dude en salir del navegador para activar el vaciado de la caché.

Capítulo 19: Elementos multimedia

A. Los multimedia en la web

La web, que originalmente era contenido textual con algunas imágenes, es en la actualidad lo que se conoce como «multimedia». Es posible insertar vídeos, audios y animaciones. Pero no olvide que los navegadores no solo muestran textos, imágenes (en formatos .gif, .jpg y .png) y JavaScript. Por tanto, cuando inserta en la página web elementos de otro tipo, será necesario que el usuario tenga en su navegador el plugin correspondiente al tipo de elemento que se desea ver: vídeo, audio, animación, etc.

En la actualidad, el formato de vídeo y audio usado con mayor frecuencia en la Web es el formato Adobe Flash. El plugin necesario para ver elementos de ese tipo es Flash Player. Tenga presente, sin embargo, que ese formato se usará cada vez menos e irá desapareciendo gradualmente.

Hoy en día, la llegada del **HTML5** ha supuesto un replanteamiento completo en el uso de elementos multimedia en los sitios web. De hecho, el HTML5 permite insertar vídeos y audios de forma nativa en las páginas web. Queda por resolver el problema de la codificación de vídeos y audios para que los usuarios finales ya no necesiten plugins. De ahí que el uso de plataformas para compartir vídeos (YouTube, Vimeo...) sea cada vez más habitual.

B. Insertar un vídeo Flash

1. Insertar el vídeo

En la actualidad, el formato de vídeo Flash (.flv) es el formato de difusión de vídeos más común, el más utilizado.

→ En la página web, menú **Insertar - HTML** seleccione **Flash Video**. O en el panel **Insertar** - categoría **HTML** seleccione **Flash Video**.

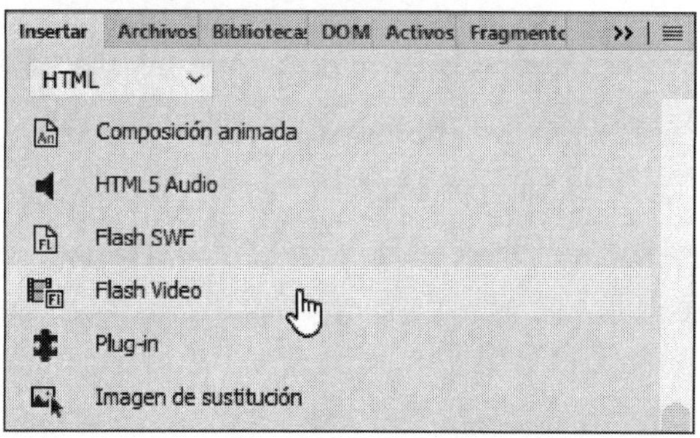

Configure el vídeo en la ventana que aparece:

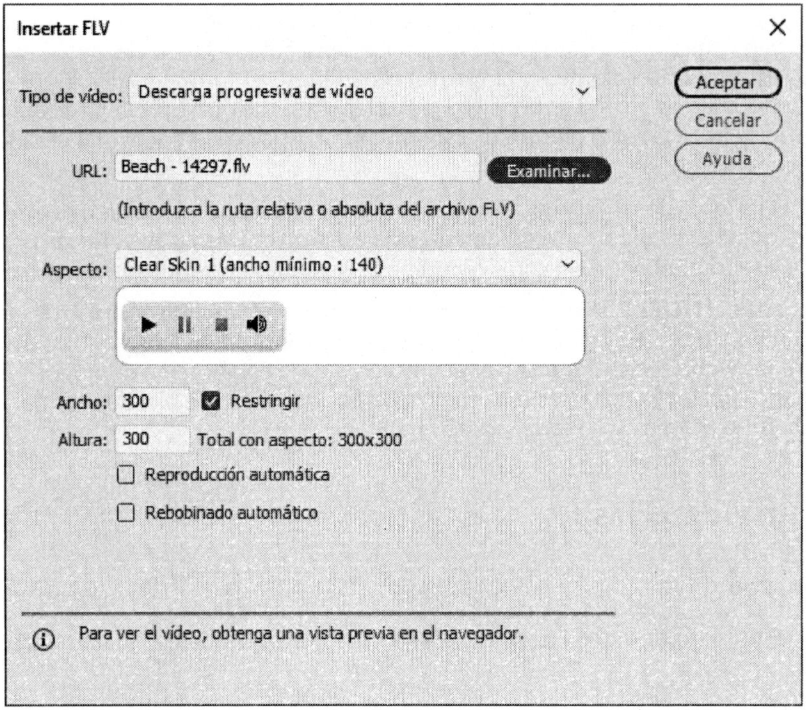

- En la lista desplegable **Tipo de vídeo**, seleccione **Descarga progresiva de vídeo**. Es el método de difusión más eficaz.
- En el campo **URL**, con ayuda del botón **Examinar**, seleccione el archivo de vídeo .flv.
- Con la lista desplegable **Aspecto**, seleccione una barra de control para leer el vídeo.
- En los campos **Ancho** y **Alto** indique el tamaño del film.
- La opción **Reproducción automática** permite iniciar la lectura del vídeo al cargar la página.
- La opción **Rebobinado automático** permite volver al inicio del vídeo una vez finalizado.

2. Modificar la configuración del vídeo

Una vez insertado y seleccionado el vídeo, podrá ver su configuración en el panel **Propiedades**.

3. Los archivos JavaScript

➜ Al guardar la página, Dreamweaver solicita que añada al sitio dos archivos JavaScript necesarios para que el vídeo Flash se emita correctamente.

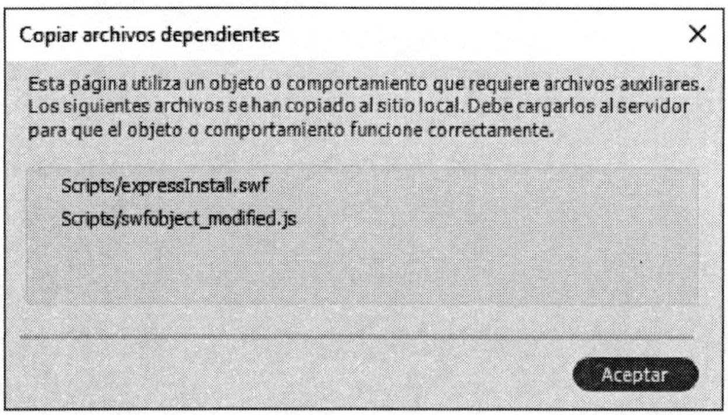

4. La vista en el navegador

Atención, los visitantes deberán instalar el plugin Flash Player para ver el vídeo.

Una vez instalado el plugin en el navegador podrá ver el vídeo.

C. Insertar una animación Flash

En 2017, Adobe suspendió el desarrollo del programa **Adobe Flash** en beneficio del más moderno **Adobe Animate.** No obstante, por razones de compatibilidad, Dreamweaver aún reconoce las anteriores animaciones Flash.

1. Insertar animaciones

En la página web, vaya al menú **Insertar - HTML** y seleccione **Flash SWF**. O, en el panel **Insertar**, categoría **HTML**, seleccione **Flash SWF**.

- Seleccione el archivo de animación Flash deseado (extensión .swf). En la siguiente ventana, introduzca los atributos de accesibilidad.

Al igual que con los vídeos, es posible que, si el sitio no dispone de ellos, Dreamweaver solicite que descarguen archivos JavaScript.

2. Modificar la configuración de la animación

Una vez insertada y seleccionada la animación Flash, podrá acceder a su configuración en el panel **Propiedades**.

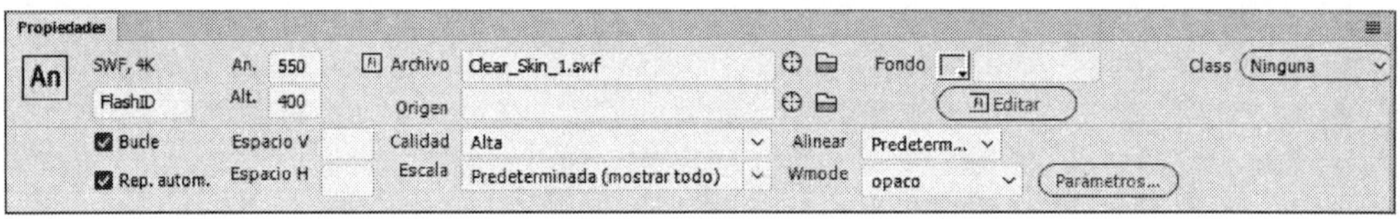

D. Insertar animaciones Adobe Edge Animate

Adobe ofrece un programa de animación interactivo que produce archivos en formato HTML5/CSS3: http://www.adobe.com/fr/products/animate.html

Se trata del software sustituto de **Flash**.

Utilizando ese programa podrá importar animaciones a Dreamweaver.

- En una página web guardada haga clic en el lugar donde debe insertarse la animación.
- En el menú **Insertar** o en el panel **Insertar**, en **HTML**, seleccione **Composición animada**.

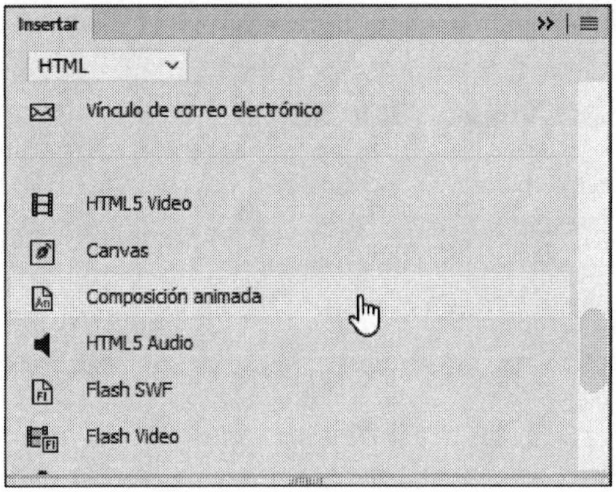

E. Insertar elementos multimedia con HTML5

1. El audio en HTML5

Dado que no todos los navegadores reconocen las mismas codificaciones de audio, resulta conveniente facilitarles diferentes formatos de codificación. De esta forma, cada navegador podrá utilizar la codificación que pueda reconocer.

En este ejemplo usaremos dos archivos de audio, con formato **.mp3** y **.ogg**, que tienen el mismo nombre de archivo. Que sea el mismo nombre de archivo es importante para Dreamweaver, ya que eso le permitirá añadir diferentes alternativas.

- Haga clic en el lugar de la página web donde desea insertar el archivo de audio.
- En el menú **Insertar** o en el panel **Insertar**, seleccione **HTML5 Audio**.

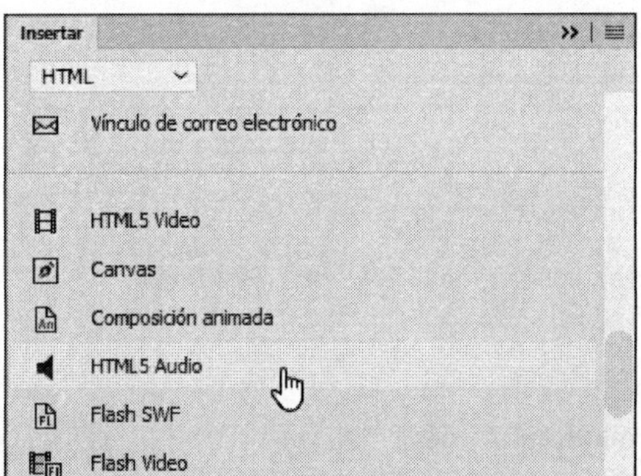

Dreamweaver inserta un elemento vacío en la página.

- Seleccione el icono  y utilice el panel de **Propiedades**.
- A la derecha del campo **Origen**, haga clic en el icono con la carpeta para seleccionar el primer archivo de audio, el archivo **.mp3** en este ejemplo.

  Cuando Dreamweaver percibe que existe otro archivo de audio con el mismo nombre (el archivo con formato **.ogg** en este ejemplo) y lo sitúa en el campo **Origen alt. 1**.
- En el campo **Texto adicional**, introduzca el texto que aparecerá si el navegador de los visitantes es demasiado viejo para usar HTML5.
- La opción **Controls** muestra los botones de control de audio.
- La opción **Loop** permite pasar el audio en bucle.
- La opción **Autoplay** permite activar automáticamente el audio al cargar la página.
- La opción **Muted** permite desactivar el audio.
- En la lista desplegable **Preload**, puede seleccionar si desea que el audio pase a la caché al cargar la página en el navegador.

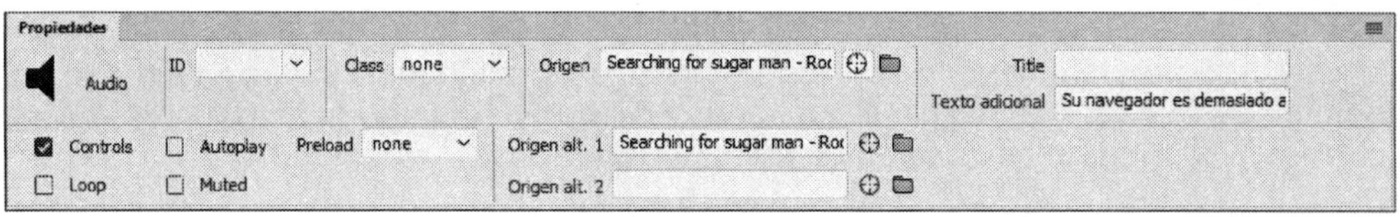

La vista que se obtiene depende por completo del navegador usado por los internautas.

2. Los vídeos en HTML5

Lo que acabamos de ver para los archivos de audio es similar con los de vídeo. En el siguiente ejemplo, vamos a usar tres archivos de vídeo con formatos **.mp4**, **.webm** y **.ogv**, que tienen el mismo nombre.

- Haga clic en el lugar de la página web donde desee insertar el archivo de vídeo.
- En el menú **Insertar** o en el panel **Insertar**, seleccione **HTML** y **HTML5 Video**.

  Dreamweaver inserta un elemento vacío en la página.
- Seleccione el icono 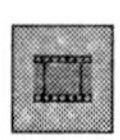 y utilice el panel **Propiedades**.

- A la derecha del campo **Origen**, haga clic en el icono con la carpeta para seleccionar el primer archivo de audio, el archivo **.mp4** en este ejemplo.
  Cuando Dreamweaver percibe los demás archivos los sitúa en el campo **Origen alt. 1** y **2**.
- El campo **Poster** permite situar una imagen fija en lugar de la primera imagen del vídeo.

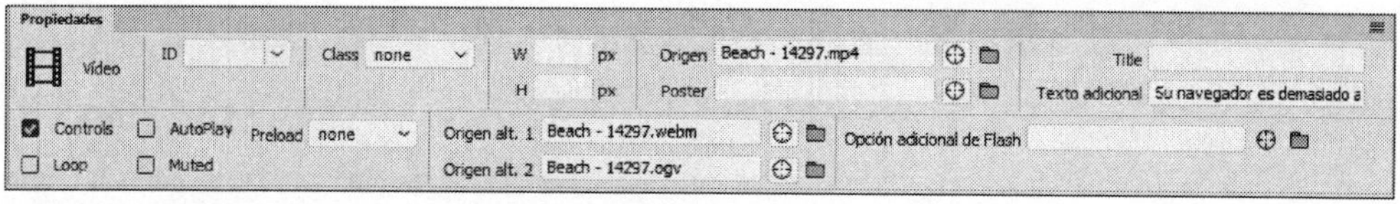

Una vez más, la vista dependerá del navegador utilizado.

F. Los demás elementos multimedia

1. Otros archivos que necesitan un plugin

- Para insertar cualquier otro tipo de archivo que necesite un plugin en concreto, vaya a **Insertar** - **HTML** y seleccione **Plug-in**; o en el panel **Insertar** - categoría **HTML**, seleccione **Plug-in**.

Capítulo 20: Componentes de interfaz jQuery

A. Los componentes jQuery

Dreamweaver CC se entrega con una acreditada biblioteca de componentes de interfaz llamada **jQuery UI**, UI de *User Interface*. Estos componentes le permitirán mejorar rápida y fácilmente el diseño de sus páginas web. No detallaremos todos los componentes jQuery, pero sí los más interesantes.

La biblioteca jQuery utiliza el lenguaje JavaScript para interactuar con los usuarios y las CSS para las composiciones. Por tanto, resulta muy fácil modificar la vista de esos componentes modificando los estilos CSS asociados a cada componente.

Al igual que con los demás elementos de Dreamweaver, los componentes jQuery pueden probarse utilizando el modo **En vivo**.

Observe que debe guardar las páginas antes de insertar los componentes jQuery.

B. El acordeón

1. El uso del componente

El componente **Accordion**, acordeón en español, permite mostrar muchas informaciones (textos, imágenes, etc.) en poco espacio. Toda la información se muestra en paneles que se podrá mostrar u ocultar simplemente haciendo clic en el título de cada panel.

2. Insertar el componente

- Sitúe el punto de inserción allí donde desee insertar el componente.
- En el menú **Insertar**, o en el panel **Insertar**, seleccione **jQuery UI** y **Accordion**.

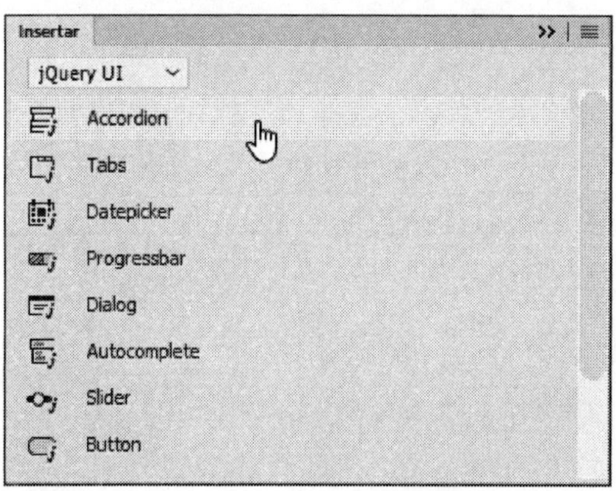

El componente se inserta en la página:

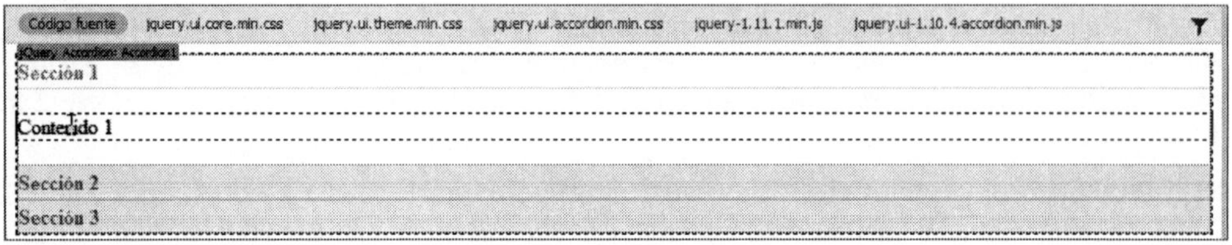

- Seleccione el componente en la página haciendo clic en la pestaña azul **jQuery Accordion: Accordion1**.

  En el panel **Propiedades**, campo **ID de div**, puede ver que el componente se llama **Accordion1**. Este es el identificativo utilizado en el código HTML/CSS y JavaScript, por tanto, evite modificarlos excepto si sabe dónde habrá que cambiar el nombre.

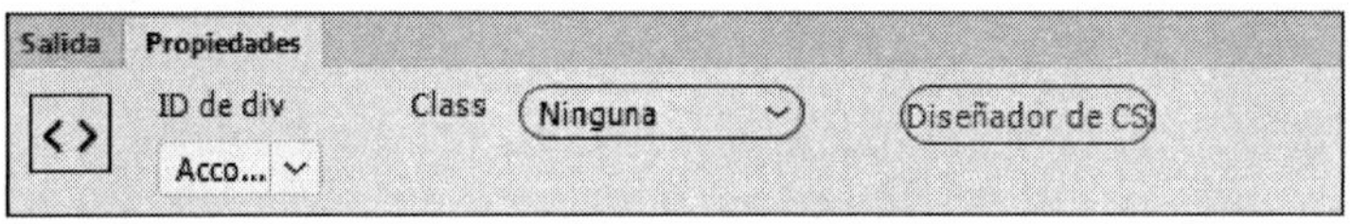

3. Modificar el título y añadir contenido a los paneles

Dreamweaver coloca tres paneles en el acordeón por defecto. Sus nombres son **Sección 1**, **Sección 2** y **Sección 3**.

- Seleccione el primer título **Sección 1** y escriba en su lugar el texto deseado. **Características** en este ejemplo.

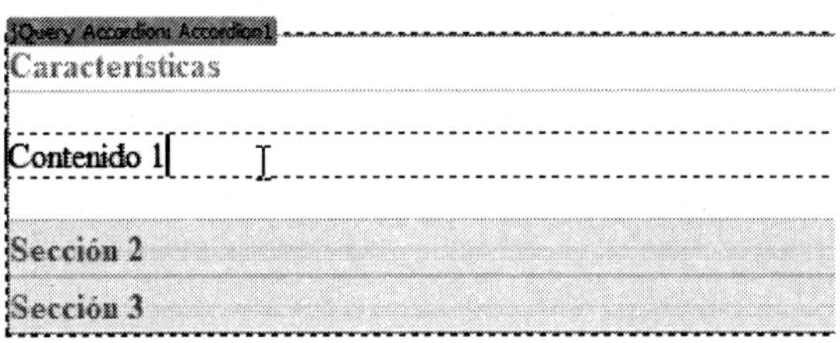

- Para añadir contenido al primer panel, seleccione el texto **Contenido 1** e introduzca su texto. Es posible añadir imágenes, enlaces, tablas, etc.

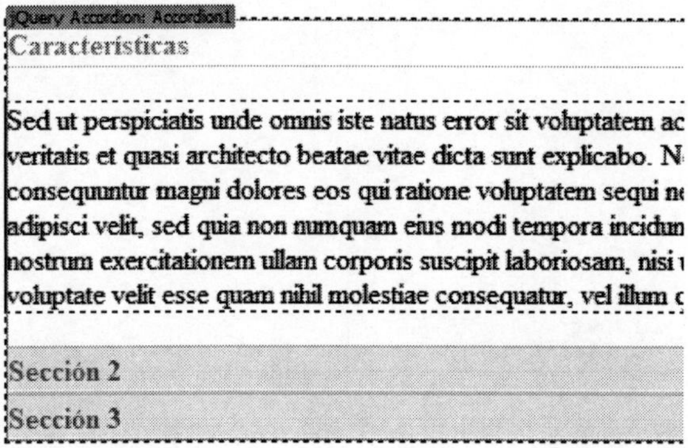

➜ Modifique el título **Sección 2** y el **Contenido 2** como hemos hecho anteriormente.

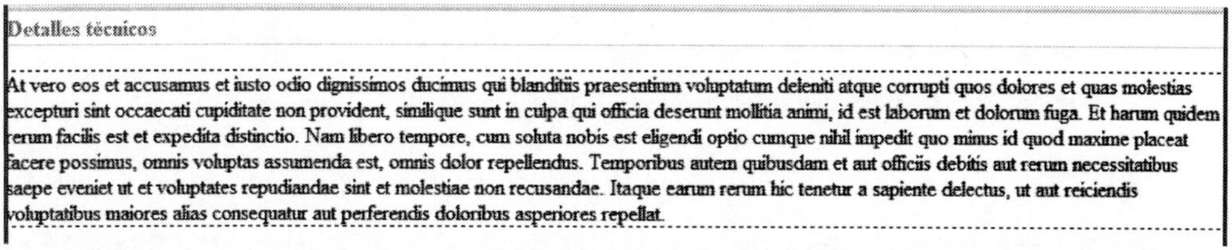

➜ Proceda de la misma manera con la **Sección 3** y el **Contenido 3**.

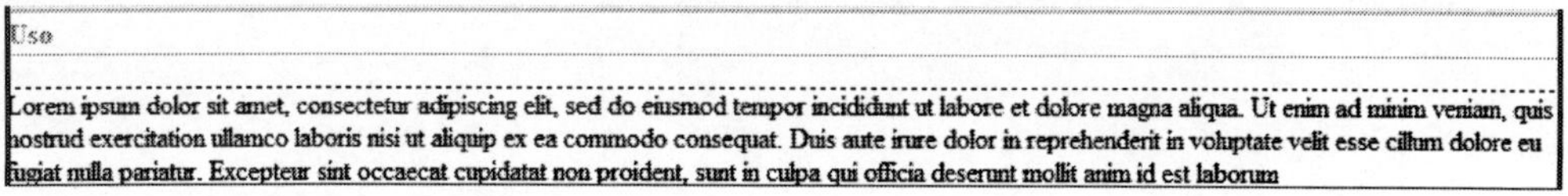

4. Guardar la página

Al guardar la página, Dreamweaver le pedirá que guarde todos los archivos asociados al componente. Habrá archivos JavaScript y CSS.

➜ En el menú **Archivo**, seleccione **Guardar**.

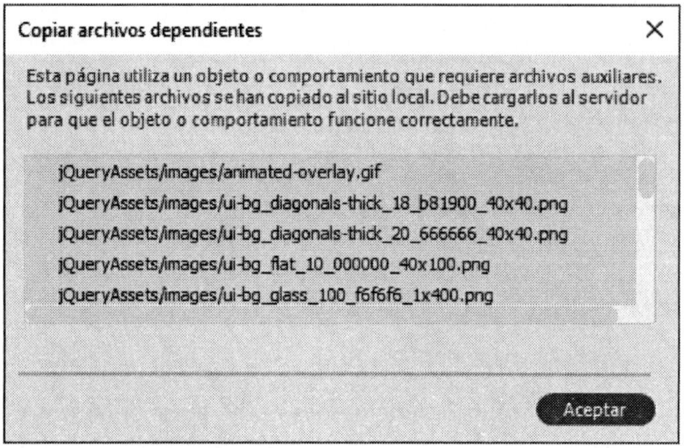

- Haga clic en **Aceptar**.

  En la barra de título del documento, verá todos los archivos relacionados.

- Muestre el panel **Archivos**: Dreamweaver ha creado una carpeta llamada **jQueryAssets** para colocar en ella todos los archivos relacionados.

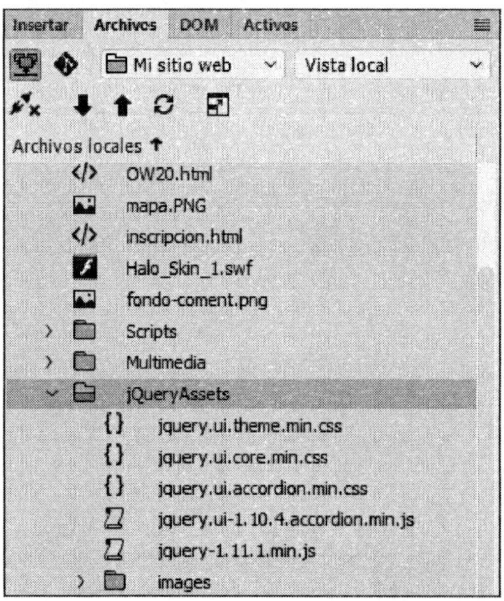

5. Añadir, eliminar y ordenar paneles

Es posible añadir paneles y también eliminarlos si es necesario.

- Seleccione el componente en la página haciendo clic sobre su pestaña azul **jQuery Accordion: Accordion1**.

  En el panel **Propiedades**, podrá acceder a la configuración del componente.

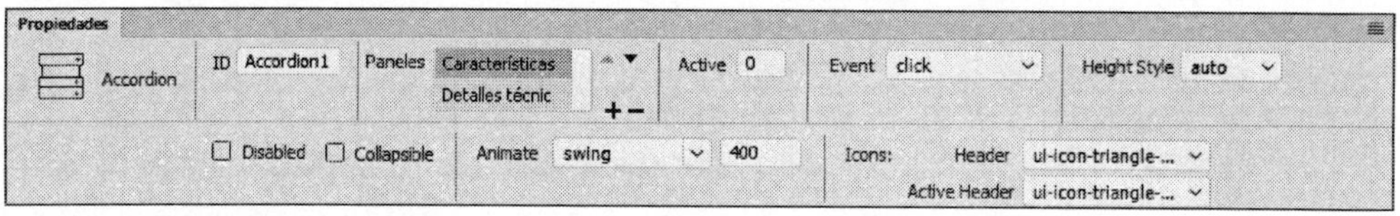

- Para añadir un panel, en el cuadro **Paneles**, haga clic en el botón +.
- Para eliminar un panel, en el cuadro **Paneles**, seleccione el nombre del panel que desea eliminar y haga clic en el botón -.
- Para editar el orden de los paneles, seleccione el panel en el cuadro **Paneles**, y use los dos botones triangulares.

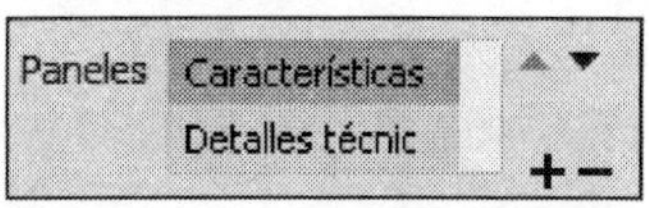

6. Configurar el acordeón

- Seleccione el componente en la página haciendo clic en la pestaña azul **jQuery Accordion: Accordion1**.
- La opción **Active** permite indicar qué panel debe abrirse al cambiar de página. Cuidado, **0** indica el primer panel.
- En la lista desplegable **Event**, seleccione el evento de ratón que activará la apertura de los paneles. El evento **click** es un clic de ratón sobre el título del panel, **mouseover** abre el panel al pasar el cursor sobre él.
- En la lista desplegable **Height Style**, seleccione el alto de los paneles. **Auto** permite una altura automática, **fill** permite un alto fijo con la vista de la barra de desplazamiento si es preciso y **content** muestra todo el contenido.
- La opción **Disabled** permite desactivar el acordeón.
- La opción **Collapsible** permite cerrar el panel abierto.

- En la lista desplegable **Animate**, seleccione una opción de animación para la apertura de los paneles.
- En el campo de la derecha, indique la duración de la animación en milisegundos.
- En el cuadro **Icons**, en las listas desplegables **Header** y **Active Header**, es posible seleccionar formatos concretos para los títulos.

7. Ver el acordeón

- Para ver el acordeón, es posible utilizar el modo **En vivo** o mostrar la página en un navegador.

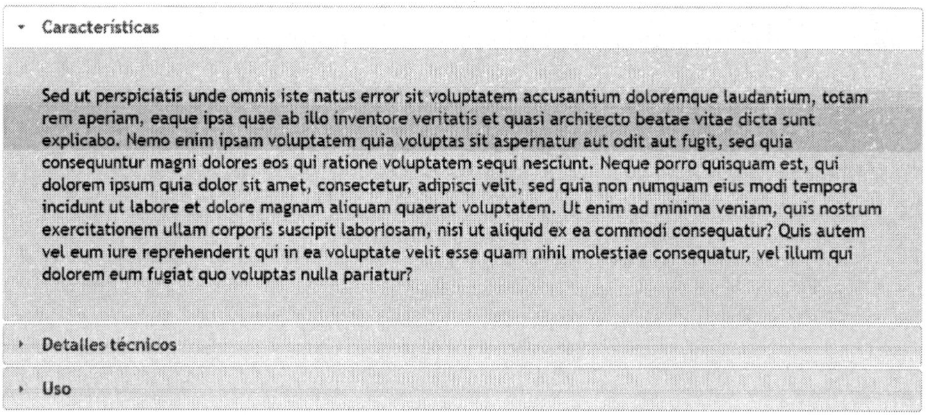

- Los paneles se abren y cierran haciendo clic sobre su título.

8. Modificar las reglas CSS

A todos los elementos del componente (y el principio será el mismo para todos los demás componentes) se les da forma con una regla CSS determinada. Ni que decir tiene que esas reglas pueden modificarse para personalizar la composición y el formato.

- En el componente, en la barra de estado, seleccione el elemento HTML que desea modificar. El título **<h3>** del panel en este ejemplo.

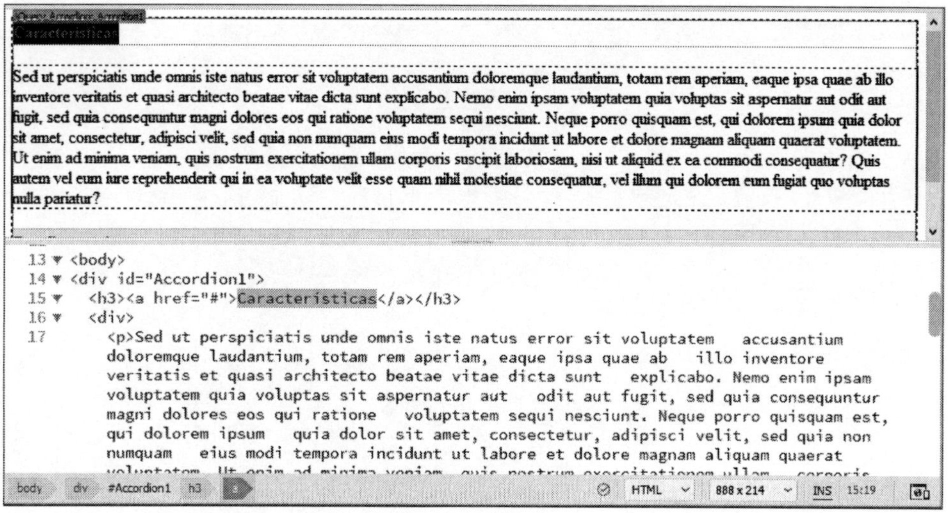

- En el panel **Propiedades**, haga clic en el botón **CSS**.

Verá entonces el selector CSS usado en el campo **Regla de destino**.

El selector puede estar compuesto por varias reglas CSS como es el caso de este ejemplo.

- Haga clic en el botón **Diseñador de CSS** para ver las reglas CSS utilizadas.

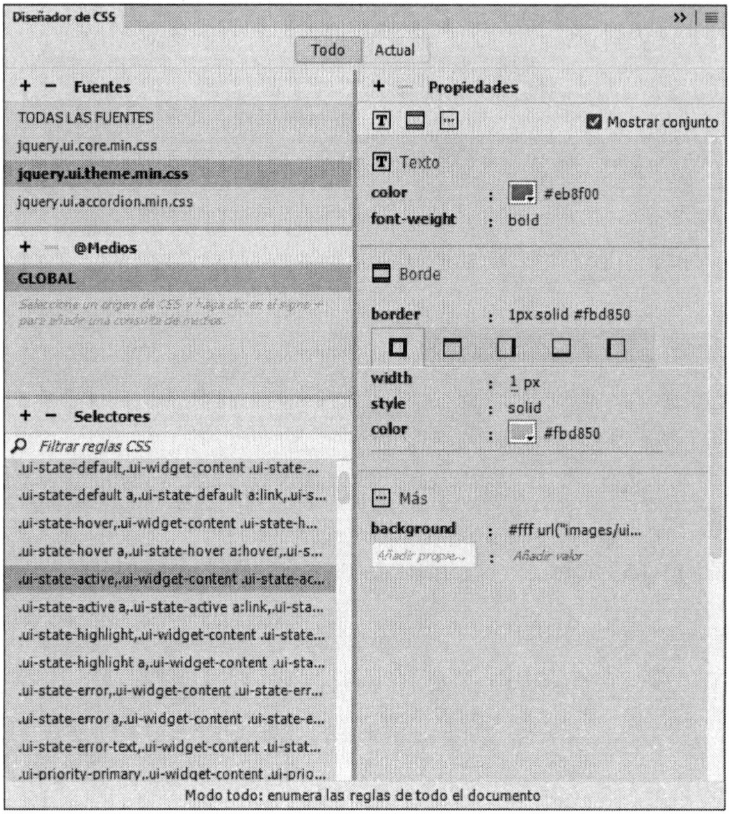

→ Podrá modificar entonces las propiedades CSS que desee.

C. Las pestañas

1. El uso del componente

El componente **Tabs**, pestañas en español, también permite mostrar mucha información (textos, imágenes, etc.) en poco espacio. Toda la información aparece en paneles que podemos mostrar u ocultar simplemente haciendo clic en cada panel.

2. Insertar el componente

Sitúe el punto de inserción allá donde quiera insertar el componente.

→ En el menú **Insertar**, o en el panel **Insertar**, seleccione **jQuery UI** y **Tabs**.

El componente se inserta en la página:

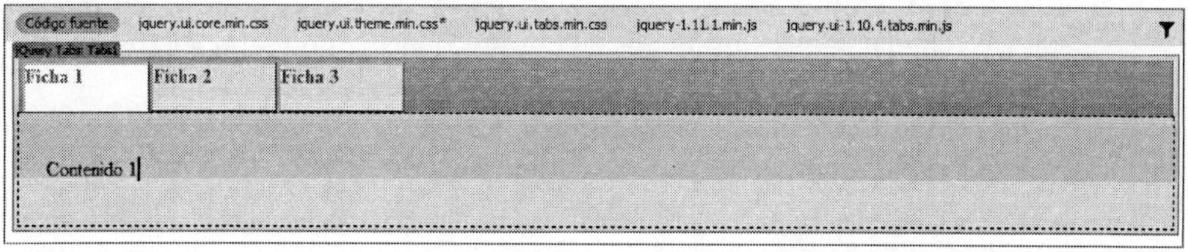

→ Seleccione el componente en la página haciendo clic en su pestaña azul **jQuery Tabs: Tabs1**. En el panel **Propiedades**, campo **ID**, verá que el identificativo del componente es **Tabs1**.

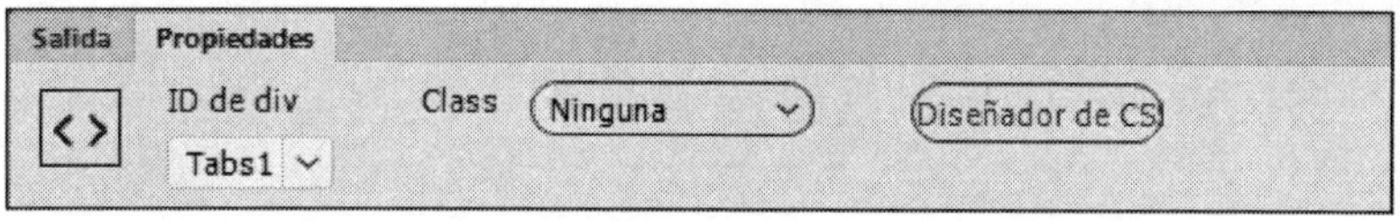

3. Modificar el título y agregar contenido a los paneles

Procederemos de la misma manera que antes para introducir el título de las pestañas y agregar contenido a las pestañas.

→ Seleccione el primer título **Ficha 1** e introduzca el texto deseado.

→ Seleccione el primer **Contenido 1** e introduzca el contenido deseado.

→ Proceda del mismo modo con todas las pestañas.

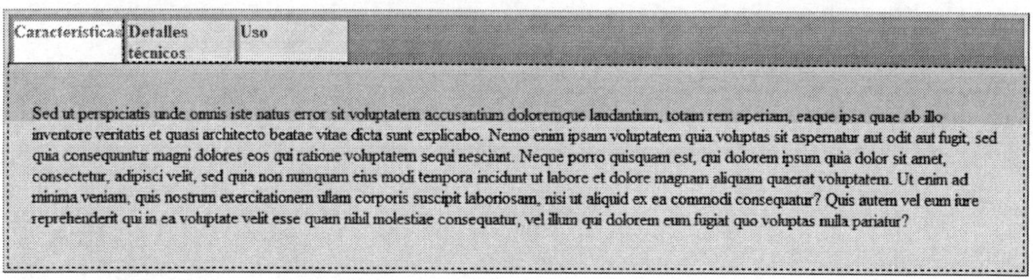

4. Guardar la página

Cuando guarde la página, Dreamweaver le pedirá de nuevo que guarde los archivos JavaScript y CSS vinculados al componente. Si ya ha usado otros componentes, es posible que deba guardar menos archivos ya que algunos archivos CSS o JS son comunes a varios componentes.

5. Añadir, eliminar y ordenar los paneles

Para añadir y/o eliminar paneles, usaremos los mismos principios que con el acordeón.

- Seleccione el componente en la página haciendo clic en su pestaña azul **jQuery Tabs: Tabs1**.
- En el panel **Propiedades**, utilice el cuadro **Paneles**.

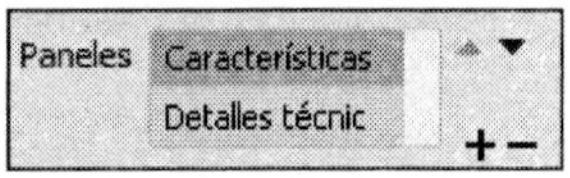

6. Configurar el acordeón

Encontramos aquí una configuración similar a la del acordeón.

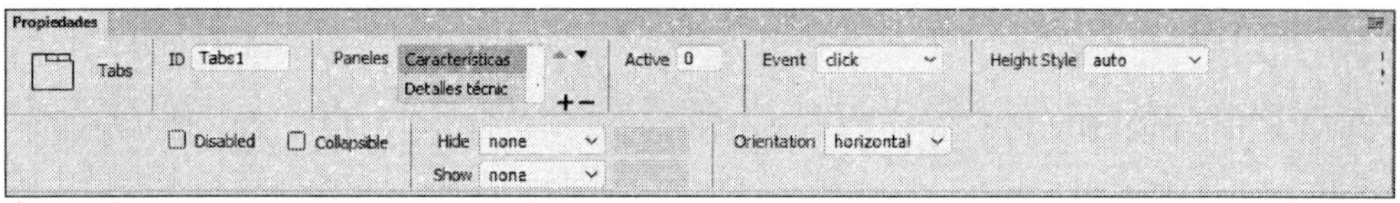

- En la lista desplegable **Hide**, seleccione la animación parta ocultar los paneles.
- En la lista desplegable **Show**, seleccione la animación parta mostrar los paneles.
- Los campos de la derecha permiten indicar la duración en milisegundos de los efectos seleccionados.
- En la lista desplegable **Orientation**, puede optar por **horizontal** o **vertical**.

7. Mostrar las pestañas

- Para ver el acordeón, es posible utilizar el modo **En vivo** o mostrar la página en un navegador.

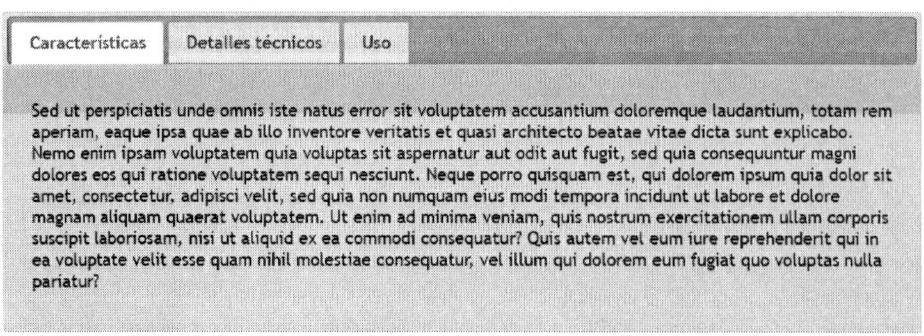

➜ Para ver el contenido de las pestañas, haga clic en su título.

8. Editar las reglas CSS

Para editar las reglas CSS, proceda exactamente igual que para el acordeón.

D. El selector de fecha

1. El uso del componente

El componente **Datepicker**, un selector de fecha permite a los visitantes de la página seleccionar una fecha de forma rápida y sencilla.

2. Insertar el componente

➜ Sitúe el punto de inserción en el lugar donde desee insertar el componente.

➜ En el menú **Insertar**, o en el panel **Insertar**, seleccione **jQuery UI** y **Datepicker**.

El componente se inserta en la página:

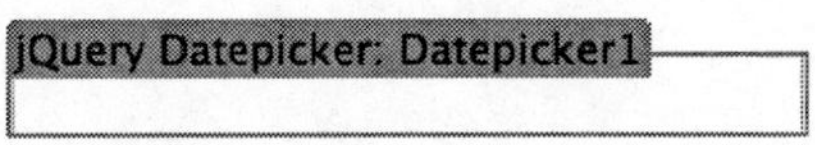

➜ Seleccione el componente en la página haciendo clic en su pestaña azul **jQuery Datepicker: Datepicker1**.

➜ En el panel **Propiedades**, campo **ID**, podrá ver el identificativo del componente.

3. Guardar la página

Cuando guarde la página, Dreamweaver le pedirá de nuevo que guarde los archivos JavaScript y CSS vinculados al componente. Si ya ha usado otros componentes, es posible que deba guardar menos archivos ya que algunos archivos CSS o JS son comunes a varios componentes.

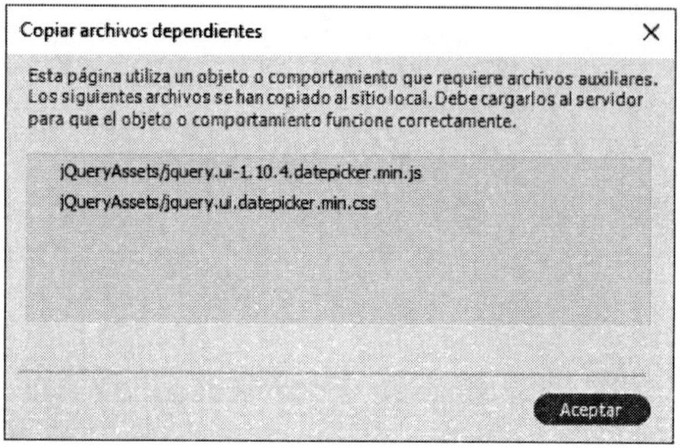

4. Configura el selector de fecha

- Seleccione el componente en la página haciendo clic en su pestaña azul **jQuery Datepicker: Datepicker1**.
- Utilice el panel **Propiedades**.

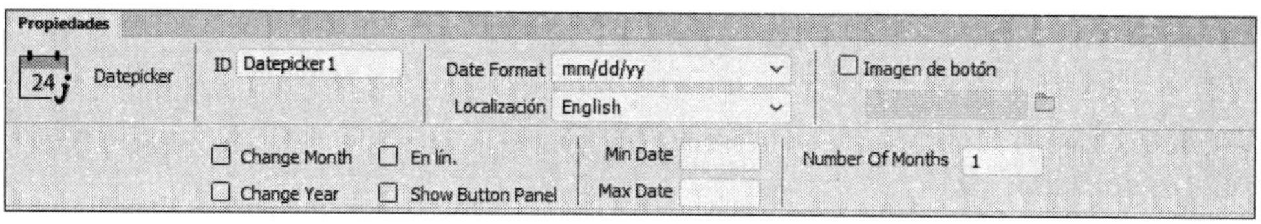

- En la lista desplegable **Date Format**, seleccione el formato de fecha deseado.
- En la lista desplegable **Localización**, seleccione el idioma de la interfaz.
- La opción **Imagen de botón** permite seleccionar una imagen que permitirá visualizar el calendario. Marque la opción y haga clic en el botón de la imagen a la derecha del campo para seleccionar la imagen deseada, como haremos en el ejemplo siguiente.
- Las opciones **Change Month** y **Change Year** permiten mostrar listas desplegables para los meses y años.
- La opción **En lín.** permite conservar el calendario con la fecha seleccionada en lugar de mostrar solo la fecha seleccionada en un campo.
- La opción **Show Button Panel** permite mostrar los botones **Hoy** y **Cerrar**.
- Los campos **Min Date** y **Max Date** permiten indicar una fecha mínima y máxima para el calendario.

- El campo **Number Of Months** permite indicar el número de meses que deben mostrarse.

5. Mostrar el selector de fecha

- Para ver el acordeón, es posible utilizar el modo **En vivo** o mostrar la página en un navegador.

6. Editar las reglas CSS

Para editar las reglas CSS, proceda exactamente igual que para el acordeón.

E. El cuadro de diálogo

1. El uso del componente

Este componente permite mostrar un cuadro de diálogo para avisar al usuario.

2. Insertar el componente

- Sitúe el punto de inserción en el lugar donde desee insertar el componente.
- En el menú **Insertar**, o en el panel **Insertar**, seleccione **jQuery UI** y **Dialog**.
  El componente se inserta en la página:

- Seleccione el componente en la página haciendo clic en su pestaña azul **jQuery Dialog: Dialog1**.

- En el panel **Propiedades**, en el campo **ID**, podrá ver el identificativo del componente.

- Guarde la página y los archivos vinculados.

3. Configurar el cuadro de diálogo

- Seleccione el componente en la página haciendo clic en su pestaña azul **jQuery Dialog: Dialog1**.
- Utilice el panel **Propiedades**.

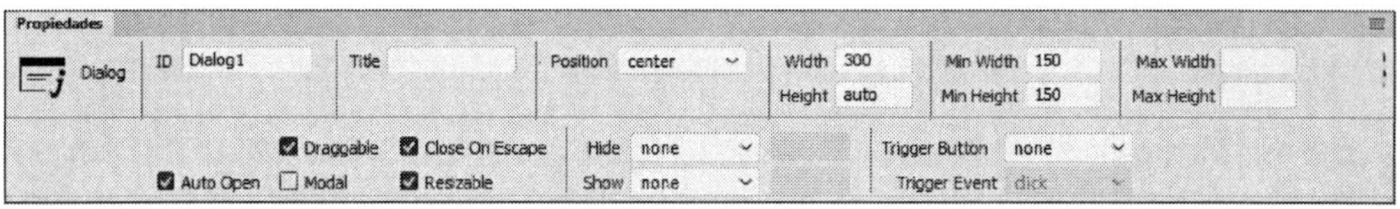

- En la lista desplegable **Position**, seleccione la posición de la ventana del navegador donde aparecerá el cuadro de diálogo.
- En los campos **Width** y **Height**, indique el tamaño y en los campos **Min** y **Max**, el tamaño mínimo y máximo que no se debe sobrepasar.
- La opción **Auto Open** permite mostrar el cuadro de diálogo sin que el usuario intervenga.

  Si desmarca esta opción, será preciso añadir un elemento desencadenante para que el cuadro de diálogo aparezca. Es lo que hacemos a continuación.
- En la página, delante del componente precedente, añada el componente jQuery **Button**.

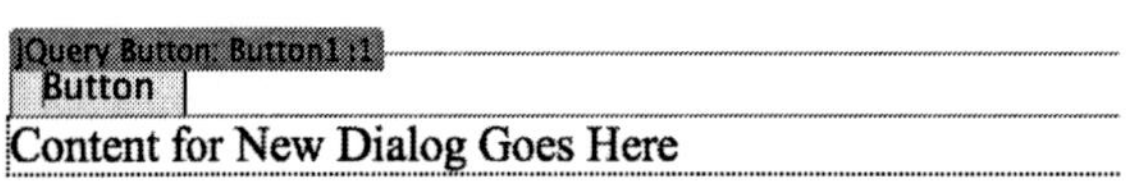

En el siguiente ejemplo, el identificativo, **ID**, del botón es **Button1** y su etiqueta, **Label**, es **Vista**.

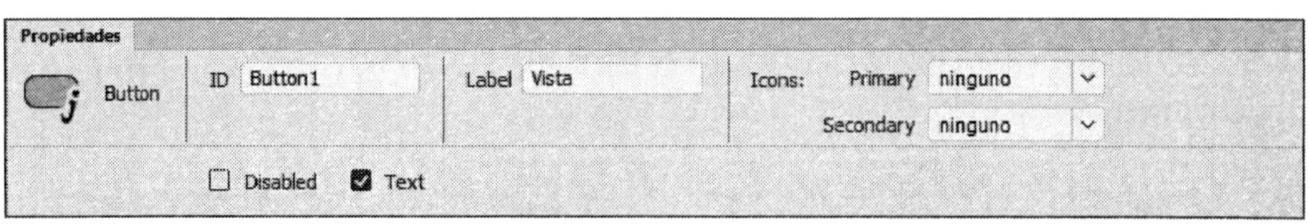

- Seleccione el componente del cuadro de diálogo.
- En la lista desplegable **Trigger Button**, seleccione el botón anterior, llamado **Button1**.
- En la lista desplegable **Trigger Event**, seleccione la acción de ratón que pondrá en marcha la vista del cuadro de diálogo, **click** en este ejemplo.

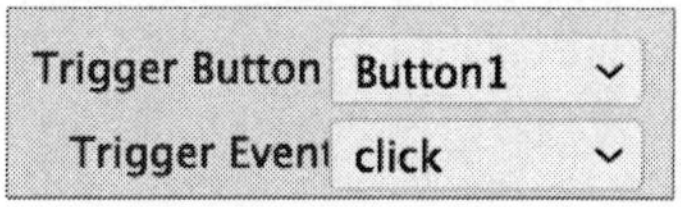

- La opción **Draggable** permite mover el cuadro de diálogo.
- La opción **Modal** permite definir esta ventana, este cuadro de diálogo como modal. Esto quiere decir que el usuario deberá obligatoriamente responder al cuadro de diálogo antes de realizar cualquier acción en la página.
- La opción **Close On Escape** permite cerrar el cuadro de diálogo usando la tecla esc.
- La opción **Resizable** autoriza cambiar de tamaño el cuadro de diálogo.
- En la lista desplegable **Hide**, seleccione la animación para ocultar el cuadro de diálogo.
- En la lista desplegable **Show**, seleccione la animación para mostrar el cuadro de diálogo.
- A la derecha dispone de campos para indicar la duración en milisegundos de los efectos seleccionados.

4. La vista

Esta es la vista inicial usando un botón para iniciar la acción:

El usuario hace clic en el botón para ver el cuadro de diálogo que aparece centrado en la ventana del navegador en este ejemplo.

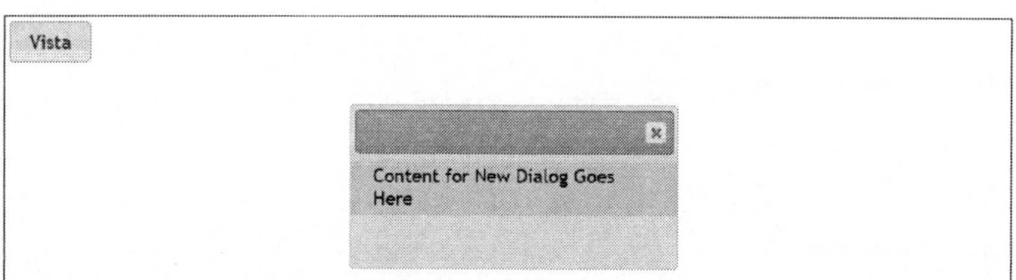

5. Editar las reglas CSS

- Para editar las reglas CSS, proceda exactamente del mismo modo que con el acordeón.

F. Escribir con la herramienta de autocompletado

1. El uso del componente

El componente **Autocomplete** permite a los usuarios introducir un valor en un campo. Pero existe una lista de valores de sugerencias preestablecida que muestra el valor más cercano al que el usuario introduce a medida que este va escribiendo. Esto permite limitar los riesgos de error.

2. Insertar el componente

- Sitúe el punto de inserción en el lugar donde desee insertar el componente.
- En el menú **Insertar**, o en el panel **Insertar**, seleccione **jQuery UI**.
- A continuación haga clic en **Autocomplete**.

  El componente se inserta en la página:

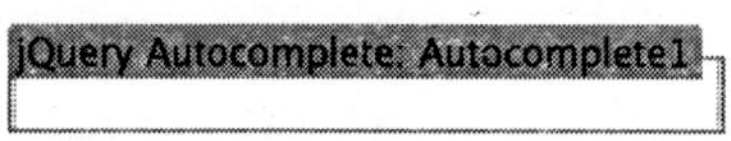

- Seleccione el componente en la página haciendo clic en su pestaña azul **jQuery Autocomplete: Autocomplete1**.
- En el panel **Propiedades**, en el campo **ID**, podrá ver el identificativo del componente.

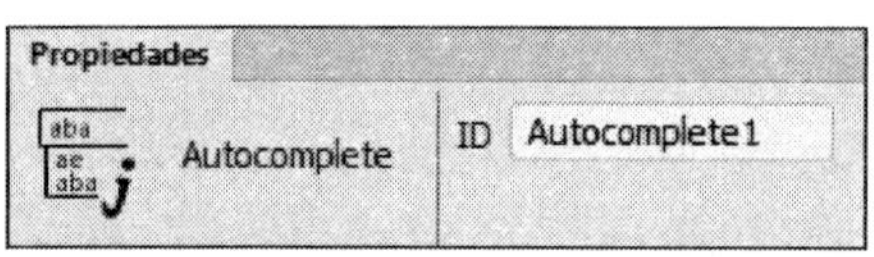

- Guarde la página y los archivos relacionados.

3. Configurar el cuadro de diálogo

- Seleccione el componente en la página haciendo clic en su pestaña azul **jQuery Autocomplete: Autocomplete1**.
- Utilice el panel **Propiedades**.

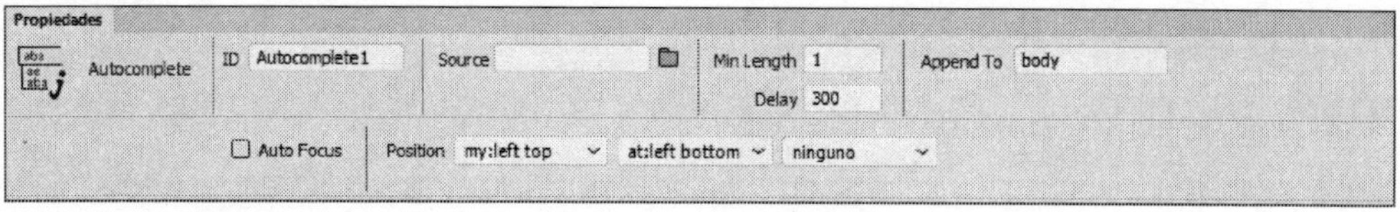

- En el campo **Source**, indique el origen de los valores predefinidos. Puede seleccionar un archivo .js o .json. Pero puede introducir usted mismo los valores respetando la sintaxis JavaScript de las tablas.

  Este es un ejemplo de valores introducidos en una tabla: ["Badajoz,"Barcelona","Burgos", "Segovia","Sevilla","Tarragona","Tárrega"]. Observe que no hay coma al final de la lista.
- En el campo **Min Length** indique el número mínimo de caracteres que se deben escribir antes de que se muestre el autocompletado.
- En el campo **Delay** indique en milisegundos por cuánto tiempo se muestra el autocompletado.
- En el campo **Append To** indique a qué elemento HTML debe asociarse la lista. En este ejemplo es al cuerpo de la página, el elemento **<body>**.
- La opción **Auto Focus** permite activar automáticamente el primer valor de la lista.
- En las listas desplegable **Position** indique las posiciones de los valores del autocompletado.

4. La vista

Esta es la vista inicial obtenida: el punto de inserción parpadea en el campo.

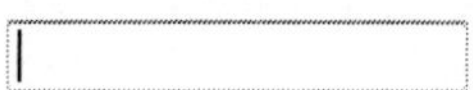

Cuando el usuario escribe los primeros caracteres, la lista de sugerencias del autocompletado se actualiza.

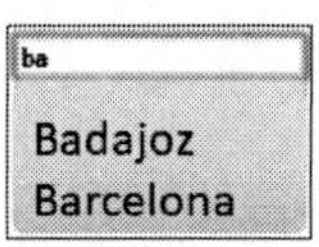

El usuario puede seleccionar una de las sugerencias o bien escribir un valor que no aparezca en la lista.

5. Editar las reglas CSS

Para editar las reglas CSS, proceda exactamente del mismo modo que con el acordeón.

G. Los conjuntos de botones

1. El uso del componente

Los conjuntos de botones permiten mostrar varios botones unos junto a otros. Posteriormente es posible asociar enlaces o acciones a esos botones.

2. Insertar el componente

- Sitúe el punto de inserción en el lugar donde desee insertar el componente.
- En el menú **Insertar**, o en el panel **Insertar**, seleccione **jQuery UI**.
- Haga clic en **Buttonset**.
  El componente se inserta en la página:

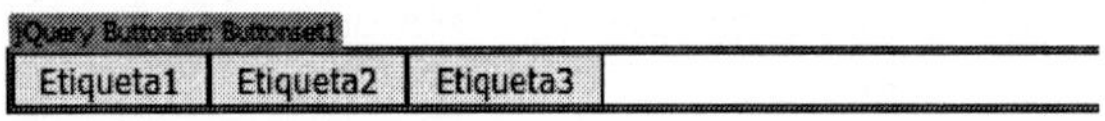

- Seleccione el componente en la página haciendo clic en su pestaña azul **jQuery Buttonset: Buttonset1**.
- En el panel **Propiedades**, en el campo **ID**, podrá ver el identificativo del componente.
- Guarde la página y los archivos relacionados.

3. Editar las etiquetas de los botones

- Seleccione en la página la **Etiqueta1** del primer botón y escriba la etiqueta deseada.

- Haga lo mismo con el resto de etiquetas.

4. Configurar el conjunto de botones

- Seleccione el componente en la página haciendo clic en su pestaña azul **jQuery Buttonset: Buttonset1**.
- Utilice el panel **Propiedades**.

- En el cuadro **Buttons**, utilice el botón + para añadir un nuevo botón.
- En el cuadro **Buttons**, utilice el botón - para eliminar un botón seleccionado.
- En el cuadro **Buttons**, utilice los botones triangulares para modificar el orden en que aparece un botón seleccionado.

5. Utilizar los botones

A continuación puede usar los botones para crear un vínculo, por ejemplo.

- En la página, seleccione la primera etiqueta, **Inicio** en este ejemplo.
- En el panel **Propiedades**, haga clic en el botón **HTML**.
- En el campo **Vínculo**, cree el enlace deseado.

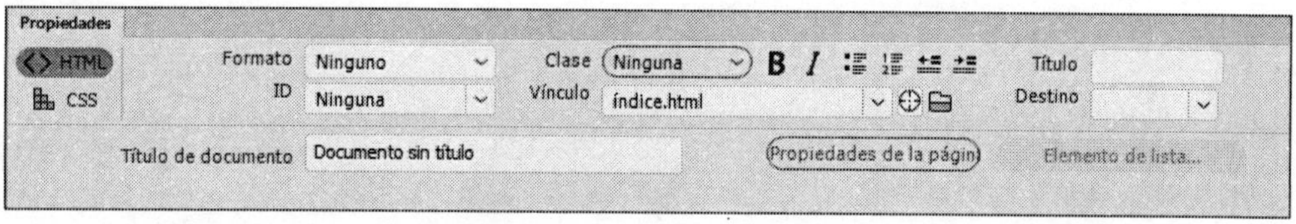

6. La vista

Esta es la vista que se obtiene:

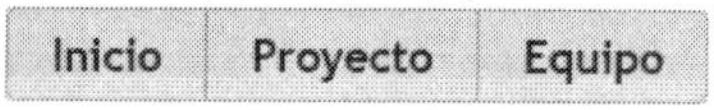

7. Editar las reglas CSS

Para editar las reglas CSS, proceda exactamente del mismo modo que con el acordeón visto al principio del capítulo.

H. Los grupos de casillas de verificación

1. El uso del componente

Este componente permite crear de manera sencilla un grupo de casillas de verificación. Habitualmente, las casillas de verificación permiten seleccionar varios valores. Como comprobará en la vista, las casillas de verificación se muestran como botones, después de todo.

2. Insertar el componente

- Sitúe el punto de inserción en el lugar donde desee insertar el componente.
- En el menú **Insertar**, o en el panel **Insertar**, seleccione **jQuery UI**.
- A continuación, haga clic en **Checkbox Buttons**.

  El componente se inserta en la página:

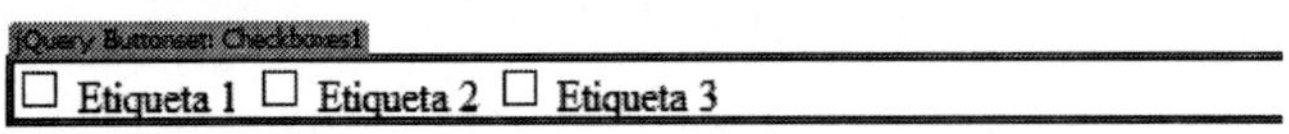

- Seleccione el componente en la página haciendo clic en su pestaña azul **jQuery Buttonset: Checkboxes1**.
- En el panel **Propiedades**, en el campo **ID**, podrá ver el identificativo del componente.

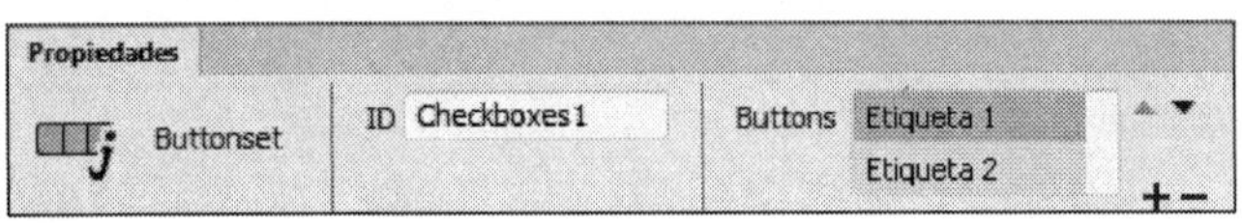

- Guarde la página y los archivos relacionados.

3. Editar las etiquetas de los botones

- Seleccione en la página la etiqueta de la primera casilla de verificación e introduzca la etiqueta deseada.

- Haga lo mismo con el resto de etiquetas.

4. Configurar el grupo de casillas de verificación

- Seleccione el componente en la página haciendo clic en su pestaña azul **jQuery Buttonset: Checkboxes1**.
- Utilice el panel **Propiedades**.

- En el cuadro **Buttons**, utilice el botón + para añadir una nueva casilla de verificación.
- En el cuadro **Buttons**, utilice el botón - para eliminar la casilla de verificación seleccionada.
- En el cuadro **Buttons**, utilice los botones triangulares para modificar el orden en que aparece un botón seleccionado.

5. La vista

Este es la vista que se obtiene. Tenemos, después de todo, unas casillas de verificación con diseño de botón, pero su uso como casillas de verificación sigue siendo el mismo: el usuario puede llevar a cabo elecciones múltiples que aparecerán sobre fondo blanco. Las opciones no seleccionadas aparecerán sobre fondo gris.

6. Editar las reglas CSS

- Para editar las reglas CSS, proceda exactamente del mismo modo que con el acordeón visto al principio del capítulo.

I. Los grupos de botones de opción

1. El uso del componente

Este componente permite crear de un modo sencillo un grupo de botones de opción. Los botones de opción permiten seleccionar un único valor entre un conjunto de botones de opción. Como comprobará en la vista, después de todo los botones de opción tienen la apariencia de botones.

2. Insertar el componente

- Sitúe el punto de inserción en el lugar donde desee insertar el componente.
- En el menú **Insertar**, o en el panel **Insertar**, seleccione **jQuery UI**.
- A continuación, haga clic en **Radio Buttons**.
  El componente se inserta en la página:

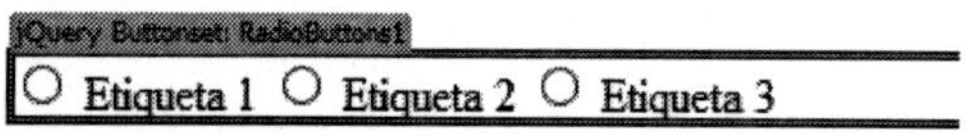

- Seleccione el componente en la página haciendo clic en su pestaña azul **jQuery Buttonset: RadioButtons1**.
- En el panel **Propiedades**, en el campo **ID**, podrá ver el identificativo del componente.

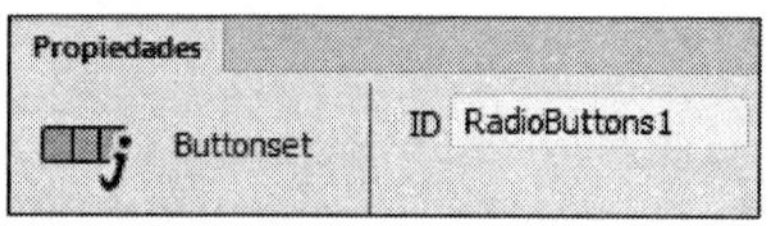

- Guarde la página y los archivos relacionados.

3. Editar las etiquetas de los botones

- Seleccione en la página la etiqueta del primer botón de opción e introduzca la etiqueta deseada.

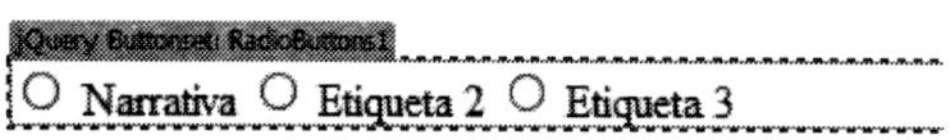

- Haga lo mismo con el resto de etiquetas.

4. Configurar el grupo de botones de opción

- Seleccione el componente en la página haciendo clic en su pestaña azul **jQuery Buttonset: RadioButtons1**.
- Utilice el panel **Propiedades**.

- En el cuadro **Buttons**, utilice el botón + para añadir un nuevo botón de opción.
- En el cuadro **Buttons**, utilice el botón - para eliminar el botón de opción seleccionado.
- En el cuadro **Buttons**, utilice los botones triangulares para modificar el orden en que aparece el botón seleccionado.

5. La vista

Esta es la vista que se obtiene. Tenemos, después de todo, unos botones de opción con diseño de botón, pero su uso como botones de opción sigue siendo el mismo: el usuario solo puede marcar una opción, que aparecerá sobre fondo blanco. Las opciones no seleccionadas aparecerán sobre fondo gris.

6. Editar las reglas CSS

- Para editar las reglas CSS, proceda exactamente del mismo modo que con el acordeón visto al principio del capítulo.

Capítulo 21: Diseño con CSS

A. Elementos HTML5 y estilos CSS para el diseño

1. Objetivos

El HTML y las CSS ofrecen todas las soluciones necesarias para crear diseños elaborados. El propósito del presente manual no es estudiar el diseño y la composición Web, por ese motivo estudiaremos un ejemplo simple de composición con un diseño CSS también simple. Usted mismo podrá añadir todas las propiedades CSS que desee para crear un diseño atractivo.

2. Las cajas <div>

Las cajas <div> utilizan el elemento HTML `<div>` que permite crear un «contenedor no semántico» cuyos ancho y alto es posible determinar con más precisión. Podrá insertar en ese contenedor todo lo que desee: texto, tablas, imágenes, formularios o otras cajas.

3. Los elementos de estructura HTML5

Las cajas `<div>` permiten crear contenedores no semánticos. Es decir, no sabemos para qué sirven las cajas `<div>`. Para evitar ese problema, el W3C ha creado elementos de estructura semántica con HTML5.

Estos son los elementos de estructura de que dispone:

- El elemento `<main>`: este elemento alberga el contenido principal de la página y puede contener otros elementos de estructura.
- El elemento `<header>`: el contenido de este elemento es de tipo encabezado. Los encabezados se usan a dos niveles: encabezados de páginas y encabezados de contenidos.
- El elemento `<footer>`: el contenido de este elemento es de tipo pie de página. Tiene los mismos usos que los encabezados.
- El elemento `<nav>`: el contenido de este elemento permite navegar con vínculos de hipertexto.
- El elemento `<section>` permite reagrupar elementos de una misma temática. Podemos tener un encabezado, un contenido y un pie de página, por ejemplo.
- El elemento `<article>` permite ver un contenido autónomo que, «fuera» del contexto de la página es perfectamente comprensible. Un artículo puede contener un encabezado, títulos y un pie de página.
- El elemento `<aside>` permite ver un contenido relacionado con el contenido al que está asociado.
- El elemento `<figure>` permite agrupar todos los elementos constitutivos para insertar una imagen: la imagen y su leyenda.

4. Los modelos de caja

Todos los elementos HTML, de estructura por tanto, utilizan el mismo modelo de caja predeterminado para mostrar contenido. Las cajas poseen contenido, rellenos (propiedad `padding`) en todos lados del contenido, bordes (propiedad `border`) en todos los lados de la caja y márgenes (propiedad `margin`) en todos los lados de la caja. El contenido puede tener un ancho (propriedad `width`) y un alto (propiedad `height`).

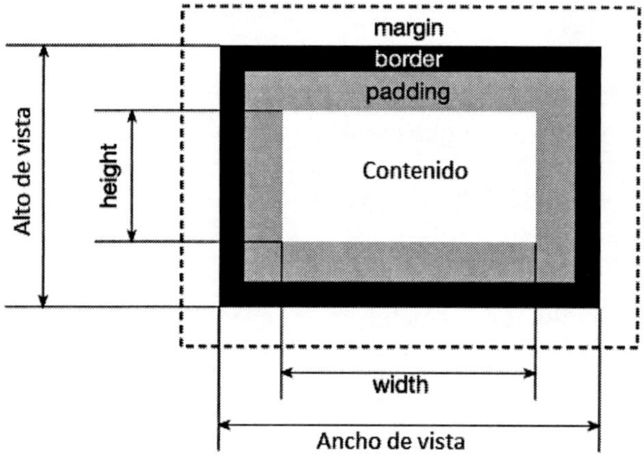

Este primer modelo de caja predeterminada utiliza la propiedad CSS `box-sizing: content-box`.

El segundo modelo de caja usa la propiedad CSS `box-sizing: border-box`. Este modelo indica que el alto y el ancho de la caja incluyen el relleno, `padding`, y los bordes, `border`, lo que significa que el alto y ancho indicados son iguales al ancho y alto de vista.

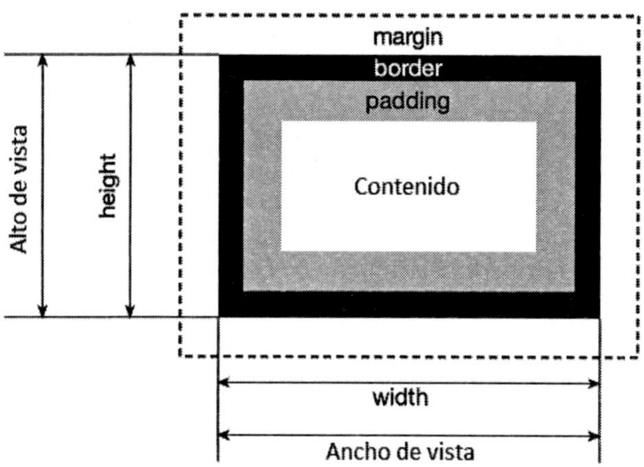

B. Realización de un ejemplo simple

Vemos a crear un diseño simple con los elementos HTML5 disponibles en Dreamweaver. Nuestro contenido estará centrado en la ventana gracias a un contenedor general. Tendremos un encabezamiento, una barra de navegación, un contenido central con una columna lateral a la derecha y un pie de página.

Este es el esquema de la estructura:

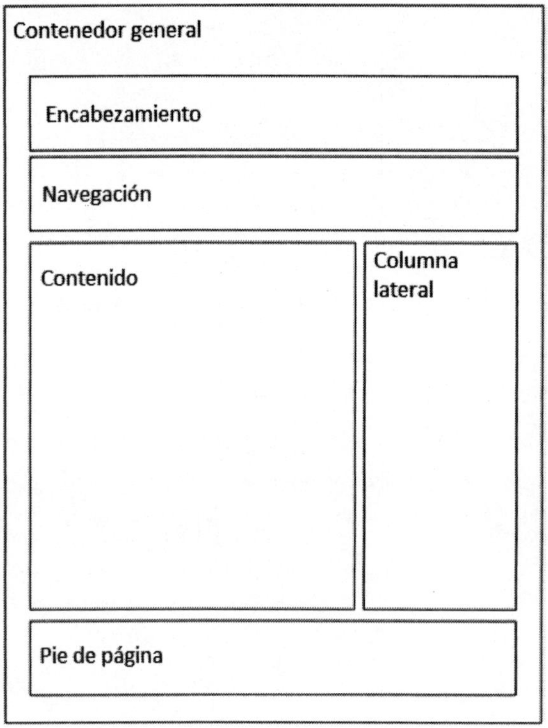

C. El contenedor general

1. Insertar la caja <div>

Para el contenedor general usaremos el elemento `<main>`.

➜ Cree un nuevo documento y guárdelo.

El punto de inserción parpadea al principio de la página web.

- En el menú **Insertar** o en el panel **Insertar**, seleccione **HTML** y después **Main**.

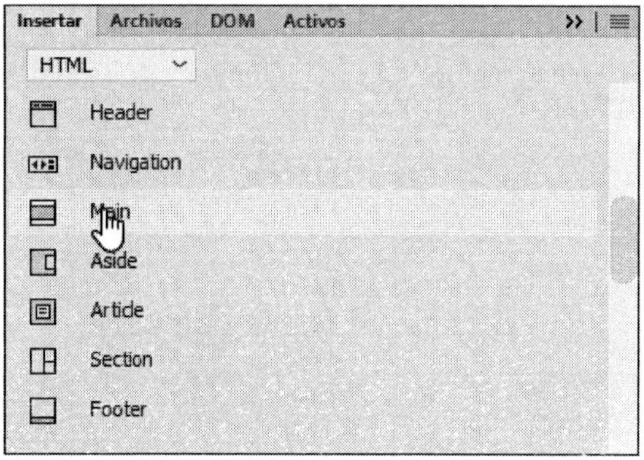

Aparece la ventana **Insertar panel principal**.

- En la lista desplegable **Insertar**, deje **En punto inserción**. Queremos insertar el elemento allí donde parpadea el punto de inserción.
- En el campo **Class**, no escriba nada.
- En el campo **ID**, no escriba nada, determinaremos el elemento por su nombre.

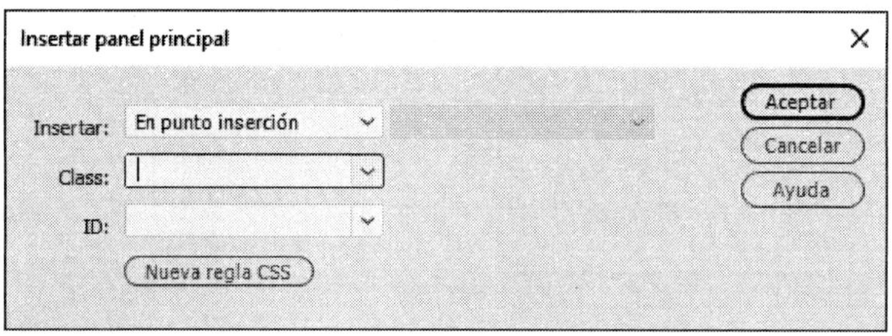

- Haga clic en **Aceptar**.

Dreamweaver inserta el elemento `<main>` en la página.

En la barra de estado podrá ver que el elemento ha sido insertado `<main>`.

- Dreamweaver inserta automáticamente en el elemento un contenido textual de ejemplo `<main>`, elimínelo.

2. El estilo CSS del contenedor

Procederemos ahora a dar formato al elemento `<main>`.

- En el menú **Ventana**, seleccione **Diseñador de CSS** si es preciso.
- En la pestaña **Fuentes**, añada una fuente de tipo **Definir en página**.
- En la pestaña **@Medios**, seleccione **GLOBAL**.
- En la pestaña **Selectores**, añada el selector **main**.

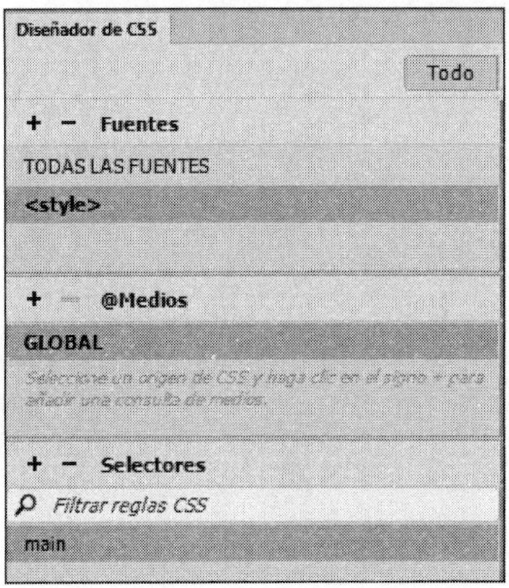

- En la categoría **Diseño**, indique un valor de **960 píxeles** para la propiedad **width**.
- Para la propiedad **margin**, en los lados izquierdo y derecho, indique el valor **auto**. Esto permitirá una apariencia centrada en la ventana de navegador.

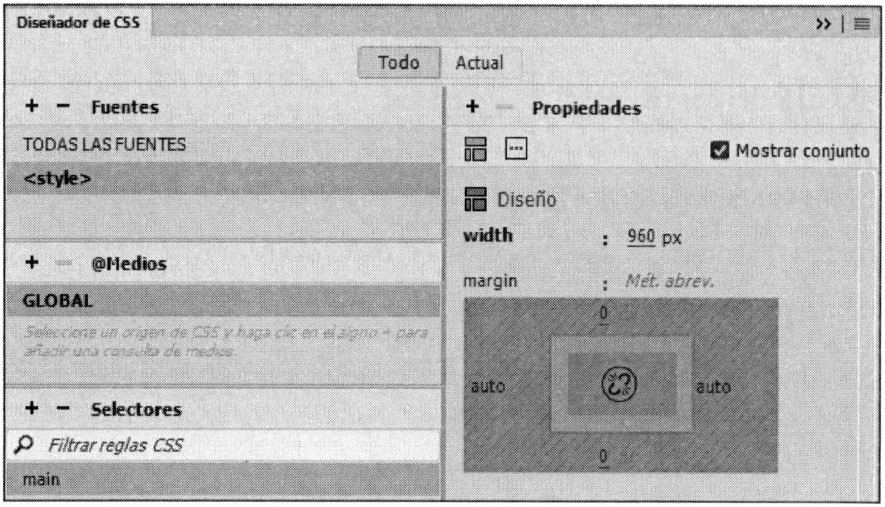

D. El encabezado de la página

1. Insertar el elemento <header>

Para el encabezado de la página vamos a usar el elemento HTML5 `<header>`. Está diseñado con ese propósito.

- En la página, haga clic en el elemento `<main>` insertado previamente. Puede usar el modo **Dividir** para mayor comodidad.
- En el menú **Insertar** o en el panel **Insertar**, seleccione **HTML** y **Header**.
- En la ventana **Insertar Header**, lista desplegable **Insertar**, deje **En punto inserción**.
- No complete los campos **Class** y **ID**.

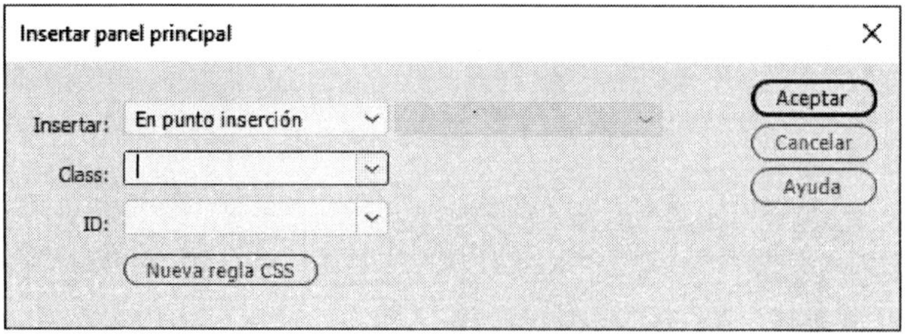

- Haga clic en **Aceptar**.

  Dreamweaver inserta el elemento <header>.

- Elimine el texto insertado automáticamente por Dreamweaver.

2. Insertar un título en el encabezamiento

En el elemento <header> vamos a insertar un elemento <h1> para colocar en él el título de la página.

- Haga clic en el elemento <header> insertado antes.

- En el menú **Insertar** o en el panel **Insertar**, seleccione **HTML**, y después en la lista desplegable **Heading**, seleccione **H1**.

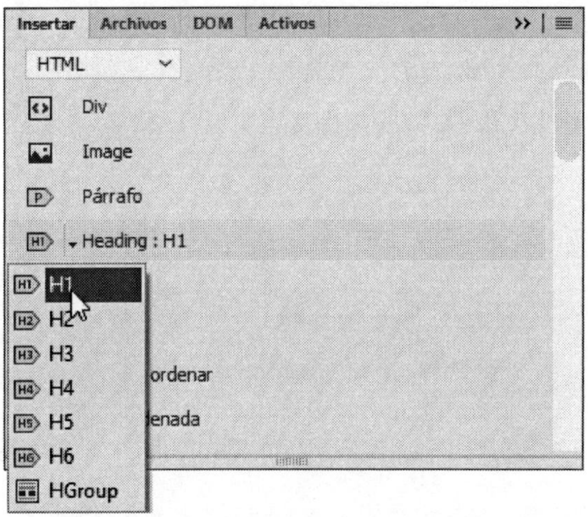

  Dreamweaver inserta el elemento <h1> y coloca en él un texto predeterminado.

- Escriba su texto en sustitución.

  Ahora tenemos esta estructura:

  `<main> <header> <h1>...</h1> </header> </main>`

  La estructura puede verse en la barra de estado.

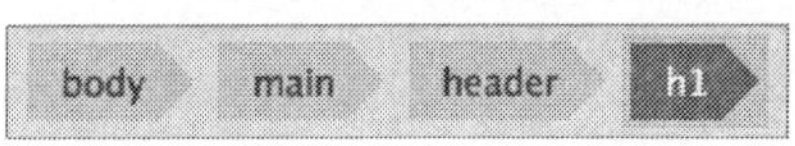

Y también en el panel **DOM**:

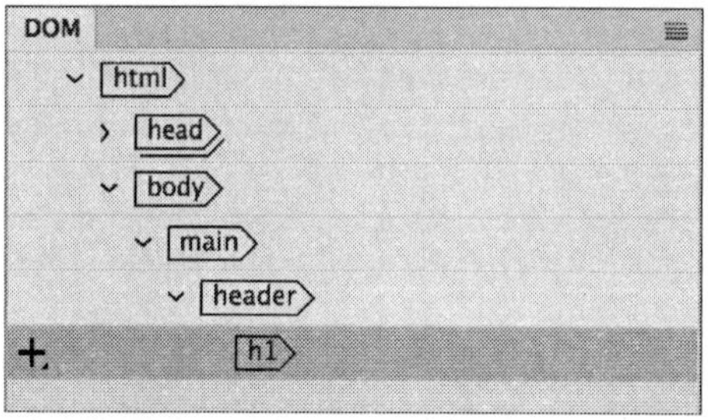

3. El diseño del encabezado

Para darle forma al encabezado bastará con utilizar el selector **header**.

- En el panel **Diseñador de CSS**, en la fuente **<style>**, añada el selector.
- Todavía en el panel **Diseñador de CSS**, añada las propiedades que desea para darle forma al elemento.
  En este ejemplo, hemos añadido un fondo de color y un relleno uniforme de 5 píxeles.

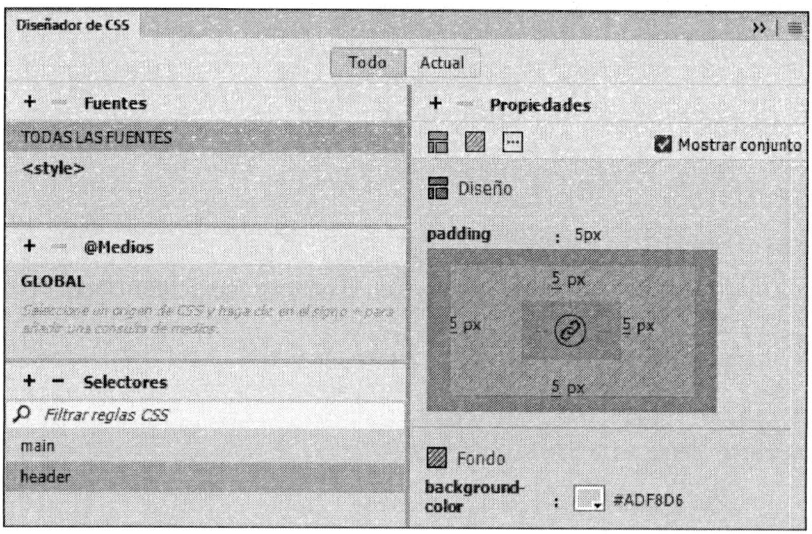

4. El diseño del título

- En el panel **Diseñador de CSS**, añada este selector: **header h1** para determinar solo al elemento <h1> incluido en el elemento <header>.
- Añada las propiedades que desee.

  Estas son las propiedades utilizadas:

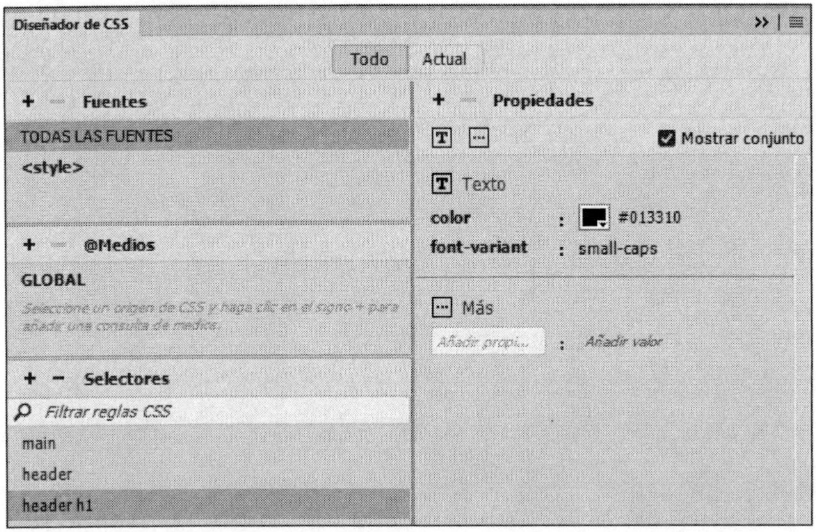

E. La navegación

1. Insertar el elemento <nav>

Ahora insertaremos la barra de navegación con el elemento <nav>, diseñado para esa función.

- Muestre el modo **Dividir**.
- Haga clic justo después de la etiqueta de cierre del elemento <header>.
- En el menú **Insertar** o en el panel **Insertar**, seleccione **HTML** e inserte el elemento de estructura **Navigation**.

- En la ventana que aparece, deje la opción **En punto inserción**.

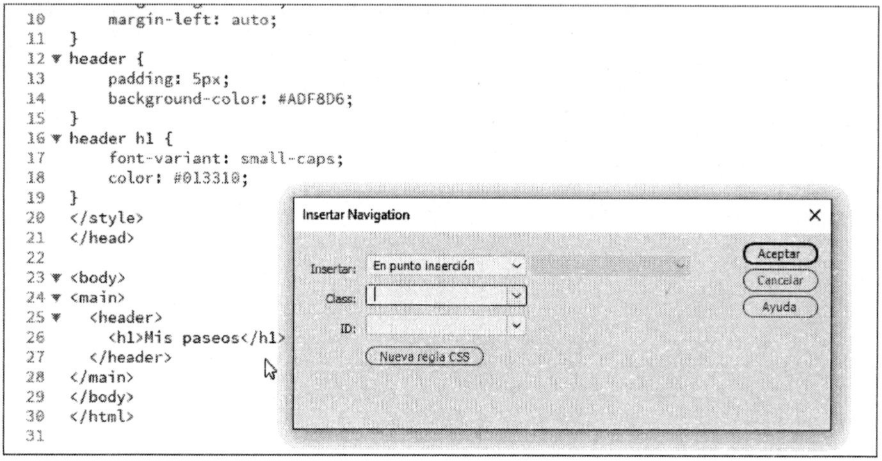

- Haga clic en **Aceptar**.

  Dreamweaver inserta el elemento `<nav>` con un texto predeterminado.

- Elimine ese texto.

2. El diseño de la navegación

Para esta caja de navegación insertaremos únicamente un borde inferior.

- En el panel **Diseñador de CSS**, añada el selector **nav**.

- Aplíquele un borde inferior de un píxel de grosor, con formato solid y de color gris (`border-bottom: 1px solid #4A4A4A`).

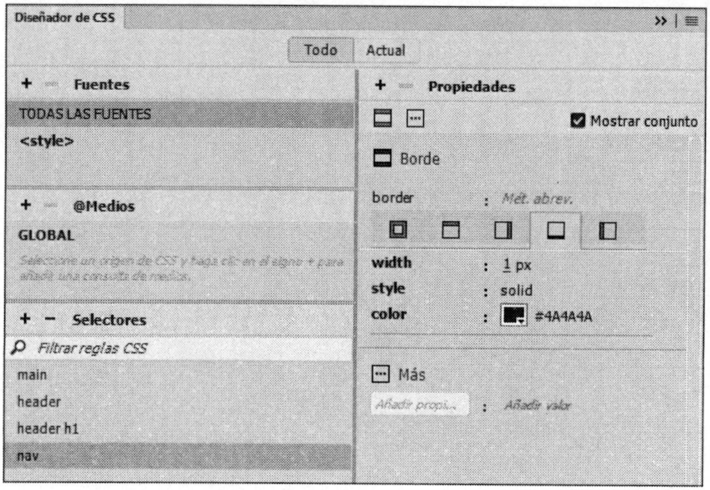

3. Insertar la lista de vínculos

Insertaremos ahora una lista de vínculos con el elemento `<ul>`.

- Haga clic en el elemento `<nav>`.
- En el menú **Insertar** o en el panel **Insertar**, seleccione **HTML** y haga clic en el elemento **Lista sin ordenar**.
- Después, en la lista insertada, haga clic en el elemento **Elemento de lista**.
- Escriba el nombre del primer vínculo, **Inicio** en este ejemplo.
  Esta es la estructura que tendrá:

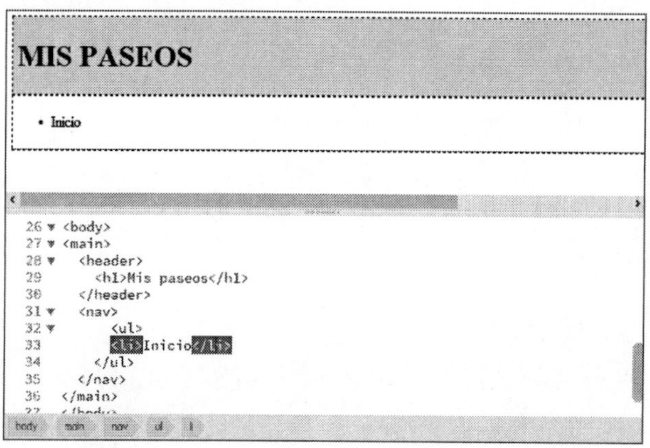

- Haga clic junto a la etiqueta de cierre `</li>` del primer ítem de la lista `<ul>`.
- Inserte otro **Elemento de lista**.
- Escriba el nombre del vínculo.
- Haga lo mismo con todos los vínculos que desee insertar.

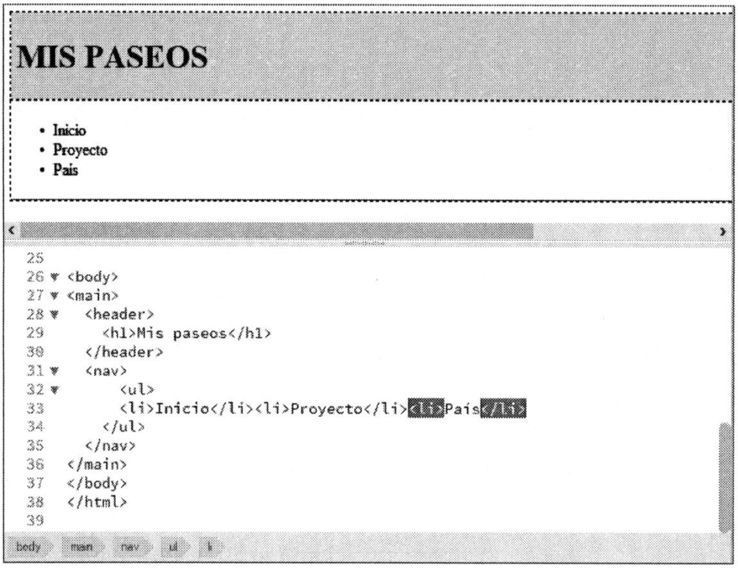

- Inserte los enlaces de cada ítem de la lista.

4. El diseño de la lista de vínculos

Para la lista de vínculos usaremos una vista en fila y así poder verlos unos junto a otros.

- Para mayor facilidad, haga clic en el texto de uno de los vínculos.
- En la barra de estado, seleccione el elemento `<ul>`.

- En el panel **Diseñador de CSS**, añada un selector.

  Dreamweaver crea el selector de acuerdo con el contexto en el que parpadea el punto de inserción.

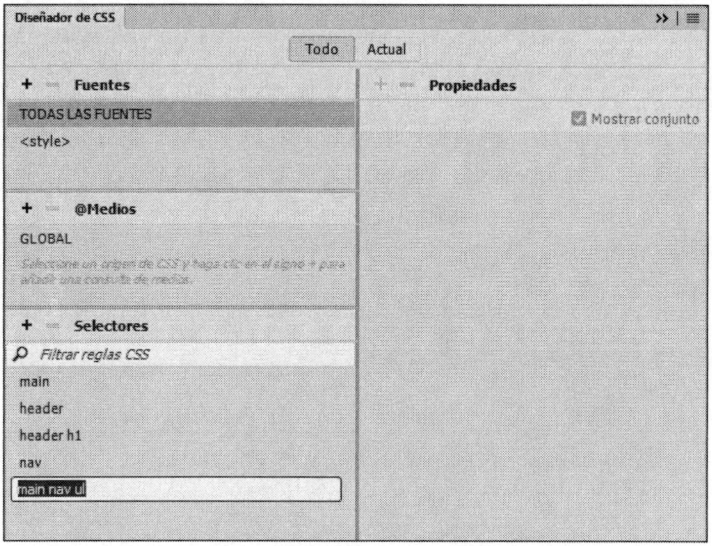

→ Aplique márgenes (**margin**) y rellenos (**padding**) en **0**.

→ No use estilos para la lista (**list-style** en **none**).

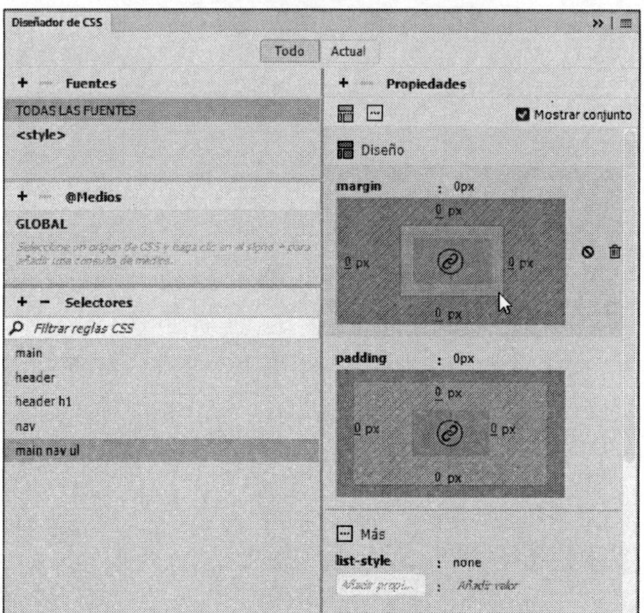

- Haga clic en uno de los vínculos y seleccione el elemento `<li>` en la barra de estado.

- Añada un selector: una vez más, Dreamweaver añade el selector allá donde parpadeo el punto de inserción.
- Aplique una vista en línea (`display: inline-block`) y un margen derecho de 10 píxeles (`margin-right: 10px`).

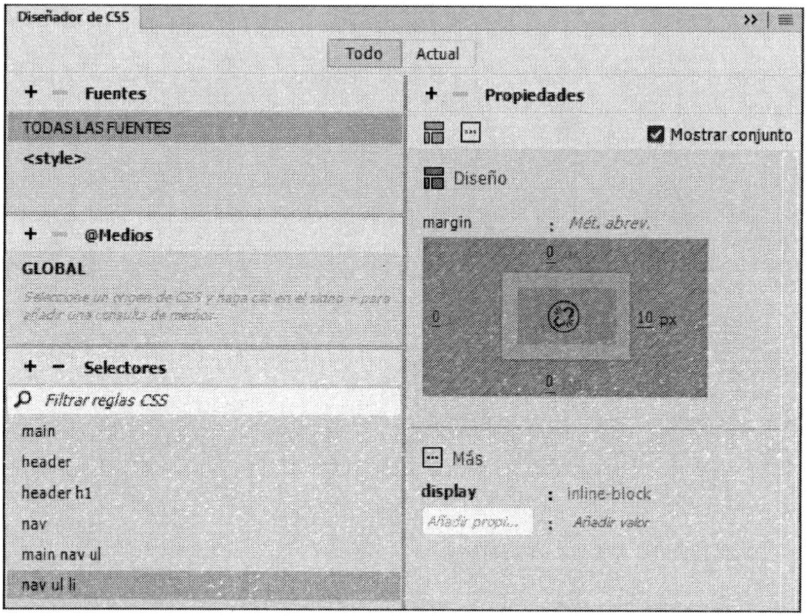

- En cada elemento `<li>`, añada vínculos para los contenidos **Inicio**, **Proyecto** y **País**.
- Haga clic en uno de los vínculos y seleccione el elemento `<a>` de la barra de estado.
- Añada un selector para la composición de los vínculos. Una vez más, Dreamweaver inserta el selector de acuerdo con el contexto en el que parpadea el punto de inserción.
- No aplique ningún ornamento al texto (`text-decoration: none`) para que los vínculos aparezcan subrayados.

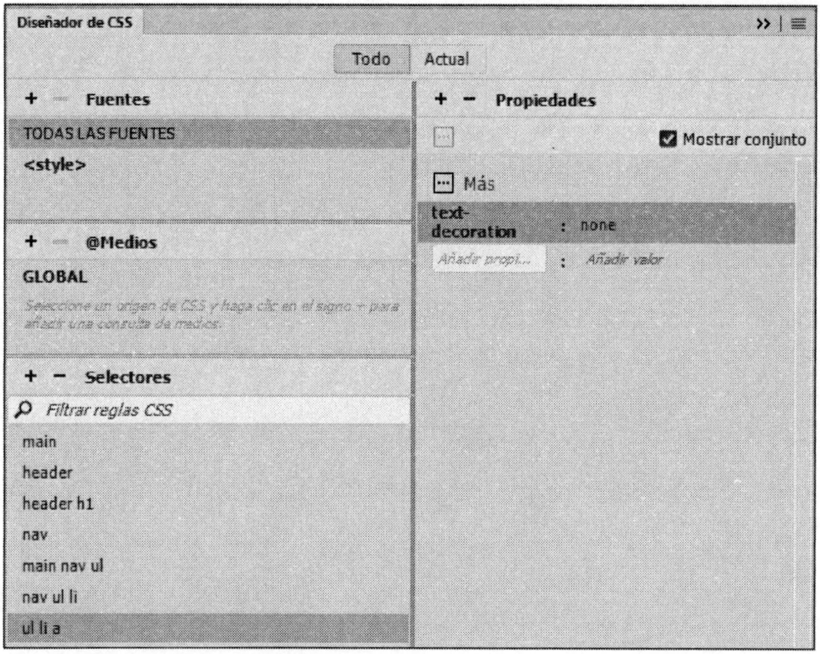

F. La parte central de la página

1. Los elementos

En la parte central de la página, tenemos dos zonas: el contenido de la página y la columna lateral derecha. Vamos a usar ahora los elementos `<article>` y `<aside>`.

2. Insertar el elemento <article>

- Con el modo **Dividir** activo, haga clic a la derecha de la etiqueta de cierre `</nav>` del elemento de navegación.
- Inserte el elemento de estructura **Article**.
- En la ventana de inserción, deje la opción **En punto inserción**.
- Borre el texto que Dreamweaver inserte automáticamente e introduzca en su lugar su texto estructurado.
  En este ejemplo, tenemos un título `<h2>` y texto en un párrafo `<p>`.

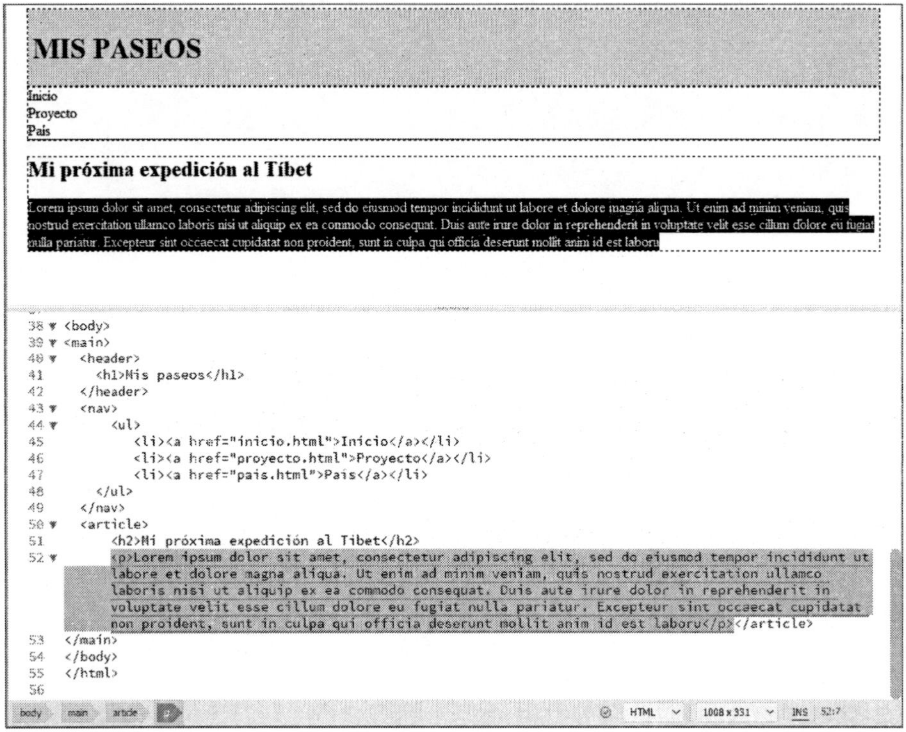

3. El diseño del elemento <article>

Aplicaremos a este elemento un ancho fijo, un relleno y un borde derecho con una vista como celda de tabla.

- En el panel **Diseñador de CSS**, añada el selector **article**.
- Aplíquele estas propiedades: ancho de 709 píxeles (`width: 709px`), vista como celda de tabla (`display: table-cell`) para facilitar el diseño, un relleno a la derecha de 10 píxeles (`padding-right: 10px`) y un borde derecho de un píxel, con trazo completo y de color gris (`border-right: 1px solid #4A4A4A`).

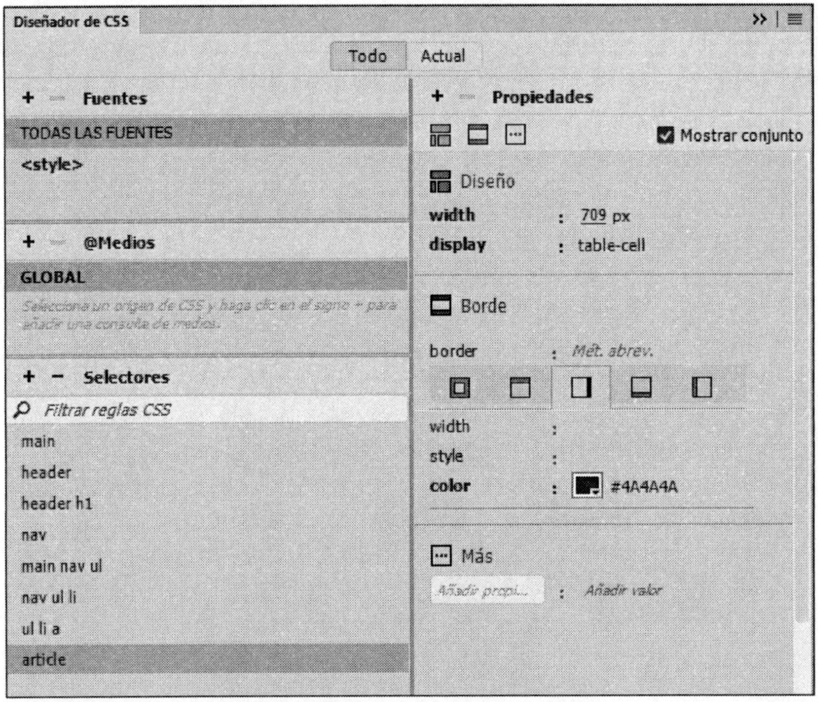

4. Insertar el elemento <aside>

- Con el modo **Dividir** activo, haga clic a la derecha de la etiqueta de cierre `</article>` del elemento de contenido.
- Inserte el elemento de estructura **Aside**.
- En la ventana de inserción, deje la opción **En punto inserción**.
- Borre el texto que Dreamweaver ha insertado y escriba su texto en sustitución.

  En este ejemplo, tenemos un título `<h3>` y una lista de vínculo `<ul>`.

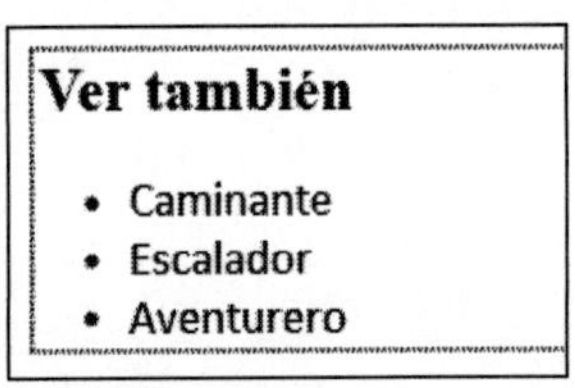

5. El diseño del elemento <aside>

Este elemento ocupará el resto del espacio disponible y tendrá un relleno a la derecha de 10 píxeles.

- En el panel **Diseñador de CSS**, añada el selector **aside**.
- Aplíquele estas propiedades: ancho de 230 píxeles (`width: 230px`), vista como celda de tabla (`display: table-cell`) y un relleno a la izquierda de 10 píxeles (`padding-left: 10px`).

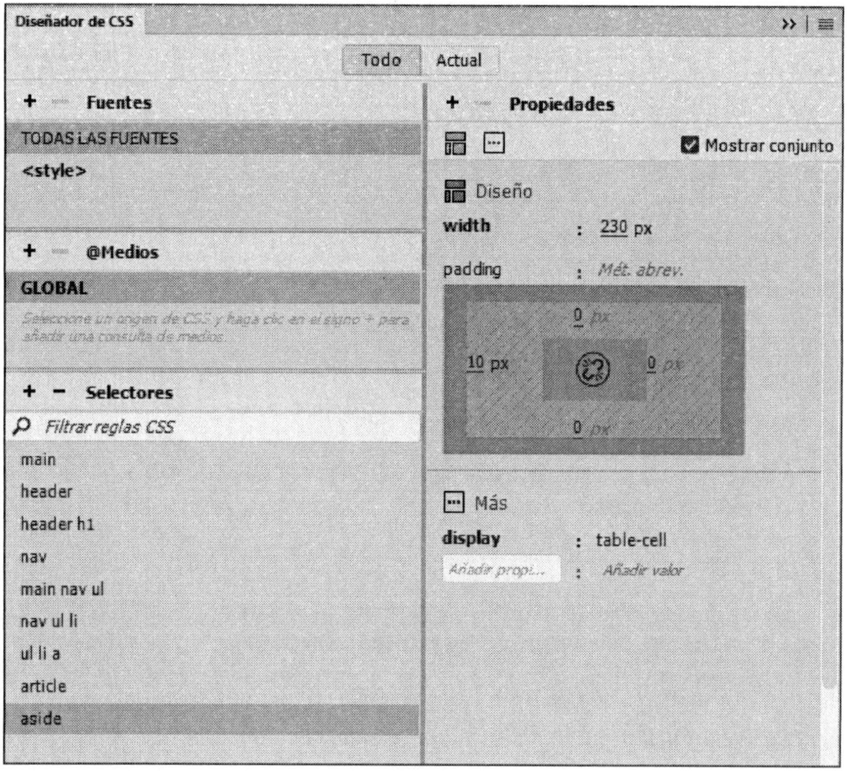

G. El pie de página

1. Insertar el elemento <footer>

El pie de página contiene informaciones diversas como por ejemplo fechas o copyright.

- Con el modo **Dividir**, haga clic a la derecha de la etiqueta de cierre `</aside>` de la columna lateral derecha.
- Inserte el elemento de estructura **Footer**.
- En la ventana de inserción, deje la opción **En punto inserción**.
- Borre el texto que Dreamweaver ha insertado e introduzca su texto en sustitución.
  En este ejemplo hemos usado un párrafo `<p>`.

```
    </aside>
    <footer><p>Donec id elit non mi porta gravida at eget metus.</p></footer>
  </main>
  </body>
  </html>
```

body main footer p

2. El diseño del elemento <footer>

- En el panel **Diseñador de CSS**, añada el selector **footer**.
- Aplíquele, por ejemplo, un borde superior.

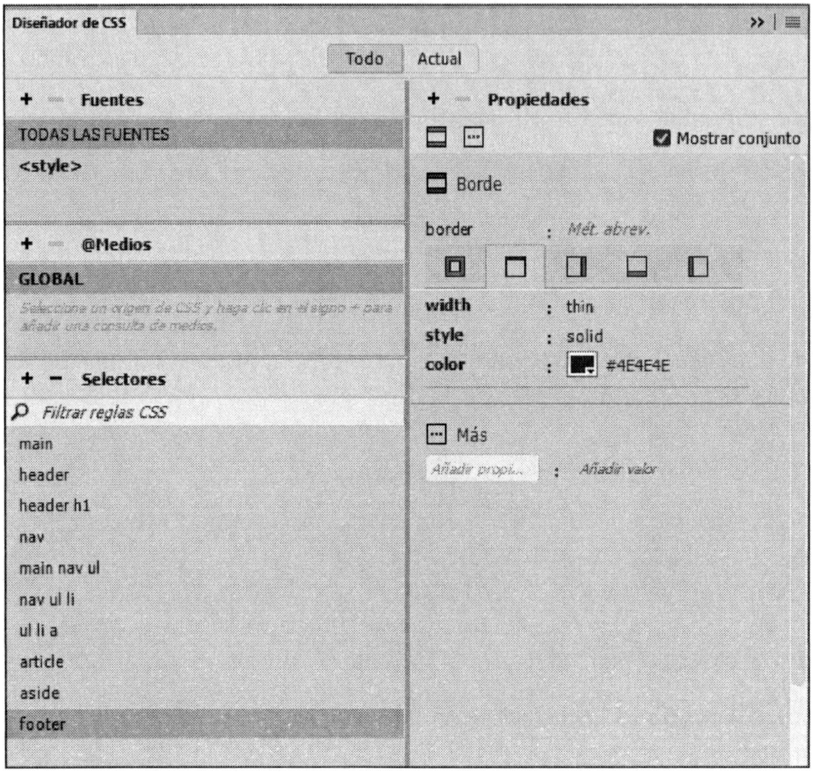

H. La vista de la página

Esta es la vista que obtenemos con esta composición estructurada y diseño minimalista.

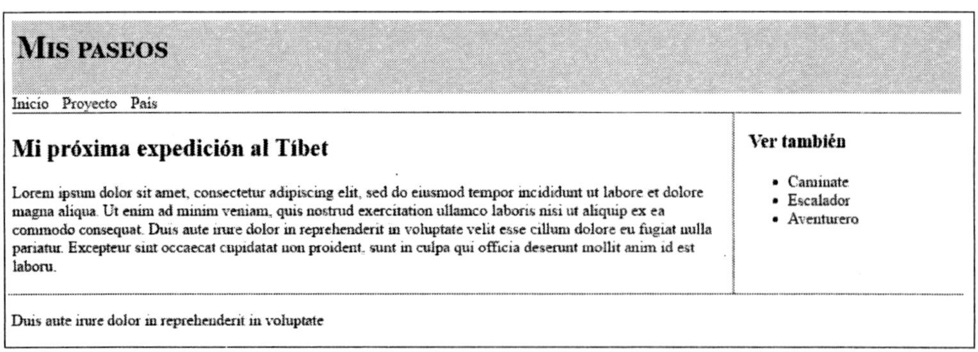

I. La vista de los estilos CSS

Con el fin de efectuar comprobaciones, es posible mostrar los estilos CSS utilizados en las diferentes cajas de la composición al diseñar la página.

Cada vez que hace clic o selecciona un elemento HTML, Dreamweaver muestra el selector correspondiente en el panel **DOM** y en la barra de estado.

En este ejemplo, hemos hecho clic en el elemento `<h1>` del elemento `<header>`. El panel **DOM** muestra el selector. Después, en el panel **Diseñador de CSS** seleccione el mismo selector para ver las propiedades.

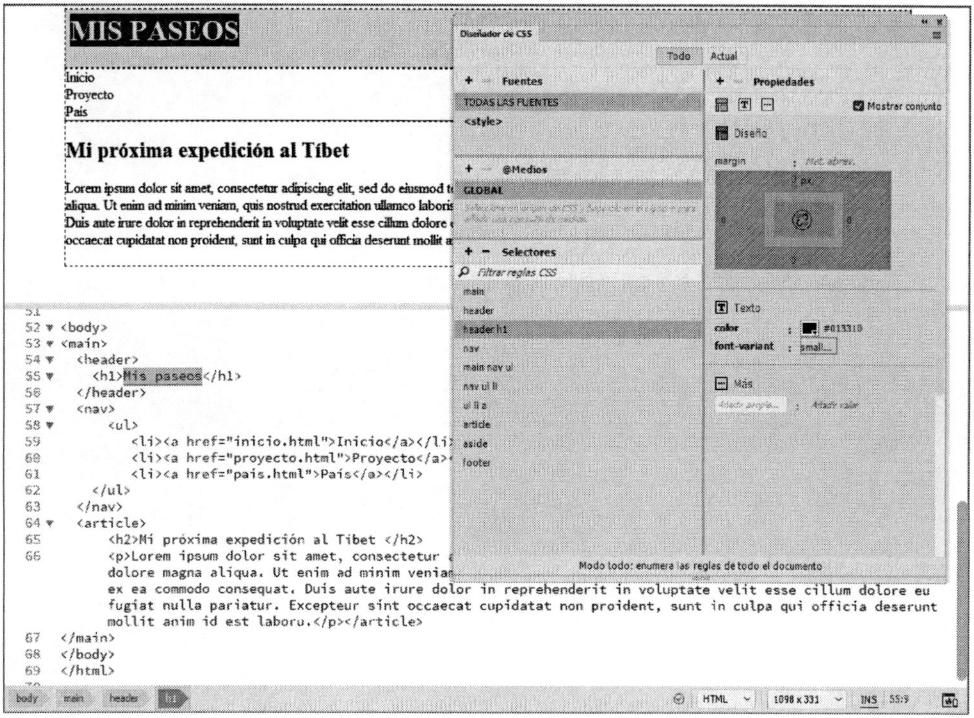

Si seleccionamos el elemento `<aside>` en el panel **DOM** y hacemos lo mismo en el panel **Diseñador de CSS** veremos entonces el selector así como sus propiedades.

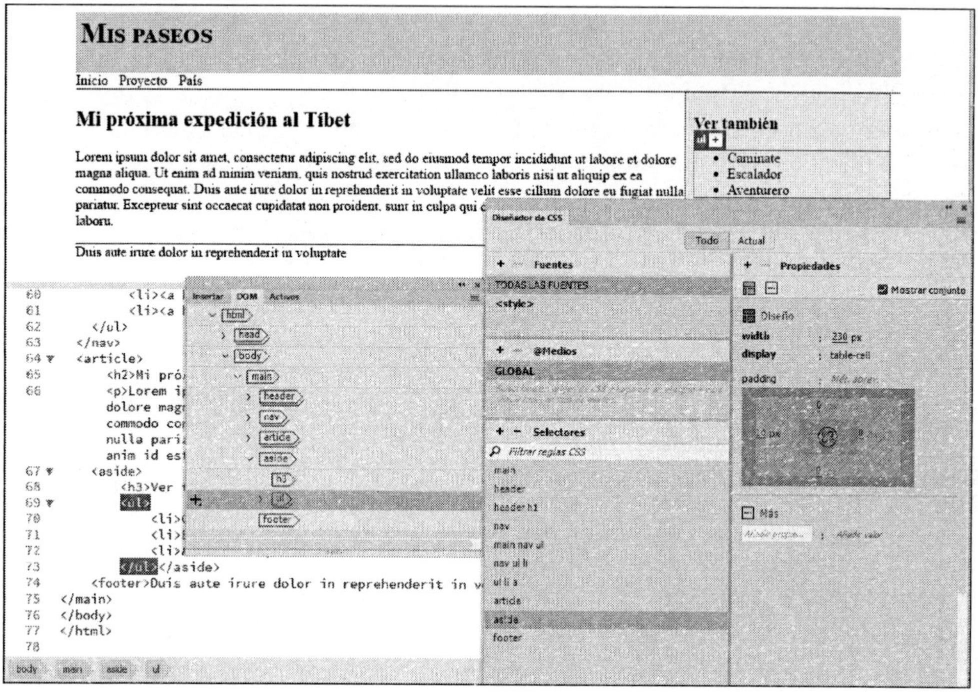

Mis paseos
Inicio Proyecto País
Mi próxima expedición al Tíbet
Ver también
Caminate
Escalador
Aventurero
Duis aute irure dolor in reprehenderit in voluptate
Diseñador de CSS
Todo
Actual
Fuentes
TODAS LAS FUENTES
<style>
@Medios
GLOBAL
Selectores
Filtrar reglas CSS
main
header
header h1
nav
main nav ul
nav ul li
ul li a
article
aside
footer
Propiedades
Mostrar conjunto
Diseño
width : 230 px
display : table-cell
padding
Más
Insertar DOM Activos
html
head
body
main
header
nav
article
aside
h3
ul
footer
</main>
</body>
</html>
body main aside ul

Capítulo 22: El diseño reactivo

A. Adaptación a las diferentes pantallas

Desde hace ya mucho los internautas han dejado de usar únicamente la pantalla de su ordenador: los sitios web se visitan y consultan desde la pantalla del ordenador, pero también desde el smartphone y la tableta.

Es por tanto conveniente tener en cuenta esas diferentes pantallas incluso al concebir las maquetas del sitio. Es los que se conoce como **Responsive Web Design** en inglés, una de cuyas traducciones es **diseño reactivo**.

El diseño reactivo es una recomendación oficial del W3C con las **Media Queries CSS3** (http://www.w3.org/TR/css3-mediaqueries/), las **consultas multimedia** en Dreamweaver.

¿Cómo se usan las consultas multimedia? Es bastante sencillo. Deberá definir un diseño, una composición específica para todos los anchos de pantalla que pudieran utilizarse. Deberá definir reglas CSS de composición y formato si el sitio se ve en pantallas cuyo ancho es superior a X píxeles. Con Dreamweaver se definirán tres series de reglas CSS: para smartphones, tabletas y pantallas.

B. Crear un nuevo documento

Para crear páginas con Responsive Web Design, Dreamweaver ofrece plantillas predefinidas que pueden modificarse y adaptarse a lo que cada usuario requiera.

- En el menú **Archivo**, seleccione **Nuevo**.
- En la primera columna, haga clic en **Plantillas de inicio**, y en la columna **Carpeta de muestra** haga clic en **Inicios interactivos**.

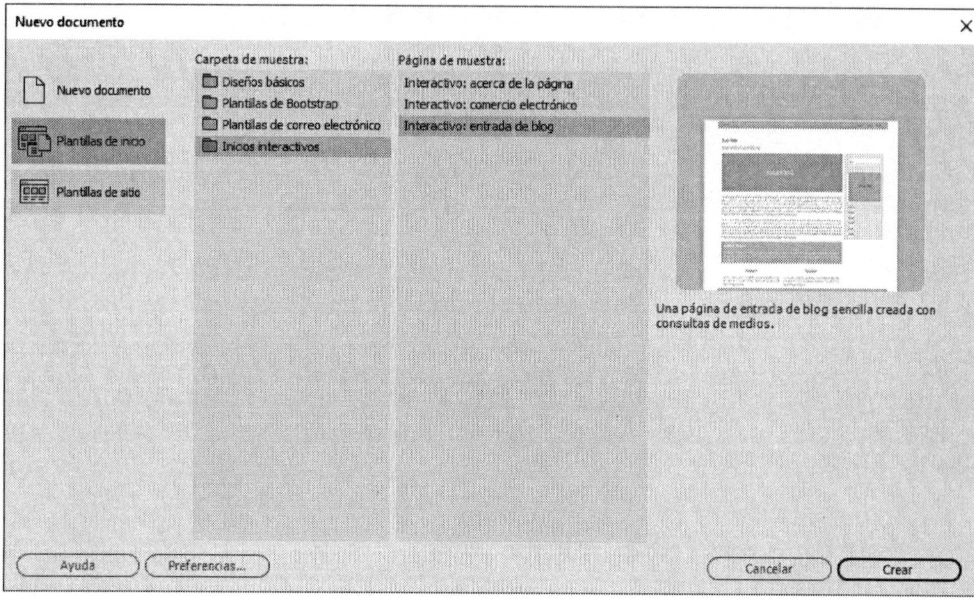

En la columna **Página de muestra**, dispone de tres plantillas: **entrada de blog**, **comercio electrónico** y **acerca de la página**. Usaremos el ejemplo de **entrada de blog**.

- Seleccione la plantilla **entrada de blog** y haga clic en el botón **Crear**.

Dreamweaver agrega un archivo sin guardar llamado **Untitled-1**.

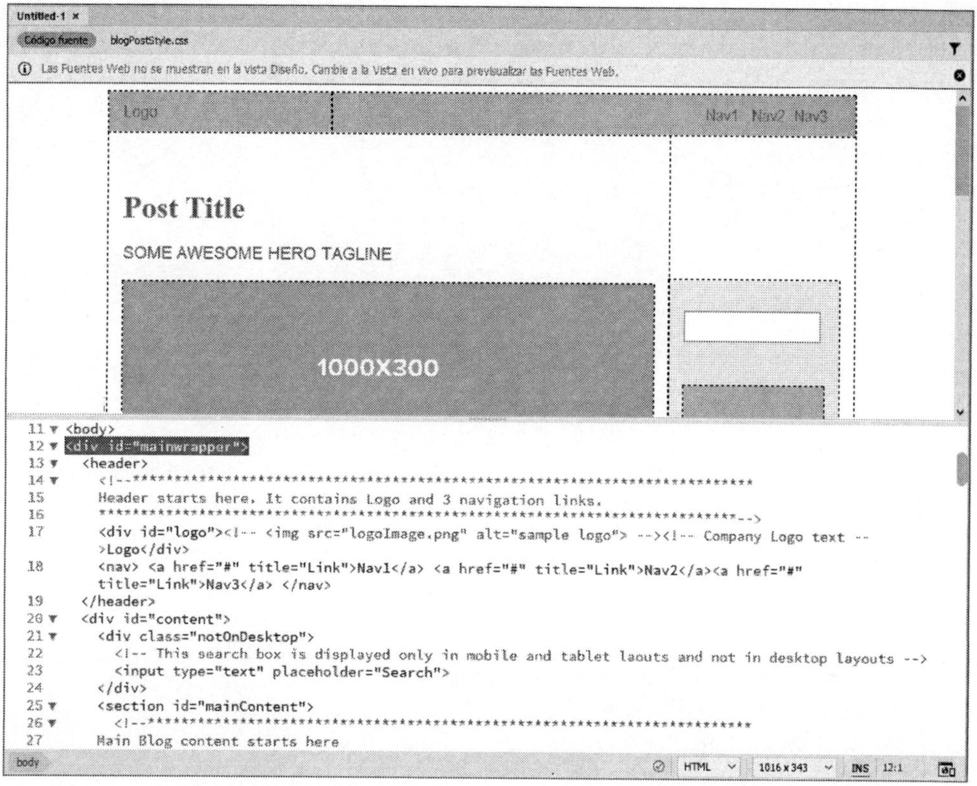

- Guarde el archivo con el nombre **página-blog.html**, por ejemplo.

  Verá que la página HTML está vinculada a un archivo CSS llamado **blogPostStyle.css**.

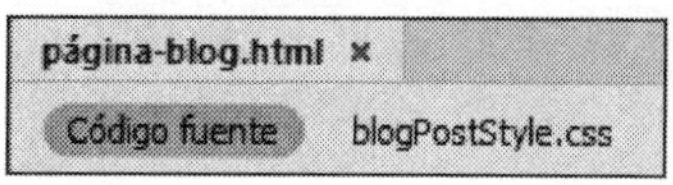

C. La estructura de la página

1. El encabezado de la página

El encabezado de la página está incluido en el elemento HTML `<head>`.

- Muestre el panel **DOM**.
- Si es preciso, despliegue el elemento `<head>` haciendo clic en >.

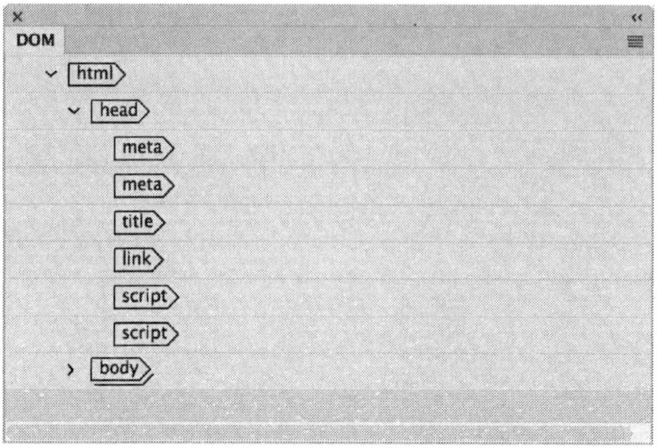

Dreamweaver ha insertado todos elementos HTML necesarios. Tenemos los elementos `<meta>`, `<title>` (muestre el modo **Código** para modificar el título rápidamente), el elemento `<link>` para vinculaciones a la hoja de estilos y el elemento `<script>` para disponer de la fuente tipográfica **Sous Sans Pro**.

2. La estructura general

Veamos ahora la estructura general de la página.

→ En el panel **DOM**, haga clic en el símbolo [>] que precede al elemento **body**.

→ Haga lo mismo con el elemento **div #mainwrapper**.

El primer contenedor de la página es una caja `<div>` con el identificativo `#mainwrapper`.

Esta caja `<div>` contiene tres elementos de estructura adicionales:

- un elemento `<header>`,
- una caja `<div #content>` y
- una caja `<div #footerbar>`.

3. El encabezado del contenido

➜ En el panel **DOM**, despliegue toda la estructura del elemento <header>.

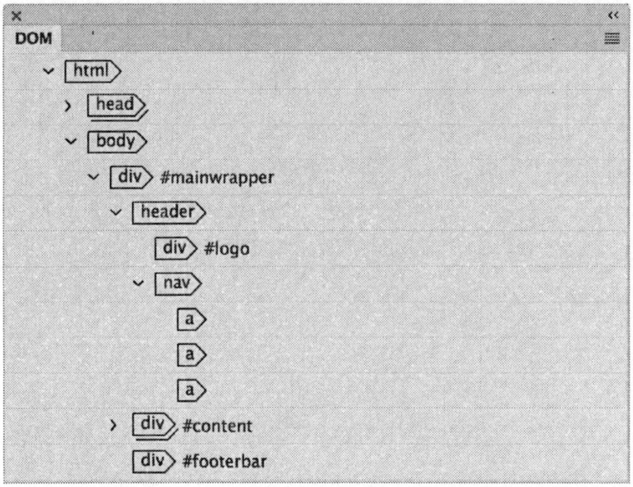

En primer lugar tenemos una caja <div #logo> que permite insertar un logo en la página. Después tenemos un elemento <nav> que contiene vínculos <a> de la barra de navegación. Con la vista en modo **Dividir** es posible visualizar las dos estructuras:

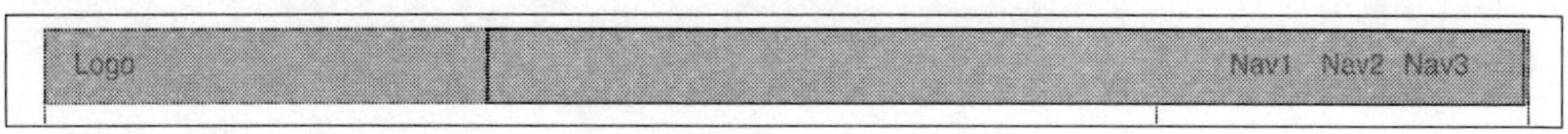

4. La estructura principal del contenido

La estructura principal del contenido se encuentra en el elemento <div #content>.

➜ Despliegue toda la estructura del elemento <div #content> en el panel **DOM**.

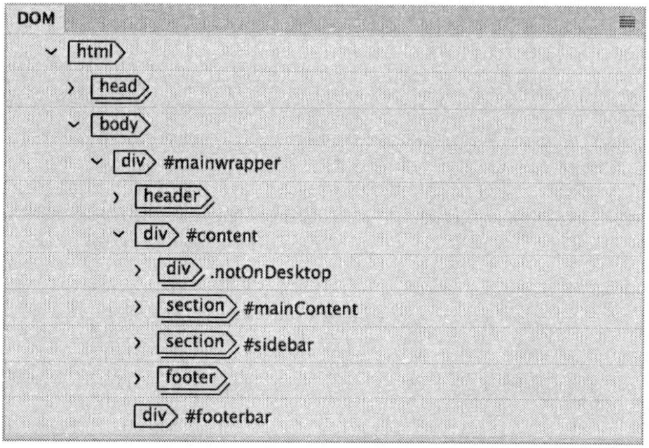

En este elemento `<div #content>` tenemos cuatro elementos de estructura:

Una caja `<div #notOnDesktop>` que solo puede verse en las tabletas y smartphones y que muestra un campo de búsqueda.

Un elemento `<section #mainContent>` que muestra el contenido principal en la columna izquierda.

Un elemento `<section #sidebar>` que muestra el contenido de la columna derecha, la sidebar.

Un elemento `<footer>` que muestra el pie de página de la caja `<div #content>` y que incluye dos elementos `<article>`.

Esta es la vista en modo **Diseño**, del elemento <div #content> seleccionado:

5. El pie de página del contenido

El último elemento que puede verse es el pie de página situado en la caja <div #footer>.

Este elemento no tiene contenido inicial.

D. La hoja de estilos CSS

Como hemos indicado anteriormente, esta plantilla utiliza una hoja de estilos CSS llamada **blogPostStyle.css**.

Esta hoja de estilos CSS contiene en primer lugar todas las reglas CSS comunes a los diseños, sea cual sea el medio en que se muestren.

- En el panel **Diseñador de CSS**, seleccione la fuente **blogPostStyle.css**, y haga clic en la consulta de medios **GLOBAL**.

  En la pestaña **Selectores** verá todos los selectores comunes:

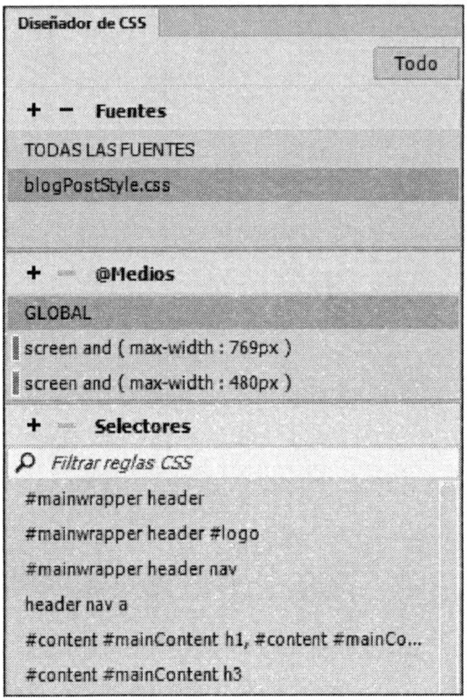

En la fila 174 se encuentra la consulta multimedia para la vista específica en las tabletas.

```
@media screen and (max-width:769px) { ... }
```

Esta consulta multimedia está hecha para pantallas de ancho inferior a 769 píxeles.

Las reglas CSS adaptadas se aplican sobre todo al contenedor principal `<div #mainwrapper>` y a los contenedores de estructura, `<div #content>`, `<section #sidebar>`, `<nav>` y `<footer>`.

➜ En el panel **Diseñador de CSS**, seleccione la fuente **blogPostStyle.css**, y haga clic en la consulta multimedia `screen and (max-width:769px)`.

En la pestaña **Selectores**, verá todos los selectores de esta consulta multimedia:

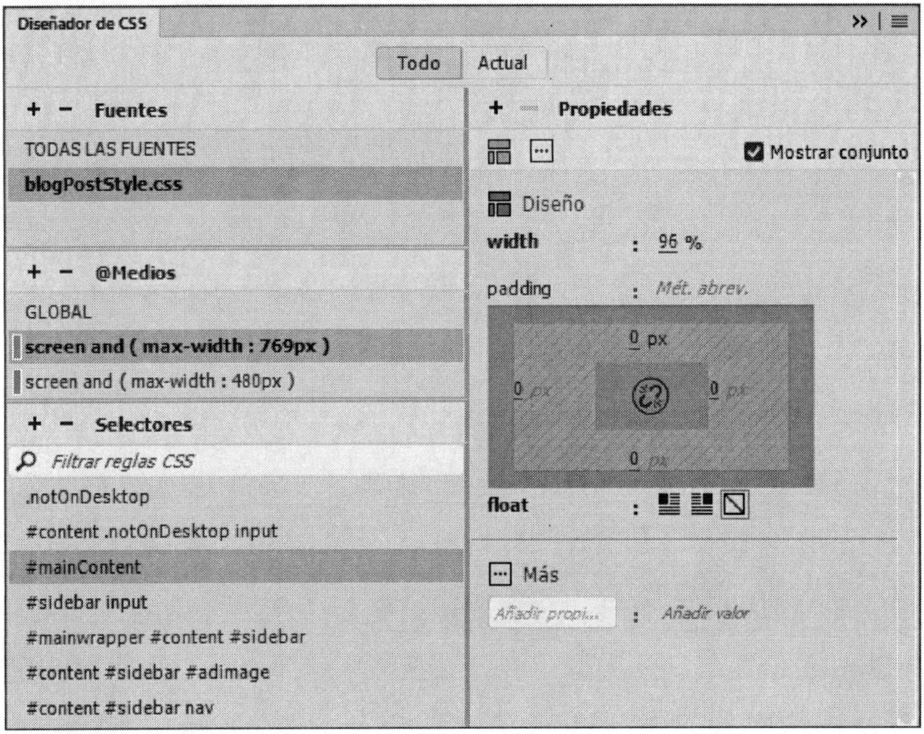

Por último, en la fila 238 se encuentra la consulta multimedia para la vista específica en smartphones.

```
@media screen and (max-width:480px) { ... }
```

Esta consulta se hace para pantallas cuyo ancho no excede los 480 píxeles.

➜ En el panel **Diseñador de CSS**, seleccione la fuente **blogPostStyle.css**, y haga clic en la consulta multimedia `screen and (max-width:480px)`.

En la pestaña **Selectores** verá todos los selectores de esta consulta multimedia:

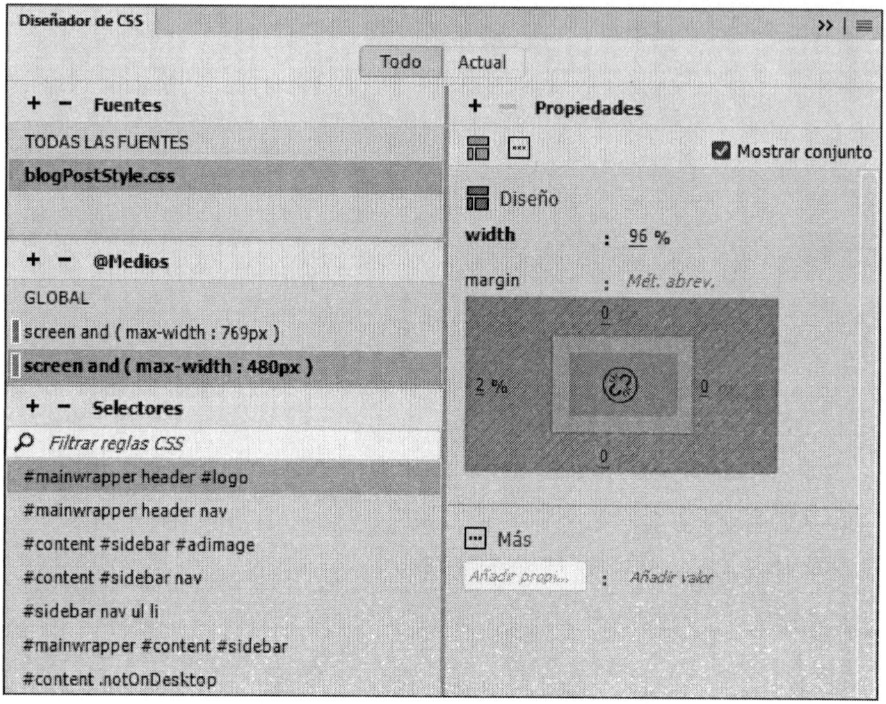

E. Personalizar el contenido

Ahora que ha tomado la medida de esta plantilla de página con Responsive Web Design, podrá personalizarla y modificarla si es preciso. Para ello, sírvase del panel **DOM**. Ese panel permite ver toda estructura de las páginas. Bastará con que seleccione los elementos de contenido para poder verlos en modo **Diseño**.

➙ Utilizando el panel **DOM**, seleccione el título de la página, el elemento **<h1>**.

Dreamweaver selecciona el contenido en modo **Diseño** y el elemento HTML en modo **Código**. De esa forma sabrá exactamente lo que está haciendo, tendrá total control de la edición de la página.

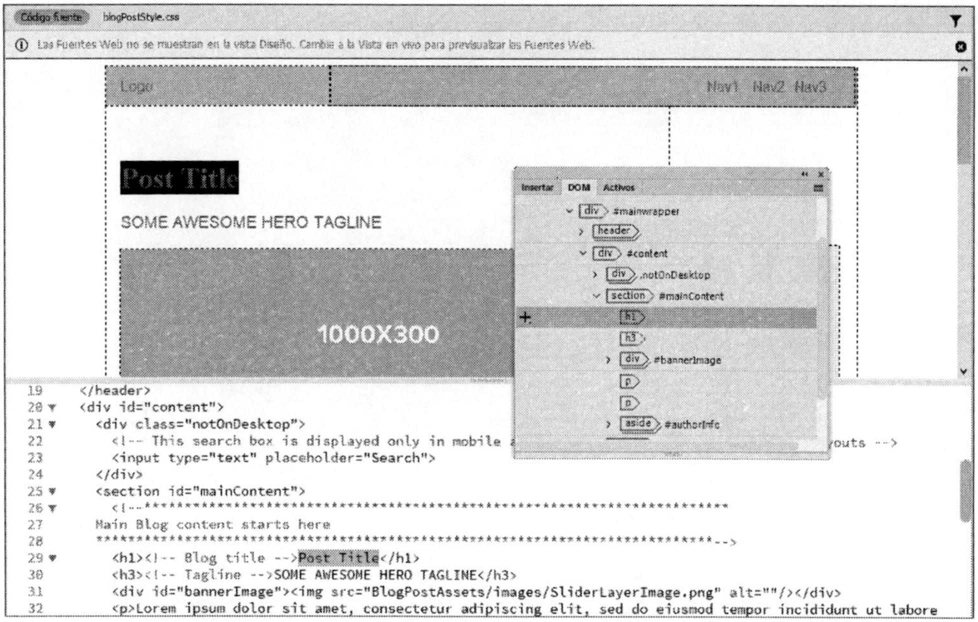

Haga lo mismo con todos los elementos de redacción de la página. Observe que Dreamweaver indica el tamaño ideal de las imágenes.

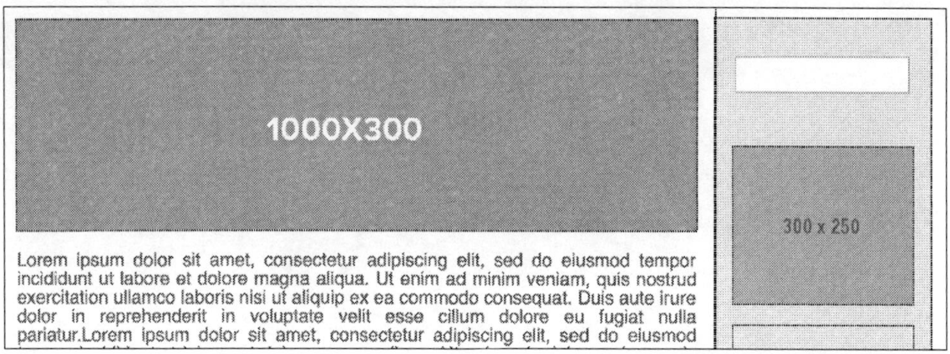

Este es un ejemplo de personalización en Dreamweaver:

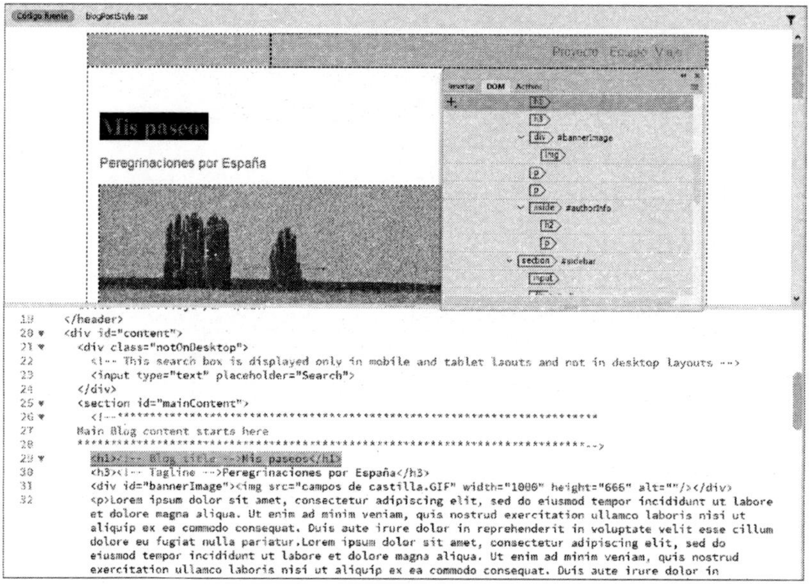

Este es el resultado a pantalla completa:

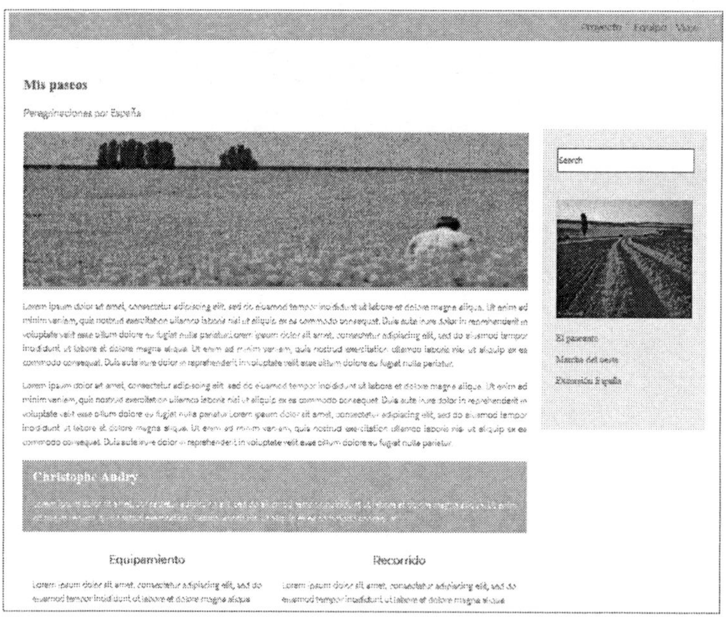

Este es el resultado en una tableta:

Este es el resultado en una pantalla de smartphone:

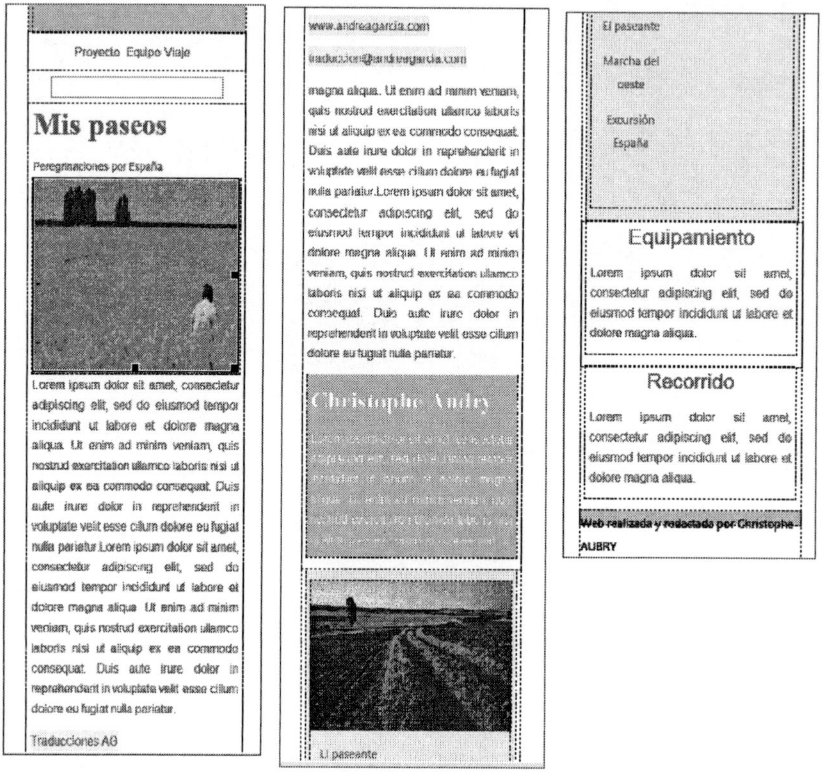

F. Las demás plantillas

Como hemos visto al principio de capítulo, Dreamweaver propone tres plantillas de página con Responsive Web Design.

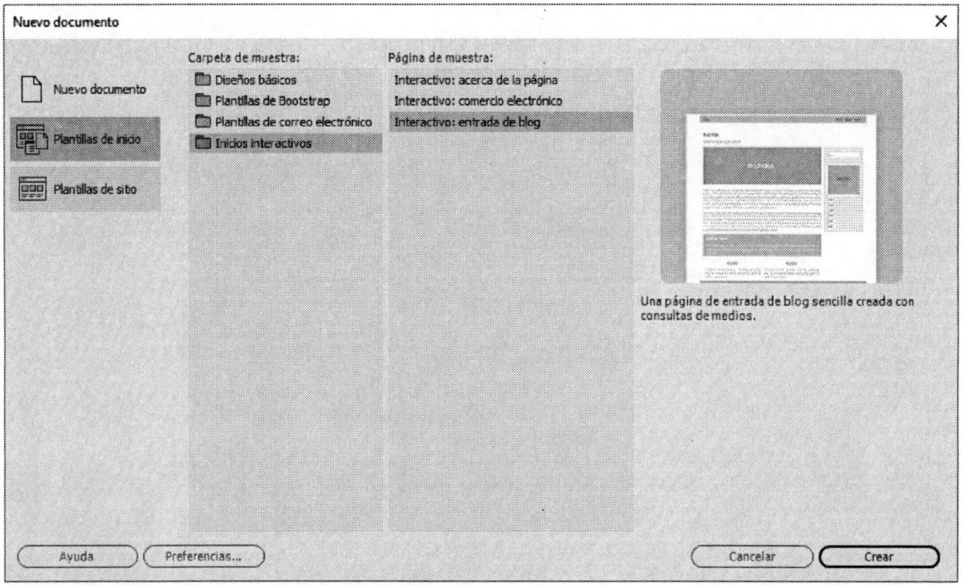

- Para utilizarlas proceda con el mismo método que acabamos de usar. Muestre la página en modo **Dividir** y use el panel **DOM** para comprender la estructura de la página.

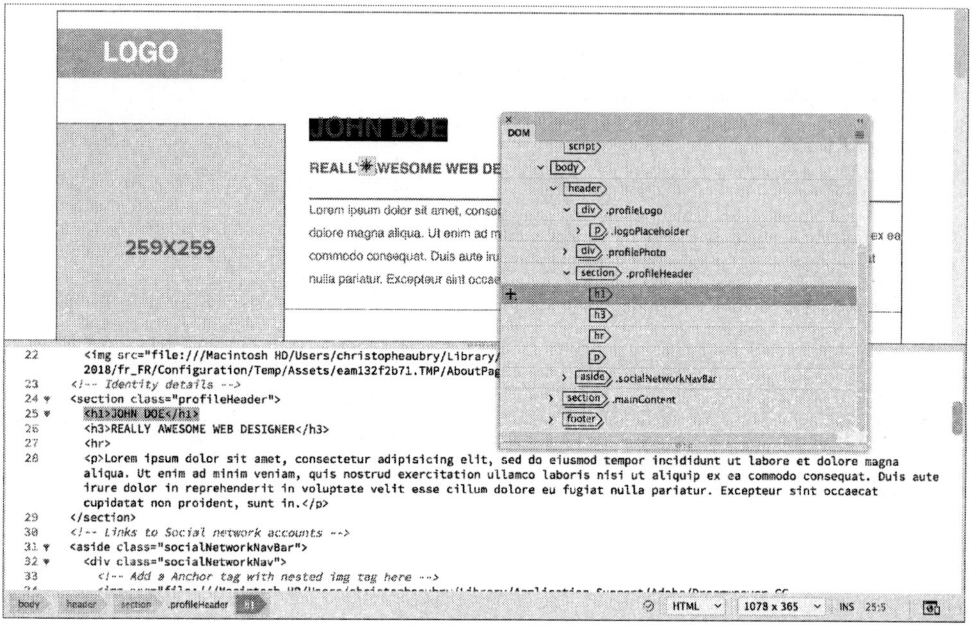
LOGO
259X259
REALLY AWESOME WEB DE
DOM
script
body
header
div .profileLogo
p .logoPlaceholder
div .profilePhoto
section .profileHeader
h1
h3
hr
p
aside .socialNetworkNavBar
section .mainContent
footer
<img src="file:///Macintosh HD/Users/christopheaubry/Library/
2018/fr_FR/Configuration/Temp/Assets/eam132f2b71.TMP/AboutPag
<!-- Identity details -->
<section class="profileHeader">
<h1>JOHN DOE</h1>
<h3>REALLY AWESOME WEB DESIGNER</h3>
<hr>
<p>Lorem ipsum dolor sit amet, consectetur adipisicing elit, sed do eiusmod tempor incididunt ut labore et dolore magna aliqua. Ut enim ad minim veniam, quis nostrud exercitation ullamco laboris nisi ut aliquip ex ea commodo consequat. Duis aute irure dolor in reprehenderit in voluptate velit esse cillum dolore eu fugiat nulla pariatur. Excepteur sint occaecat cupidatat non proident, sunt in.</p>
</section>
<!-- Links to Social network accounts -->
<aside class="socialNetworkNavBar">
<div class="socialNetworkNav">
<!-- Add a Anchor tag with nested img tag here -->
body
header
section
.profileHeader
h1
HTML
1078 x 365
INS
25:5

Capítulo 23: Componentes de interfaz Bootstrap

A. Los componentes Bootstrap

Dreamweaver CC se entrega con el framework CSS **Bootstrap**. Este framework ofrece toda una serie de componentes de interfaz que le permitirán mejorar enseguida el diseño de sus páginas web y la experiencia de usuario. Algunos de estos componentes usan **JavaScript** para interactuar con los usuarios, en esos casos Dreamweaver agrega enseguida los archivos **.js** necesarios así como los archivos **.css**.

Al igual que con los componentes jQuery, no estudiaremos todos los componentes Bootstrap, ya que sería necesario un manual entero para ello, pero estudiaremos los principales.

B. Los contenedores Bootstrap

Los diseños que creará con Bootstrap se insertan en elementos HTML que son contenedores. Bootstrap cuenta con dos contenedores principales: uno de ancho fijo y otro de ancho fluido.

1. El contenedor de ancho fijo

Empezaremos usando el contenedor de ancho fijo.

- En el panel **Insertar**, seleccione la categoría **Componentes de Bootstrap**, y haga clic en **Container**. O en el menú **Insertar**, seleccione **Componentes de Bootstrap**, y **Container**.

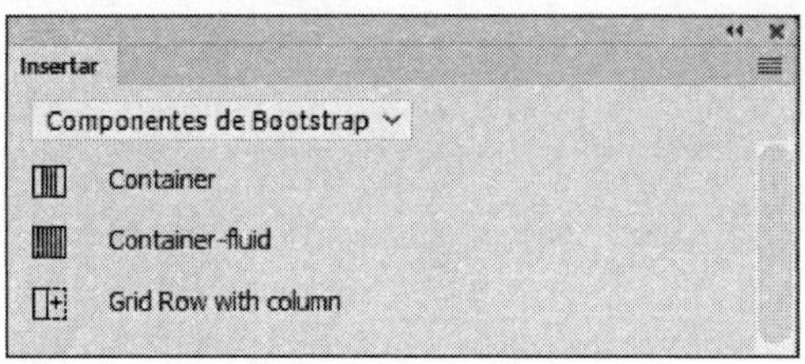

Dreamweaver indica que para usar Bootstrap deberá pasar al modo En vivo.

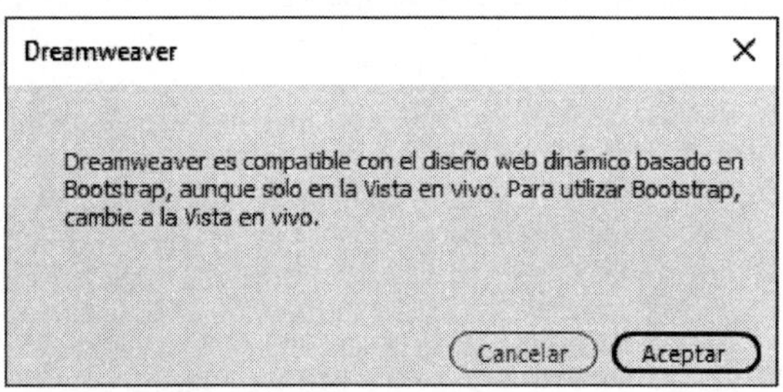

- Haga clic en **Aceptar**.

Pase al modo **Dividir - En vivo**.

Sepa que en este capítulo dedicado a Bootstrap deberá trabajar en ese modo.

- En la vista en modo Código, en la página, haga clic en el lugar donde debe insertarse el contenedor.

  En este ejemplo lo haremos justo después de la etiqueta de apertura de `<body>`, ya que de momento la página no tiene contenido.

- De nuevo en el panel **Insertar** seleccione la categoría **Componentes de Bootstrap** y haga clic en **Container**.

  El primer clic en **Container** sirve para activar Bootstrap y el modo **En vivo**, por ello es preciso insertar el componente de nuevo.

  A continuación, Dreamweaver inserta el componente en la página:

En la vista en modo Código, verá que Dreamweaver ha insertado, entre otras cosas, un vínculo a la hoja de estilos CSS de Bootstrap: `<link href="css/bootstrap.css" rel="stylesheet" type="text/css">`.

Dreamweaver ha insertado también una caja `<div>` para el contenedor: `<div class="container"></div>`, con la clase Bootstrap `.container`.

Es en este contenedor principal donde deberá insertar todos los componentes Bootstrap que constituirán el diseño de la página.

Por supuesto, ese contenedor principal está definido en Responsive Web Design y su ancho depende de las consultas multimedia, es decir, del ancho de las pantallas en que se muestre. Si abre el archivo **bootstrap.css**, verá las propiedades de la clase `.container`:

```
.container {
  padding-right: 15px;
  padding-left: 15px;
  margin-right: auto;
  margin-left: auto;
}
```

En primer lugar están las propiedades comunes de la clase, con un relleno a la izquierda y a la derecha, un centrado en la página con los márgenes izquierdo y derecho en `auto`.

Luego verá los anchos específicos que se definen para cada consulta multimedia:

```
@media (min-width: 768px) {
  .container {
       width: 750px;
  }
}
@media (min-width: 992px) {
  .container {
       width: 970px;
  }
}
@media (min-width: 1200px) {
  .container {
       width: 1170px;
  }
}
```

En los siguientes ejemplos de componentes Bootstrap, utilizaremos este contenedor de ancho fijo.

2. El contenedor de ancho fluido

Este segundo contenedor principal se diferencia del precedente por la definición de su ancho. Con los contenedores fluidos el ancho no es fijo sino proporcional al ancho de la pantalla de difusión.

➜ De nuevo en el panel **Insertar**, seleccione la categoría **Componentes de Bootstrap**, y haga clic en **Container-fluid**.

Dreamweaver inserta el contenedor y enseguida en la vista **En vivo** podrá ver que este usa todo el ancho de la pantalla:

Por supuesto, volvemos a tener el mismo vínculo con la hoja de estilos CSS de Bootstrap `<link href="css/bootstrap.css" rel="stylesheet" type="text/css">`.

Y Dreamweaver ha insertado una caja `<div>` para el contenedor: `<div class="container-fluid"></div>`, con la clase Bootstrap `.container-fluid`.

Si activa el archivo **bootstrap.css**, podrá ver las propiedades de la clase `.container-fluid`.

Primero verá las propiedades comunes:

```
.container-fluid {
  padding-right: 15px;
  padding-left: 15px;
  margin-right: auto;
  margin-left: auto;
}
```

Pero no se utiliza la propiedad `width` que determina el ancho fijo de los elementos. De forma predeterminada el ancho es proporcional.

3. Las líneas y las columnas en el contenedor

Ahora que ya tenemos el contenedor principal, hay que insertar en él las filas. Y en cada fila insertada, hay que indicar cuántas columnas desea que haya. Esto dependerá, claro está, del diseño que se haga. El resultado obtenido será una serie de celdas en las que podrán insertarse los contenedores que desee.

Bootstrap utiliza una cuadrícula de diseño para las columnas, basada en doce columnas en el contenedor.

En este primer ejemplo, vamos a insertar una primera fila que contendrá tres columnas. Por tanto, cada celda resultante se alineará con cuatro columnas de la cuadrícula de diseño.

- Inserte un contenedor de ancho fijo.
- En la vista en modo Código, haga clic en el elemento `<div class="container">`.

- En el panel **Insertar**, categoría **Componentes de Bootstrap**, haga clic en **Grid Row with column**.

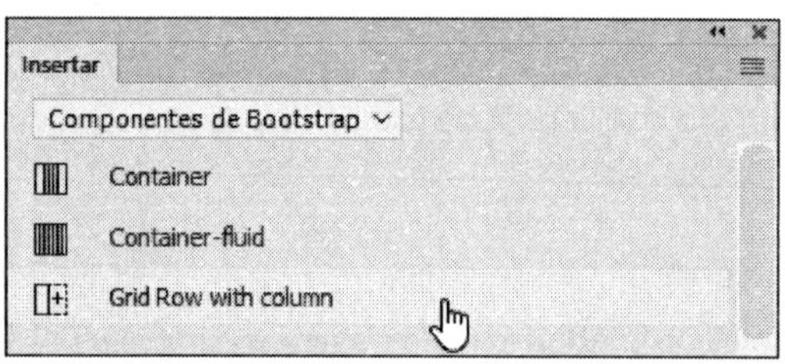

En la ventana **Insertar fila con columnas**, deberá determinar dónde, con respecto al punto de inserción, debe insertarse la fila y qué número de columnas que debe contener.

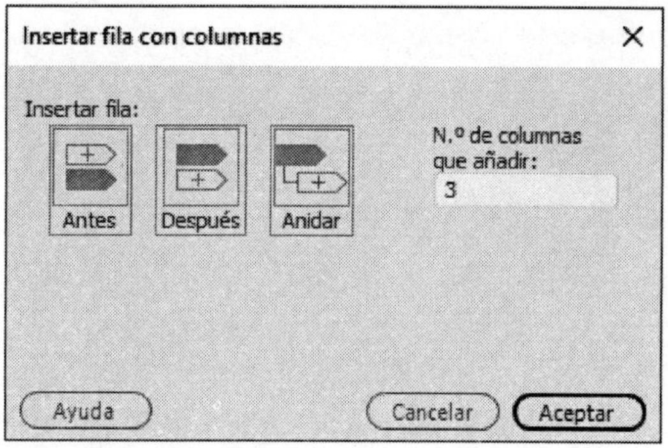

En este primer ejemplo, como todavía no tenemos fila, insertar esta primera fila **Antes** o **Después** de otra fila, no tiene importancia. Además, ¡los botones no están activos!

- En el campo **N.º de columnas que añadir**, escriba **3**.
- Haga clic en **Aceptar**.

Dreamweaver inserta la fila y las tres columnas.

Se agrega el código HTML/CSS necesario:

```
<div class="container">
  <div class="row">
       <div class="col-md-4"></div>
       <div class="col-md-4"></div>
       <div class="col-md-4"></div>
  </div>
</div>
```

La fila se inserta con el elemento `<div class="row">`. La clase Bootstrap `.row` utiliza márgenes izquierdo y derecho de `-15px`.

Todas las columnas se insertan con el elemento `<div class="col-md-4">`. La clase `.col-md-4` utiliza una posición relativa, `position: relative`, una flotación a la izquierda, `float: left` para la consulta `@media (min-width: 992px)` y un ancho de `width: 33.33333333%`.

Todas las columnas utilizan una clase Bootstrap con un prefijo, `md` en este ejemplo. El prefijo `md` quiere decir `medium`, es decir, que el diseño está optimizado para un tamaño "medio" de pantalla. Este tamaño viene definido por la consulta `@media (min-width: 992px)`.

El sufijo de la clase es `4`. Este número indica el número de columnas sobre las que se sitúa la celda. Tenemos una cuadrícula de diseño de **12** columnas y hemos solicitado **3** columnas: 12/3=4.

Ahora podemos insertar una segunda fila, después de la anterior, esta vez con dos columnas.

- Para mayor facilidad, con la vista en modo Código, haga clic después de la etiqueta de cierre de la primera fila, después de `</div>`.

```
<body>
<div class="container">
  <div class="row">
    <div class="col-md-4"></div>
    <div class="col-md-4"></div>
    <div class="col-md-4"></div>
  </div>
</div>
</body>
```

- En el panel **Insertar**, categoría **Componentes de Bootstrap**, haga clic en **Grid Row with column**.

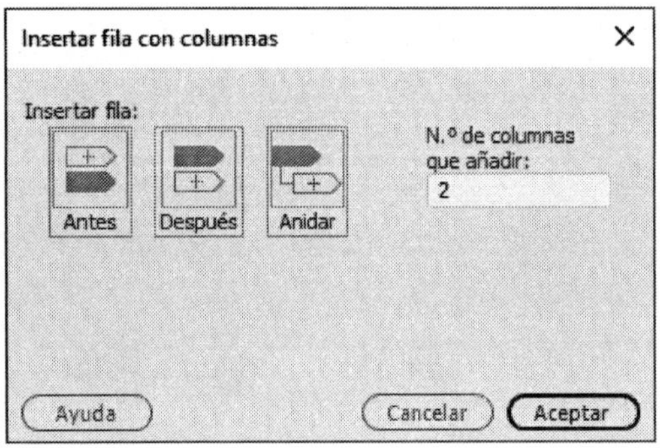

- En el campo **N.º de columnas que añadir**, escriba **2**.
- Haga clic en **Aceptar**.

Dreamweaver inserta la fila y sus dos columnas.

Este es el código generado por Dreamweaver:

```
<div class="container">
  <div class="row">
       <div class="col-md-4"></div>
       <div class="col-md-4"></div>
       <div class="col-md-4"></div>
  </div>
  <div class="row">
```

```
        <div class="col-md-6"></div>
        <div class="col-md-6"></div>
    </div>
</div>
```

4. Los contenidos de texto en las celdas

Con el diseño **Bootstrap** que hemos creado antes, tenemos tres celdas en la primera fila y dos en la segunda. Vamos a insertar elementos de texto en esas celdas y ver el resultado obtenido con esa composición en Responsive Web Design.

➜ Haga clic en la primera celda de la primera fila e inserte un elemento de encabezado de nivel 3, es decir, un elemento `<h3>`.

➜ Haga lo mismo con las dos celdas restantes de la primera fila.

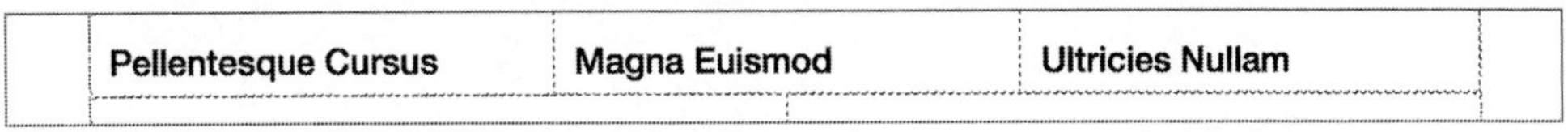

➜ En cada una de las tres celdas, después de cada `<h3>`, inserte texto en párrafos `<p>`.

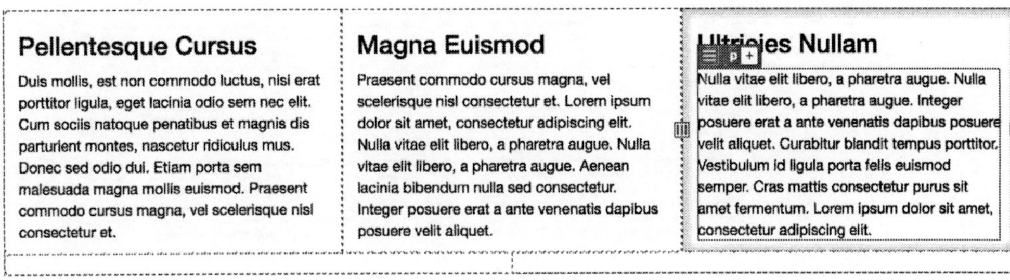

➜ En la segunda fila y sus dos celdas, insertará dos encabezados de nivel 2, elementos `<h2>`, y párrafos de texto `<p>`.

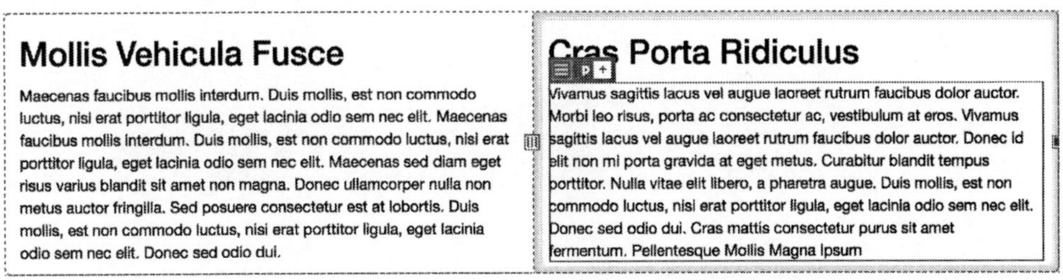

Esta es la composición obtenida:

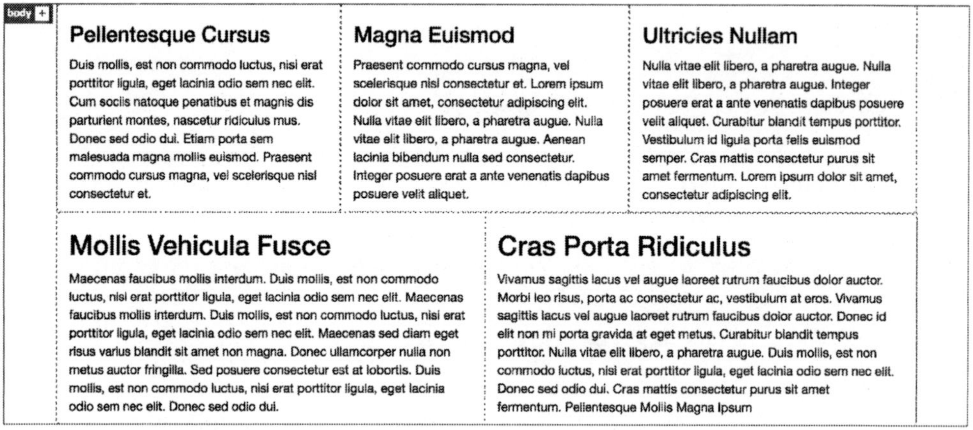

Esta es la vista que se obtiene en una pantalla de ordenador a plena pantalla:

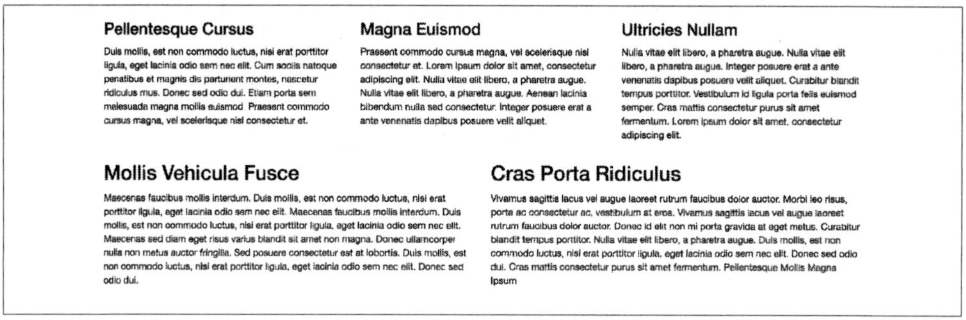

Esta es la vista que se obtiene en una pantalla de tableta:

Pellentesque Cursus

Duis mollis, est non commodo luctus, nisi erat porttitor ligula, eget lacinia odio sem nec elit. Cum sociis natoque penatibus et magnis dis parturient montes, nascetur ridiculus mus. Donec sed odio dui. Etiam porta sem malesuada magna mollis euismod. Praesent commodo cursus magna, vel scelerisque nisl consectetur et.

Magna Euismod

Praesent commodo cursus magna, vel scelerisque nisl consectetur et. Lorem ipsum dolor sit amet, consectetur adipiscing elit. Nulla vitae elit libero, a pharetra augue. Nulla vitae elit libero, a pharetra augue. Aenean lacinia bibendum nulla sed consectetur. Integer posuere erat a ante venenatis dapibus posuere velit aliquet.

Ultricies Nullam

Nulla vitae elit libero, a pharetra augue. Nulla vitae elit libero, a pharetra augue. Integer posuere erat a ante venenatis dapibus posuere velit aliquet. Curabitur blandit tempus porttitor. Vestibulum id ligula porta felis euismod semper. Cras mattis consectetur purus sit amet fermentum. Lorem ipsum dolor sit amet, consectetur adipiscing elit.

Mollis Vehicula Fusce

Maecenas faucibus mollis interdum. Duis mollis, est non commodo luctus, nisi erat porttitor ligula, eget lacinia odio sem nec elit. Maecenas faucibus mollis interdum. Duis mollis, est non commodo luctus, nisi erat porttitor ligula, eget lacinia odio sem nec elit. Maecenas sed diam eget risus varius blandit sit amet non magna. Donec ullamcorper nulla non metus auctor fringilla. Sed posuere consectetur est at lobortis. Duis mollis, est non commodo luctus, nisi erat porttitor ligula, eget lacinia odio sem nec elit. Donec sed odio dui.

Cras Porta Ridiculus

Vivamus sagittis lacus vel augue laoreet rutrum faucibus dolor auctor. Morbi leo risus, porta ac consectetur ac, vestibulum at eros. Vivamus sagittis lacus vel augue laoreet rutrum faucibus dolor auctor. Donec id elit non mi porta gravida at eget metus. Curabitur blandit tempus porttitor. Nulla vitae elit libero, a pharetra augue. Duis mollis, est non commodo luctus, nisi erat porttitor ligula, eget lacinia odio sem nec elit. Donec sed odio dui. Cras mattis consectetur purus sit amet fermentum. Pellentesque Mollis Magna Ipsum

Y en una pantalla de smartphone:

Pellentesque Cursus

Duis mollis, est non commodo luctus, nisi erat porttitor ligula, eget lacinia odio sem nec elit. Cum sociis natoque penatibus et magnis dis parturient montes, nascetur ridiculus mus. Donec sed odio dui. Etiam porta sem malesuada magna mollis euismod. Praesent commodo cursus magna, vel scelerisque nisl consectetur et.

Magna Euismod

Praesent commodo cursus magna, vel scelerisque nisl consectetur et. Lorem ipsum dolor sit amet, consectetur adipiscing elit. Nulla vitae elit libero, a pharetra augue. Nulla vitae elit libero, a pharetra augue. Aenean lacinia bibendum nulla sed consectetur. Integer posuere erat a ante venenatis dapibus posuere velit aliquet.

Ultricies Nullam

Nulla vitae elit libero, a pharetra augue. Nulla vitae elit libero, a pharetra augue. Integer posuere erat a ante venenatis dapibus posuere velit aliquet. Curabitur blandit tempus porttitor. Vestibulum id ligula porta felis euismod semper. Cras mattis consectetur purus sit amet fermentum. Lorem ipsum dolor sit amet, consectetur adipiscing elit.

Mollis Vehicula Fusce

Maecenas faucibus mollis interdum. Duis mollis, est non commodo luctus, nisi erat porttitor ligula, eget lacinia odio sem nec elit. Maecenas faucibus mollis interdum. Duis mollis, est non commodo luctus, nisi erat porttitor ligula, eget lacinia odio sem nec elit. Maecenas sed diam eget risus varius blandit sit amet non magna. Donec ullamcorper nulla non metus auctor fringilla. Sed posuere consectetur est at lobortis. Duis mollis, est non commodo luctus, nisi erat porttitor ligula, eget lacinia odio sem nec elit. Donec sed odio dui.

Cras Porta Ridiculus

Vivamus sagittis lacus vel augue laoreet rutrum faucibus dolor auctor. Morbi leo risus, porta ac consectetur ac, vestibulum at eros. Vivamus sagittis lacus vel augue laoreet rutrum faucibus dolor auctor. Donec id elit non mi porta gravida at eget metus. Curabitur blandit tempus porttitor. Nulla vitae elit libero, a pharetra augue. Duis mollis, est non commodo luctus, nisi erat porttitor ligula, eget lacinia odio sem nec elit. Donec sed odio dui. Cras mattis consectetur purus sit amet fermentum. Pellentesque Mollis Magna Ipsum

C. La barra de navegación

1. Insertar la barra de navegación Navbar

Vamos a insertar una barra de navegación Bootstrap en Responsive Web Design.

➜ Cree un nuevo documento virgen y guárdelo.

- Haga clic en el contenido de la página.
- En el panel **Insertar**, categoría **Componentes de Bootstrap**, en la lista desplegable **Navbar**, seleccione **Basic Navbar**.

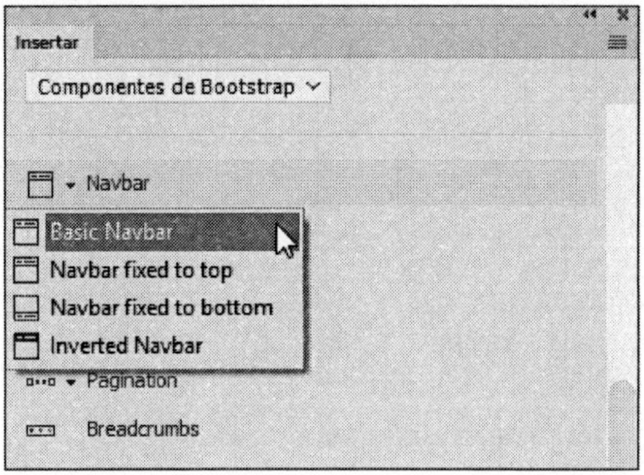

Estas son las diferentes barras de navegación que ofrece Bootstrap. La barra de navegación de Bootstrap **Basic Navbar** es una barra simple y eficaz. La barra **Navbar fixed to top** permite obtener una barra de navegación fija en la parte superior de la ventana del navegador, incluso cuando el visitante usa la barra de desplazamiento vertical. La **Navbar fixed to bottom** sigue el mismo principio, pero la barra está fija en la parte inferior de la pantalla. Por último, la barra de navegación **Inverted Navbar** es similar a la **Basic Navbar**, pero los colores negro y blanco están invertidos.

Dreamweaver inserta la barra de navegación **Basic Navbar** en la ventana del modo **En vivo**:

Se añaden los vínculos a los archivos **.css** y **.js**:

2. Los elementos de la barra de navegación

La barra de navegación está formada por varios elementos:

- La barra de navegación puede recibir el nombre de **Brand** o se le puede asignar cualquier otro nombre.
- Los dos primeros elementos de menú, con el nombre de **Link**, son vínculos clásicos. El primero se encuentra en estado « activo » ya que usa la clase Bootstrap `.active`. Esto permite dar al elemento un formato concreto para indicar a los visitantes que se encuentran en la página del vínculo.

- El elemento de menú con el nombre **Dropdown** es un menú desplegable que puede usarse en la vista **En vivo**.

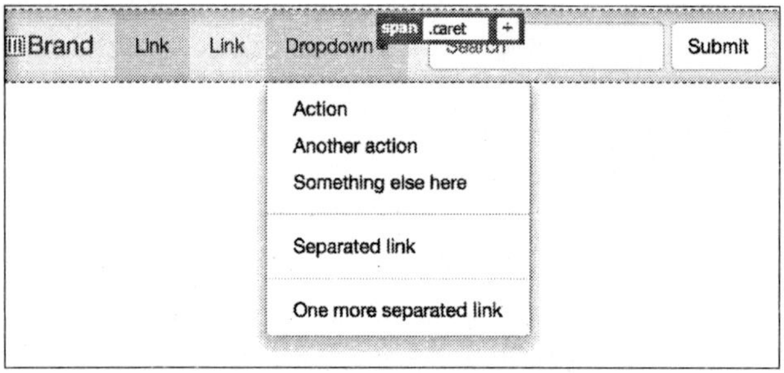

- El campo **Search** y su botón asociado **Submit** permite buscar texto en la página web, por supuesto, con un script que será necesario desarrollar e insertar.
- A la derecha puede ver otro vínculo **Link** y otro menú desplegable **Dropdown**.

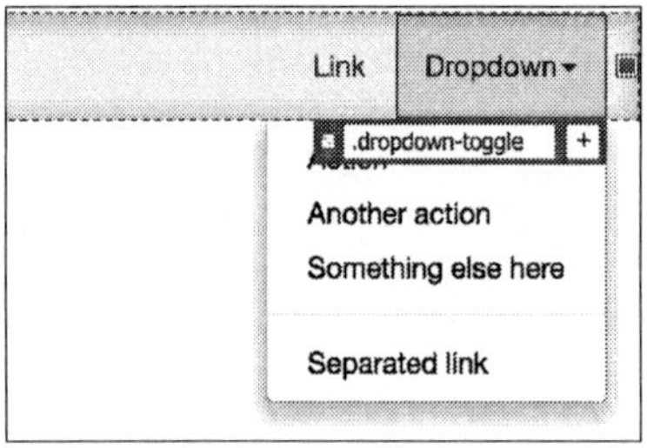

➜ Con la vista en modo Código o en modo Diseño, podrá personalizar todos esos elementos de menú, los vínculos y los nombres.
Aquí puede ver un ejemplo:

3. Las vistas responsive

Esta es la vista que se obtiene en una pantalla de ordenador a plena pantalla:

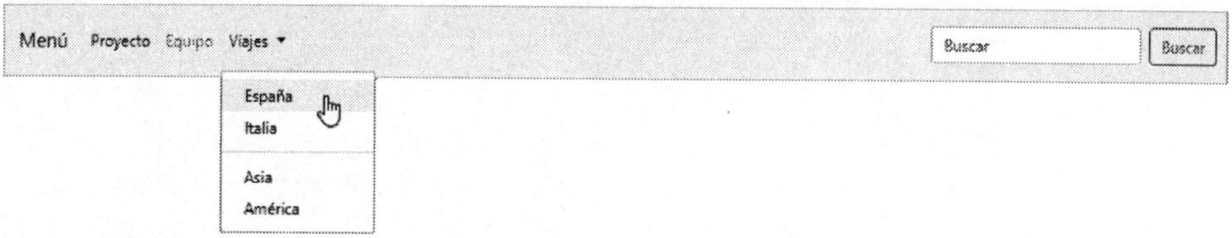

Esta es la vista que se obtiene en una pantalla más pequeña, el menú no se muestra y es remplazado por un botón:

Esta es la vista que se obtiene cuando el usuario hace clic en el botón del menú a la derecha de la barra de navegación:

Esta es la vista que se obtiene cuando el usuario hace clic en el elemento de menú **Viajes**:

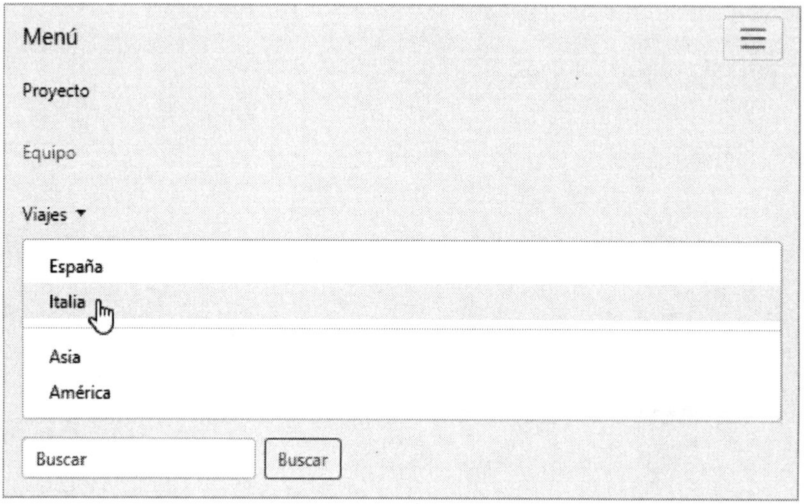

D. Las imágenes responsivas

Bootstrap permite insertar componentes para obtener imágenes responsivas, es decir, imágenes cuyo tamaño se adapta a la pantalla donde se muestran. Las imágenes escogidas deberán tener el tamaño suficientemente grande como para mostrarse correctamente en las pantallas de ordenador y adaptarse luego a pantallas de menor tamaño.

1. La estructura general

Para este ejemplo usaremos un contenedor de ancho fijo con una fila de tres columnas. En cada celda tenemos un encabezamiento <h3>.

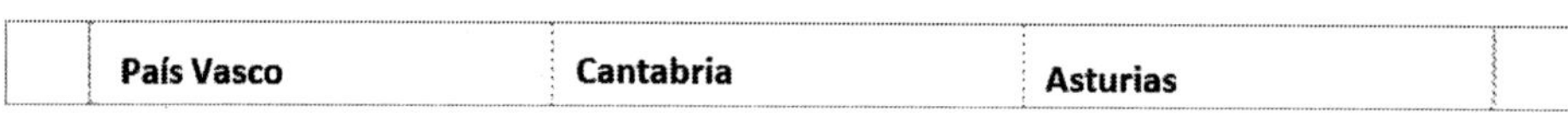

Este es el código generado:

```
<div class="container">
  <div class="row">
       <div class="col-md-4"><h3>País Vasco</h3></div>
       <div class="col-md-4"><h3>Cantabria</h3></div>
       <div class="col-md-4"><h3>Asturias</h3></div>
  </div>
</div>
```

2. Insertar la imagen responsiva

En este ejemplo, las imágenes tienen un ancho de 1024 píxeles.

- Haga clic después de la etiqueta de cierre `</h3>` del primer encabezado.

- En el panel **Insertar**, categoría **Componentes de Bootstrap**, en la lista desplegable **Responsive Image**, seleccione **Default**.

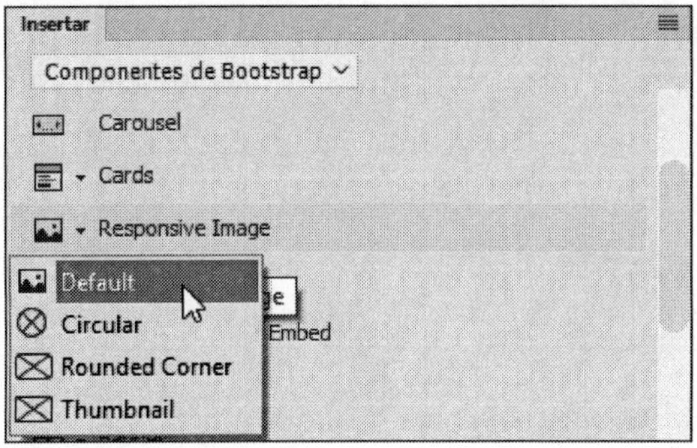

Dreamweaver inserta el componente Bootstrap para imágenes responsivas.

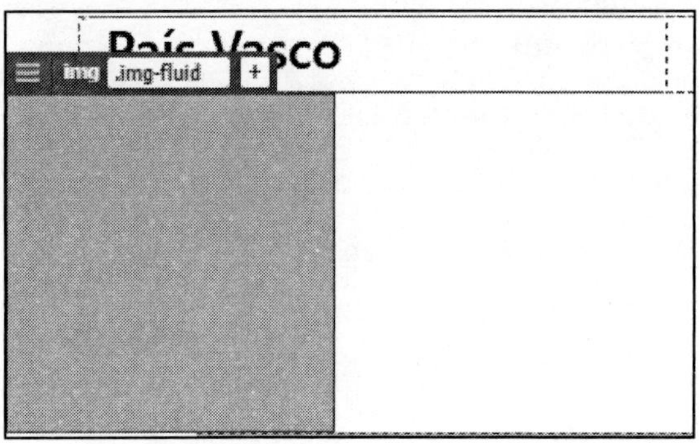

- Haga clic en el menú desplegable local de este componente, representado por los tres trazos horizontales .

Se muestra el menú de personalización.

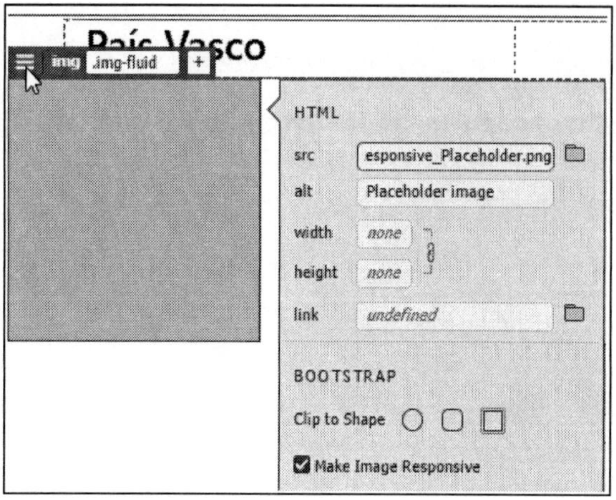

- En el campo **src**, haga clic en el icono de la carpeta para seleccionar la imagen que desea insertar.
- En el campo **alt**, introduzca el texto alternativo.
  No es necesario cumplimentar los campos **width** y **height**.
- Cumplimente el campo **link** si desea insertarle un vínculo a la imagen.
- En las opciones **BOOTSTRAP**, seleccione el tipo de esquinas de la imagen.
- Por último, deje marcada la opción **Make Image Responsive**.

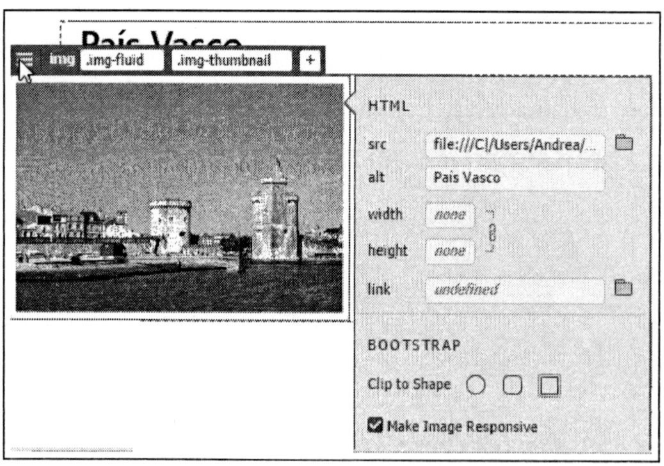

Este es el código generado:

```
<img src="País Vasco.gif" class="img-responsive img-thumbnail"
alt="País Vasco">
```

➜ Haga lo mismo con las demás imágenes:

3. Las vistas responsivas

➜ Guarde la página y muéstrela en un navegador.

Esta es la vista que se obtiene en una pantalla de ordenador a plena pantalla:

Las imágenes se muestran dentro de las celdas de la fila con el tamaño adaptado.

Esta es la vista que se obtiene en una pantalla del tamaño de una tableta:

Las imágenes aparecen unas junto a otras, con sus tamaños máximos si la pantalla en la que se muestran lo permite.

Esta es la vista que se obtiene en una pantalla del tamaño de un smartphone:

Las imágenes aparecen unas bajo otras con el tamaño adaptado.

E. Los botones

Bootstrap presenta numerosos botones para insertar en las páginas web. Los botones deberán asociarse, por supuesto, a vínculos o a scripts. Entre todos los tipos de botones que Bootstrap ofrece vamos a insertar un botón sencillo.

1. Insertar un botón

➜ En primer lugar, cree la estructura Bootstrap que prefiera y haga clic en una celda.

- En el panel **Insertar**, categoría **Componentes de Bootstrap**, en la lista **Buttons**, seleccione **Primary**.

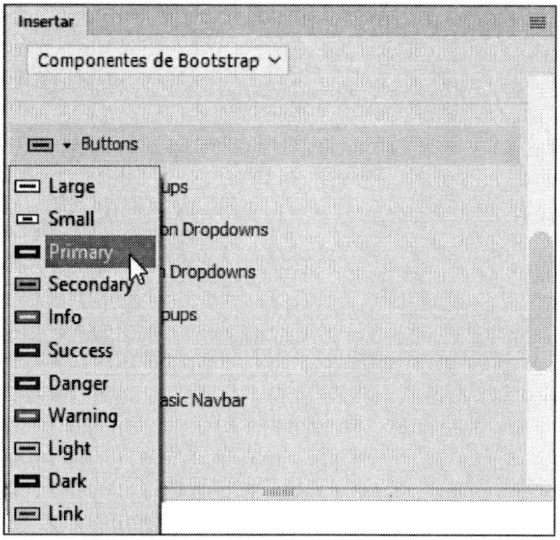

Dreamweaver inserta el botón:

En la vista en modo Código, podrá ver el código generado:

```
<button type="button" class="btn btn-primary">Primary Button</button>
```

2. Personalizar el botón

El diseño de este botón con fondo azul de tipo **Primary** se realiza con la clase Bootstrap, común `.btn` a todos los tipos de botón y la clase específica `.btn-primary` para el formato.

Si inserta un botón de tipo **Success**, de color de fondo verde, el formato será `.btn-success`.

- En la vista en modo Código o Diseño, seleccione el nombre **Primary Button** y sustitúyalo por el que usted prefiera.

F. Las pestañas

Las pestañas son componentes bastante clásicos en los frameworks CSS. Bootstrap no es una excepción a la regla y ofrece el componente de pestañas **Tab**.

1. Insertar pestañas

En primer lugar cree la estructura Bootstrap que prefiera y sitúese en la celda deseada.

➜ En el panel **Insertar**, categoría **Componentes de Bootstrap**, seleccione **Tab**.

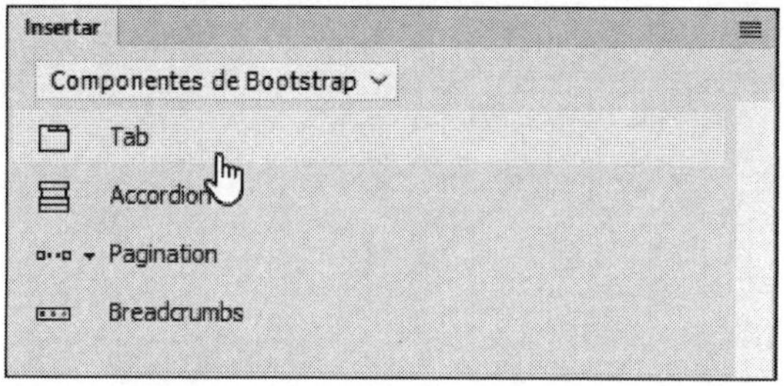

Dreamweaver inserta el componente:

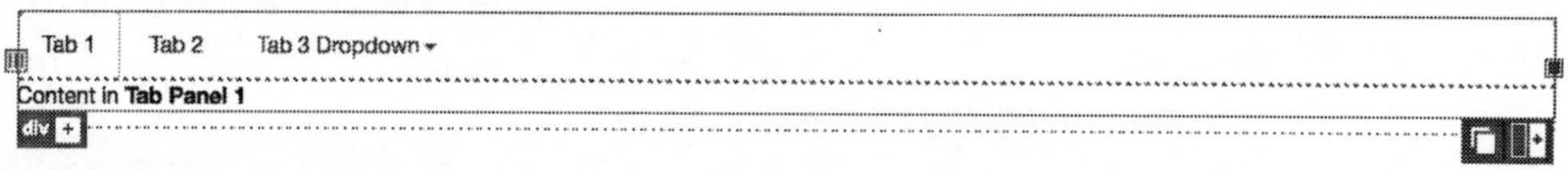

Se insertan tres pestañas:

- La pestaña **Tab 1** es la pestaña activa, con la clase Bootstrap `.active`.
- La pestaña **Tab 2** es la pestaña inactiva y no tiene clase específica.
- Por último, la pestaña **Tab 3 Dropdown** es una pestaña con un menú desplegable.

El contenido de cada pestaña se encuentra en una caja `<div>` específica, cada una de ellas con el rol `role="tabpanel"` y la clase `.tab-pane`.

2. Personalizar las pestañas

➜ Con la vista en modo Código o en modo Diseño, seleccione las etiquetas **Tab 1**, **Tab 2**, **Tab 3 Dropdown** y sus dos elementos de menú asociados y remplácelos por sus propias etiquetas.

- De igual modo, remplace los contenidos predeterminados (`Content in <b>Tab Panel 1</b>, Content 2, Dropdown content#1` y `Dropdown content#2`) por sus propios contenidos.

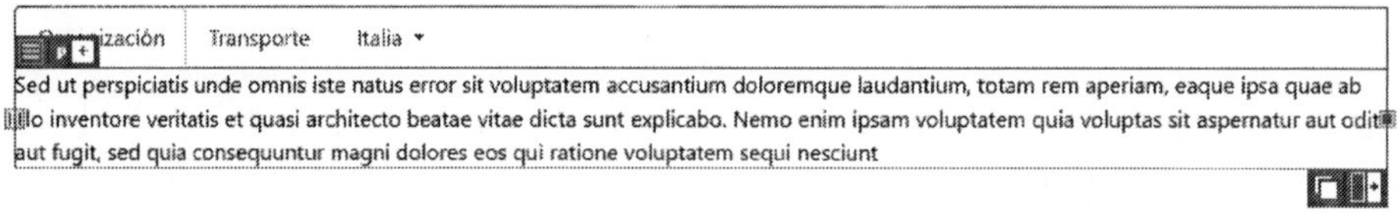

3. Las vistas responsivas

- Guarde la página y muéstrela en un navegador.

Esta es la vista que se obtiene en una pantalla de ordenador a plena pantalla, con la primera pestaña activa:

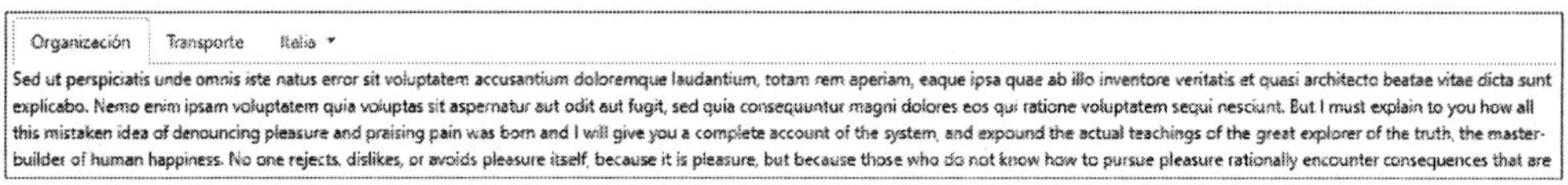

Esta es la vista que se obtiene en una pantalla de ordenador a plena pantalla, con la última pestaña del menú activa:

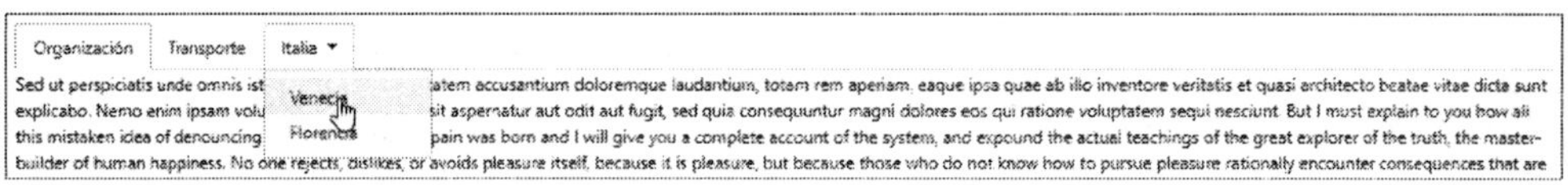

Esta es la vista que se obtiene en una pantalla más pequeña con el primer elemento del menú de la última pestaña.

G. Los acordeones

Otro componente de interfaz bastante clásico que ofrece Bootstrap: los acordeones.

1. Insertar un acordeón

- Una vez más, cree la estructura Bootstrap que prefiera y sitúese en la celda deseada.
- En el panel **Insertar**, categoría **Componentes de Bootstrap**, seleccione **Accordion**.

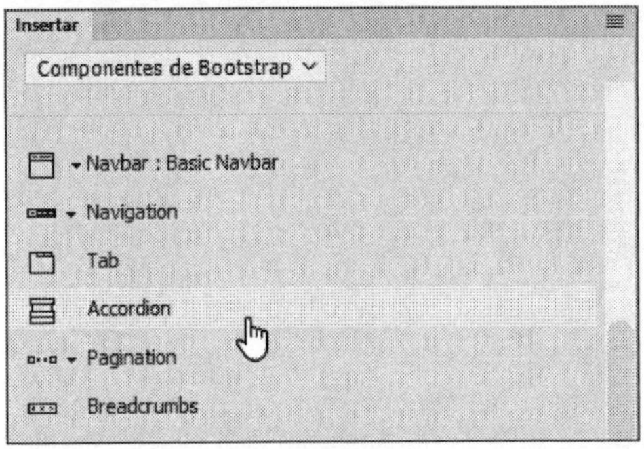

Como siempre, Dreamweaver inserta todos les elementos necesarios.

2. Personalizar el acordeón

Analizando el código, verá enseguida que los títulos de cada pestaña se sitúan en elementos `<h4 class="panel-title">` y que sus correspondientes contenidos deben insertarse en los elementos `<div class="panel-body">`.

El vínculo entre el título «cliqueable» y la vista de su contenido se hace mediante el identificativo de las cajas `<div>` padre y el vínculo insertado en los títulos. En el ejemplo de abajo, el identificativo es `id="collapseOne1"`.

La caja `<div>` padre de un contenido con su `id`:

```
<div id="collapseOne1" class="panel-collapse collapse in">
  <div class="panel-body">Content for Accordion Panel 1</div>
</div>
```

El vínculo en el título, con su `href`:

```
<a data-toggle="collapse" data-parent="#accordion1"
href="#collapseOne1">Collapsible Group 1</a>
```

➜ Personalice los títulos y los contenidos.

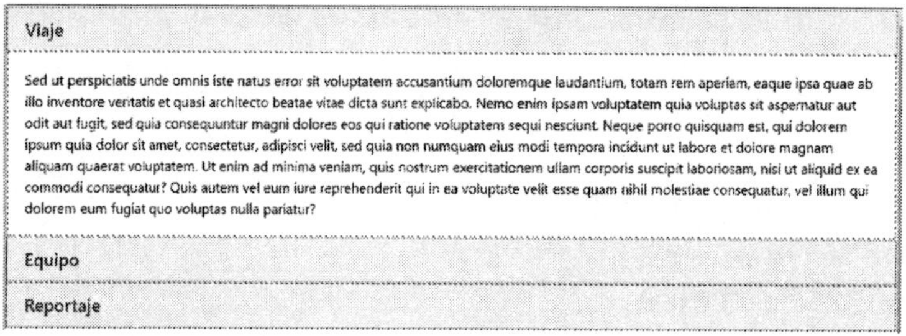

3. Las vistas responsivas

➜ Guarde la página y muéstrela en un navegador.

Esta es la vista que se obtiene en una pantalla de ordenador a pantalla completa, con el primer panel del acordeón activo:

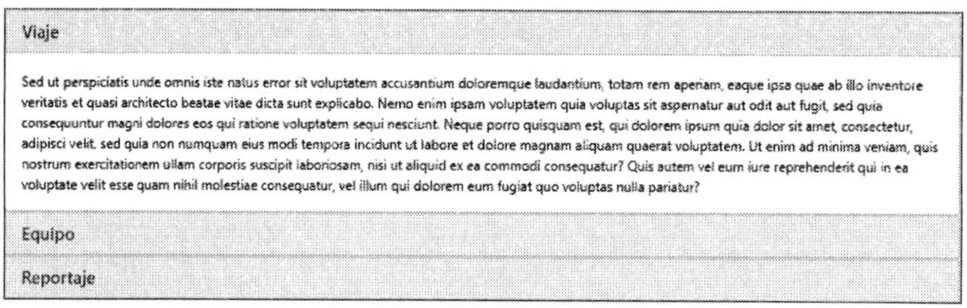

Esta es la vista que se obtiene en una pantalla de menor tamaño, con el segundo panel activo:

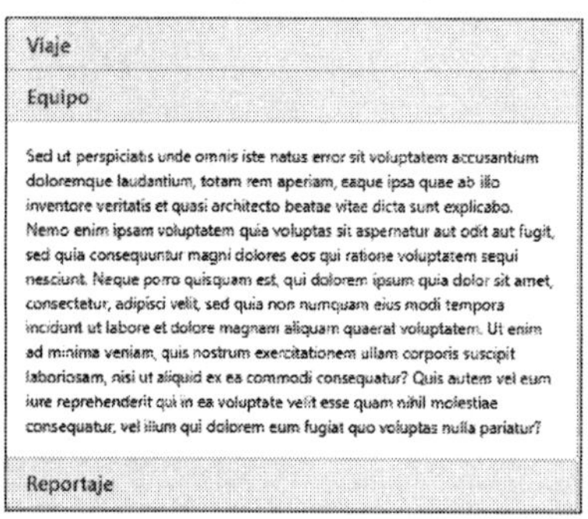

Capítulo 24: Biblioteca de activos

A. El uso de la biblioteca de activos

1. El principio de los activos

Dreamweaver posee una biblioteca que contiene, entre otros, los elementos gráficos utilizados en el sitio web: **los activos**. En esta « super » biblioteca encontrará las imágenes insertadas en el sitio web, los colores utilizados, los vínculos externos, las animaciones Flash, las películas, los scripts (JavaScript), las plantillas de las páginas y de los elementos recurrentes: los objetos de biblioteca.

2. Ver los activos

- Para ver los activos, en el menú **Ventana**, seleccione **Activos**.

En la columna de la izquierda verá todas las categorías de activos, por orden: **Imágenes**, **Colores**, **URL**, **Medios**, **Scripts**, **Plantillas** y **Biblioteca**.

- Si lo necesita puede actualizar la lista de elementos haciendo clic en el botón **Actualizar lista del sitio** .

B. Los activos de imágenes

- En la categoría **Imágenes** , encontrará todas las imágenes insertadas en el sitio. Para insertar una imagen en la página desde la ventana de **Activos**, seleccione la imagen y haga clic en **Insertar**. También puede hacer clic y arrastrar el icono de la imagen desde **Activos** hasta el lugar deseado de la página web.

C. Los activos de colores

- En la categoría **Colores** , encontrará todos los colores utilizados en el sitio. Si desea reutilizar un color, esto únicamente puede hacerse creando un estilo CSS.

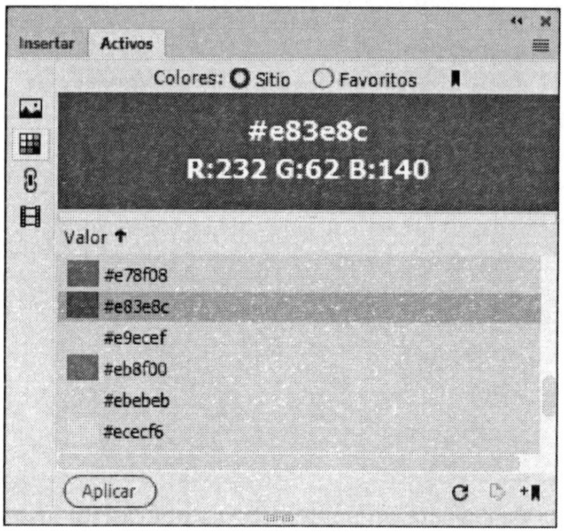

D. Los activos de vínculos externos

➜ En la categoría **URL**, verá la lista de enlaces externos que se han insertado en el sitio.

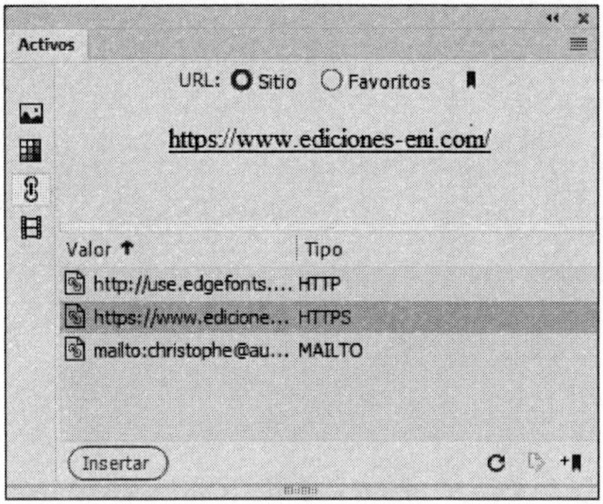

➜ Para insertar un enlace externo en la página, seleccione el texto del enlace; seleccione en la biblioteca el enlace deseado y haga clic en **Insertar**.

E. Los activos de medios

➜ En la categoría **Medios**, verá la lista con todos los medios insertados en el sitio. Estos medios pueden ser de tipo vídeo, audio y animación. Al igual que con las imágenes, para insertar un medio en la página, seleccione la animación deseada en los activos y haga clic en **Insertar**. También puede hacer clic y arrastrar el icono del medio desde la biblioteca hasta el lugar deseado de la página web.

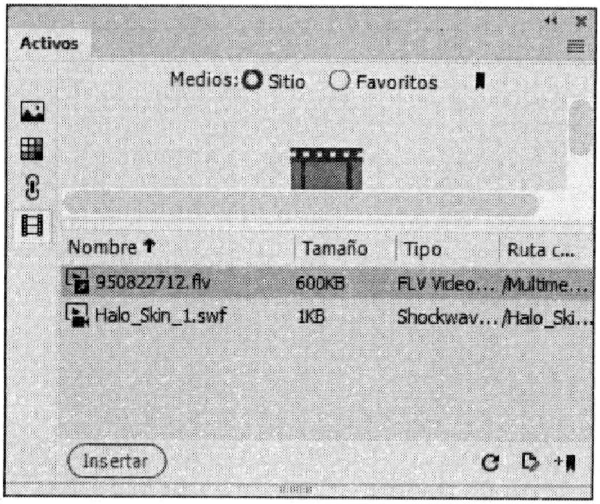

F. Los activos de scripts

En la categoría **Scripts** , encontrará todos los scripts JavaScript utilizados en el sitio.

G. Los activos de biblioteca

1. Principios de uso

En un sitio web, es frecuente encontrar elementos repetidos en varias páginas: direcciones, elementos de contacto, direcciones, etc. Para poder usar la misma fuente y evitar así los errores, es posible crear una sola vez el elemento repetido, situarlo en la **Biblioteca** y reutilizarlo cada vez que sea necesario. Si se modifica el elemento original en la biblioteca, se actualizará en todas las páginas en donde aparezca.

2. Crear un elemento de biblioteca

- Cree el elemento que se repetirá en la página web: puede añadir texto, imágenes, tablas, etc. Observe que el elemento no podrá usar una composición CSS.
- Seleccione el elemento. En **Activos**, con la categoría **Biblioteca** seleccionada, haga clic en **Nuevo elemento de biblioteca** .

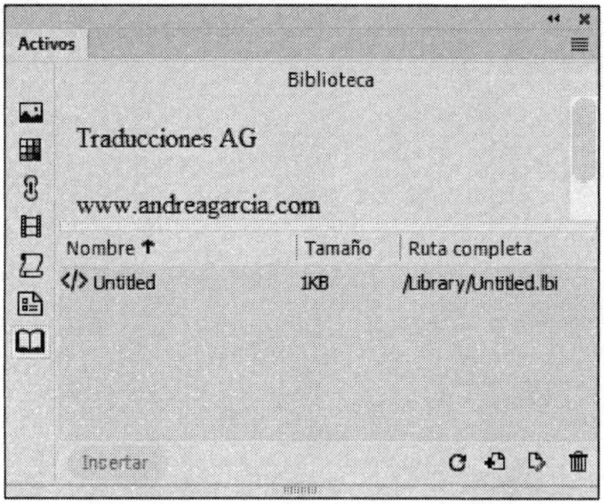

➙ Asigne un nombre al elemento de biblioteca en el campo **Untitled**.

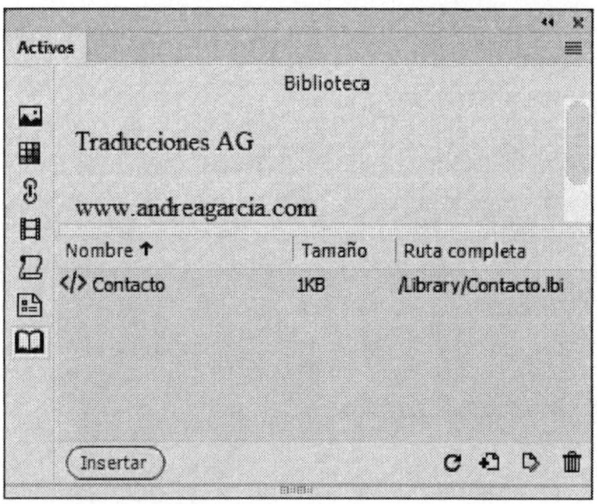

También puede hacer clic y arrastrar el elemento seleccionado hasta la **Biblioteca**.

Se crea entonces un vínculo entre el elemento de biblioteca y el texto seleccionado que aparece automáticamente en la página: el texto aparece sobre fondo amarillo. Al seleccionarlo, podrá ver su origen en el panel **Propiedades**.

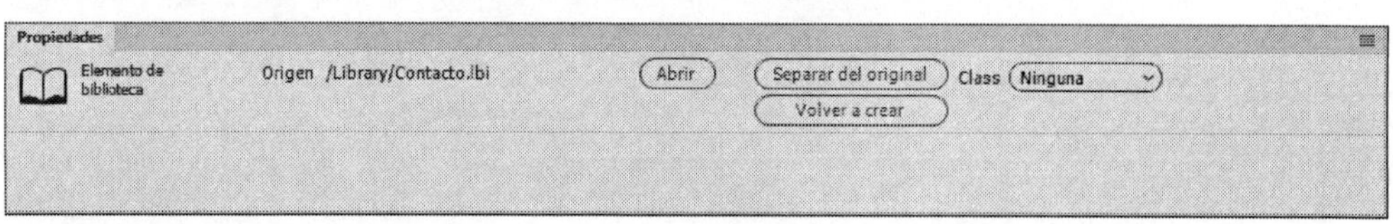

Dreamweaver crea en la carpeta raíz local una carpeta llamada **Library** donde se archivan todos los elementos de biblioteca con la extensión **.lbi**.

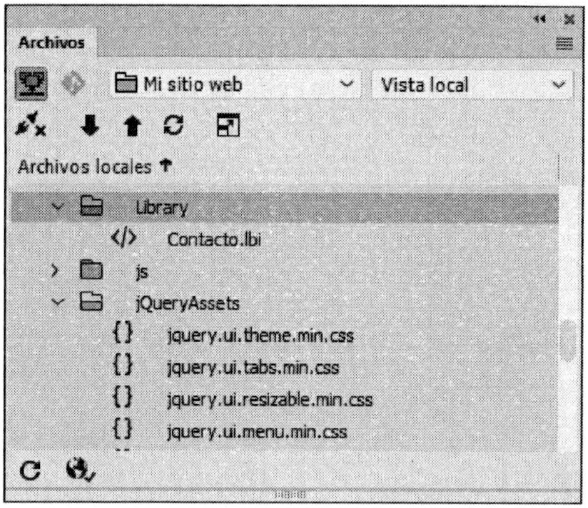

3. Insertar un elemento de biblioteca en una página

- En una nueva página web, haga clic en el lugar deseado. En **Activos**, categoría **Biblioteca**, seleccione el elemento deseado y haga clic en **Insertar**. También puede hacer clic y arrastrar desde el icono del elemento de biblioteca hasta el lugar deseado de la página.

4. Modificar un elemento de la biblioteca

- Seleccione en la **Biblioteca** el elemento que quiere modificar y haga doble clic en sobre él. El archivo original **.lbi** se abre: **Contacto.lbi** en este ejemplo.

- Lleve a cabo los cambios deseados y guárdelos. Dreamweaver le solicita si quiere actualizar todas las veces que el elemento aparece.

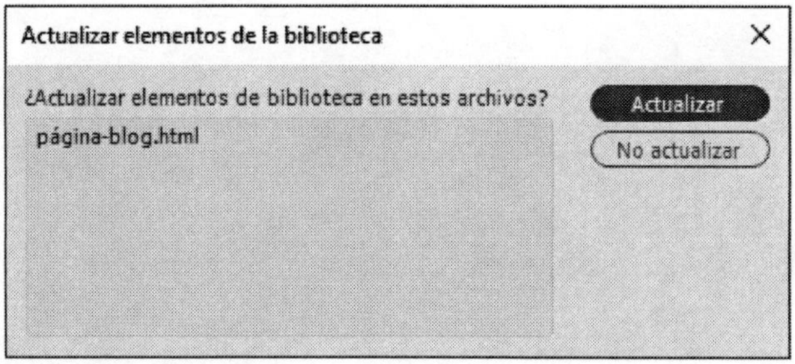

- Haga clic en **Actualizar**.

  Un mensaje de confirmación le informa de la actualización.

- Si decide no actualizar las páginas web, puede hacerlo más tarde: en el menú **Herramientas - Biblioteca**, seleccione **Actualizar páginas**.

5. Eliminar un elemento de biblioteca

- Para eliminar un elemento de biblioteca, selecciónelo y haga clic en **Eliminar** . Aparece un mensaje de confirmación.

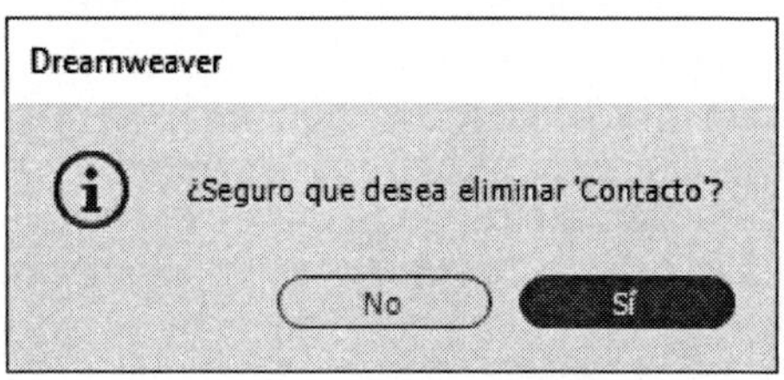

6. Separar un elemento

- Para separar un elemento de su original, selecciónelo y, en el panel **Propiedades**, haga clic en **Separar del original**.

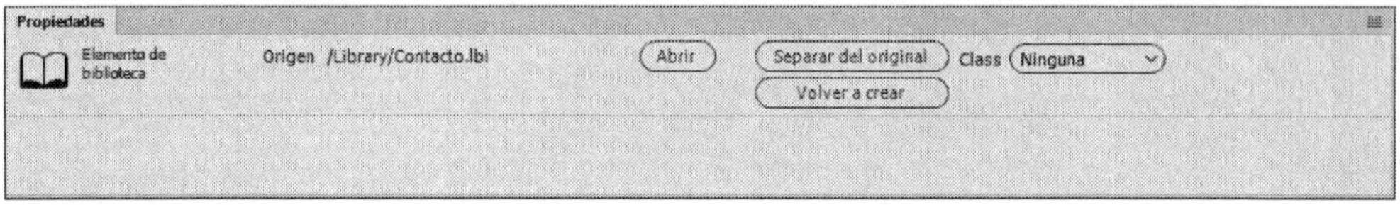

El mensaje de confirmación le advierte que ya no será posible actualizar el elemento de biblioteca porque el vínculo estará roto.

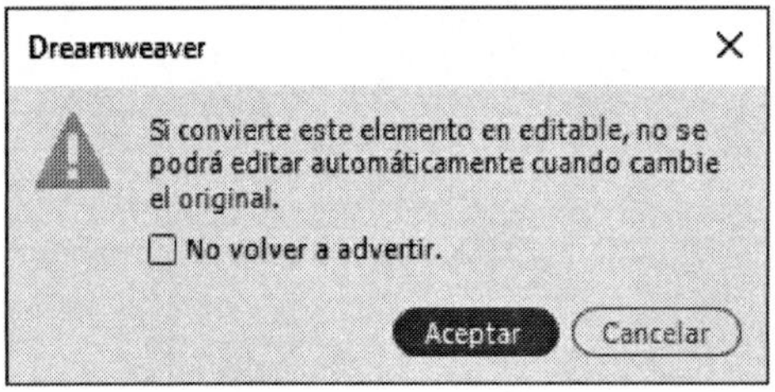

7. Cambiar el nombre a un elemento de la biblioteca

- Cuando cambia el nombre a un elemento de biblioteca en la **Biblioteca** o en la carpeta **Library**, Dreamweaver solicita que se actualice todas las veces en que este aparece.

H. Las plantillas de documentos

1. El uso de plantillas

En las webs, algunas de las páginas deben crearse con el mismo formato. Esa es la razón por la que existen plantillas en Dreamweaver. En un primer momento, usted creará una plantilla de documento con todos los elementos comunes que deberán tener las futuras páginas basadas en ella. A continuación creará tantas páginas como desee basadas en la plantilla: de esta forma estará seguro de que las páginas serán homogéneas. Además, cuando modifique la plantilla de origen, todas las páginas creadas y basadas en ella se actualizarán.

Por último, debe saber que las plantillas Dreamweaver tienen dos tipos de zonas: las no modificables y las modificables. Las zonas no modificables son las que serán comunes a todas las páginas basadas en la plantilla. Las zonas modificables permiten que el usuario añada elementos propios a la página.

Vamos a ver un ejemplo simple de creación de una plantilla, pero es perfectamente posible crear plantillas de página más elaboradas con diseños CSS tal y como hemos visto en el capítulo Diseño con CSS.

2. Crear la plantilla

- En una nueva página web clásica cree una plantilla de página. Puede usar estilos CSS situándolos en el documento (no en un archivo .css exterior) para evitar errores de ruta de acceso.
- En el menú **Archivo**, seleccione **Guardar como plantilla**.

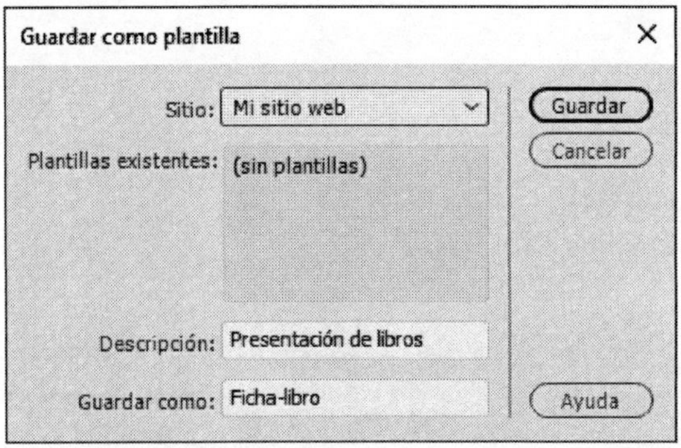

- En la lista desplegable **Sitio**, seleccione el sitio donde quiere guardar la plantilla.
- En el campo **Descripción**, introduzca una corta descripción de la plantilla.
- En el campo **Guardar como**, introduzca el nombre de la plantilla.
- Haga clic en **Guardar**.

El archivo toma entonces la extensión **.dwt** y se almacena en una carpeta creada por Dreamweaver y llamada **Templates**.

La plantilla aparece en los **Activos**, categoría **Templates**.

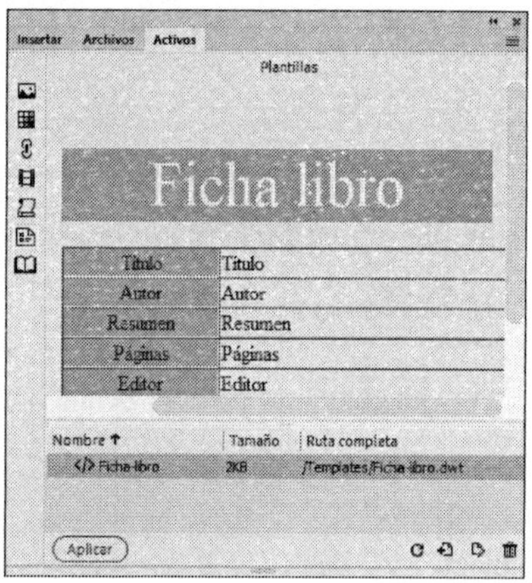

Este es el ejemplo de plantilla utilizado:

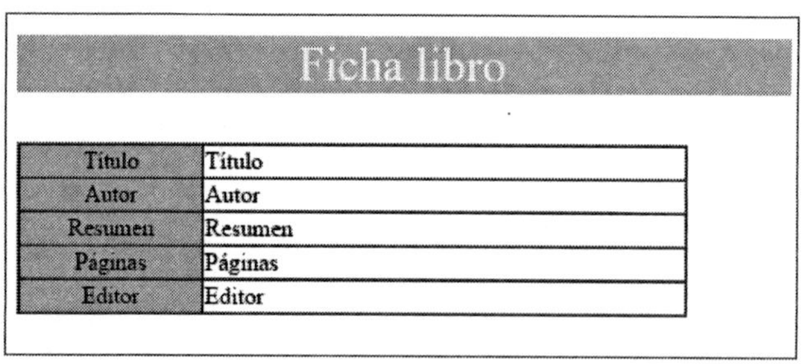

3. Crear regiones editables

Al crear una plantilla todo está bloqueado de forma predeterminada, todo es "región no editable". Es preciso crear regiones editables.

- Seleccione la segunda celda (<td>) de la primera fila de la tabla de nuestra plantilla de ficha de libro. En esta celda el usuario deberá introducir el título de un libro. En el menú **Insertar - Plantilla** (o en el panel **Insertar**, categoría **Plantilla**), seleccione **Región editable** (o utilice el método abreviado de teclado Ctrl Alt **V** (PC) o cmd ⌘ alt **V** (Mac)).

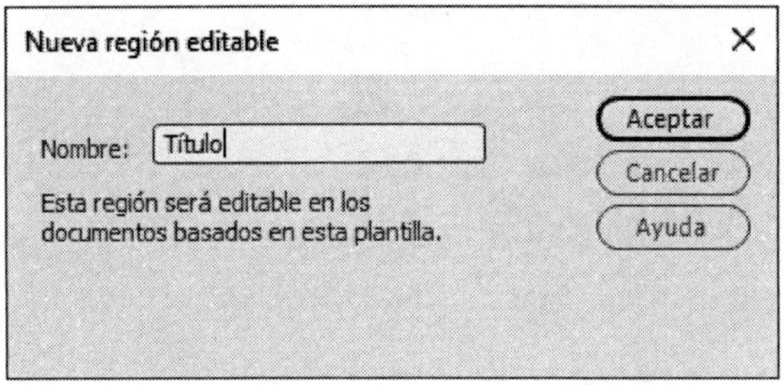

- En el campo **Nombre** escriba el nombre de la región editable y haga clic en **Aceptar**.

Aparecerá en la celda de la tabla dentro de un recuadro con su nombre.

- Haga lo mismo con todas las demás regiones de la plantilla que el usuario deba editar.

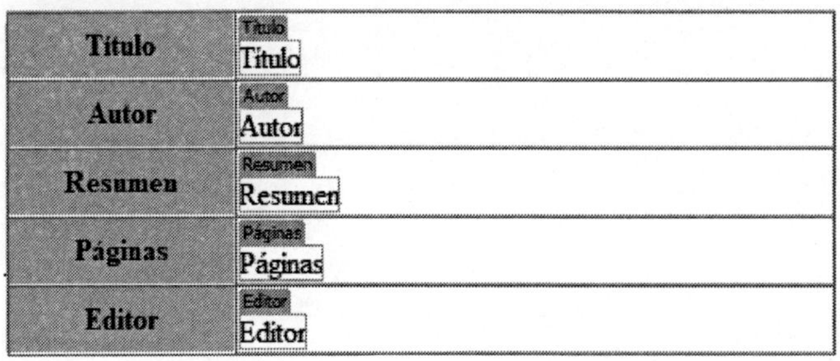

4. Administrar las regiones editables

- Para cambiar el nombre a una región editable, selecciónela haciendo clic en su encabezado verde y modifique el nombre en el panel **Propiedades**, campo **Nombre**.

- Para eliminar una región editable, selecciónela y use las teclas [⟵] o [Supr].

5. Crear un nuevo documento basado en una plantilla

- En el menú **Archivo**, seleccione **Nuevo** ([Ctrl] **N** (PC) o [cmd ⌘] **N** (Mac)).

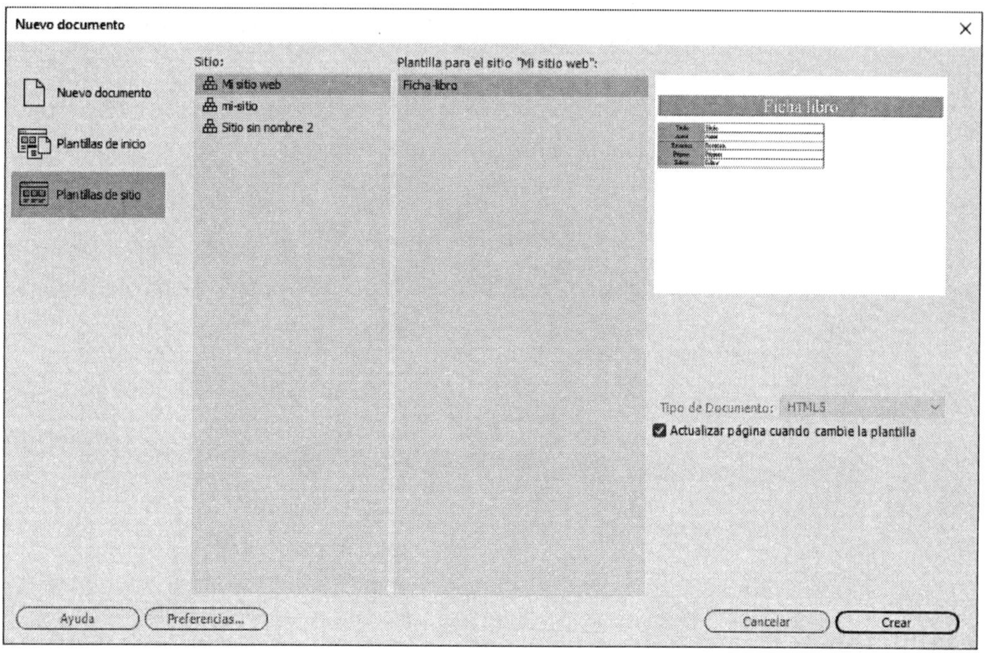

- Seleccione la categoría **Plantillas de sitio**. En la columna **Sitio**, seleccione el sitio que contiene la plantilla que desea utilizar. En la primera columna, seleccione la plantilla. Deje marcada la opción **Actualizar página cuando cambie la plantilla** y haga clic en **Crear**.

  Dreamweaver crea un nuevo documento HTML. La ventana de creación aparece bordeada de amarillo con el nombre de la plantilla utilizada arriba a la derecha.

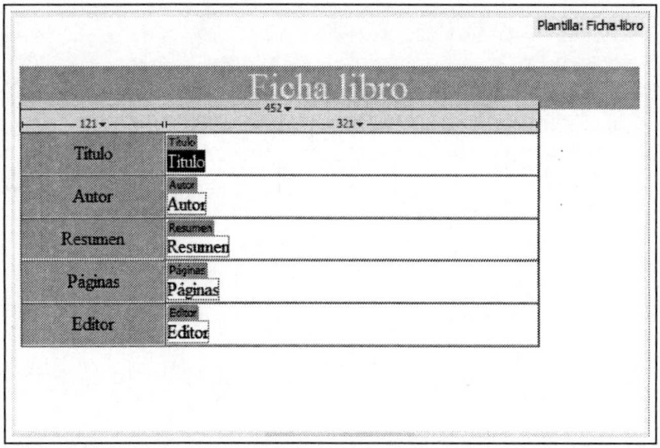

El puntero del ratón adopta este aspecto al posicionarlo sobre una región no editable.

- Haga clic en las regiones editables o, en el menú **Herramientas - Plantillas**, seleccione una de las regiones editables. Escriba el texto. Para pasar rápidamente de una región editable a otra, utilice la tecla .

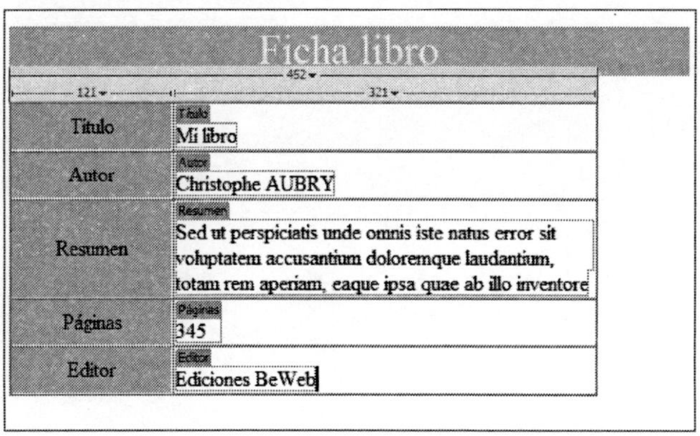

- Guarde el documento HTML como es habitual.

6. Editar una plantilla

- En el panel **Activos**, categoría **Plantillas**, seleccione la plantilla que desea editar y haga clic en **Editar** .
Se abre la plantilla **.dwt: ficha-libro.dwt** en este ejemplo.

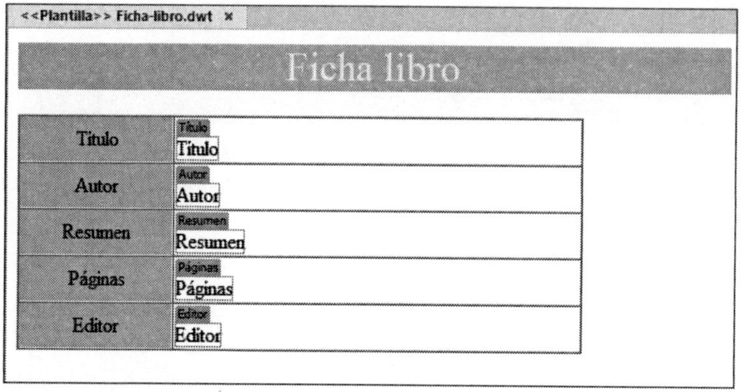

- Lleve a cabo todos los cambios deseados. Guarde la plantilla: Dreamweaver solicita actualizar todas las páginas web basadas en la plantilla.
  Después, un mensaje confirma la actualización.
- Si decide no actualizar las páginas web, podrá hacerlo más tarde: en el menú **Herramientas - Plantillas**, seleccione **Actualizar páginas**.

Capítulo 25: Publicación del sitio

A. El sitio local y el sitio remoto

En el capítulo Definir el sitio local y remoto vimos la diferencia entre ambos y cómo definirlos. Le invito a volver a leer el capítulo si lo considera necesario.

B. Insertar metadatos

1. ¿Para qué sirven las metadatos?

Antes de publicar el sitio, deberá añadir metadatos a todas las páginas del sitio web. Las metadatos son datos textuales utilizados por los motores de búsqueda para indexar las páginas. No obstante, en la actualidad esos metadatos tienen un impacto muy reducido en la referenciación natural de las páginas web en los principales motores de búsqueda.

2. Insertar palabras clave

En cada una de las páginas deberá insertar una decena de palabras clave que la definan con precisión. Piense en palabras clave que los internautas puedan utilizar al efectuar búsquedas en los motores. En la actualidad, no obstante, el uso de palabras clave por parte de los motores de búsqueda es casi inexistente.

- En el menú **Insertar - HTML** (o en el panel **Insertar** - categoría **HTML** - opción **Keywords**), seleccione **Keywords**. Introduzca las palabras clave separadas por comas en la ventana que aparece.

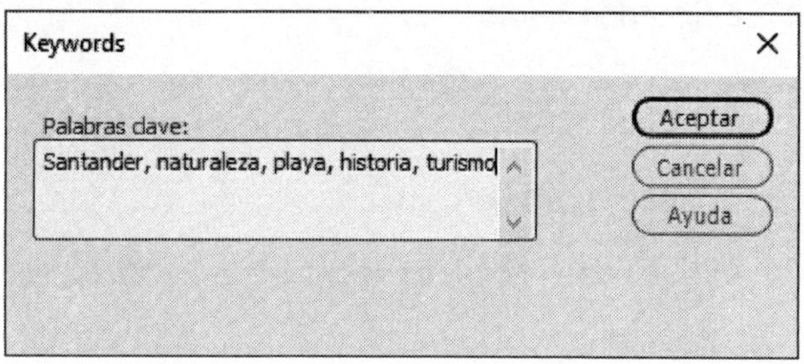

- Para modificar las palabras clave introducidas, utilice el modo **Dividir**.
- Haga clic en la fila del elemento una vez que haya hecho clic en el código `<meta name="keywords" ... />`.
- Es posible modificar las palabras clave directamente en el código.

- Es posible modificar las palabras clave en el panel **Propiedades**, cuando ha hecho clic en el código.

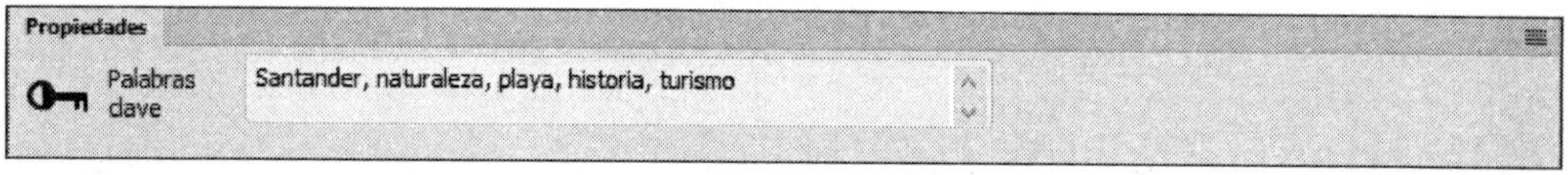

3. Insertar una descripción

La descripción es una frase de unas veinte palabras que describe la página web y que aparece en algunos motores de búsqueda.

- En el menú **Insertar - HTML** (o en el panel **Insertar** - categoría **HTML** - opción **Descripción**), seleccione **Descripción**. Introduzca la descripción en la ventana que aparece.

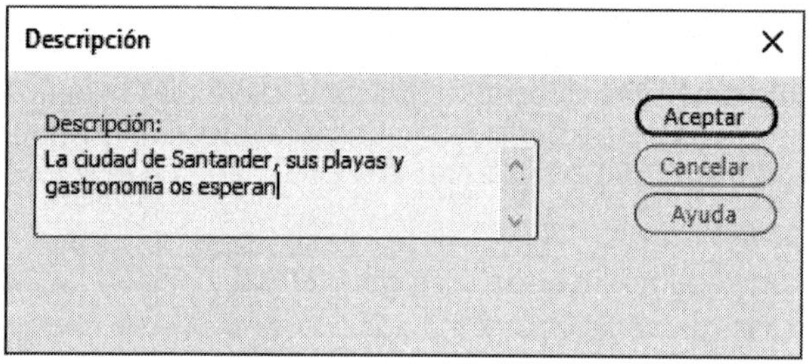

- Para modificar la descripción, utilice el modo **Dividir**.
- Haga clic en la fila del elemento una vez que haya hecho clic en el código `<meta name="description" ... />`.
- Es posible modificar la descripción directamente en el código.
- Es posible modificar la descripción en el panel **Propiedades**, cuando ha hecho clic en el código.

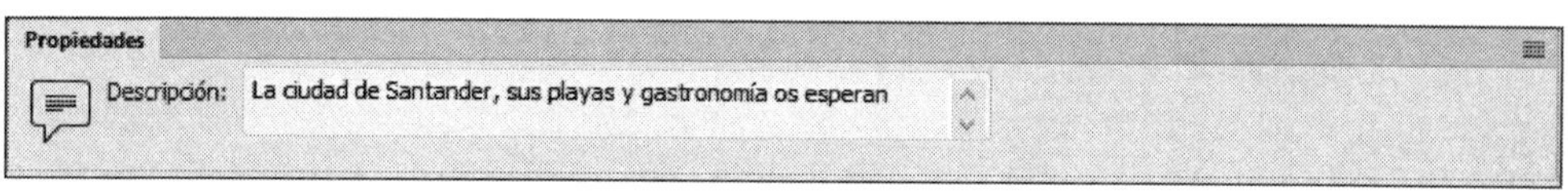

C. Administrar los archivos locales del sitio

1. Los archivos locales

Los archivos del sitio web local pueden administrarse por completo en el panel **Archivos**.

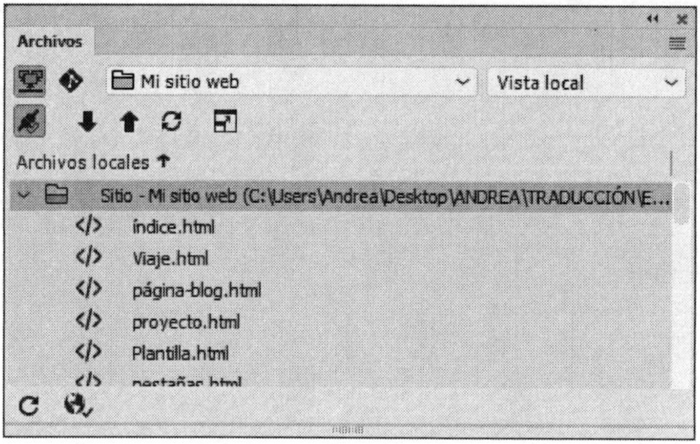

2. Cambiar el nombre a un archivo

- Seleccione el archivo al que quiere cambiar el nombre e introduzca el nuevo. O seleccione el archivo y, en el menú del panel **Archivos**, seleccione **Archivo** y **Cambiar nombre** (F2). Si el archivo interviene en un vínculo de hipertexto, Dreamweaver solicitará actualizar el vínculo.

3. Crear una carpeta

- En el menú del panel **Archivos**, seleccione **Archivo** y **Nueva carpeta** (Ctrl Alt Mayús **N** (PC) o cmd ⌘ alt Mayús **N** (Mac)). Escriba un nombre para la carpeta.

4. Mover un archivo

- Para mover un archivo a una carpeta, simplemente haga clic en él y arrástrelo hasta la carpeta. Si el archivo interviene en un hipervínculo, Dreamweaver le pedirá que actualice el vínculo.

5. Eliminar un archivo

→ En el panel **Archivos**, seleccione el archivo que desea eliminar y pulse la tecla [Supr] o [←]. O bien seleccione el archivo y, en el menú del panel **Archivos**, seleccione **Archivo** y **Eliminar**. Si el archivo interviene en un hipervínculo, Dreamweaver le pedirá que confirme la eliminación.

6. Duplicar un archivo

→ Seleccione en el panel **Archivos** el archivo que desea duplicar. En el menú del panel **Archivos**, seleccione **Edición** y **Duplicar** ([Ctrl] **D** (PC) o [cmd ⌘] **D** (Mac)). Asigne un nombre a la nueva carpeta.

7. Actualizar la lista de archivos

→ Para actualizar la lista de archivos en el panel **Archivos**, haga clic en el botón **Actualizar** o pulse [F5].

D. Ver los servidores local y remoto

→ Para ver la ventana de administración de los dos servidores, el local y el remoto, en el panel **Archivos**, en el menú local, seleccione **Ver**, y **Expandir panel de archivos**.

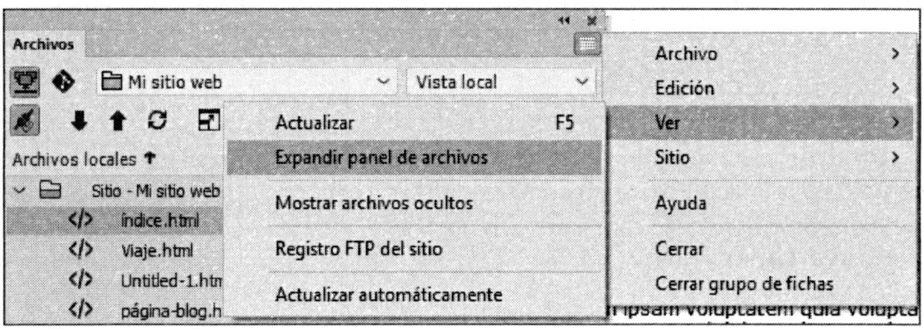

→ O en el panel **Archivos**, haga clic en **Expandir para mostrar sitios locales y remotos**.

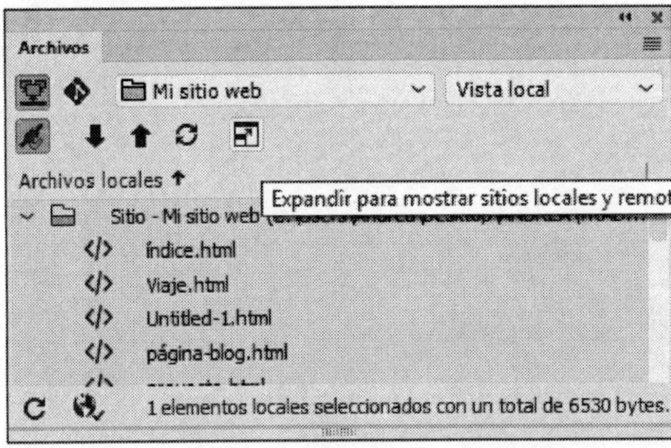

En el panel derecho de la ventana se encuentra el sitio local, los **Archivos locales**. En el panel izquierdo de la ventana aparece el **Servidor remoto**.

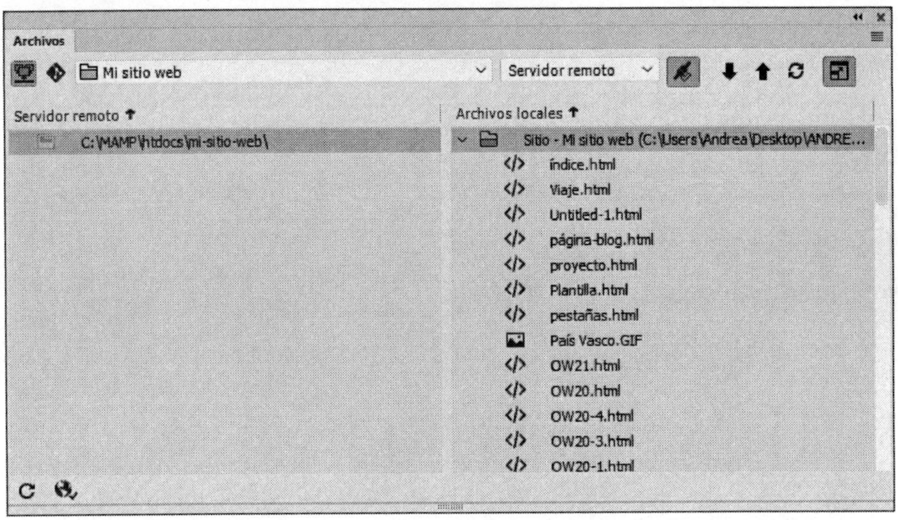

→ Para personalizar la vista de las columnas, en el menú **Sitio**, seleccione **Administrar sitios**. En la categoría **Configuración avanzada**, seleccione **Columnas vista Archivo**.

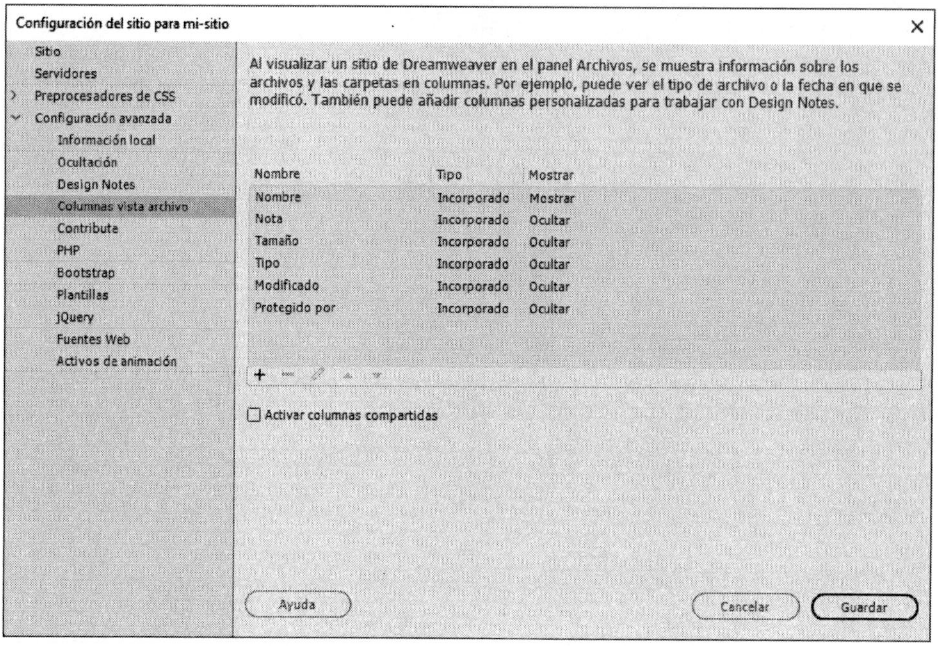

- Haga doble clic en el nombre de la columna.
- Para ocultarla desmarque la opción **Ver**.
- Para modificar el orden de vista de una columna, selecciónela y utilice los botones 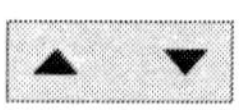.
- Con los botones 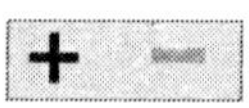 se pueden añadir o eliminar columnas. Introduzca el nombre de la nueva columna en el campo **Nombre de columna**.
- Para ver la configuración de una columna, haga doble clic sobre su nombre o selecciónela y haga clic en **Editar columna existente** .

E. Publicar en el servidor remoto

1. Publicar todo el sitio

➜ En primer lugar publicaremos todo el sitio local. Todos los archivos locales se situarán en la carpeta remota en el servidor web de producción (salvo los archivos que deban quedar ocultos, véase capítulo Definir el sitio local y remoto). Muestre la ventana de administración de los sitios local y remoto. En los casos de conexiones por FTP, deberá conectarse al sitio remoto haciendo clic en la barra de herramientas, sobre el botón **Conectar a servidor remoto**.

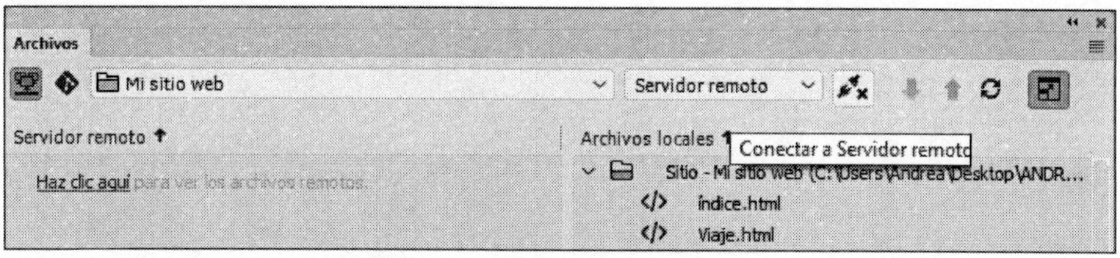

El servidor remoto se conecta y se aparece en el panel:

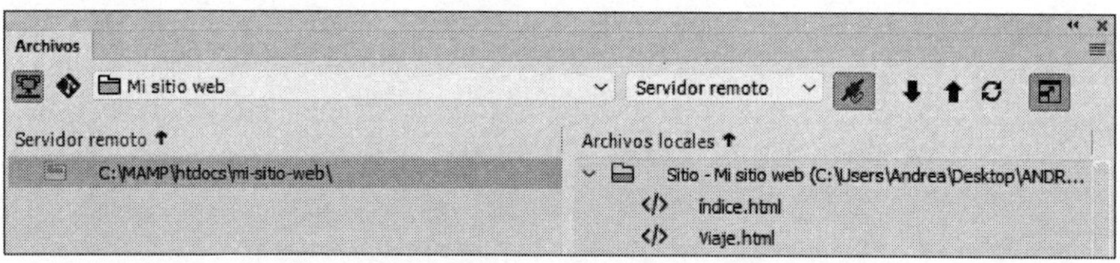

➜ En el panel de la derecha, seleccione la carpeta raíz local. Haga clic en el botón **Colocar archivo(s)**, o en el menú **Sitio**, seleccione **Colocar** (Ctrl Mayús **U** (PC) o cmd ⌘ Mayús **U** (Mac)).

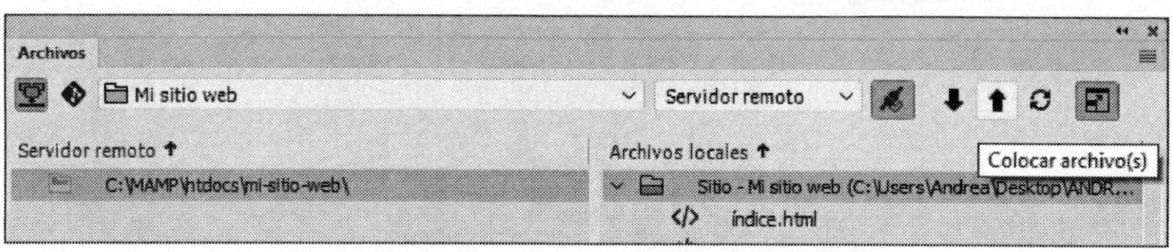

Dreamweaver solicita que confirme la publicación del sitio completo.

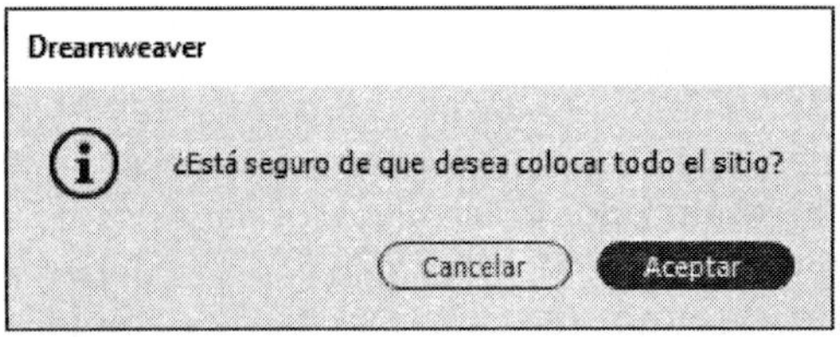

El sitio local se publica en el remoto: todos los archivos aparecen en el panel izquierdo, **Servidor remoto**.

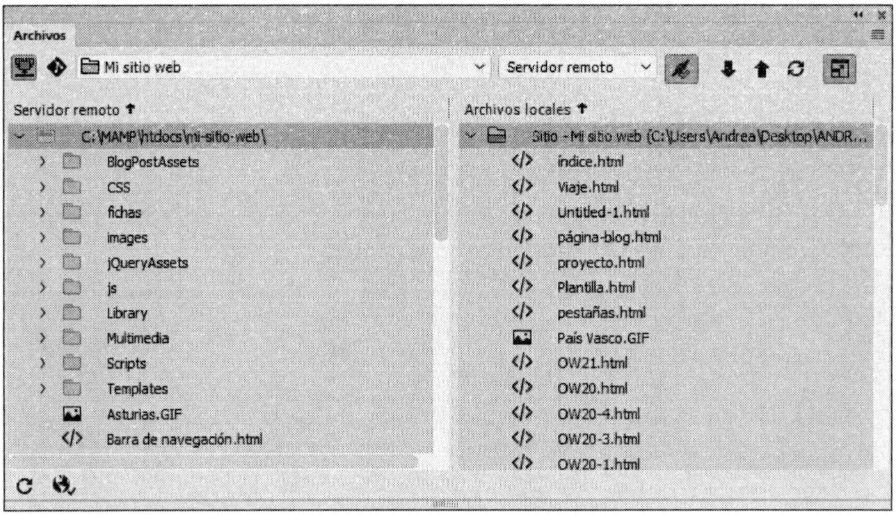

→ Para cerrar la ventana de los sitios local y remoto, haga clic en **Contraer para mostrar sólo el sitio local o remoto**.

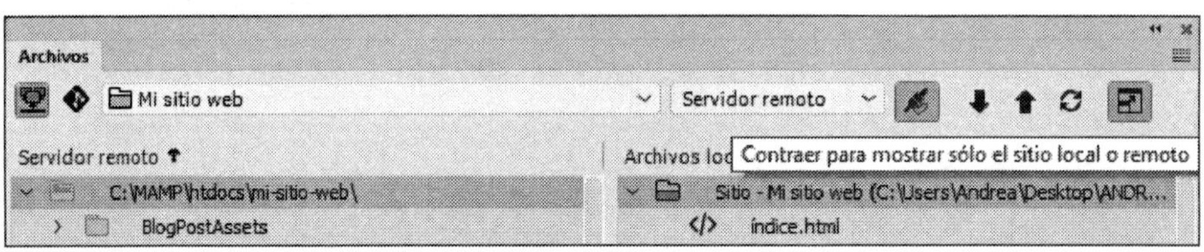

2. Publicar uno o varios archivos seleccionados

→ En el panel **Archivos**, seleccione el archivo o archivos que desea publicar.

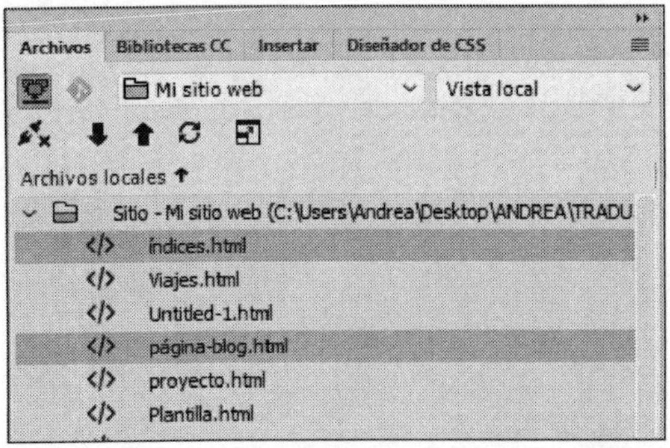

De nuevo en el panel **Archivos**, haga clic en **Colocar archivo(s)**.

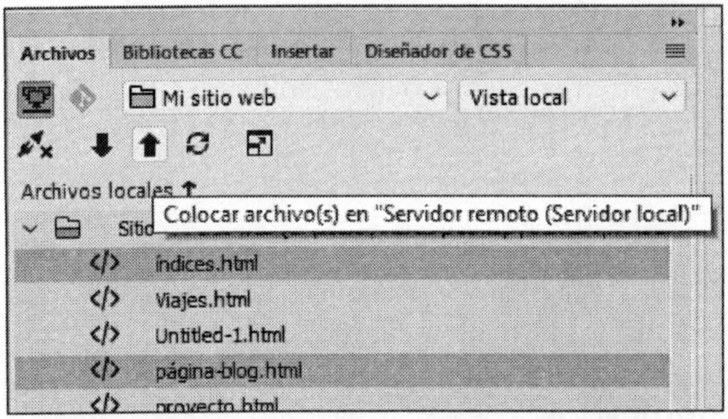

Dreamweaver solicita si debe publicar también los archivos dependientes.

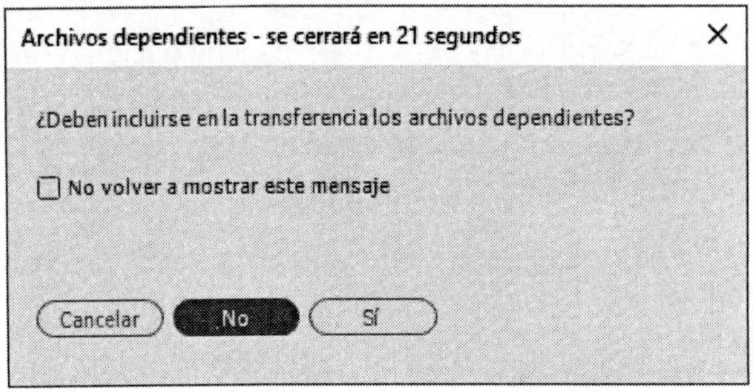

Los archivos dependientes son los archivos incorporados o vinculados a la página o páginas que desea publicar. Son archivos de tipo imagen, animación Flash, vídeo y archivo de hojas de estilos o JavaScript.

Si también ha modificado estos archivos, publíquelos haciendo clic en **Sí**. Si solo ha modificado el contenido textual de los archivos, haga clic en **No**.

3. Publicar la página HTML abierta

Ha terminado de modificar una página HTML abierta y guardada y ahora debe publicarla.

- En la barra de herramientas **Documentos**, haga clic en **Administración de archivos** y seleccione **Colocar**.

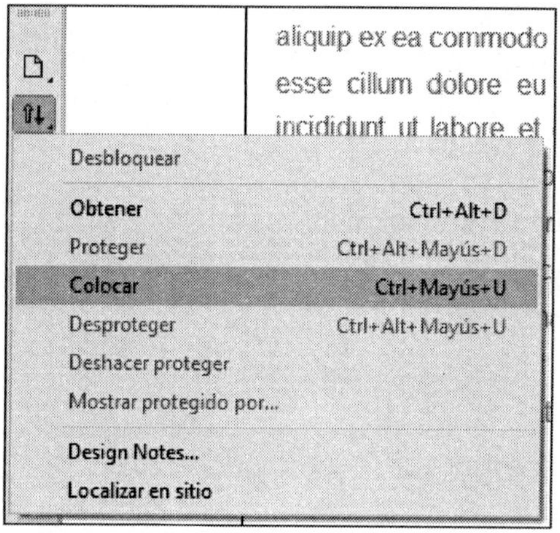

Dreamweaver solicita de nuevo si debe publicar los archivos dependientes.

4. Buscar los últimos archivos modificados

Dreamweaver ofrece la posibilidad de buscar los archivos modificados recientemente.

- En la ventana de administración de los sitios local y remoto, en el menú opciones del panel **Archivos**, menú **Edición**, seleccione **Seleccionar modificados recientemente**.
- En la ventana que aparece, seleccione la escala de tiempo: introduzca el número de días en el campo **Archivos creados o modificados en los últimos X Días**.
- También puede efectuar la búsqueda dentro de un intervalo de tiempo con la opción **Archivos creados o modificados entre**.

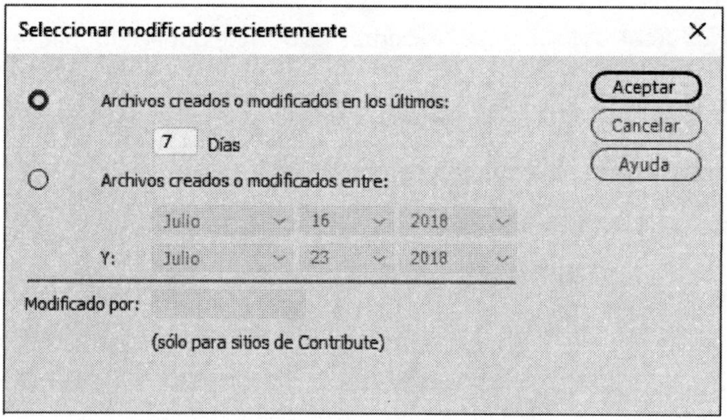

5. Buscar los archivos locales no publicados

Dreamweaver ofrece también la posibilidad de buscar los archivos locales más recientes y no publicados comparando las fechas y horas entre los archivos locales y remotos.

- En la ventana de administración de los sitios local y remoto, en el panel **Archivos locales**, seleccione la carpeta raíz local. En el menú **Edición** del panel **Archivos**, seleccione **Seleccionar local más reciente**.

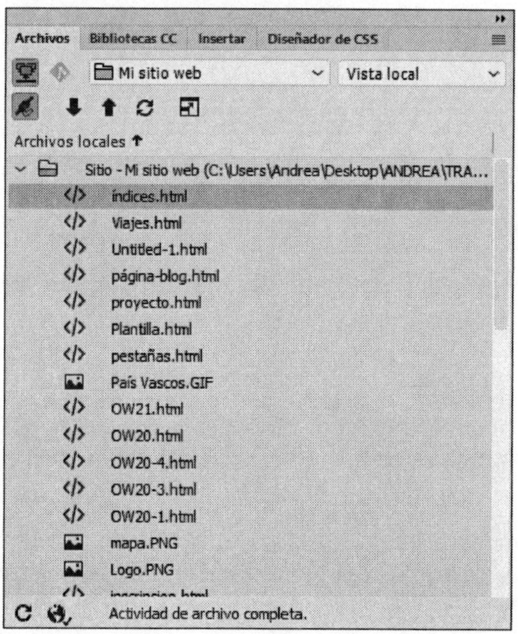

- Una vez seleccionados los archivos locales más recientes, es posible publicarlos haciendo clic en el botón **Colocar archivo(s)** .

6. Localizar el mismo archivo en el servidor remoto

Tiene la posibilidad de buscar en el sitio remoto el archivo seleccionado en el sitio local.

- En el panel de **Archivos locales**, seleccione el archivo que desea buscar. En el menú **Edición** del panel **Archivos**, seleccione **Localizar en servidor remoto**.

F. Recuperar archivos del servidor

1. Recuperar uno o varios archivos

Puede ser que alguna modificación de los archivos se efectúe en el servidor remoto. En esos casos, habrá que recuperar los archivos modificados en el sitio local. En la ventana de administración de los sitios local y remoto, seleccione el archivo o archivos remotos que desea recuperar.

- En la barra de herramientas, haga clic en **Obtener archivo(s)**.

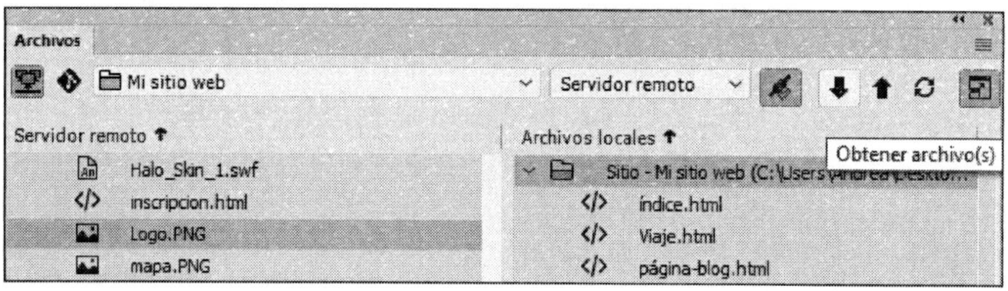

También en esta ocasión, Dreamweaver solicita si debe obtener también los archivos dependientes.

2. Buscar los archivos remotos más recientes

Dreamweaver ofrece la posibilidad de buscar los archivos publicados en el servidor remoto que son más recientes que los del sitio local. Se procede también en este caso a una comparación de fechas.

- En la ventana de administración de los sitios local y remoto, seleccione **Servidor remoto** y a continuación seleccione la carpeta raíz remota. En el menú **Edición** del panel **Archivos**, seleccione **Seleccionar más reciente en el servidor remoto**.
- Podrá entonces obtenerlos para colocarlos en el sitio local.

3. Localizar el mismo archivo en el sitio local

Tiene la posibilidad de buscar en el sitio local el archivo seleccionado en el sitio remoto.

- En el panel del **Servidor remoto**, seleccione el archivo que se debe buscar. En el menú **Edición** del panel **Archivos**, seleccione **Localizar en sitio local**.

G. Sincronizar los archivos

Como acabamos de ver, es posible colocar y obtener archivos, encontrar los más recientes, etc. Dreamweaver ofrece una función de sincronización que permite administrar de forma global los archivos.

- En la ventana de administración de los sitios local y remoto, seleccione **Sincronizar**.

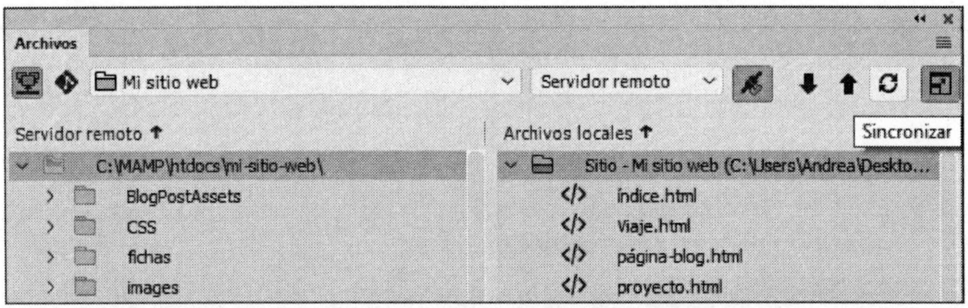

- En la lista desplegable **Sincronizar**, seleccione aquello que desea sincronizar: **Archivos locales seleccionados solamente** en la carpeta raíz local, o **Todo el sitio**.

- En la lista desplegable **Dirección**, seleccione la acción que deberá efectuarse:

Colocar archivos más nuevos	Permite colocar en el servidor los archivos locales más recientes.
Obtener archivos más nuevos	Permite obtener en el sitio local los archivos más recientes del servidor.
Obtener y colocar archivos más nuevos	Permite obtener los archivos más recientes del servidor y del sitio local.

- La opción **Eliminar archivos remotos no existentes en la unidad local** permite eliminar del servidor los archivos que no están en el sitio local.

- Haga clic en **Vista previa**.

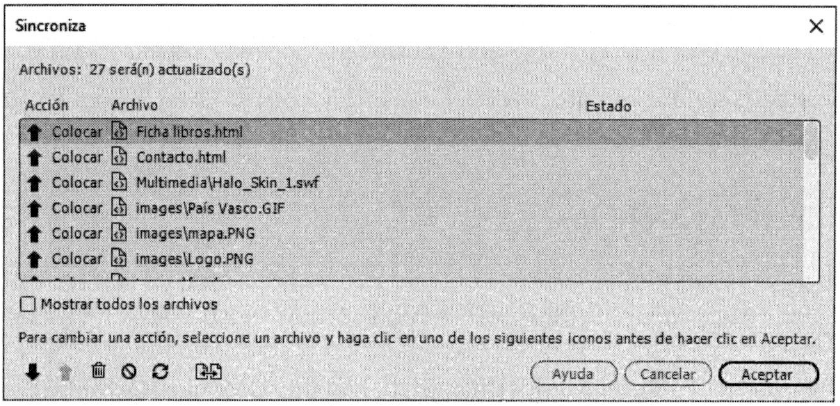

- Si desea modificar la acción propuesta, seleccione el archivo o archivos deseados y utilice los botones de acción situados en la parte inferior de la ventana.

- Podrá, de acuerdo con el orden de los botones, **Obtener**, **Colocar**, **Eliminar**, **Omitir**, indicar el archivo en estado de **Sincronizados** y **Comparar**.
- Al hacer clic en **Aceptar**, se efectúan las acciones indicadas.

H. Generar un informa del sitio

Es posible solicitar a Dreamweaver que efectúe una « auditoría » del sitio sobre algunas funciones importantes.

- En la ventana de gestión del sitio local y remoto, en el menú **Sitio**, seleccione **Informes**.

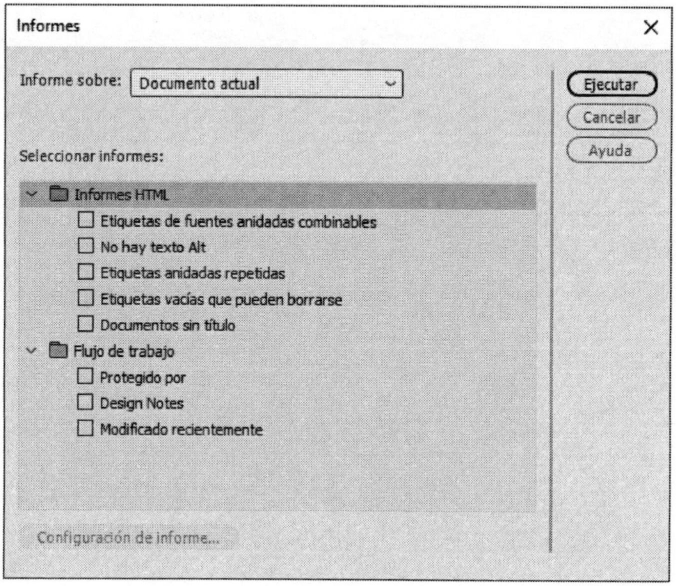

- En la lista desplegable **Informe sobre**, seleccione a qué debe aplicarse el informe: **Archivos seleccionados del sitio**, al **Sitio local actual completo**, o al **Documento actual**.
- En la zona **Seleccionar informes**, marque las funciones que desea auditar. Para algunas funciones es posible modificar la **Configuración de informe**.
- Haga clic en **Ejecutar**.

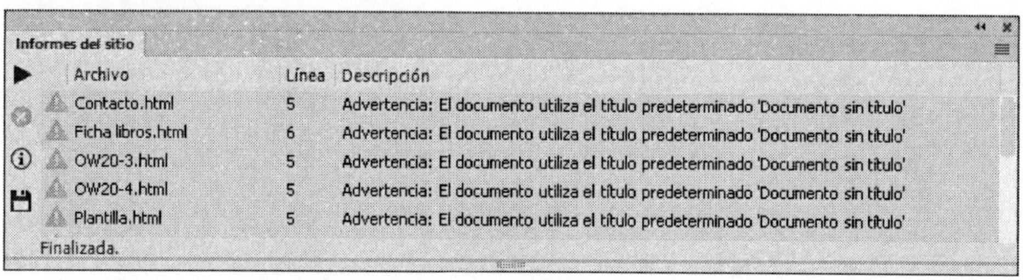

Dreamweaver muestra el panel **Informes del sitio**, con todos los "errores" encontrados.

- Para obtener información técnica adicional sobre un error u otro, seleccione el error en la lista y haga clic en **Más info.** ⓘ.
- Para abrir un archivo con errores, haga doble clic en la fila del archivo y la descripción del error.

Ajax *Asynchronous JavaScript And XML.* Método de desarrollo que utiliza el JavaScript y el XML y permite efectuar consultas web en una página HTML sin que sea necesario recargar la página. Esto permite al usuario una mejor ergonomía, mayor reactividad en las consultas y páginas web más interactivas.

Bootstrap Conjunto de componentes CSS (framework) que permite desarrollar sitios web con Responsive Web Design empezando con una estructura de página bien definida.

CMS *Content Management System*, Sistema de Gestión de Contenido. Son aplicaciones web que permiten crear sitios web y blogs. Los más conocidos son: Joomla!, Drupal, WordPress, DotClear. Dreamweaver puede abrir y ver correctamente los archivos PHP de estas herramientas de publicación web.

CSS *Cascading Style Sheet.* Hoja de estilos en cascada definida por el W3C que permite dar forma rápidamente a las páginas HTML separando el contenido del formato.

FTP *File Transfer Protocol.* Protocolo de transferencia de archivos que permite descargar archivos desde un servidor hasta un equipo cliente y a la inversa (para actualizar un sitio web).

Firewall Cortafuegos, técnica de seguridad que permite a los usuarios de una red de empresa acceder a Internet e impide el acceso desde el exterior.

GIF Formato de compresión de imagen ideal para imágenes vectoriales, con buenos tonos plenos. El número de colores se limita a 256.

HTML *HyperText Markup Language.* Lenguaje de marcas de hipertexto. Lenguaje de programación que permite crear páginas web interpretadas por los navegadores; promulgado por el W3C.

HTTP *HyperText Transfer Protocol.* Protocolo de comunicación que permite transferir páginas web del servidor al equipo cliente.

Indexación Permite que los motores de búsqueda y los anuarios reconozcan los sitios web.

JavaScript Lenguaje de script creado por Netscape que permite incrementar la interactividad de las páginas HTML. El código JavaScript está integrado en las páginas HTML.

JPG Formato de compresión de imagen ideal para fotografías. El número de colores puede alcanzar el millón (24 bits) y es el creador quien determina la tasa de compresión.

Plug-in Pequeño componente de software que permite extender las funciones de los navegadores, que solo interpretan el HTML y los scripts. Los plugin permiten leer vídeos, escuchar, música, etc.

PNG Formato de compresión de imagen de 24 bits que permite acceder a funciones evolucionadas (gamma, capa alpha, etc.). Los navegadores actuales no reconocen al completo el formato en sus funciones avanzadas. Véase el sitio del W3C: http://www.w3.org/Graphics/PNG

Proxy Elemento de seguridad que permite aislar una red de empresa de Internet con ayuda de un filtrado por usuario, por contenido.

PSD Extensión de las imágenes con formato nativo de Adobe Photoshop, programa líder para los retoques y montajes fotográficos.

Responsive Web Design El desarrollo de sitios web con Responsive Web Design permite que los sitios se adapten al tamaño del medio en el que se difunden: pantalla de ordenador, tableta y smartphone.

Servidor Web Ordenador que gestiona, entre otras cosas, el HTTP y que alberga sitios web. Los internautas pueden consultar los sitios conectándose a ese servidor gracias a las direcciones web (URL).

SGML Norma informática que permite crear lenguajes de marcado. El HTML y el XML son aplicaciones del SGML.

URL *Uniform Resource Locator*. Sistema de direcciones de archivos en Internet. Las URL permiten conectarse a sitios web o a páginas que forman los sitios.

W3C *World Wide Web Consortium*. Consorcio de los principales actores (investigadores, industriales, editores, etc.) de Internet que promulga los diferentes lenguajes que pueden usarse en Internet (HTML, XML, CSS, XSL, etc.).

XHTML *eXtensible HyperText Markup Language*. Nueva norma del HTML para insertar código HTML en una página XML, respetando la sintaxis del XML.

XML *eXtensible Markup Language*. Lenguaje de marcado que permite el intercambio de datos estructurados a través de la red.

A

B

C

COMPOSICIÓN CSS DE PÁGINAS

COMPOSICIÓN CSS DE TABLAS

COMPOSICIÓN CSS DE VÍNCULOS

COMPOSICIÓN DE LOS CONTENEDORES DE TEXTOS

COMPOSICIÓN HTML5

G

GUÍA

H

HOJAS DE ESTILOS CSS

HTML

I

IMAGEN

INFORME

INSTALACIÓN

J

JQUERY

L

LÍNEA DE SEPARACIÓN

LISTA

M

MAPA

MEDIOS

MULTIMEDIA

N

NAVEGADOR

O

ORTOGRAFÍA

P

PÁGINA WEB

PALABRA CLAVE

PALETA

PANEL

PÁRRAFO

PESTAÑAS

PLANTILLA